PATRÍCIA MAEDA

ORAS TRABALHA
RASIL, DO
OS! UNI-

A PARTICIPAÇÃO DAS MULHERES NA CONSTRUÇÃO DOS DIREI-
TOS SOCIAIS INSCRITOS NA CONSTITUIÇÃO FEDERAL DE 1988

Copyright © 2021 by Editora Letramento
Copyright © 2021 by Patrícia Maeda

DIRETOR EDITORIAL | Gustavo Abreu
DIRETOR ADMINISTRATIVO | Júnior Gaudereto
DIRETOR FINANCEIRO | Cláudio Macedo
LOGÍSTICA | Vinícius Santiago
COMUNICAÇÃO E MARKETING | Giulia Staar
EDITORA | Laura Brand
ASSISTENTE EDITORIAL | Carolina Fonseca
DESIGNER EDITORIAL | Gustavo Zeferino e Luís Otávio Ferreira
CONSELHO EDITORIAL | Alessandra Mara de Freitas Silva; Alexandre Morais da Rosa; Bruno Miragem; Carlos María Cárcova; Cássio Augusto de Barros Brant; Cristian Kiefer da Silva; Cristiane Dupret; Edson Nakata Jr; Georges Abboud; Henderson Fürst; Henrique Garbellini Carnio; Henrique Júdice Magalhães; Leonardo Isaac Yarochewsky; Lucas Moraes Martins; Luiz Fernando do Vale de Almeida Guilherme; Nuno Miguel Branco de Sá Viana Rebelo; Renata de Lima Rodrigues; Rubens Casara; Salah H. Khaled Jr; Willis Santiago Guerra Filho.

Todos os direitos reservados.
Não é permitida a reprodução desta obra sem aprovação do Grupo Editorial Letramento.

Dados Internacionais de Catalogação na Publicação (CIP) de acordo com ISBD

M184t	Maeda, Patrícia
	Trabalhadoras do Brasil, uni-vos! A participação das mulheres na construção dos direitos sociais inscritos na Constituição Federal de 1988 / Patrícia Maeda. - Belo Horizonte : Casa do Direito, 2021.
	374 p. : il. ; 15,5cm x 22,5cm.
	Inclui bibliografia.
	ISBN: 978-65-5932-028-8
	1. Direito. 2. Direito Constitucional. 3. Constituição Federal de 1988. 4. Mulheres. I. Título.
2021-746	CDD 342
	CDU 342

Elaborado por Vagner Rodolfo da Silva - CRB-8/9410

Índice para catálogo sistemático:
1. Direito Constitucional 342
2. Direito Constitucional 342

Belo Horizonte - MG
Rua Magnólia, 1086
Bairro Caiçara
CEP 30770-020
Fone 31 3327-5771
contato@editoraletramento.com.br
editoraletramento.com.br
casadodireito.com

Casa do Direito é o selo jurídico do Grupo Editorial Letramento

Para Bá

AGRADECIMENTOS

Nesta jornada, há muito o quê e muitos a quem agradecer. Há também o risco de cometer injustiça, deixando involuntariamente de mencionar pessoas que, de uma forma ou de outra, contribuíram para este estudo. Apesar disso, tentarei acertar. Registro, assim, agradecimentos especiais:

Ao meu orientador, Professor Associado Dr. Jorge Luiz Souto Maior, por tudo o que enfrentamos até hoje. Sua amizade e sua confiança foram fundamentais para que meu amadurecimento intelectual, sem o que esta pesquisa não se realizaria. Sua coragem e sua sapiência inspiram-me a seguir adiante. Muito obrigada, companheiro!

A todas Professoras e todos Professores da minha vida acadêmica, especialmente a quem participou deste último período, nas pessoas de Helena Hirata, Nadya Guimarães, Christen Smith, Iram Rodrigues, Ricardo Antunes e Giovanni Alves. Aprendi muito com vocês sobre relações de trabalho e de amizade.

Às Professoras Fabiana Severi e Caroline Freitas e ao Professor Cristiano Paixão, que me disponibilizaram tempo, paciência, espaço dialógico e indicações bibliográficas, além de uma boa dose de empatia e alteridade. A contribuição de vocês marca este trabalho!

Às amigas e aos amigos que, comovidos com meu desespero, vieram com alguma dica de pesquisa ou de leitura do tipo "talvez isso possa te interessar" e tiveram impacto determinante na pesquisa: Professor Angelo Soares, Professora Sayonara Grillo, Professor Humberto Bersani, Ricardo Lourenço, Paulo Yamamoto, Luciana Conforti, Renata Nóbrega. Suas digitais também estão por toda pesquisa.

Às Sororas, por terem despertado em mim a consciência, a vontade de fazer e a coragem de enfrentar. Momentos felizes, compartilhamento de dores, incentivo para ir adiante e muito afeto: vocês representaram tudo isso e muito mais! Elinay, Gabriela, Laura, Fernanda, Daniela, Nubia, Renata, Ana Cristina, Ana Carolina, Celia, Kenarik, Dora, Janine, Andréa, Claudia, Naiara, Karen, Juliana, Uda, Adriana, Lucia e todas as Sororas de mi corazón: a sororidade reverbera nesta tese.

Às companheiras do GPTC Gênero, por representarem uma expectativa no devir. À Regina Vieira pela leitura generosa e pelo acolhimento tranquilizador que me fez acreditar. À Helena Pontes, por ter organizado as entrevistas em Santos/SP.

Às Unidas e Democráticas por se constituírem um novo oásis. À Marcia Sampaio, pelo apoio incondicional à distância. À Eleonora, Leandra, Camila, Lays, Bruna, Rita e Eliane, pelo apoio mais pertinho.

Às amizades duradouras, na pessoa de Cybelle Cristina Fujita.

Às amizades de longa distância, na pessoa de Emy Ugaji.

Às novas amizades, nas pessoas de Amarilis Costa, Juliana Felicidade, Perla Müller e Sarah Hakim.

Aos meus pais, por participarem de todos os meus pequenos sucessos.

Ao Sergio, meu amor e porto seguro, por fazer parte de tudo o que há de importante no meu percurso: desde nossa adolescência, com os almoços de marmita fria no bosque da Federal (IFSP), até hoje, com as refeições regadas a gargalhadas no aconchego de casa. A caminhada foi longa, mas suavizada ao seu lado. E que continuemos rindo e falando muito até o fim.

À Bela e à Carol, por serem quem são e, assim, renovarem minha esperança no futuro.

Tem o Brasil que cheira
Outro que fede
O Brasil que dá
É igualzinho ao que pede

Pede paz e saúde
Trabalho e dinheiro
Pede pelas crianças
Do país inteiro

Tem um Brasil que soca
Outro que apanha
Um Brasil que saca
Outro que chuta
Perde, ganha
Sobe, desce
Vai à luta, bate bola
Porém não vai à escola

Brasil de cobre
Brasil de lata
É negro, é branco, é nissei
É verde, é índio peladão
É mameluco, é cafuzo
É confusão

Oh, Pindorama eu quero o seu porto seguro
Suas palmeiras, suas feiras, seu café
Suas riquezas, praias, cachoeiras
Quero ver o seu povo de cabeça em pé

Vai pra frente Brasil!

Elza Soares, Brasis (2019)

SUMÁRIO

11	APRESENTAÇÃO
13	O DIREITO A CONTRAPELO
17	INTRODUÇÃO
29	Notas metodológicas
36	**1. EPISTEMOLOGIAS FEMINISTAS**
39	1.1. Amefricanidade de Lélia Gonzalez
53	1.2. Decolonialidade e amefricanidade
61	1.2.1. Colonialidade de gênero
64	1.3. Interseccionalidade e amefricanidade
78	1.3.1. Interseccionalidade como conceito jurídico
84	**2. DIREITO, TRABALHO E MULHERES: AS LUTAS E AS RESISTÊNCIAS ATÉ O SILENCIAMENTO DOS ANOS DE CHUMBO**
96	2.1. O trabalho feminino na Era Vargas (1930–1945)
110	2.2. Movimentos de mulheres na democracia (1945–1964)
119	2.3. O dia que durou 21 anos: a ditadura militar no Brasil
139	2.4. As várias mulheres no trabalho
143	**3. MULHERES EM MOVIMENTO: DAS LUTAS CONTRA CARESTIA À REDEMOCRATIZAÇÃO**
146	3.1. Clube de mães e Movimento contra o Custo de Vida
149	3.2. Movimento Feminino pela Anistia
154	3.3. As trabalhadoras nos movimentos sindicais
156	3.3.1. Sindicato dos Metalúrgicos de São Bernardo do Campo

161	3.3.2.	Sindicato dos Bancários de São Paulo
163	3.3.3.	Movimento das Trabalhadoras Domésticas
169	3.3.4.	Movimento das Mulheres Trabalhadoras Rurais
171	3.4.	Movimento Feminista nos anos 1970
182	3.5.	Movimento de Mulheres Negras
193	3.6.	Principais reivindicações das mulheres no período 1970-1980

197 4. MULHERES, POLÍTICA E CONSTITUINTE: REPRESENTATIVIDADE E PARTICIPAÇÃO

198	4.1.	CPMI sobre a Mulher (1977)
202	4.2.	Deputadas federais eleitas em 1978
205	4.3.	Mulheres eleitas durante o processo de abertura política
208	4.4.	Presença feminina na Assembleia Nacional Constituinte (ANC)
211	4.4.1.	Conselho Nacional dos Direitos da Mulher (CNDM)
220	4.4.2.	As Parlamentares Constituintes e o *Lobby do Batom* (LB)

249 5. MULHERES E CONSTITUCIONALIZAÇÃO DE DIREITOS SOCIAIS

253	5.1.	Subcomissão dos Direitos dos Trabalhadores e Servidores Públicos (VII-a)
264	5.1.1.	Lenira de Carvalho, representante das trabalhadoras domésticas
274	5.1.2.	Antônia da Cruz Silva, representante da mulher trabalhadora rural
277	5.1.3.	Maria Elizete de Souza Figueiredo, representante da mulher trabalhadora
282	5.1.4.	Anteprojeto da Subcomissão VII-a
285	5.2.	Subcomissão de saúde, seguridade e meio ambiente – VII-b
294	5.2.1.	Anteprojeto da Subcomissão VII-b
296	5.3.	Subcomissão dos negros, populações indígenas, pessoas deficientes e minorias – VII-c
313	5.3.1.	Anteprojeto da Subcomissão VII-c
315	5.4.	Comissão da Ordem Social – VII
321	5.4.1.	Anteprojeto da Comissão – VII

324 6. CONSIDERAÇÕES FINAIS

347 REFERÊNCIAS

361 ANEXO I

369 ANEXO II

APRESENTAÇÃO

Jorge Luiz Souto Maior

O mundo inteiro, efetivamente, está passando por um momento em que a própria existência da humanidade está em grave risco. E o pior é que à beira do caos se generaliza o desespero, o que dificulta ainda mais a utilização da razão para o enfrentamento de todos os problemas que nos trouxeram até aqui.

Com isso, os problemas só se aprofundam e se multiplicam e, neste contexto, a forma mais acessível que se apresenta para o enfrentamento da situação é a negação. Nega-se não só a crise humanitária vivenciada, mas até mesmo a existência de problemas estruturais e históricos. Para não ver a realidade que bate à porta, tenta-se criar uma abstração que desconhece o presente e o passado, para formular visualizações de um futuro imaginário.

É nestes momentos que esforços intelectuais voltados à explicação de nossas mazelas históricas ganham ainda mais sentido, não só porque servem para denunciar o negacionismo, como também fornecem elementos para que se possam buscar soluções concretas para os problemas presentes e, com isso, possibilitar que algum futuro possa ser vislumbrado.

Por isso é extremante pertinente o esforço de Patrícia Maeda, voltado a explicar como o maior problema estrutural brasileiro, as opressões de gênero e de raça, utilizadas para fomentar o capitalismo internacional e para conferir certa sensação de domínio à dependente e subserviente classe dominante brasileira, foi tangenciado (embora não completamente) na formulação da Constituição brasileira de 1988, apesar de todos os esforços de grandes personagens que atuaram ativamente para mudar o rumo da história e cuja trajetória merece ser reverenciada.

Essa história da luta das mulheres negras brasileiras que, como traço marcante da opressão, foi apagada da história, precisa ser conhecida. Afinal, a tragédia nacional atual muito se explica pela ausência da superação dessas formas de opressão e se pretendemos sair do poço em que estamos situados é fundamental virar esse jogo e isso só será possível dando voz e vez a essa multidão de pessoas que muito têm a dizer a nos ensinar sobre miséria, preconceito, injustiça e violência de toda espécie.

No breve momento de nossa história marcado pelo processo de redemocratização, em que condições materiais favoreceram a explicitação de algumas das chagas nacionais, o Brasil teve alguma chance de se constituir uma nação. Estudar e explicitar os fatos que antecederam e que marcaram a constituinte de 87, notadamente no que se refere à luta das mulheres negras por melhores condições de vida e de trabalho, é um percurso fundamental para que possamos entender o Brasil atual, que, dentre outras características, tem como ponto central de sustentação, do ponto de vista do projeto das elites, a formação de um pacto para a destruição das poucas conquistas sociais integradas à Constituição Federal.

Se, como diz Jacob Gorender, o que favoreceu o Brasil a ser um país com essa enorme extensão territorial foi o pacto formado entre as elites em torno da escravidão, o que tem mantido o Brasil alinhado (em condição de subserviência) aos interesses da economia internacional é o pacto da classe dominante pela destruição das promessas constitucionais, especialmente no que se refere à integração política da classe trabalhadora e às potencialidades de enfrentamento das opressões de gênero e de raça, sendo que, para tanto, se valem da dominação das estruturas de Estado e da produção do desconhecimento.

Neste contexto, a obra de Patrícia Maeda é um grande alento, vez que nos possibilita não apenas revelar toda essa história, mas também permite resgatar um pouco de nossa dignidade.

Este, sim, é o escopo de um trabalho intelectual sério, competente e grandioso.

Muito obrigado, querida amiga!

São Paulo, 30 de setembro de 2020.

O DIREITO A CONTRAPELO

Este livro imprescindível revisita a narrativa das lutas das mulheres por seus direitos em diferentes momentos da história e do direito no Brasil. Trata-se de um livro importante porque dirige os holofotes para os movimentos de mulheres, enquanto sujeito histórico, que lutam por seus direitos, retirando-os assim de uma invisibilidade, especificamente política, pois se a noção de cidadania é natural para os homens brancos, ela não o é para negr@s e mulheres. Para desconstruir essa invisibilidade, a Patrícia Maeda mobiliza diferentes campos do conhecimento: estudos do trabalho, estudos feministas e o direito do trabalho dentro de uma perspectiva histórica, estabelecendo um diálogo enriquecedor entre esses diferentes campos do conhecimento.

Na parte inicial de seu livro, autora nos fornece um arcabouço teórico que será mobilizado em suas análises, sintetizando diferentes conceitos, extremamente atuais, como os desenvolvidos por Lélia Gonzales: a decolonialidade e a amefricanidade, para compreendermos as desigualdades e os processos de exclusão na sociedade brasileira e em particular na persistência das desigualdades jurídicas nas perspectivas de gênero, de raça e de classe.

Assim, um ponto essencial neste livro da Patrícia Maeda é que o sujeito não é neutro, o sujeito tem gênero, classe e raça e a autora nos apresenta a história dos direitos sociais e do trabalho a partir desse sujeito que se encontra na simultaneidade das opressões. Para isso ela mobiliza o conceito de interseccionalidade como conceito jurídico, investigando "o fracasso da lei, prejudicando a cobertura dos direitos humanos ao ignorar o "não lugar", aquilo que fica invisível quando as categorias gênero e raça são consideradas apartadamente". Pensando o direito do trabalho com as lentes da interseccionalidade jurídica, a Patrícia Maeda evidencia que uma parcela importante da população brasileira tem "negada a sua subjetividade jurídica", pois ingressa nos "Mundos do Trabalho" nas posições mais precárias.

Como nos ensina Walter Benjamin, a Patrícia Maeda articula a história do direito com o "dom de despertar no passado as centelhas da esperança", um privilégio exclusivo de uma pesquisadora convencida "de que também os mortos não estarão em segurança se o inimigo vencer. E esse inimigo não tem cessado de vencer" (p.60). Ou seja, a Patrícia Maeda faz aqui uma escolha importante, apresentando a história das lutas das mulheres por direitos, não do ponto de vista dos vencedores, pois sua empatia é com as vencidas, escovando assim a história e o direito "a contrapelo" (p.63).

Questionando cada vitória dos dominadores, apresentando as diferentes trabalhadoras, não como vítimas, mas como sujeitos ativos que resistem e lutam por seus direitos, pois onde "há poder, há resistência" (Foucault, 1999, p. 91). Assim, a autora apresenta as lutas das mulheres por seus direitos em diferentes períodos históricos. Desde o pós-colonial, onde analisa a primeira Assembleia Nacional Constituinte de 1823, passando através de diferentes lutas das mulheres por seus direitos, pela redemocratização, participação nos movimentos sociais, no movimento sindical, durante o regime militar. As mulheres resistem! São inúmeras lutas em torno do trabalho noturno, salário igual para trabalho igual, contra a precarização do trabalho e das condições de trabalho, contra diferentes formas e violência, humilhações e discriminações, controle do tempo sobretudo na utilização dos banheiros, direito a creches, questões associadas a maternidade e um equilíbrio salutar entre trabalho e amor. Essa contextualização histórica nos parece de profunda importância, pois ainda hoje, em pleno século XXI, as trabalhadoras brasileiras vivem, enfrentam e resistem a essa simultaneidade de opressões que se manifestam na luta contra o racismo, o assédio sexual e moral, o controle do tempo no uso de banheiros, humilhações cotidianas.

Chegamos na Assembleia Nacional Constituinte de 1987-1988 onde apenas 5% dos parlamentares eram mulheres. A participação das mulheres, na política, mas também nos movimentos sociais, nos sindicatos pela luta de direitos sociais e do trabalho. Quem são essas mulheres? Como se articulou a luta por diferentes direitos sociais das mulheres? Fato interessante, que retrata concreta e simbolicamente o não lugar das mulheres no espaço político, a ausência de banheiro feminino no plenário do Congresso Nacional, no momento da Assembleia Nacional Constituinte, nos lembra a autora.

Em 1991, para Elisabeth Souza-Lobo, "a questão da participação das mulheres mereceria um estudo particular. Ela me parece constitutiva das formas de constituição e de representação das mulheres na vida pública" (p. 272). A Patrícia Maeda segue essa ideia que nos foi legada pela saudosa

Beth Lobo, e nos brinda com esse livro que remove invisibilidades ela coloca em evidência a participação ativa dos movimentos de mulheres, das lutas travadas pelas trabalhadoras em sua diversidade. Infelizmente, apesar de todas as lutas e mobilizações em torno de direitos sociais e do trabalho, observamos que, sem dúvidas, houve avanços e conquistas, mesmo que sua forma final a Constituição mostrou-se tímida no que diz respeito ao direito do trabalho. É importante ressaltar que se hoje muitas destas conquistas, em termos de direitos sociais e do trabalho podem nos parecer triviais, e muitos estão sendo retirados, este livro resgata a história de como esses direitos foram conseguidos: com muita luta e como bem diz a autora "não se pode perder de vista que ainda é possível e necessário mais". A luta continua… e este livro faz parte dessa luta.

Ao longo deste livro, a autora busca "expandir a subjetividade jurídica para alcançar todos os seres humanos, acessando a zona do "não ser". Neste sentido, observamos a continuidade do pensamento da Patrícia Maeda contra uma "vida nua", lutando contra a precarização. Trata-se de uma luta pela vida, pois essa zona do "não ser" é o que a Judith Butler denomina como uma "vida que não é passível de luto", pois onde não existe a condição de ser enlutada, não há vida. Assim, algumas vidas são dignas de proteção, enquanto outras não. Temos aqui a importância de um Direito que garanta que as condições sociais e organizacionais possibilitem que todas as vidas sejam passíveis de luto.

Dirigindo seus projetores de luz às vidas precárias de trabalhadoras agrícolas, domésticas e bancárias, tornando visíveis essa consubstancialidade das opressões de classe, de gênero e de raça, a Patrícia Maeda nos brinda com esse livro urgente, onde ela nos apresenta os "Mundos dos Trabalhos" dessas mulheres que, como analisou Michelle Perrot, "não são passivas nem submissas. A miséria, a opressão, a dominação, por reais que sejam, não bastam para contar a sua história. Elas estão presentes aqui e além. Elas são diferentes. Elas se afirmam por outras palavras, outros gestos (…) elas traçam um caminho que é preciso reencontrar. Uma história outra. Uma outra história" (p. 212). É precisamente essa outra história do direito que encontramos nesse livro da Patrícia Maeda.

Angelo Soares

Professor Titular
Université du Québec à Montréal - UQAM
Canadá

REFERÊNCIAS

BENJAMIN, Walter. Sur le concept d'histoire. Paris : Petite Bibliothèque Payot, 2013.

BUTLER, Judith. Quadros de Guerra: Quando a Vida é Passível de luto? Rio de Janeiro: Civilização Brasileira, 2015.

FOUCAULT, Michel. História da Sexualidade I – A Vontade de Saber. Rio de Janeiro: Edições Graal, 1999.

PERROT, Michelle. Os Excluídos da História: Operários, Mulheres, Prisioneiros. Rio de Janeiro: Paz e Terra, 1988.

SOUZA-LOBO, Elisabeth. A Classe Operária tem dois Sexos: Trabalho, Dominação e Resistência. São Paulo: Editora Brasiliense, 1991.

INTRODUÇÃO

Brasil, 12 de fevereiro de 2020[1]. Em meio ao duro processo de escrita da tese de doutorado, me deparei com mais um motivo para desenvolver análises com a abordagem interseccional, em perspectiva decolonial e amefricana. Uma semana após chamar os servidores públicos de parasitas, o Ministro da Economia se manifestou sobre a conveniência da atual alta do preço do dólar, pois afinal: "[Era] todo mundo indo para a Disneylândia, empregada doméstica indo para a Disneylândia, uma festa danada. Pera aí!". No seu entendimento, a alta do dólar era uma forma de fazer as pessoas voltarem a seus devidos lugares e, no caso das empregadas domésticas, não saírem mais de lá. O que revela esta fala se não a persistência do classismo, do racismo e do sexismo?

Com o risco de causar estranheza ao/à leitor/a, para iniciar a nossa comunicação, gostaria de escrever sobre de que lugar social eu parto para fazer esta pesquisa. Sou uma mulher da terceira geração de ascendência japonesa, nascida em São Paulo/SP, primeira filha de um casal de servidores públicos, estudante de escola pública na maior parte da minha formação. Com formação técnica em eletrônica, nunca duvidei da capacidade intelectual feminina, apesar de as garotas integrarem uma reduzida minoria nos cursos mais concorridos nas escolas técnicas. Durante a graduação em direito, passei um bom tempo trabalhando em regime integral como servidora no Tribunal de Justiça, o que me levou a ganhar a (má) fama de dorminhoca na sala de aula. Perdi meu churrasco de formatura, prestando prova de concurso público. Atuei com auditora fiscal do trabalho dos 23 aos 32 anos de idade, período em que casei e nasceram minhas duas filhas. Com elas ainda pequenas (2 e 4 anos), voltei a estudar e ingressei na magistratura. Fui mais longe do que sonhava

---

1 O advento da pandemia da COVID-19, declarada pela Organização Mundial da Saúde, em 13 de março de 2020, deflagrou uma crise sanitária e humanitária de proporções assustadoras. Nesse contexto, as contradições do capitalismo pós-fordista foram escancaradas e, no Brasil, os impactos socioeconômicos revelaram discriminações interseccionais (classe, raça, gênero, idade, capacidade física etc.), atingindo proporcionalmente mais as pessoas em condições de vulnerabilidade ou de desvantagem social.

quando adolescente. Tinha tudo para acreditar na meritocracia, mas felizmente não caí nesta vaidosa tentação. Sei o quanto fui beneficiada por ter nascido em uma família amorosa, que, embora sem luxos, sempre me proveu de apoio material e emocional para todos os meus passos. Sem grandes aspirações intelectuais anteriores, minha vida acadêmica começou apenas aos 37 anos, quando ingressei no mestrado.

Na dissertação de mestrado[2], tive a oportunidade de discutir o trabalho no capitalismo pós-fordista, baseada na premissa de que o direito é a forma jurídica do capitalismo e tem a função garantidora da circulação de mercadorias. Ao reconhecer a subjetividade jurídica, tornar exigível o cumprimento dos contratos e proteger a propriedade privada, o direito viabiliza a circulação mercantil. A subjetividade jurídica é imprescindível para o capitalismo, pois sem ela o trabalho humano não seria comercializável no mercado, uma vez que apenas sujeitos de direito podem realizar trocas. Mas não basta ser sujeito de direito, há de ser livre. A liberdade do sujeito está no seu livre consentimento na venda de si mesmo: o indivíduo é livre para vender sua força de trabalho em condição de igualdade jurídica com o comprador, pois ambos se relacionam como proprietários de mercadorias – o primeiro, de sua força de trabalho e o segundo, do salário. O direito redefine, assim, o indivíduo em termos de propriedade, transformando-o em sujeito e objeto simultaneamente[3]. A exploração capitalista se dá mediada por um contrato jurídico – o contrato de trabalho – e não mais por coerção direta, como no feudalismo e no escravismo, adquirindo estabilidade para se desenvolver em escala global.

Neste sentido, é possível afirmar que o direito, assim como o Estado, tal como os conhecemos, são historicamente situados no capitalismo. Da mesma maneira, o sujeito de direito, que é concebido a partir da ideia de universalidade. Quem é o sujeito de direito universal? Lembro-me de que nas primeiras aulas da graduação, dois personagens estavam sempre presentes nos casos práticos exemplificativos: Caio e Tício. Eram eles que realizavam atos e negócios jurídicos, cometiam delitos, etc. Um pouco depois surgiu o tal do "homem médio", como parâmetro para pensar o comportamento humano normal. Há quem

---

2 MAEDA, Patrícia. **Trabalho no capitalismo pós-fordista**: trabalho decente, terceirização e contrato zero-hora. 2016. 264 f. Dissertação (Mestrado) – Faculdade de Direito, Universidade de São Paulo, São Paulo, 2016.

3 NAVES, Márcio Bilharinho. **Marxismo e direito**: um estudo sobre Pachukanis. São Paulo: Boitempo, 2008. p. 69.

defina o homem médio como aquele sem rosto, raça, cor ou posição socioeconômica, que representaria uma espécie de equilíbrio do comportamento humano. Na materialidade das relações sociais, o homem médio não existe. As pessoas pertencem a uma classe social, são racializadas e se diferenciam quanto à sexualidade, à origem, ao nível de escolaridade, etc. Hoje percebo que, de fato, o homem médio ou universal é a expressão de um direito produzido por parlamentos majoritariamente elitistas, masculinos e, no caso do Brasil, marcado pela branquitude[4]; e aplicado por justiças igualmente marcadas por classe, gênero[5] e raça[6]. Com estas mesmas características se apresentam as cúpulas de governo, as cadeiras nas universidades e os conselhos de administração das instituições financeiras e das empresas transnacionais.

---

4 Branquitude é "um construto ideológico, no qual o branco se vê e classifica os não brancos a partir de seu ponto de vista. Ela implica vantagens materiais e simbólicas aos brancos em detrimento dos não brancos. Tais vantagens são frutos de uma desigual distribuição de poder (político, econômico e social) e de bens materiais e simbólicos. Ela apresenta-se como norma, ao mesmo tempo em que como identidade neutra, tendo a prerrogativa de fazer-se presente na consciência de seu portador, quando é conveniente, isto é, quando o que está em jogo é a perda de vantagens e privilégios". SILVA, Priscila E. O conceito de branquitude: reflexões para o campo de estudo. *In*: MÜLLER, Tânia M. P. **Branquitude**: estudos sobre a identidade branca no Brasil. Curitiba: Appris, 2017. pp. 27-28.

5 Para fins deste estudo, gênero é o termo que designa as características socioculturais esperadas de cada sexo, como uma forma de representação da feminilidade e masculinidade, portanto, construída histórica e socialmente. Sexo é o conceito associado às diferenças biológicas entre homens e mulheres.

6 Raça, como critério de classificação de seres da mesma espécie, não é um conceito biológico para os seres humanos. A raça humana não existe biologicamente, pois, a partir do Projeto Genoma pode-se afirmar que somos todos da subespécie humana *Homo Sapiens sapiens*, oriunda da África, de modo que somos todos sim afrodescendentes. Raça é, portanto, um conceito relacional e histórico, que estabelece classificações com base em diferenças fenotípicas (cor da pele, em regra, mas não exclusivamente) construídas historicamente (como o discurso da inferioridade racial dos povos colonizados). É ainda "um fator político importante, utilizado para naturalizar desigualdades e legitimar a segregação e o genocídio de grupos sociologicamente considerados minoritários". Racismo, por sua vez, é "uma forma sistemática de discriminação que tem a raça como fundamento, e que se manifesta por meio de práticas conscientes ou inconscientes que culminam em desvantagens ou privilégios para indivíduos, a depender do grupo racial ao qual pertençam". Sobre o tema do racismo: ALMEIDA, Silvio. **Racismo estrutural**. São Paulo: Sueli Carneiro; Pólen, 2019, pp. 30-32.

Assim, não é à toa a formulação do tal "homem médio"; a ele, em princípio, se destina o direito. Afinal, a gênese liberal do direito aderiu como amálgama à teoria kantiana que assumia os trabalhadores assalariados, os menores de idade e todas as mulheres como "cidadãos passivos", cujas existências eram "meras inerências", de modo que não se qualificavam para votar ou participar da administração do Estado[7]. O sujeito universal kantiano era homem, adulto e proprietário, pouco diferindo do cidadão ateniense na democracia [escravocrata] grega do século V a. C., excluindo da vida política todos e todas as demais integrantes da população. O sujeito universal kantiano, ao definir o homem médio, exclui outras possibilidades e estabelece desigualdades. Embora este nível de desigualdade jurídica seja incompatível, pelo menos formalmente, com o direito contemporâneo, seria possível qualificar o direito como desprovido de classe, gênero e raça? Esta pergunta se coloca, sobretudo, se considerarmos o perfil prevalecente na cúpula dos três Poderes – Executivo, Legislativo e Judiciário – que é majoritariamente composta por homens brancos, heterossexuais e de classe média ou acima dela.

Se na Prússia de Kant no século XVIII a participação política (e, portanto, a produção do direito) se determinava com base em classe e gênero, no caso do Brasil, a questão racial é uma variável determinante. Somente no final do século XIX a superação do modelo do escravismo levou ao reconhecimento da subjetividade jurídica de todos os seres humanos, que se tornaram sujeitos de direitos, livres e iguais perante a lei. Entretanto, teria o direito produzido por homens brancos proprietários conseguido apagar as marcas da gênese colonial e escravocrata das relações sociais brasileiras?

Uma perspectiva contestadora da sociologia jurídica adota a tese de que "o direito é masculino", propondo dois problemas iniciais: a existência de normas que discriminam a mulher, assim como a aplicação das normas de forma discriminatória. Segundo Ana Lúcia Sabadell, o direito se apresenta como democrático, humano e igual para todos, mas a atividade jurídica reproduz em todos os níveis a discriminação da mulher[8]. Para avançar na análise e não incorrer no erro epistemológico de universalizar esta mulher – que seria branca e de classe média

---

7 KANT, Immanuel. Primeira parte – primeiros princípios metafísicos da doutrina. In: KANT, Immanuel. **Metafísica dos costumes**. Tradução de Clélia Aparecida Martins. São Paulo: Universitária São Francisco, 2013. p. 120-121.

8 SABADELL, Ana L. **Manual de Sociologia Jurídica**: Introdução a uma leitura externa do direito. 7ª ed. São Paulo: RT, 2017. p. 203/1.

ou acima –, é preciso compreender que o gênero é atravessado por outras variáveis, em especial, a classe e a raça, de modo que não considerar a imbricação destas categorias é desconsiderar importante parcela da sociedade. É preciso falar em mulheres reais.

Assim, o que proponho neste trabalho é revisitar a narrativa das lutas por direitos para demonstrar a participação das mulheres na conformação dos direitos sociais constitucionalizados em 1988. Parto da hipótese de que há uma defasagem nos estudos jurídicos e na própria história do direito, que não consideram as hierarquias decorrentes das relações sociais de classe, gênero e raça, perdendo uma série de perspectivas, experiências e discursos, que poderiam enriquecer a análise e a compreensão do próprio direito. Se o direito é masculino, a história também o é[9]. Assim, tanto o direito quanto a história do direito não revelam a capacidade de atuar de mais da metade da população brasileira, ignorando a agência das mulheres, da classe trabalhadora, da população negra e ameríndia. Ambos, direito e história, são concomitantemente expressões e instrumentos da dominação.

Nesta tentativa de apresentar a perspectiva das pessoas invisibilizadas pelo sujeito de direito universal e pela história hegemônica do direito, o trabalho doméstico assume um lócus importante para compreender a intersecção destas múltiplas opressões simultâneas. O assalariamento do trabalho é característico do capitalismo, mas ele não é absoluto. Por reunir tarefas atribuídas à esfera feminina, o valor social atribuído ao trabalho doméstico é hierarquicamente inferior ao de outros trabalhos, o que lhe reserva duas realidades: a invisibilidade – no caso do trabalho doméstico gratuito, pois associado ao âmbito dos afetos – ou um tratamento de grande precariedade – no caso do trabalho doméstico (mal) remunerado, majoritariamente ocupado por mulheres negras. Segundo a OIT, o Brasil em 2009 tinha o maior número de trabalhadoras domésticas no mundo: eram mais de 7 milhões, mais de 90% mulheres, e mais de 60% negras, de acordo com dados da PNAD[10].

Assim, uma primeira divisão básica dentro do trabalho doméstico seria entre o trabalho doméstico gratuito e o trabalho doméstico remunera-

---

9 PERROT, Michelle. **Os excluídos da história**: operários, mulheres e prisioneiros. Seleção de textos e introdução Maria Stella Martins Bresciani. Tradução Denise Bottmann. 7ª ed. Rio/São Paulo: Paz e Terra, 2017. p. 197.

10 INTERNATIONAL LABOUR ORGANIZATION. **Domestic workers across the world: global and regional statistics and the extent of legal protection.** International Labour Office – Geneva: ILO, 2013. p. 26/27.

do, ambos majoritariamente executados por mulheres. Apenas o trabalho doméstico remunerado é objeto do direito do trabalho. Para atribuir um estatuto, o direito normalmente faz outra subdivisão entre trabalho doméstico remunerado com relação de emprego ("empregada doméstica") e trabalho doméstico remunerado sem relação de emprego ("diarista"), segundo o critério da habitualidade. No caso brasileiro, corresponde ao trabalho contínuo "por mais de 2 (dois) dias por semana", desde a promulgação da Lei Complementar n. 150, de 1º de junho de 2015, que regulamenta o contrato de trabalho doméstico. São diversos níveis de classificação e fracionamento que justificam a ausência ou o pacote inferior de direitos para um tipo de trabalho essencial para a reprodução social[11].

O recente relatório da Oxfam Tempo de Cuidar 2020 confirma que a desigualdade social e a concentração de renda aumentaram nos últimos anos, com alguns dados alarmantes: de um lado, os 2.153 bilionários do mundo em 2019 detinham mais riqueza do que 4,6 bilhões de pessoas; os 22 homens mais ricos do mundo detinham mais riqueza do que todas as mulheres que vivem na África; o 1% mais rico do mundo detinha mais que o dobro da riqueza de 6,9 bilhões de pessoas. De outro lado: o trabalho não remunerado de mulheres no cuidado agrega pelo menos US$ 10,8 trilhões por ano em valor à economia. O relatório aponta que o grupo de pessoas no topo da pirâmide, em que há muita riqueza e nenhum trabalho, é formado predominantemente por homens; enquanto isso, pessoas situadas na base da pirâmide, onde só há trabalho e miséria, são majoritariamente mulheres e meninas em trabalhos precários e mal (ou não) remunerados. Estas constatações nos indicam uma correlação entre desigualdade social e concentração de riquezas e divisão sexual do trabalho.

As posições sociais ocupadas pelas pessoas reais observam hierarquias desenhadas com base em classe, gênero e raça, além de outros marca-

---

11 Reprodução social é assumida nesta pesquisa como sendo a esfera em que se dá a (re)produção da vida e, portanto, da força de trabalho. "A força de trabalho, em grande parte, é reproduzida por três processos interconectados: 1. Atividades que regeneram a trabalhadora fora do processo de produção e que a permitem retornar a ele. Elas incluem, entre uma variedade de outras coisas, comida, uma cama para dormir, mas também cuidados psíquicos que mantêm uma pessoa íntegra. 2. Atividades que mantêm e regeneram não-trabalhadores que estão fora do processo de produção - isto é, os que são futuros ou antigos trabalhadores, como crianças, adultos que estão fora do mercado de trabalho por qualquer motivo, seja pela idade avançada, deficiência ou desemprego. 3. Reprodução de *trabalhadores frescos*, ou seja, dar à luz." BHATTACHARYA, Tithi. O que é a teoria da reprodução social? **Revista Outubro**. N. 32, 2019. p. 103.

dores sociais de diferença, que se estabelecem na lógica de privilégios e desvantagens, a partir da qual elas (as pessoas reais) organizam suas vidas e têm suas experiências, perspectivas e demandas[12]. O trabalho é central na instituição destas hierarquias, uma vez que as classes sociais na sociedade capitalista dizem quem são os que trabalham e os que não trabalham. A divisão sexual do trabalho, por sua vez, ao separar e hierarquizar atividades socialmente reconhecidas como femininas e masculinas, distribui desigualmente tanto o mercado de trabalho quanto a carga do trabalho doméstico entre os sexos, de forma não isolada, mas racializada e observando uma lógica de classe. Isso implica consequências diversas para mulheres privilegiadas e para as demais mulheres em termos da distribuição desigual de renda e tempo livre. De acordo com Flávia Biroli, os privilégios e as desvantagens se arranjam como hierarquias, de modo que as diferenças não digam respeito apenas a identidades, mas a relações de poder e dominação, influenciando a participação das mulheres na esfera política e na construção diuturna da democracia[13].

Não é coincidência a falta de representatividade das mulheres, sobretudo racializadas e das classes sociais mais baixas, nas esferas políticas e a persistência da desigualdade jurídica na perspectiva de gênero. Isso, porém, não significa a ausência das mulheres na luta por direitos[14].

Neste sentido, as mulheres como agentes da história do direito do trabalho foram objeto de estudo no Grupo de Pesquisa Trabalho e Capital no segundo semestre de 2015, do qual participei e que resultou na publicação do livro Mulheres em Luta: A outra metade da história do direito do trabalho, organizado por Regina S. C. Vieira e Jorge L. Souto Maior.

Há ainda diversos estudos sobre a atuação dos movimentos sociais na ANC. Sobre o movimento de mulheres, destacam-se as pesquisas

---

12 A sexualidade, como traço mais íntimo do ser humano, referente à busca do prazer e à descoberta das sensações táteis e da atração pela/o outra/o, também é objeto de controle social e impacta na divisão sexual do trabalho, mas esta pesquisa se concentrará na intersecção entre classe, gênero e raça.

13 BIROLI, Flávia. **Gênero e desigualdades**: limites da democracia no Brasil. São Paulo: Boitempo, 2018.

14 Sobre a metodologia de construção de uma dogmática e do projeto jurídico feminista brasileiro, v. SEVERI, Fabiana C. **Lei Maria da Penha e o projeto jurídico feminista brasileiro**. Rio de Janeiro: Lumen Juris, 2018.

de Rita L. Occhiuze dos Santos[15] e de Salete M. da Silva[16]. A respeito do movimento negro, a pesquisa de Natália N. da Silva Santos[17] é referência. Todavia, a pesquisa sobre as demandas das mulheres mais subalternizadas, trabalhadoras, negras, campesinas, com vistas a demonstrar a participação delas na conformação dos direitos sociais no Brasil, em especial, mas não exclusivamente, por ocasião da ANC, é a contribuição que se pretende alcançar neste estudo.

Para superar a invisibilidade histórica, social, política e jurídica, as lentes adotadas para enxergar os achados desta pesquisa serão apresentadas no Capítulo 1, considerando que classe social, gênero e raça são relações sociais estruturais e estruturantes da sociedade capitalista. É necessária, então, uma primeira teorização que nos permita atravessar o véu da universalidade e da neutralidade para encontrar estratos sociais silenciados (ou ignorados) e revelar sua capacidade de criar conhecimento e legitimidade para fazer reivindicações.

No item 1.1, o panorama da produção intelectual da antropóloga Lélia Gonzalez é recuperado juntamente com sua biografia, trazendo conceitos trabalhados por ela que jogam luz sobre o racismo e o sexismo na formação da sociedade brasileira. Alguns exemplos são: racismo por denegação, estereótipos decorrentes da mucama (doméstica, mãe preta e mulata), racismo por omissão, amefricanidade, pretuguês. Estes conceitos e ideias mobilizam o marxismo e a psicanálise, concebendo ferramentas que auxiliam a compreender as relações de poder e dominação, como se constituem as hierarquias e em que medida elas persistem no Brasil, assim como as formas de resistência à opressão e à discriminação. A categoria "amefricanidade" sintetiza o esforço de reconhecer a contribuição da cultura negra, não apenas

---

15 SANTOS, Rita L. O. **A participação da mulher no Congresso Nacional Constituinte de 1987 a 1988.** Orientadora: Guita Grin Debert. Tese (Doutorado). Instituto de Filosofia e Ciências Humanas. Universidade Estadual de Campinas, 2004.

16 SILVA, Salete Maria da. **A carta que elas escreveram**: a participação das mulheres no processo de elaboração da Constituição Federal de 1988. Orientadora Profa. Dra. Ana Alice Alcântara Costa. Tese (Doutorado). Programa de Pós-Graduação em Estudos Interdisciplinares sobre Mulheres, Gênero e Feminismo. Universidade Federal da Bahia, 2011.

17 SANTOS, Natália N. S. **A voz e a palavra do movimento negro na Assembleia Nacional Constituinte (1987/1988)**: um estudo das demandas por direitos. Orientadora: Marta Rodriguez de Assis Machado. Dissertação (Mestrado). Escola de Direito de São Paulo da Fundação Getúlio Vargas, 2015.

trazida da África, mas também desenvolvida na luta pela sobrevivência na América, na formação da "Améfrica Ladina".

Em sintonia com o legado teórico de Lélia Gonzalez, os estudos do Grupo Modernidade/Colonialidade, apresentados no item 1.2, contribuem para a compreensão de como as noções de raça e de gênero estruturaram e constituíram a América ocupada. A noção de colonialidade do poder nos permite constatar a origem de padrões de comportamento, crenças e relações do trabalho próprios do colonialismo que remanescem nas sociedades latino-americanas. A diferença colonial baseada na raça[18] determinou a forma de dominação e de exploração do trabalho. A desumanização de parcela da população que decorre desta persistência do padrão europeu de hierarquização social é chamada colonialidade do ser. A violência como se deu a colonização era justificável pela ideologia civilizatória do eurocentrismo, conforme se depreende da colonialidade do saber, segundo a qual o pensamento colonizador assume um ponto de vista autointitulado universal, neutro, objetivo, racional e civilizado, desqualificando os saberes dos povos originários e diaspóricos. No item 1.2.1, a ideia de colonialidade de gênero mostra que a modernidade colonial foi construída sobre uma lógica categórica binária: humano/não humano, branco/não branco, superior/inferior, civilizado/bestializado, homem/mulher, macho/fêmea. Este aporte nos possibilita alcançar como a imposição da heteronormatividade europeia aos povos ameríndios e africanos foi outra forma de violência, classificando as pessoas para estabelecer novo patamar de inferiorização. Nesta escala, a mulher colonizada e a pessoa colonizada intersexual ou transgênera[19] formavam uma categoria tão subalternizada, que ficou excluída do padrão binário do sistema moderno/colonial. A resistência à colonialidade é nomeada decolonialidade e reconhecida também como fonte de produção de conhecimento.

---

18 Sobre como se deu a construção do "ser negro", a partir da imagem, antes mesmo do discurso racista, v. SANTOS, Gislene Aparecida dos. Selvagens, exóticos, demoníacos: idéias e imagens sobre uma gente de cor preta. **Estud. afro-asiát**. Rio de Janeiro, v. 24, n. 2, p. 275-289, 2002.

19 As expressões intersexual e transgênera são nomenclaturas contemporâneas. Ao tempo da colonização, os colonizadores não tinham vocabulário para descrever as relações sociais dos povos originários e africanos. Ao olhar para as pessoas por meio de lentes do gênero eurocentrado (heteronormatividade), o colonizador classificou como bestialidade outras formas de viver, a exemplo da família Yorubá, hoje considerada como "não-generificada".

A aproximação da amefricanidade com a interseccionalidade é feita no item 1.3. A teoria do ponto de vista situado considera o lugar ocupado pelas mulheres e a experiência dele decorrente, validando outras fontes de produção de conhecimento e desafiando a ciência hegemônica. As experiências das mulheres negras estadunidenses mostram suas múltiplas opressões simultâneas, questionando também a opressão que advém do feminismo hegemônico (branco). A epistemologia que emerge desta experiência subverte o modelo dicotômico, sem deixar de reconhecer as diferenças, que passam a ser consideradas forças de mudança para fazer frente ao que já está posto, colocando-as em xeque para o surgimento de novas possibilidades.

O conceito de mulher universal é desafiado, contestando o ideal de feminilidade, que atribui fragilidade, doçura e fraqueza às mulheres (brancas). A mulher negra ocupa um lugar social e tem uma experiência de vida diferente destes estereótipos. Tem um ponto de partida diferente, com diferente acesso à moradia, educação e saúde; enfrenta a discriminação quanto à sua capacidade intelectual e aparência física; e não corresponde ao estereótipo de feminilidade. Por isso, além de a mulher negra ter uma visão diferente, suas necessidades e demandas são distintas e não podem ser eclipsadas por uma pauta supostamente universal. As questões do trabalho e da maternidade são bons exemplos materiais e históricos das diferenças entre as mulheres brancas e negras estadunidenses. Lélia Gonzalez, por sua vez, já identificava algo dolorosamente comum entre as mulheres negras e ameríndias, inferiorizadas pela "latinidade" e reconhecia o processo de tríplice discriminação (raça, classe e sexo), pelo menos dez anos antes do surgimento da expressão interseccionalidade.

A interseccionalidade surgiu como um conceito jurídico (item 1.3.1) para nomear o lugar da ausência da proteção da lei antidiscriminação estadunidense cunhado pela jurista e militante Kimberlé Crenshaw, em 1989. Nomear este "não lugar" foi importante para desvelar o entrecruzamento das opressões simultâneas de raça, classe e gênero, que pode ficar encoberto se cada eixo for analisado isoladamente, como ocorre na lógica dicotômica ou binária. Como só conhecemos aquilo que nomeamos, foi a partir do advento da expressão interseccionalidade que se estabeleceu um debate jurídico mais qualificado sobre as discriminações. O estudo do direito antidiscriminatório elaborado por Adilson Moreira ajuda a pensar a interseccionalidade no direito brasileiro.

No Capítulo 2, inicia-se a incursão histórica da luta por igualdade, buscando trazer à tona as perspectivas das mulheres, sobretudo as subalternizadas. Como o direito se estruturou em relação à divisão sexual do trabalho, informa sobre a condição da mulher na família e na sociedade, variando historicamente. Este levantamento visa compreender melhor o trabalho da mulher, nas perspectivas social e jurídica, e como esta questão se conformava com o contexto histórico e político. As subdivisões propostas para organizar o capítulo não se constituem limites temporais rígidos, mas apenas um indicativo de cada período histórico. Estabelece-se um paralelo entre as lutas cotidianas e o conteúdo do direito para mostrar como a inserção de mulheres no mercado assalariado de trabalho se deu fortemente marcada pela opressão de gênero e de raça, com as piores condições de trabalho e os salários mais baixos. A variável classe (e raça) informa também a exclusão de parte das mulheres do trabalho assalariado, a quem eram destinados o cuidado da família e o trabalho doméstico de forma gratuita e sob a supremacia do homem chefe de família.

A regulação do trabalho por meio de norma estatal é abordada no item 2.1, como solução encontrada para desmobilizar a classe trabalhadora urbana, com o Estado arrogando para si o papel de concedente de direitos. Neste contexto, foram estabelecidas a igualdade jurídica entre os sexos, a proibição de diferença salarial em razão de sexo e normas de "proteção do trabalho da mulher", com enfoque na função reprodutiva feminina. Apesar da proclamação constitucional da igualdade jurídica, o trabalho doméstico assalariado e o trabalho rural ficaram excluídos do alcance da CLT, cuja inclusão passou a ser, de certa forma, o horizonte de luta da classe trabalhadora.

No item 2.2, veremos que novos horizontes de lutas das mulheres se apresentaram a partir de 1945: pelo fortalecimento da democracia, pela anistia dos presos políticos e contra a carestia. As mulheres também se mobilizaram em torno da questão do trabalho, denunciando a discriminação e o descumprimento da legislação, e de outras questões concretas. A sociedade civil experimentou por curto tempo as liberdades de organização e de associação. Estas liberdades somadas às propostas de reformas de base do Presidente João Goulart se chocavam com os interesses da elite, que reagiu com discurso e ações conservadoras, exaltando a família tradicional e a religião. A polarização das posições políticas no âmbito da sociedade foi o cenário que antecedeu a longa ditadura militar.

A legitimação do autoritarismo por meio da forma jurídica é o pano de fundo do item 2.3, que versa sobre a ausência de liberdades democráticas, em que os direitos fundamentais deixam de ser limite para o Estado repressor, em cotejo com a redução de direitos sociais, incluindo direitos trabalhistas. Com o item 2.4, busco fazer um breve fechamento parcial sobre as várias mulheres no mundo do trabalho até o início da década de 1970.

O Capítulo 3 se destina a investigar a atuação das mulheres em espaços coletivos, abrangendo desde organizações de bairros, passando por sindicatos, até movimentos sociais. A pesquisa envolveu tanto a consulta bibliográfica quanto a pesquisa documental em tabloides publicados por sindicatos e movimentos sociais. Além disso, foram consultadas ex-sindicalistas do setor bancário. O gênero se apresentou como um fator importante para que esta participação se estabelecesse de forma gradativa ao longo da década de 1970, em que o ambiente antidemocrático não possibilitava a expressão de antagonismos ao regime. O acúmulo de experiências no período permitiu o amadurecimento de pautas de reivindicações que seriam entabuladas na Assembleia Nacional Constituinte de 1987-1988 (ANC). Estas pautas foram sumarizadas ao final do capítulo com vistas a nortear as pesquisas subsequentes.

A participação das mulheres na política, seja por meio de mandato parlamentar, seja por cargos dentro da institucionalidade, no período pré-ANC é relatada no Capítulo 4, arrematando o arcabouço necessário para a leitura específica dos registros históricos da ANC. Além da pesquisa bibliográfica, foi analisado o relatório final da CPMI da Mulher, de 1977, como o objetivo de verificar quais foram as contribuições das mulheres neste período e se houve correlação com as demandas apresentadas pelas mulheres pesquisadas no capítulo anterior.

Por fim, o Capítulo 5 recupera os pontos de debates travados na Comissão da Ordem Social-VII e em suas subcomissões relacionadas às demandas das mulheres apuradas nos capítulos anteriores. Foram realizadas três entrevistas com parlamentares constituintes: Aldo Arantes, Benedita da Silva e Lídice da Mata. Aldo Arantes e Benedita da Silva foram entrevistados pessoalmente e o teor foi gravado. Lídice da Mata respondeu às perguntas por escrito. As entrevistas tinham o objetivo de contextualizar o processo constituinte e a atuação da Bancada Feminina. Depois disso, a pesquisa documental se baseou nos registros das atas de reuniões da Comissão VII e suas subcomissões, disponibilizados no acervo virtual da Câmara dos Deputados. O escopo da leitura foi identificar:

quais foram as reivindicações das trabalhadoras discutidas nas reuniões, cujas atas foram objeto desta pesquisa? Como se deram as discussões em termos de argumentos e discursos? Ao final do trâmite na Comissão VII, como estavam as propostas sobre os principais pontos?

Nas Considerações Finais, retomarei os pontos principais apresentados nos capítulos para explicar o longo processo de luta por direitos até a ANC, analisando-os à luz da interseccionalidade. Conhecer este processo histórico visa dar subsídios para uma melhor compreensão sobre os direitos sociais que foram integrados no texto constitucional e sobre aqueles que, não sendo positivados, foram objetos de debates progressistas; e, assim, contribuir para uma melhor aplicação do direito construído, enfrentando as estruturas discriminatórias ainda vigentes em nossa sociedade.

NOTAS METODOLÓGICAS

Para demonstrar a participação das mulheres na luta por direitos e na conformação dos direitos sociais constitucionalizados em 1988, além da pesquisa bibliográfica que priorizou autoras brasileiras e americanas para formar o arcabouço teórico, foi necessária uma incursão em fontes históricas primárias e secundárias.

Fontes primárias são os registros feitos por quem viveu no passado e portam dados qualitativos ou quantitativos sobre eventos passados ou vida social, que foram criados e usados no tempo passado[20]. Fontes secundárias, por sua vez, são dados quantitativos e qualitativos usados em pesquisa histórica. Assim, trazem a informação sobre eventos e cenários documentada ou escrita posteriormente por historiadores ou outros, que não participaram diretamente deles[21]. Sinteticamente, pode-se considerar que fontes primárias fornecem dados brutos, ou seja, coletados sem ter passado por nenhum tipo de tratamento da informação, ao passo que fontes secundárias são aquelas que já se basearam em fontes primárias.

Ademais, o recurso da recordação também foi acionado por meio da história oral[22] acessada em entrevistas com pessoas que participaram

---

20 KREUGER, Larry W.; NEUMAN, W. Laurence. **Social Research Methods with Research Navigator**. Pearson Ed., 2006. p. 431.

21 KREUGER, Larry W.; NEUMAN, W. Laurence. **Social Research Methods with Research Navigator**. Pearson Ed., 2006. p. 432.

22 "Uma recordação em que a pessoa é entrevistada sobre eventos, crenças ou sentimentos no passado que ele ou ela tenha experenciado." Tradução livre. KREUGER,

de determinados momentos sobre os quais achei importante trazer a experiência e o ponto de vista de quem os vivenciou.

A pesquisa histórica foi iniciada com a realização de entrevistas com pessoas que participaram como parlamentares constituintes em 1987-1988. O objetivo foi o de colher memórias, impressões e opiniões dos entrevistados sobre a conjuntura pré-ANC e sobre o próprio processo constituinte e, a partir de então, fixar qual seria a melhor estratégia para seguir a coleta de dados. A primeira entrevistada foi a deputada federal Benedita da Silva, do PT/RJ. A escolha de seu nome se deu pelo notório protagonismo que ela assumiu na condução de demandas das trabalhadoras domésticas, que culminou na chamada PEC das Domésticas, que, em termos jurídicos, corresponde à Emenda Constitucional n. 72/2013, regulamentada pela Lei Complementar 150/2015. Além disso, Benedita da Silva marcou sua trajetória política intitulando-se "mulher negra e favelada". Após diversas tentativas de contato, consegui marcar uma entrevista pessoal em seu gabinete na Câmara dos Deputados. No dia 25 de maio de 2018, fui recebida por Benedita da Silva, que me concedeu uma entrevista de 40min36s, transcrita em nove laudas.

O segundo nome escolhido foi o da então senadora Lídice da Mata, do PSB/BA. Os critérios que determinaram a seleção foram os seguintes: seu histórico de militância estudantil no período da redemocratização, sendo que estudou Economia na Universidade Federal da Bahia entre 1976 e 1983 e foi presidente do Diretório Central dos Estudantes; sua identificação com as demandas feministas; a defesa da pauta dos trabalhadores na ANC, de acordo com o Departamento Intersindical de Assessoria Parlamentar (DIAP); a possibilidade de conjugar as duas entrevistas em apenas uma viagem a Brasília/DF. Houve uma maior dificuldade em ajustar as agendas e não foi possível realizar a entrevista pessoalmente. Depois de dois meses de contatos com sua assessoria, a entrevista foi concedida na forma escrita em setembro de 2018, em um documento com 15 laudas.

O terceiro entrevistado foi o advogado Aldo Arantes, cuja trajetória de militância política se destaca pela defesa da democracia. A escolha de seu nome se deve ao fato de ter sido presidente da União Nacional dos Estudantes (UNE); ter se exilado por um tempo em Montevidéu; ter sido preso pela repressão militar em 1976 e solto com a anistia em 1979; além de seu compromisso com a pauta dos trabalhadores reconhecido pelo DIAP durante a ANC, para a qual se elegeu pelo PMDB/GO, mas logo

---

Larry W.; NEUMAN, W. Laurence. **Social Research Methods with Research Navigator**. Pearson Ed., 2006. p. 432.

se desvinculou para filiar-se ao PCdoB/GO. A entrevista realizada em 13 de outubro de 2018 de 58min40s foi gravada e transcrita em 14 laudas.

Para descortinar as lutas das mulheres por direitos no período pré-ANC 1987-1988, foram consultadas sobretudo fontes históricas secundárias, todas devidamente citadas ao logo do texto. Para citar alguns exemplos: a biografia de Lélia Gonzalez foi baseada na pesquisa de Flávia Rios e Alex Ratts e foi importante para mostrar como a produção intelectual caminhou no decorrer de sua vida, expressão da experiência como dado epistemológico relevante; a colonização da América e a diáspora africana são revisitadas com base nas pesquisas decoloniais e de Lélia Gonzalez; a integração da mulher negra liberta ao mercado de trabalho foi narrada por Lorena Féres da Silva; o percurso histórico da mulher brasileira como trabalhadora nas fábricas foi desvendado por Maria Valéria J. Pena. Dentre as fontes primárias, destacam-se os jornais feministas, tais como o Brasil Mulher[23] ou Nós Mulheres[24], ou de sindicatos, como a Folha Bancária[25]; e os anais da Comissão Parlamentar Mista de Inquérito (CPMI) sobre a Mulher, de 1977 e a Carta das Mulheres Brasileiras à Assembleia Constituinte.

Os registros da CPMI sobre a Mulher estão disponíveis[26] em dois arquivos pesquisáveis de padrão PDF/A, o primeiro com 660 laudas e o segundo, 627. A consulta foi iniciada pela leitura do Relatório Preliminar, das Considerações Gerais e das Conclusões e Recomendações (p. 1241-1282) e, a partir dele, uma pesquisa por termos (trabalho da mulher, legislação e creches) nas atas de reunião e depoimentos.

O levantamento das demandas das trabalhadoras metalúrgicas foi realizado com base nas matérias do jornal Brasil Mulher (fonte primária) e no estudo de Elisabeth Souza-Lobo (fonte secundária). Para as demandas das trabalhadoras bancárias, foram mobilizados alguns dos jornais da categoria, com destaque para a Folha Bancária. Além disso, tive a oportunidade de realizar uma roda de conversa com

---

23 Consultado o documento físico, adquirido em livrarias sebo em São Paulo/SP.

24 Consultado por meio do portal "Nós Mulheres" no site da Fundação Carlos Chagas. Disponível em: https://www.fcc.org.br/conteudosespeciais/nosmulheres/. Acesso em: 19 ago. 2019.

25 Consultado por meio do portal CEDOC no site do Sindicatos dos Bancários de São Paulo. Disponível em: https://spbancarios.com.br/cedoc. Acesso em: 12 set. 2019.

26 Disponível em: https://www2.senado.leg.br/bdsf/handle/id/84968. Acesso em: 01 out. 2019.

Maria Aparecida Santos e Maria Lúcia Matias, que foram dirigentes do Sindicato dos Bancários em São Paulo no início dos anos 1980. A roda de conversa foi realizada na Associação Cultural José Martí, no município de Santos/SP, no dia 06 de maio de 2019. Não foi gravada, mas gerou 10 páginas de anotações manuscritas.

As pautas das trabalhadoras domésticas foram extraídas das pesquisas realizadas por Joaze Bernardino-Costa. As reivindicações das mulheres campesinas foram acessadas a partir dos artigos de Carmen Deere e de Vilenia Aguiar. A pauta feminista foi precipuamente levantada nos jornais Brasil Mulher e Nós Mulheres e na pesquisa sobre a imprensa feminista realizada por Amelinha Teles e Rosalina Leite. Um importante documento para pensar as demandas do movimento negro é a Carta de Princípios do Movimento Negro Unificado (MNU) e os estudos de Lélia Gonzalez e de Sueli Carneiro fornecem subsídios para pensar a lugar social das mulheres negras.

A partir deste levantamento, fiz um cotejo com a Carta das Mulheres Brasileiras à Assembleia Constituinte (Anexo I) para verificar quais reivindicações das trabalhadoras foram contempladas neste documento e quais ficaram de fora.

A Bancada Feminina se organizou para a defesa dos pontos comuns a todas as integrantes e consolidou no documento chamado Propostas à Assembleia Nacional Constituinte (Anexo II). Comparei o conteúdo deste documento com a Carta das Mulheres e a pauta de demandas levantada nos movimentos sociais e sindicatos supramencionados.

As pesquisas sobre o perfil dos constituintes publicadas pelo DIAP e por Leôncio Martins Rodrigues foram importantes para a análise da Bancada Feminina e permitiram conhecer dados importantes sobre as deputadas constituintes (biografia, perfil sócio-político etc.). A partir do aporte acima descrito, passei à análise do que seria o núcleo desta pesquisa: os chamados anais da ANC.

Uma fonte primária essencial para toda pesquisa sobre ANC 1987-1988, os chamados anais da ANC são constituídos pela publicação oficial dos "Diários da Assembleia Nacional Constituinte", que contêm debates, discussões e votações nas subcomissões, comissões e plenário, compreendendo todo o processo constituinte, entre 2 de fevereiro de 1987 e 5 de outubro de 1988. O documento na versão impressa foi encadernado em 16 volumes e está disponível na Biblioteca do Senado Federal e no Centro de Documentação e Informação da Câmara dos Deputados. A versão digitalizada do documento está disponível no site do Senado Federal[27]. Trata-se de uma pasta compactada das digitalizações das atas publicadas no Diário da ANC no formato de arquivos pesquisáveis PDF/A, organizados por Comissão, Subcomissão e Plenário. São milhares de laudas de documentos escritos.

Tendo em vista o escopo desta pesquisa, a análise documental se restringirá às atas das reuniões realizadas pela Comissão da Ordem Social (Comissão VII) e por suas subcomissões: Subcomissão dos Direitos dos Trabalhadores e Servidores Públicos (VII-a), Subcomissão de Saúde, Seguridade e do Meio Ambiente (VII-b) e Subcomissão dos Negros, Populações Indígenas, Pessoas Deficientes e Minorias (VII-c), materializadas em 1.062 laudas de documentos digitalizados cada qual com aproximadamente 9.000 caracteres[28].

Para organizar a leitura, procedi a uma busca simples por alguns termos, tais como: mulher, trabalhadora, licença-maternidade, creche, doméstica. A "licença maternidade" não apareceu como resultado de pesquisa em nenhuma das subcomissões. Alterei para a palavra "licença", cujos resultados mostraram diversos trechos em que aparecia com o sentido de autorização para falar. Testei ainda as expressões "licença paternidade" e "licença gestante" e somente esta última apareceu uma única vez na subcomissão VII-a. Como a licença-maternidade é um direito que toca tanto o direito do trabalho (objeto da subcomissão VII-a) quanto o direito previdenciário (VII-b), fui buscar em outras subcomissões e constatei que este assunto foi mais profundamente discutido na subcomissão I-c. Posteriormente, na leitura dos arquivos de cada subcomissão da Comissão da Ordem Social – VI, encontrei o debate na subcomissão VII-b, que tratou como "descanso" para a gestante.

O documento que compila as atas das reuniões da Subcomissão dos Direitos dos Trabalhadores e Servidores Públicos (VII-a) conta com 349 laudas. Inicialmente, com foco nas questões das trabalhadoras, procedi a uma pesquisa buscando os seguintes termos: "mulher", que teve 262 menções; "trabalhadora", 232; "licença", 46 – muitas vezes a palavra apareceu com o sentido de pedir autorização para falar; "li-

---

27 Disponível em: https://www.senado.leg.br/publicacoes/anais/asp/CT_Abertura. asp. Acesso em: 2 mar. 2018.

28 Apenas para se ter um parâmetro, esta lauda contém aproximadamente 3.000 caracteres, ou seja, cada lauda do Diário da ANC corresponde a três laudas de documento Word, escrito em fonte Times New Roman, tamanho 12. Portanto, é possível dizer que se fosse formatado no padrão desta tese, teríamos mais de 3 mil laudas de documento.

cença maternidade" e "licença paternidade", 0 menções[29]; "licença gestante", 1; "creche", 53; "doméstica", 57; "doméstico", 20. A primeira triagem indicou que uma forma de identificar em quais reuniões houve algum debate que interessasse ao escopo desta pesquisa.

Os registros das atas da Subcomissão de Saúde, Seguridade e do Meio Ambiente (VII-b) compõem um documento de 330 laudas, sobre as quais, utilizados os mesmos termos pesquisados nos registros das atas da subcomissão VII-a, foram encontrados os seguintes resultados: "mulher", com 165 menções; "trabalhadora", 22; "licença", 11 – muitas vezes a palavra apareceu com o sentido de pedir autorização para falar; "licença maternidade" e "licença paternidade", 0 menções; "licença gestante", 0; "creche", 14; "doméstica", 5; "doméstico", 8[30].

De igual maneira, as atas da Subcomissão dos Negros, Populações Indígenas, Pessoas Deficientes e Minorias (VII-c) estão reunidas em um documento com 194 laudas. Aplicados os mesmos filtros utilizados nas Subcomissões anteriores, os resultados sobre a frequência dos termos foram: "mulher", 162 menções; "trabalhadora", 7; "licença", 13 – novamente, muitas vezes a palavra apareceu com o sentido de pedir autorização para falar; "licença maternidade" e "licença paternidade", 0 menções; "licença gestante", 0; "creche", 5; "doméstica", 10; "doméstico", 7. Relevante mencionar que das três subcomissões analisadas esta é a que contou com maior número de palestras expostas por mulheres: 23[31].

As atas de reuniões da Comissão da Ordem Social (Comissão VII) foram transcritas em um documento com 189 laudas, em que, pesquisados os mesmos termos aplicados nas subcomissões, foram encontrados os seguintes resultados: "mulher", 53 menções; "trabalhadora", 0; "licença", 20 – novamente, muitas vezes a palavra apareceu

---

29 Este resultado me levou a procurar em outros documentos e concluir que as licenças-maternidade e paternidade, assim como a licença-gestante, foram mais discutidas na Subcomissão dos Direitos e Garantias Individuais I-c, como questão concernente à igualdade jurídica entre homens e mulheres. Chama a atenção o grau de aprofundamento da reflexão sobre a igualdade da mulher que o expositor Carlos Roberto de Siqueira Castro demonstrou ao defender a licença-paternidade, em 29 de abril de 1987. A licença-gestante foi discutida também na Subcomissão da Saúde, Seguridade e do Meio Ambiente VII-b.

30 Em algumas menções nesta subcomissão, tratava-se de "uso doméstico" e não de "trabalho doméstico".

31 A subcomissão VII-a contou com 6 exposições proferidas por mulheres e a subcomissão VII-b, com 14.

com o sentido de pedir autorização para falar; "licença maternidade" e "licença paternidade", 0 menções; "licença gestante", 0; "creche", 1; "doméstica", 30; "doméstico", 9.

Como os resultados da pesquisa por termo de busca não se mostraram suficientes para se ter uma boa noção sobre o conteúdo dos documentos, procedi à leitura integral das atas, destacando as reuniões que tangenciavam os assuntos de interesse das trabalhadoras, com base nos levantamentos realizados nos Capítulos 3 e 4.

Reduzida a quantidade de sessões para a análise das atas para apenas aquelas em que foram abordados temas das pautas das trabalhadoras, constatei algumas participações que mereciam uma atenção pormenorizada: as palestras das representantes das trabalhadoras domésticas, rurais e urbanas. Os debates sobre os direitos sociais reivindicados pelas trabalhadoras, bem como estas palestras, foram descritos e analisados no Capítulo 5 e nas Considerações Finais.

1. EPISTEMOLOGIAS FEMINISTAS

Um sonho europeizantemente europeu.
E isso é muito grave, companheiros.
Afinal, a questão do racismo está intimamente ligada à suposta superioridade
cultural. De quem? Ora... Crioléu, mulherio e indiada deste País: se cuida, moçada!

Lélia Gonzalez

No Brasil, o direito conviveu com o regime de escravização, de modo que a subjetividade jurídica foi por muito tempo negada à população negra, ainda que fosse numericamente majoritária. A contradição se colocava também entre o regime de escravização e os ideais de liberdade e de igualdade jurídica, que eram pressupostos da circulação mercantil. A contradição, no entanto, não era de forma excludente, pois o regime de escravização não era oposto ao direito a tal ponto que ambos não pudessem ser válidos ao mesmo tempo; ela (a contradição) se revela como tensionamento, ou seja, de forma dialética.

Embora a força de trabalho fosse preponderantemente escravizada, a acumulação do capital ocorria de forma mercantil no Brasil Colônia, uma vez que o tráfico de escravizados foi uma atividade mercantil altamente rentável especialmente para comerciantes britânicos, constituindo-se um fim em si mesmo. "Os comerciantes britânicos de escravos forneciam os trabalhadores necessários não só para as fazendas das colônias britânicas, mas também para as dos concorrentes"[32]. Eles contavam com todo o apoio do Parlamento e da sociedade britânica, que reconheciam a importância do comércio de pessoas negras cativas para o desenvolvimento de sua economia e do próprio capitalismo.

Para demonstrar como o projeto moderno colonial organizou as relações intersubjetivas e institucionais, Thula Pires propõe um olhar sobre o direito a partir do pensamento de Frantz Fanon com os conceitos da zona do ser e zona do não ser.

---

32 WILLIAMS, Eric. **Capitalismo e escravidão** (1944). São Paulo: Companhia das Letras, 2012, p. 66.

A categoria raça foi instrumentalizada para separar de forma incomensurável duas zonas: a do humano (zona do ser) e a do não humano (zona do não ser). O padrão de humanidade passou a ser determinador pelo perfil do sujeito soberano (homem, branco, cis/hetero, cristão, proprietário, sem deficiência), representativo do pleno, autônomo e centrado[33].

Thula Pires entende que a construção normativa é produzida a partir da experiência da zona do ser (um parlamento marcado pela supremacia masculina, branca, cisheterossexual, cristã) e, por isso, é incapaz de oferecer uma resposta que reposicione o papel dos direitos humanos a respeito dos processos de violência sobre a zona do não ser. O direito construído desde a colonização e o regime escravocrata negava a humanidade a pessoas racializadas, que ficavam segregados na zona do não ser. O sujeito de direito, nestes termos, é a "afirmação de uma pretendida uniformidade, forjada pela exclusão material, subjetiva e epistêmica dos povos subalternizados"[34].

A ideia da uni-versalidade[35] dos direitos humanos ainda está voltada para a zona do ser, o que na prática pode significar a invisibilização ou a ineficácia perante grupos marginalizados, porque estão na zona do não ser. O não reconhecimento da subjetividade jurídica a minorias ainda é um fenômeno que persiste na sociedade brasileira e se manifesta pela falta de condições mínimas de dignidade humana nas penitenciárias e pela violência policial contra jovens negros, desumanizando parte da população, tratada como indesejável[36].

Tendo como pano de fundo as estruturas do colonialismo e as formas de opressão capitalista, a amefricanidade como categoria político-cultural se insere na pauta do movimento feminista negro e pode colaborar para que o direito acesse a zona do não ser. Como afirma Sueli Carneiro, ao trazer para a cena política as contradições que resultam da articulação das variáveis de raça, classe e gênero, o feminismo negro brasileiro

---

33 PIRES, Thula. Direitos humanos e Améfrica Ladina: por uma crítica amefricana ao colonialismo jurídico. **LASA Forum**. v. 50:3. Verão, 2019, p. 70.

34 PIRES, Thula. Direitos humanos e Améfrica Ladina: por uma crítica amefricana ao colonialismo jurídico. **LASA Forum**. v. 50:3. Verão, 2019, p. 71.

35 A grafia "uni-versalidade" é adotada pelo sociólogo porto-riquenho Ramon Grosfoguel para contrapor à ideia de "pluri-versalidade" e será retomada quando tratarmos de colonialidade do saber.

36 Para obter mais subsídios sobre o papel do Estado e do Poder Judiciário no neoliberalismo: CASARA, Rubens. **Estado pós-democrático**: neo-obscurantismo e gestão dos indesejáveis. Rio de Janeiro: Civilização Brasileira, 2017.

promove a síntese das bandeiras de luta historicamente levantadas pelos movimentos negro e de mulheres do país, enegrecendo, de um lado, as reivindicações das mulheres, tornando-as assim mais representativas do conjunto das mulheres brasileiras, e, por outro lado, promovendo a feminização das propostas e reivindicações do movimento negro[37].

Thula Pires acredita que a crítica amefricana ao colonialismo jurídico pode contribuir para a redefinição de direitos em resposta ao mundo herdado e não ao idealizado pelas declarações de direitos humanos:

> A eficiência da crença na universalidade e neutralidade dos direitos humanos, aliada no contexto brasileiro com o compartilhamento do mito da democracia, fez com que o impacto de sua utilização para promover o enfrentamento das desigualdades raciais se mantivesse esvaziado.[38]

A zona do não ser pode coincidir com o "acidente interseccional"[39] quando analisados o direito posto e suas limitações. Mas na construção e na luta por direitos, a amefricanidade nos dá recursos teóricos não só para praticar a escuta ativa das demandas das mulheres negras, mas também para respeitar seu lugar de fala,[40] e trabalhar "pela cons-

---

37 CARNEIRO, Sueli. Enegrecer o feminismo: a situação da mulher negra na América Latina a partir de uma perspectiva de gênero. *In*: HOLLANDA, Heloísa B. (org.). **Pensamento feminista**: conceitos fundamentais. Rio de Janeiro: Bazar do Tempo, 2019, p. 315.

38 PIRES, Thula. Direitos humanos e Améfrica Ladina: por uma crítica amefricana ao colonialismo jurídico. **LASA Forum**. v. 50:3. Verão, 2019, p. 73.

39 A ideia de acidente interseccional será melhor desenvolvida no item 2.4.3. Por ora, basta a compreensão de que a intersecção das opressões de classe, gênero e raça, como se elas fossem avenidas, pode levar a um entrecruzamento em que o acidente é invisível para a lei, onde estaria localizada a mulher negra, no exemplo de Kimberlé Crenshaw.

40 A concepção de lugar de fala nesta tese é aquela que, para além da experiência pessoal ou da identidade, se estabelece a partir da localização dos grupos sociais nas relações de poder. Considera-se como as categorias de classe, gênero, raça e sexualidade criam hierarquias e desigualdades entre os grupos. Nas palavras de Djamila Ribeiro: "Essas experiências comuns resultantes do lugar social que ocupam impedem que a população negra acesse certos espaços. É aí que entendemos que é possível falar de lugar de fala a partir do *feminist standpoint*: não poder acessar certos espaços acarreta a não existência de produções e epistemologias desses grupos nesses espaços; não poder estar de forma justa nas universidades, meios de comunicação, política institucional, por exemplo, impossibilita que as vozes dos indivíduos desses grupos sejam catalogadas, ouvidas, inclusive, até em relação a quem tem mais acesso à internet. O falar não se restringe ao ato de emitir palavras, mas a poder existir. Pensamos lugar de fala como refutar a historiografia tradicional

trução de uma sociedade multirracial e pluricultural, onde a diferença seja vivida como equivalência e não mais como inferioridade"[41]. Contar a história, relevando o papel dos grupos marginalizados, sua resistência e seus avanços é a dimensão epistêmica da amefricanidade, que, combinada com a perspectiva decolonial e a lente interseccional, move este olhar sobre a conformação do direito.

1.1. AMEFRICANIDADE DE LÉLIA GONZALEZ

No desenvolvimento da presente pesquisa, o nome de Lélia Gonzalez surgiu em diversas oportunidades: no estudo do feminismo negro, nas pesquisas históricas dos movimentos sociais do período da ditadura militar e da atuação feminina na Assembleia Nacional Constituinte. A cada vez que seu nome aparecia, ficava mais clara a ideia de que ela se tratava de uma figura síntese do problema que eu pretendia abordar: interseccionalidade e direitos. Assim, a escolha da categoria "amefricanidade" de Lélia Gonzalez como chave para pensar a participação dos movimentos de mulheres na conformação dos direitos sociais foi praticamente imperiosa. Lélia Gonzalez é uma importante intelectual brasileira, considerada também uma ativista icônica dos movimentos negro e de mulheres negras no Brasil dos anos 1970-1980. A experiência de ser mulher negra, oriunda da classe baixa, marcou a sua produção acadêmica e militância. Sua vida é retratada na biografia escrita por Alex Ratts e Flavia Rios[42], fonte principal dos dados biográficos a seguir. Nascida Lélia de Almeida em 1935 em Belo Horizonte/MG, penúltima filha de uma família com 18 filhos, de pai negro e ferroviário e mãe indígena e empregada doméstica. Em 1942, a família mudou-se para o Rio de Janeiro, pois o irmão Jaime de Almeida começou a jogar futebol no Flamengo.

Graduou-se em História e Geografia em 1958 e em Filosofia em 1962, na atual Universidade do Estado do Rio de Janeiro (UERJ), numa trajetória diferente da grande maioria da população negra, que

---

e a hierarquização de saberes consequente da hierarquia social". RIBEIRO, Djamila. **Lugar de fala**. São Paulo: Sueli Carneiro; Pólen, 2019, p. 64.

41 CARNEIRO, Sueli. Enegrecer o feminismo: a situação da mulher negra na América Latina a partir de uma perspectiva de gênero. *In*: HOLLANDA, Heloísa B. (org.). **Pensamento feminista**: conceitos fundamentais. Rio de Janeiro: Bazar do Tempo, 2019, p. 320.

42 RATTS, Alex; RIOS, Flavia. **Lélia Gonzalez**. São Paulo: Selo Negro Edições, 2010.

dificilmente tinha acesso ao ensino superior. Lélia de Almeida foi professora de ensino médio e universitário. Em razão da ascensão social e acadêmica, de um lado, Lélia Gonzalez desafiou o "lugar de negro" – o lugar social estabelecido com base na hierarquização por sexo[43] e raça[44] –, o que lhe reservou experiências que influenciaram suas reflexões, tais como ser confundida com a empregada doméstica em sua própria casa ("a patroa está?"). De outro, levou-a também à experiência do embranquecimento, inclusive com um casamento inter-racial, que lhe marcou profundamente com preconceito e discriminação por parte da família do esposo, que se suicidou pouco tempo depois. Lélia manteve o sobrenome Gonzalez em homenagem ao homem branco que a amou. Esta experiência a "enegreceu", no sentido da tomada de consciência da opressão racial, e a impeliu a entrar na luta política contra o racismo.

> Aí me recordo daquela frase de Simone de Beauvoir quando ela diz: "A gente não nasce mulher, a gente se torna mulher". Do mesmo modo nós não nascemos negros, nós nos tornamos negros! A gente nasce "pardo", "azul-marinho", "marrom", "roxinho", "mulato claro" e "escuro", mas a

---

43 Lélia Gonzalez não utilizou o termo gênero em sua obra, embora a questão de gênero permeasse suas reflexões quando se referia a sexo.

44 Raça, como critério de classificação de seres da mesma espécie, não é um conceito biológico para os seres humanos. A raça humana não existe biologicamente, pois, a partir do Projeto Genoma pode-se afirmar que somos todos da subespécie humana *Homo Sapiens sapiens*, oriunda da África, de modo que somos todos sim afrodescendentes. Raça é, portanto, um conceito relacional e histórico, que estabelece classificações com base em diferenças fenotípicas (cor da pele, em regra, mas não exclusivamente) construídas historicamente (como o discurso da inferioridade racial dos povos colonizados). É ainda "um fator político importante, utilizado para naturalizar desigualdades e legitimar a segregação e o genocídio de grupos sociologicamente considerados minoritários". Racismo, por sua vez, é "uma forma sistemática de discriminação que tem a raça como fundamento, e que se manifesta por meio de práticas conscientes ou inconscientes que culminam em desvantagens ou privilégios para indivíduos, a depender do grupo racial ao qual pertençam". Sobre o tema do racismo: ALMEIDA, Silvio. **Racismo estrutural**. São Paulo: Sueli Carneiro; Pólen, 2019, pp. 30-32.

gente se torna negro. Ser negro é uma conquista. Não tem nada a ver com as gradações de cor de pele[45]! Isso foi o racismo que inventou![46]

Para superar a dor da perda, Lélia Gonzalez se valeu da psicanálise e do candomblé, cujos elementos aparecem em seus textos, permitindo-lhe formular importantes conceitos como o racismo "por denegação". Foi fundadora do Instituto de Pesquisas das Culturas Negras (IPCN) e do Colégio Freudiano no Rio de Janeiro, enquanto graduou-se em comunicação no mestrado e iniciou o doutorado em antropologia. A produção acadêmica de Lélia Gonzalez começou em 1970 com a análise da formação do capitalismo brasileiro com recorte racial e influência marxista. A pesquisado-

---

45 Colorismo ou pigmentocracia é a classificação e hierarquização das pessoas em razão da cor da pele e tem relação direta com a ideologia do embranquecimento e a eugenia, pois revelaria que quanto mais próxima à cor da pele branca, maior a aceitação social da pessoa, e quanto mais pigmentada a cor da pele, mais discriminação sofre a pessoa. Para além da cor da pele miscigenada, há também o efeito do "embranquecimento" pela ascensão social, ao ocupar lugar diverso do "lugar de negro". "Os censos evidenciam, no quesito cor, como essa semântica é negociada no Brasil de forma complexa, muitas vezes intencionalmente confusa. O primeiro e o segundo censos do país, em 1872 e 1890, registraram a população preta, branca e mestiça; no de 1872 acrescida à informação da condição de escravo ou livre. Nos censos de 1900, 1920 e 1970, o item cor foi retirado. Diante da constatação de que o Brasil era um país mestiço e negro, o terceiro e quarto censo simplesmente deixaram de registrar a informação sobre a população, assim como o primeiro censo do regime militar, quando se reforçava a ideia de homogeneizar o país. No censo de 1950, a população foi distribuída entre brancos, pretos, amarelos e pardos. Indígenas não possuíam uma categoria classificatória. Em 1960, indígenas deveriam ser declarados como pardos. Em 1980, havia uma explicação para pardos: "mulatos, mestiços, índios, caboclos, mamelucos, cafuzos etc". SANTANA, Bianca. **Quem é mulher negra no Brasil?** Colorismo e o mito da democracia racial. Disponível em: https://revistacult.uol.com.br/home/colorismo-e-o-mito-da-democracia-racial/. Acesso em: 15 out. 2019. Neste contexto, subdividir a população negra em negros e pardos faz parte da lógica do mito da democracia racial, ao diluir o marcador social da raça em uma paleta de cores (negra retinta, negra, mulata, parda, mestiça, morena clara etc.), embranquecendo negros e negras miscigenadas e disfarçando que, nos termos de Silvio Almeida, "o racismo, como processo histórico e político, cria as condições sociais para que, direta ou indiretamente, grupos racialmente identificados sejam discriminados de forma sistemática". ALMEIDA, Silvio. **Racismo estrutural**. São Paulo: Sueli Carneiro; Pólen, 2019, p. 51.

46 GONZALEZ, Lélia. Cidadania de segunda classe (1988). *In*: GONZALEZ, Lélia. **Primavera para as rosas negras**: Lélia Gonzalez em primeira pessoa… Diáspora Africana: Filhos da África, 2018, p. 361.

ra Raquel Barreto[47] acredita que Lélia Gonzalez tenha sido precursora na análise na perspectiva racial do desenvolvimento desigual e combinado brasileiro, mostrando que no lado menos favorecido (seja na marginalidade funcional do exército industrial de reserva, seja na não funcional massa marginalizada) concentrava a população negra[48].

Lélia Gonzalez entendia o racismo como uma construção ideológica e um conjunto de práticas, que passou por um processo de perpetuação e reforço após a abolição da escravatura, beneficiando determinados interesses. Ao referir-se à construção ideológica, invocou o conceito de Althusser, para quem ideologia é a representação falseada do real, porque é necessariamente orientada e tendenciosa, oferecendo uma representação mistificada do sistema social para manter as pessoas em seu "lugar" no sistema de exploração de classe[49].

Em contraposição à ideologia, na concretude da vida social, a ausência de reflexos do chamado "milagre econômico" naquele período para a população negra levou a Lélia Gonzalez o conceito de privilégio racial, que beneficia brancos e brancas de todas as classes sociais:

> O privilégio racial é uma característica marcante da sociedade brasileira, uma vez que o grupo branco é o grande beneficiário da exploração, especialmente da população negra. E não estamos nos referindo apenas ao capitalismo branco, mas também aos brancos sem propriedade dos meios de produção que recebem seus dividendos do racismo. Quando se trata de competir para o preenchimento de posições que implicam em recompensas materiais ou simbólicas, mesmo que negros possuam a mesma capacitação, os resultados são sempre favoráveis aos competidores brancos. E isto ocorre em todos os níveis de diferentes segmentos sociais. O que existe no Brasil efetivamente é uma divisão racial do trabalho[50].

---

47 BARRETO, Raquel. Lélia Gonzalez, uma intérprete do Brasil. *In*: GONZALEZ, Lélia. **Primavera para as rosas negras**: Lélia Gonzalez em primeira pessoa... Diáspora Africana: Filhos da África, 2018, p. 17.

48 GONZALEZ, Lélia. A questão negra no Brasil (1980). *In*: GONZALEZ, Lélia. **Primavera para as rosas negras**: Lélia Gonzalez em primeira pessoa... Diáspora Africana: Filhos da África, 2018, p. 95.

49 GONZALEZ, Lélia. A questão negra no Brasil (1980). *In*: GONZALEZ, Lélia. **Primavera para as rosas negras**: Lélia Gonzalez em primeira pessoa... Diáspora Africana: Filhos da África, 2018, p. 97.

50 GONZALEZ, Lélia. A juventude negra brasileira e a questão do desemprego (1979). *In*: GONZALEZ, Lélia. **Primavera para as rosas negras**: Lélia Gonzalez em primeira pessoa... Diáspora Africana: Filhos da África, 2018, p. 78.

Lélia Gonzalez participou ativamente do movimento negro. Foi fundadora, por exemplo, do Movimento Negro Unificado (MNU), em 1978. Dentro do movimento negro, registrou as dificuldades enfrentadas pelas mulheres negras a partir de sua história pessoal, em tom intimista e informal de escrita que a caracterizou em grande parte de seus trabalhos (o pretuguês)[51]. Segundo ela, homens negros não entendiam a necessidade de discutir gênero dentro do movimento e não reconheciam a dominação masculina sobre as mulheres, além de acusá-las de divisionistas e outros estereótipos (lésbicas, mal-amadas e bandeira de "mulheres brancas").

No interior do movimento feminista, antes da criação do Coletivo de Mulheres Negras N'Zinga, Lélia Gonzalez apontou que mulheres brancas de classe média não desafiavam o mito da democracia racial e a ideologia do branqueamento e não percebiam que as melhorias obtidas por elas nas décadas de 1970 e 1980 não contemplavam as mulheres negras. Assim, não se problematizava que a emancipação econômica e social das mulheres brancas foi à custa da exploração das mulheres negras no trabalho doméstico, mal pago e sem direitos trabalhistas ou previdenciários nem se correlacionava a condição social de exploração do trabalho doméstico e a exploração sexual da mulher negra. Ao falar sobre a relação de exploração entre as mulheres brasileiras mediada pela raça, Lélia Gonzalez era acusada pelas feministas brancas de revanchismo e de um discurso emocional[52].

> A exploração da mulher negra enquanto objeto sexual é algo que está muito além do que pensam ou dizem os movimentos feministas brasileiros, geralmente liderados por mulheres da classe média. Por exemplo, ainda existem "senhoras" que procuram contratar jovens negras belas para trabalharem em suas casas como domésticas; mas o objetivo principal é o de que seus jovens

---

51 No período entre 1977 e 1988, Lélia Gonzalez teve uma forte participação pública fora da academia e passou a se comunicar de maneira mais informal, com o uso de palavras e expressões populares, muitas de origem africana, com intuito de tornar assuntos teóricos acessíveis também para a comunidade negra, que em grande parte era excluída do espaço acadêmico. É o que ela chamava de pretuguês, o idioma português com as influências africanas, como o uso do fonema /d/ no lugar do /t/, donde se extrai a Améfrica Ladina (ou a América Africana).

52 BARRETO, Raquel de Andrade. **"Enegrecendo o feminismo" ou "feminizando a raça"**: narrativas de libertação em Angela Davis e Lélia Gonzales. Dissertação (mestrado). Orientador: Marco Antonio Villela Pamplona. Rio de Janeiro: PUC-Rio, Departamento de História, 2005, p. 54.

filhos possam "iniciar-se" sexualmente com elas. (Desnecessário dizer que o salário de uma doméstica é extremamente baixo)[53].

No período entre 1979 e 1981, Lélia Gonzalez viajou o mundo todo para participar de eventos políticos e acadêmicos. Em uma palestra na Universidade da Califórnia em 1979, explicitou a relação entre o mito da democracia racial e a miscigenação. Ela criticava a versão de Gilberto Freyre sobre a formação da sociedade brasileira, segundo a qual os portugueses foram colonizadores superiores aos demais europeus no que tange à relação com os povos colonizados e uma prova disso era o grau de miscigenação em nosso país. Lélia Gonzalez afirmava que a miscigenação fora resultado da "violentação de mulheres negras por parte da minoria branca dominante (senhores de engenho, traficantes de escravos etc.). Este fato daria origem, na década de trinta, à criação do mito que até os dias de hoje afirma que o Brasil é uma democracia racial"[54]. Ela rebateu ainda a história oficial que difundia o estereótipo de passividade, infantilidade, incapacidade intelectual, aceitação tranquila da escravidão, relacionado ao negro colonizado, como uma forma de esconder a história de resistência, cujo maior expoente foi Zumbi dos Palmares, líder da primeira sociedade democrática e igualitária no Brasil[55].

As dificuldades encontradas nos movimentos negro e feminista contribuíram para que Lélia Gonzalez fosse a primeira coordenadora do Coletivo de Mulheres Negras N'Zinga[56], criado na zona oeste do Rio de Janeiro em 1983, cujo objetivo era trabalhar com mulheres negras de baixa renda. A escolha do espaço onde se desenvolveriam as atividades

---

53 GONZALEZ, Lélia. A mulher negra na sociedade brasileira: uma abordagem político-econômica (1979). *In*: GONZALEZ, Lélia. **Primavera para as rosas negras**: Lélia Gonzalez em primeira pessoa… Diáspora Africana: Filhos da África, 2018, p. 47.

54 GONZALEZ, Lélia. A mulher negra na sociedade brasileira: uma abordagem político-econômica. (1979). *In*: GONZALEZ, Lélia. **Primavera para as rosas negras**: Lélia Gonzalez em primeira pessoa… Diáspora Africana: Filhos da África, 2018, p. 35.

55 GONZALEZ, Lélia. A mulher negra na sociedade brasileira: uma abordagem político-econômica. (1979). *In*: GONZALEZ, Lélia. **Primavera para as rosas negras**: Lélia Gonzalez em primeira pessoa… Diáspora Africana: Filhos da África, 2018, p. 36.

56 A então vereadora carioca Benedita da Silva, que se apresentava como "mulher negra e favelada", apoiou fortemente o coletivo.

(sede da Associação do Morro dos Cabritos) buscou viabilizar uma aproximação com as camadas menos favorecidas da sociedade e teve um resultado singular:

> de um lado, formou-se um agrupamento político de mulheres de diferentes posições sociais (moradoras do morro e de bairro de classe média, trabalhadoras manuais com baixa escolaridade e mulheres com formação universitária); de outro, reuniram-se experiências diversas de formação associativa (mulheres oriundas do movimento feminista, do movimento negro e dos movimentos de bairro e de favelas etc.)[57].

Lélia Gonzalez participou ainda do Conselho Editorial do jornal Mulherio[58] entre 1981 e 1984, quando aprofundou seu contato com o movimento feminista mais intelectualizado. Publicou cinco artigos, abordando questões como "a discriminação racial, o processo de marginalização sofrido pelas mulheres negras na sociedade, o emprego doméstico e suas raízes históricas, temas pouco debatidos no seio do movimento feminista"[59]. Lélia Gonzalez problematizou a questão da mulher negra como categoria específica na luta contra as desigualdades sociais entre os sexos:

> os efeitos da desigualdade racial são muito mais contundentes que os da desigualdade sexual. Em consequência, ser mulher e negra (ou negra e mulher?) implica em ser objeto de um duplo efeito de desigualdade muito bem articulado e manipulado pelo sistema que aí está[60].

Lélia Gonzalez levou para o debate internacional a questão racial e a condição da mulher negra no Brasil. De suas viagens pela África, Europa e América Latina e Caribenha (o chamado Atlântico Negro), ela trouxe um olhar mais amplo sobre a diáspora africana ao perceber semelhanças em

---

57 RATTS, Alex; RIOS, Flavia. **Lélia Gonzalez**. São Paulo: Selo Negro Edições, 2010, p. 98.

58 Tal conselho editorial era composto por profissional com grande destaque em suas áreas de atuação e no movimento feminista, como: Fúlvia Rosemberg, Adélia Borges, Carmem Barroso, Carmem da Silva, Heleieth Saffioti, Maria Rita Kehl, Ruth Cardoso, Maria Carneiro da Cunha, Elizabeth Souza-Lobo, Lucia Castello Branco, além de Lélia Gonzalez. SANTOS, Luana D. Por um feminismo plural: escritos de Lélia Gonzalez no Jornal Mulherio. **Gênero na Amazônia**. n. 4. Belém, jul.-dez. 2013, p. 230.

59 SANTOS, Luana D. Por um feminismo plural: escritos de Lélia Gonzalez no Jornal Mulherio. **Gênero na Amazônia**. n. 4. Belém, jul.-dez. 2013, p. 231.

60 GONZALEZ, Lélia. Mulher Negra (1983). *In*: GONZALEZ, Lélia. **Primavera para as rosas negras**: Lélia Gonzalez em primeira pessoa... Diáspora Africana: Filhos da África, 2018, p. 104.

padrões culturais, influenciando sua produção teórica, que culminou com a elaboração da categoria da amefricanidade. O artigo "Racismo e sexismo na cultura brasileira" foi bastante importante no início desta fase. Nele, Lélia Gonzalez se valeu de noções da psicanálise como ferramentas para compreender o racismo à brasileira e fez uma distinção entre consciência e memória. A consciência é o "lugar do desconhecimento, do encobrimento, da alienação, do esquecimento e até do saber"[61]. A consciência se relaciona com o discurso dominante de determinada cultura. Já a memória é considerada "o não-saber que conhece, esse lugar de inscrições que restituem uma história que não foi escrita, o lugar da emergência da verdade, dessa verdade que se estrutura como ficção"[62]. Numa relação dialética, a consciência exclui o que a memória inclui; a consciência oculta a memória de forma impositiva, pois, como discurso ideológico, se coloca como verdade, rejeitando a memória. Nos termos colocados na análise de Lélia Gonzalez, o racismo seria uma construção ideológica com benefícios sociais e econômicos para brancos de todas as classes sociais, ao mesmo tempo em que é um "sintoma da neurose da cultura brasileira", que se pensa uma sociedade branca, mas cuja cultura revela a herança afro (memória), constantemente escondida pela consciência. Para Lélia Gonzalez, no Brasil vigora o racismo por denegação, ou seja, o racismo cuja existência é negada, embora seja uma realidade. A elite brasileira se esforça em esconder pelo discurso dominante (consciência) a influência amefricana (memória) para também disfarçar diferenças entre grupos sociais, ainda que materialmente verificáveis (racismo por denegação).

A partir destes elementos, Lélia Gonzalez analisa o mito da democracia racial, explicando que, como mito, ele oculta algo para além daquilo que mostra. A democracia racial é um dos mais eficazes mitos de dominação, impedindo a consciência objetiva desse racismo sem disfarces e o conhecimento direto de suas práticas cruéis, pois a crença historicamente construída sobre a miscigenação[63], esta supostamente

---

61 GONZALEZ, Lélia. Racismo e sexismo na cultura brasileira (1980). *In*: GONZALEZ, Lélia. **Primavera para as rosas negras**: Lélia Gonzalez em primeira pessoa… Diáspora Africana: Filhos da África, 2018, p. 194.

62 GONZALEZ, Lélia. Racismo e sexismo na cultura brasileira (1980). *In*: GONZALEZ, Lélia. **Primavera para as rosas negras**: Lélia Gonzalez em primeira pessoa… Diáspora Africana: Filhos da África, 2018, p. 194.

63 Por outro lado, a miscigenação não passa de uma estratégia da política social do branqueamento, segundo a qual a população brasileira estaria cada vez mais branca a cada geração miscigenada. Esta questão será retomada no próximo capítulo. Para

voluntária, criou o mito da inexistência do racismo em nosso país (ou mito da democracia racial)[64]. Como expressou Lélia Gonzalez: "Na verdade, o grande contingente de brasileiros mestiços resultou de estupro, de violentação, de manipulação sexual da escrava. Por isso existem os preconceitos e os mitos relativos à mulher negra: de que ela é "mulher fácil", de que é "boa de cama" etc."[65]. Assim, o mito da democracia racial, baseado na miscigenação – que não foi voluntária –, exerce uma violência simbólica específica sobre a mulher negra – que não sofre apenas opressão do racismo, mas também do sexismo –, pois objetifica-a na figura da mucama, da qual derivam os estereótipos de mulata, mãe preta e empregada doméstica. A palavra mucama tem origem na língua quimbunda e originariamente significa 'amásia escrava'[66]. Adotada no idioma português, tem seu significado neutralizado como 'escrava negra moça e de estimação', ocultando a originária exploração sexual das mulheres negras. Na definição atualizada, a mucama é aquela destinada a trabalhar no ambiente doméstico, cuidando da casa (a empregada doméstica) ou dedicando-se por amor – e não por exploração –, aos cuidados da família branca (a mãe preta), delimitando e naturalizando espaços a serem ocupados por mulheres negras. Estes lugares subalternizados são substituídos no carnaval, momento de exaltação do mito da democracia racial, pela "mulata do tipo exportação", que ganha destaque com a projeção de seu corpo na mídia, permanecendo, no entanto, objetificada.

Lélia Gonzalez, todavia, não aceitava o lugar de vítima para a mulher negra e enxergava na mãe preta (ama de leite) uma forma de resistência passiva no cotidiano, transmitindo por meio da linguagem os valores e a cultura de seus ascendentes aos filhos do senhor, africanizando a cultura brasileira por meio do pretuguês. Ela concluiu: "a gente entende porque, hoje, ninguém quer saber mais de babá preta, só vale portuguesa. Só que é um pouco tarde, né? A rasteira já está

---

saber mais sobre eugenia, ver: STEPAN, Nancy Leys. **A hora da eugenia**: raça, gênero e nação na América Latina. Rio de Janeiro: Fiocruz, 2005.

64 CARDOSO, Cláudia P. Amefricanizando o feminismo: o pensamento de Lélia Gonzalez. **Estudos Feministas**. Florianópolis, 22(3): 320, set.-dez. 2014, p. 969.

65 GONZALEZ, Lélia. Democracia racial? Nada disso! (1981). *In*: GONZALEZ, Lélia. **Primavera para as rosas negras**: Lélia Gonzalez em primeira pessoa… Diáspora Africana: Filhos da África, 2018, p. 110.

66 GONZALEZ, Lélia. Racismo e sexismo na cultura brasileira (1980). *In*: GONZALEZ, Lélia. **Primavera para as rosas negras**: Lélia Gonzalez em primeira pessoa… Diáspora Africana: Filhos da África, 2018, p. 197.

dada"[67]. Sobre esta possibilidade de transformação social a partir da transmissão cotidiana do conhecimento da mãe preta para os filhos (e futuros senhores) brancos, destaca Flavia Rios:

> O mesmo potencial de resistir no fazer do cotidiano era visto pela autora, na atualidade, em mulheres anônimas, donas de casas, trabalhadoras manuais, com baixa escolaridade, alicerces da pirâmide social do Brasil. Por se tratar de contexto de grande mobilização social, coube a intelectuais como Lélia Gonzalez a difícil tarefa de compreender as possibilidades de ação e o papel social das mulheres negras no curso transformador da história[68].

Lélia Gonzalez teve papel importante na academia brasileira e talvez tenha sido a militante negra que mais participou de seminários e congressos fora do Brasil até a metade dos anos 1980[69]. Esta vivência lhe permitiu conhecer a diáspora africana na perspectiva de vários países, resultando na categoria *amefricanidade* para refutar a latinidade das Américas (a cultura "latina" nas Américas), sublinhando os aspectos ameríndio e africano.

> Para além de seu caráter geográfico, ela [amefricanidade] designa todo um processo histórico de intensa dinâmica cultural (resistência, acomodação, reinterpretação, criação de novas formas) referenciada em modelos africanos e que remete à construção de toda uma identidade étnica[70].

Amefricanidade, assim, diz respeito à formação da América Latina (que em pretuguês é Améfrica Ladina[71]), a partir de uma unidade es-

---

67 GONZALEZ, Lélia. Racismo e sexismo na cultura brasileira (1980). *In*: GONZALEZ, Lélia. **Primavera para as rosas negras**: Lélia Gonzalez em primeira pessoa... Diáspora Africana: Filhos da África, 2018, p. 205.

68 RIOS, Flavia; RATTS, Alex. A perspectiva interseccional de Lélia Gonzalez. *In*: PINTO, Ana F. M.; CHALHOUB, Sidney (org.). **Pensadores negros** – pensadoras negras: Brasil, século XIX e XX. Cruz das Almas: EDUFURB, 2016.

69 BAIRROS, Luiza. **Lembrando Lélia Gonzalez** (1935-1994). Disponível em: https://www.geledes.org.br/lembrando-lelia-gonzalez-por-luiza-bairos/. Acesso em: 29 ago. 2019.

70 GONZALEZ, Lélia. Nanny (1988). *In*: GONZALEZ, Lélia. **Primavera para as rosas negras**: Lélia Gonzalez em primeira pessoa... Diáspora Africana: Filhos da África, 2018, p. 336.

71 O uso da expressão Améfrica Ladina contesta a ideia de que a América Latina tenha uma formação histórico-cultural exclusivamente branca e europeia, mas também (ou até preponderantemente) com a participação africana. O primeiro registro do uso desta expressão foi na obra de MD Magno. Neste trabalho, a partir deste ponto, usaremos esta expressão no lugar de América Latina, desde que não se trate de citação direta.

pecífica forjada das identidades amefricanas e ameríndias, contrapondo-se ao pensamento hegemônico de que a identidade latino-americana e caribenha é formada como uma extensão da Península Ibérica. Além disso, Lélia Gonzalez percebeu não só as experiências comuns dos negros nas Américas – uma história de sofrimento, humilhação, exploração, etnocídio –, mas também que os povos diaspóricos formavam identidades culturais e étnicas com raízes africanas, porém, historicamente transformadas com a própria diáspora africana e a colonização, revelando "a heroica resistência e a criatividade na luta contra a escravização, o extermínio, a exploração, a opressão e a humilhação"[72]. O elemento latino estaria contido, sobretudo, na longa e violenta dominação dos colonizadores, que ainda tenta encobrir a influência dos elementos ameríndios e amefricanos, embora a amefricanidade esteja presente na cultura brasileira expressada cotidianamente nas falas, nos gestos, nas maneiras de ser, manifestações estas que podem se dar sem a consciência das pessoas. Assim, para Lélia Gonzalez, o racismo por denegação é o sintoma por excelência da "neurose cultural" da Améfrica Ladina, que tenta apagar a memória.

Lélia Gonzalez explica ainda que o racismo como tática de exploração/opressão assume duas faces: aberto (por segregação) e disfarçado (ou por denegação). O racismo aberto é o praticado em sociedades de origem anglo-saxônica, germânica ou holandesa e estabelece que negra é a pessoa que tenha tido antepassados negros, ou seja, que tenha sangue negro nas veias. Nesta articulação ideológica, a miscigenação é impensável, pois a superioridade branca é assegurada com a pureza do sangue e, portanto, a solução é a segregação dos grupos não brancos, como o sistema do *apartheid* ("iguais, mas separados"). A segregação, porém, tem o efeito de reforçar a identidade racial dos discriminados.

Na Améfrica Ladina, com a maior parte da população ameríndia e amefricana, desenvolveu-se o racismo por denegação, em que prevalecem as "teorias" da miscigenação, da assimilação e da democracia racial. A formação histórica da Espanha e de Portugal, que se deu com a Reconquista da Península Ibérica contra os invasores mouros (predominantemente negros) e árabes, proporcionou aos colonizadores uma "sólida experiência quanto aos processos mais eficazes de articulação

---

72 GONZALEZ, Lélia. A categoria político-cultural de amefricanidade (1988). *In*: GONZALEZ, Lélia. **Primavera para as rosas negras**: Lélia Gonzalez em primeira pessoa… Diáspora Africana: Filhos da África, 2018, p. 331.

das relações raciais"[73]. A sociedade ibérica era rigidamente hierarquizada com violento controle social e político dos grupos étnicos diferentes e dominados: mouros e judeus. Esta ideologia de classificação social (racial e sexual) dispensava formas abertas de segregação, pois a hierarquia já garantia a dominação pelos brancos, de forma que "no Brasil não existe racismo porque o negro conhece o seu lugar", como expressava o humorista Millôr Fernandes, citado por Lélia Gonzalez[74].

> O racismo latino-americano é suficientemente sofisticado para manter negros e índios na condição de segmentos subordinados no interior das classes mais exploradas, graças à sua forma ideológica mais eficaz: a ideologia do branqueamento. Veiculada pelos meios de comunicação de massa e pelos aparelhos ideológicos tradicionais, ela reproduz e perpetua a crença de que as classificações e os valores do Ocidente branco são os únicos verdadeiros e universais. Uma vez estabelecido, o mito da superioridade branca demonstra sua eficácia pelos efeitos de estilhaçamento, de fragmentação da identidade racial que ele produz: o desejo de embranquecer (de "limpar o sangue", como se diz no Brasil) é internalizado, com a simultânea negação da própria raça, da própria cultura[75].

No pensamento de Lélia Gonzalez, a amefricanidade contrapõe-se ainda às expressões consideradas imperialistas "afro-americano" e "africano-americano", que remeteriam primeiramente aos negros estadunidenses, apagando ou fazendo esmaecer a experiência da diáspora na América como um todo (Sul, Central, Norte e Insular).

Posteriormente, Lélia Gonzalez parece ampliar a abrangência da amefricanidade para abarcar expressamente os ameríndios, pois "a presença amefricana constitui marca indelével na elaboração do perfil chamado Novo Mundo, apesar da denegação racista que habilmente se desloca, manifestando-se em diferentes níveis (político-ideológico, socioeconômico e psicocultural)"[76]. Assim o termo amefricanas/ame-

---

73 GONZALEZ, Lélia. A categoria político-cultural de amefricanidade (1988). *In*: GONZALEZ, Lélia. **Primavera para as rosas negras**: Lélia Gonzalez em primeira pessoa… Diáspora Africana: Filhos da África, 2018, p. 325.

74 GONZALEZ, Lélia. A categoria político-cultural de amefricanidade (1988). *In*: GONZALEZ, Lélia. **Primavera para as rosas negras**: Lélia Gonzalez em primeira pessoa… Diáspora Africana: Filhos da África, 2018, p. 326.

75 GONZALEZ, Lélia. A categoria político-cultural de amefricanidade (1988). *In*: GONZALEZ, Lélia. **Primavera para as rosas negras**: Lélia Gonzalez em primeira pessoa… Diáspora Africana: Filhos da África, 2018, p. 326.

76 GONZALEZ, Lélia. Nanny (1988). *In*: GONZALEZ, Lélia. **Primavera para as rosas negras**: Lélia Gonzalez em primeira pessoa… Diáspora Africana: Filhos da

fricanos nomearia a descendência não só dos africanos "trazidos pelo tráfico negreiro, como daqueles que chegaram à América antes do seu "descobrimento" por Colombo"[77].

Lélia Gonzalez atuou em várias frentes: academia (filosofia, linguística, psicanálise e antropologia), movimentos sociais (negro, feminista e feminista negro), política partidária etc. Quando se filiou ao Partido dos Trabalhadores (PT), declarou que a virtude do partido era sua formação social e as relações estabelecidas entre as pessoas de forma horizontal, como "um partido sem senhor"[78]. Via no processo de redemocratização uma oportunidade de levar adiante as pautas das minorias sociais[79], em especial, das mulheres negras. Foi candidata no Estado do Rio de Janeiro a deputada federal pelo PT em 1982; sua campanha foi marcada pela afirmação de sua identidade como mulher negra, enfatizando a ideia de que o negro era a "maioria silenciada" no Brasil. Contou com o apoio dos movimentos negro, de mulheres e homossexual, com os quais dialogava, mas buscou também o apoio de moradores de comunidades e morros cariocas. Apesar disso, não se elegeu, alcançando apenas o cargo de suplente, e foi trabalhar como assessora de Benedita da Silva, eleita vereadora nos anos 1983-1984, auxiliando-a na elaboração de discursos e na inserção da vereadora em outros grupos: nos movimentos negro e feminista e no meio intelectual[80]. Esta parceria entre a figura-síntese do movimento de mulheres negras, que considero ser Lélia Gonzalez, e a figura-síntese da atuação das mulheres negras periféricas na política, que é Benedita da Silva, rendeu muitos frutos.

No entanto, Lélia Gonzalez percebeu que a prevalência da questão da classe nos programas políticos ocultava as demais opressões. Foi quando escreveu o artigo "Racismo por omissão", denunciando a au-

---

África, 2018, p. 331.

77 GONZALEZ, Lélia. As amefricanas do Brasil e a sua militância (1988). *In*: GONZALEZ, Lélia. **Primavera para as rosas negras**: Lélia Gonzalez em primeira pessoa... Diáspora Africana: Filhos da África, 2018, p. 343.

78 RATTS, Alex; RIOS, Flavia. **Lélia Gonzalez**. São Paulo: Selo Negro Edições, 2010, p. 116.

79 Minoria social é um conceito qualitativo e não quantitativo. Designa o grupo que sofre processo de estigmatização e discriminação, resultando em diversas formas de desigualdades ou exclusão sociais, ainda que constitua a maioria numérica de determinada população.

80 RATTS, Alex; RIOS, Flavia. **Lélia Gonzalez**. São Paulo: Selo Negro Edições, 2010, pp. 116-119.

sência de questões raciais no programa do Partido dos Trabalhadores apresentado em agosto de 1983. A redução de todos os problemas sociais à chave classe social exclui de pautas pretensamente progressistas as questões ditas identitárias e a consequência disto é a invisibilização de opressões como as de raça e de gênero.

> É a isto, justamente, que se chama de racismo por omissão. E este nada mais é do que um dos aspectos da ideologia do branqueamento que, colonizadamente, nos quer fazer crer que somos um país racialmente branco e culturalmente ocidental, europocêntrico. Ao lado da noção de "democracia racial", ela aí está, não só definindo a identidade do negro, como determinando o seu lugar na hierarquia social; não só "fazendo a cabeça" das elites ditas pensantes, quanto das lideranças políticas que se querem populares, revolucionárias[81].

A falta de inserção do tema racial na plataforma política do PT foi a causa de Lélia ter se desfiliado dele e ingressado no Partido Democrático Trabalhista (PDT), com o apoio de Abdias Nascimento, partido pelo qual disputou o cargo de deputada estadual no Estado do Rio de Janeiro em 1986. Nesta campanha, seu primeiro compromisso era com o movimento negro ("Pela organização da comunidade negra na conquista efetiva de seus direitos de cidadania individual, política, social e econômica"); comprometeu-se ainda com o movimento feminista, defendendo "a soberania da mulher sobre o próprio corpo" e combatendo todas as formas de violência; por fim, defendeu os direitos "às opções sexuais dos indivíduos", sendo contrária "à discriminação contra os homossexuais"[82], bandeira esta que poucos tinham coragem de levantar naquela época[83]. Integravam ainda sua campanha as demandas sociais (reforma agrária, legalização das casas construídas em favelas e ecologia) e questões internacionais, como o rompimento diplomático com a África do Sul em razão do *apartheid*[84].

---

81 GONZALEZ, Lélia. Racismo por omissão (1983). *In*: GONZALEZ, Lélia. **Primavera para as rosas negras**: Lélia Gonzalez em primeira pessoa... Diáspora Africana: Filhos da África, 2018, p. 181.

82 Trechos de seu panfleto de campanha em 1986 *apud* RATTS, Alex; RIOS, Flavia. **Lélia Gonzalez**. São Paulo: Selo Negro Edições, 2010, p. 123.

83 Lélia Gonzalez publicou textos no primeiro jornal homossexual **Lampião da Esquina**, como o artigo *Mulher negra: um retrato*, edição n. 4, Rio de Janeiro, abr. 1979.

84 RATTS, Alex; RIOS, Flavia. **Lélia Gonzalez**. São Paulo: Selo Negro Edições, 2010, pp. 121-124.

No plano institucional, Lélia Gonzalez integrou o Conselho Nacional de Direitos da Mulher (CNDM) de 1985 a 1989, atuando nas seguintes áreas: trabalho, comunicação, educação, sexualidade, mulher negra e violência. Participou do Encontro Nacional Mulher e Constituinte em 1986, de onde se extraiu a Carta das Mulheres Brasileiras à Assembleia Constituinte. Embora não tenha conseguido se eleger, Lélia Gonzalez participou ativamente como cidadã na Assembleia Nacional Constituinte, de acordo com seu compromisso de firmar um projeto de transformação social.

> Ao reivindicar nossa diferença enquanto mulheres negras, enquanto americanas, sabemos bem o quanto trazemos em nós as marcas da exploração econômica e da subordinação racial e sexual. Por isso mesmo, trazemos conosco a marca da libertação de todos e todas. Portanto, nosso lema deve ser: organização já[85].

Aos 59 anos de idade, vítima de infarto do miocárdio, Lélia Gonzalez faleceu em 10 de julho de 1994, dois meses depois de ter sido eleita chefe do Departamento de Sociologia e Política da PUC-Rio, deixando um legado importante para os movimentos negro e feminista negro.

1.2. DECOLONIALIDADE E AMEFRICANIDADE

Para pensar a construção do racismo e de suas consequentes desigualdades a partir da colonização das Américas, os estudos desenvolvidos pelo Grupo Modernidade/Colonialidade (GMC), formado no final dos anos 1990 por acadêmicos latino-americanos, são de grande auxílio. Este grupo constitui o movimento acadêmico que reinterpreta a história do sistema-mundo a partir do "giro decolonial", deslocando o lugar epistêmico para a perspectiva dos sujeitos subalternizados com o objetivo de construir um pensamento contra hegemônico. Neste sentido, decolonial[86] não expressa a intenção de reverter ou superar o

---

85 GONZALEZ, Lélia. A importância da organização da mulher negra no processo de transformação social (1988). *In*: GONZALEZ, Lélia. **Primavera para as rosas negras**: Lélia Gonzalez em primeira pessoa… Diáspora Africana: Filhos da África, 2018, p. 366.

86 "Suprimir la "s" es opción mía. No es promover un anglicismo. Por el contrario, pretende marcar una distinción con el significado en castellano del "des" y lo que puede ser entendido como un simple desarmar, deshacer o revertir de lo colonial. Es decir, a pasar de un momento colonial a un no colonial, como que fuera posible que sus patrones y huellas desistan en existir. Con este juego lingüístico, intento poner en evidencia que no existe un estado nulo de la colonialidad, sino postu-

colonial – o que a rigor seria descolonial –, mas sim uma posição de enfrentamento e transgressão ao colonial que permeia as sociedades da Améfrica Ladina, não só revelando as desigualdades historicamente estabelecidas (desnaturalizando-as, portanto), mas também criando novas perspectivas epistêmicas a partir de sujeitos marginalizados para resistir à lógica da modernidade/colonialidade.

> A teoria decolonial propõe que o capitalismo colonial/moderno traz um novo padrão de poder que se alicerça na construção da ideia de "raça", produzindo um tipo de classificação social que aloca colonizadores no espaço da superioridade moral e intelectual, e os colonizados em lugar de inferioridade. Assim, a América e mais tarde a população mundial passou a ser interpretada de acordo com este modelo[87].

Para o sociólogo peruano Aníbal Quijano, que integra o GMC desde a sua fundação, a globalização em curso é o ápice de um processo que se iniciou com a constituição da América e do capitalismo colonial/moderno e eurocentrado como um novo padrão de poder mundial, estruturado a partir da ideia de raça. A classificação social da população mundial com base na ideia de raça persiste como racionalidade mesmo após o fim do colonialismo[88]. Neste contexto, a colonialidade expressa padrões de comportamento, crenças e relações de trabalho decorrentes do colonialismo e diz respeito a formas de organizar, racionalizar o mundo (colonialidade do poder), à produção de conhecimento (colonialidade do saber) e ao processo de inferiorização e desumanização dos demais sujeitos em relação ao homem branco cristão europeu (colonização do ser); padrões estes que remanescem mesmo após o

---

ras, posicionamientos, horizontes y proyectos de resistir, transgredir, intervenir, in-surgir, crear e incidir. Lo decolonial denota, entonces, un camino de lucha continuo en el cual se puede identificar, visibilizar y alentar "lugares" de exterioridad y construcciones alter-(n)ativas." WALSH, Catherine. Lo pedagógico y lo decolonial: entretejiendo caminhos. *In*: WALSH, Catherine (ed.). **Pedagogías decoloniales**: prácticas insurgentes de resistir, (re)existir y (re)vivir. t. I. Serie Pensamiento Decolonial. Equador: Abya-Yala, 2017, pp. 24-25 (nota de rodapé).

87 SILVA, Mayana H. N. Da crítica da América Latina à Améfrica Ladina crítica: para uma genealogia do conhecimento a partir de Lélia González. **Cadernos de Gênero e Tecnologia**. Curitiba, v. 12, n. 40, pp. 143-155, jul.-dez., 2019.

88 QUIJANO, Aníbal. Colonialidade do poder, eurocentrismo e América Latina. *In*: **A colonialidade do saber**: eurocentrismo e ciências sociais. Perspectivas latino-americanas. Buenos Aires: CLACSO, Consejo Latinoamericano de Ciencias Sociales. 2005, p. 117.

término do tempo histórico do colonialismo – regime político colonial de subordinação entre metrópole e colônia.

O sistema-mundo global surgido com a conquista da América em 1492, portanto sob o colonialismo, foi o primeiro em que os dominadores buscaram homogeneizar as formas básicas de existência social de todas as populações de seus domínios, reunindo três elementos: a colonialidade do poder, o capitalismo e o eurocentrismo[89]. O capital, como relação social baseada na mercantilização da força de trabalho, surgiu por volta dos séculos XI-XII na região meridional das penínsulas ibérica ou itálica, ou seja, no mundo islâmico. Contudo, apenas com a conquista da América e o consequente processo de acumulação primitiva é que o capital encontrou condições para consolidar-se e tornar-se hegemônico como modo de produção. Nesse sentido, não há modernidade[90] da Europa sem colonialidade da América e, por isso, fala-se no par "modernidade/colonialidade". Assim, é possível afirmar que a colonialidade é o lado obscuro e necessário da modernidade, sua parte indissociavelmente constitutiva[91].

A amefricanidade de Lélia Gonzalez dialoga com a chamada decolonialidade ao desafiar a versão hegemônica da história do sistema-mundo contada pelos colonizadores, sobretudo contestando as relações de poder colonial que remanescem nas Américas. A relação entre amefricanidade e o pensamento decolonial é exatamente reconhecer possibilidades de resistência e criação de nova realidade social. Mais do que um instrumento de análise, a amefricanidade constituiria "uma formulação teórico-política feminista negra decolonial de agenciamento, contribuindo para uma construção de um projeto civilizatório, referenciado em diferentes epistemes em oposição ao projeto global desumanizador vigente"[92].

Colonialidade do poder, como uma das dimensões da colonialidade, é a forma específica que a dominação e a exploração adquirem na consti-

---

89 QUIJANO, Aníbal. Colonialidade do poder, Eurocentrismo e América Latina. *In*: **A colonialidade do saber**: eurocentrismo e ciências sociais. Perspectivas latino-americanas. Buenos Aires: CLACSO, Consejo Latinoamericano de Ciencias Sociales, 2005, p. 124.

90 Modernidade se assume como o período histórico da Idade Moderna e compreende seus três grandes movimentos filosóficos: Renascimento, Absolutismo e Iluminismo.

91 MIGNOLO, Walter. **Historias locales/disenos globales**: colonialidad, conocimientos subalternos y pensamiento fronterizo. Madrid: Akal, 2003, p. 30.

92 CARDOSO, Cláudia P. Amefricanidade: proposta feminista negra de organização política e transformação social. **LASA Forum**. v. 50:3. Verão, 2019, p. 44.

tuição do sistema de poder mundial capitalista, baseada na ideia de raça e na construção da "diferença colonial"[93], da superioridade e da pureza de sangue da raça branca, que hierarquiza o sistema-mundo criado após 1492. O conceito de colonialidade desenvolvido por Aníbal Quijano se refere à classificação das populações do mundo em termos da ideia de raça; à configuração de um novo sistema de exploração que articula em uma estrutura todas as formas de controle do trabalho em torno da hegemonia do capital, no qual o trabalho está racializado (a raça seria o fundamento para divisão entre trabalho assalariado, servidão e escravidão); ao eurocentrismo como o novo modo de produção de conhecimento e controle da subjetividade; a um novo sistema de controle da autoridade coletiva em torno da hegemonia do Estado-nação que exclui as populações racializadas como inferiores do controle da autoridade coletiva[94]. Assim, a racialização é inseparável da exploração capitalista, ambas constitutivas da colonialidade do poder[95], o que, nesta perspectiva, faz do racismo "o princípio organizador que estrutura todas as múltiplas hierarquias do sistema-mundo"[96].

---

93 Termo criado por Walter Mignolo para identificar a relação antagônica entre colonizador e colonizado, produzida e reproduzida pela colonialidade do poder, do saber e do ser. "A diferença colonial é o espaço onde as histórias locais que estão inventando e implementando projetos globais encontram aquelas histórias locais que os recebem [...] A diferença colonial é, finalmente, o local ao mesmo tempo físico e imaginário onde atua a colonialidade do poder, no confronto de duas espécies de histórias locais visíveis em diferentes espaços e tempos do planeta. [...] A diferença colonial cria condições para situações dialógicas nas quais se encena, do ponto de vista subalterno, uma enunciação fraturada, como reação ao discurso e à perspectiva hegemônica". MIGNOLO, Walter. **Histórias locais/projetos globais**: colonialidade, saberes subalternos e pensamento liminar. Belo Horizonte: UFMG, 2003, pp. 10-11.

94 LUGONES, María. Colonialidad y género. *In*: ESPINOSA MIÑOSO, Yuderkys; GÓMES CORREAL, Diana; OCHOA MUÑOZ, Karina. (Editoras) **Tejiendo de otro modo**: feminismo, epistemología y apuestas descoloniales en Abya Yala. Popayán: Editorial Universidad del Cauca, 2014, p. 939.

95 Walter Mignolo refere ainda que a matriz colonial do poder é uma estrutura complexa de níveis entrelaçados, que compreende o controle da economia, da autoridade, da natureza e dos recursos naturais, do gênero e da sexualidade, da subjetividade e do conhecimento. MIGNOLO, Walter. **Desobediencia epistémica**: retórica de la modernidad, lógica de la colonialidad y gramática de la descolonialidad. Argentina: Ediciones del Signo, 2010, p.12.

96 GROSFOGUEL, Ramon. Para descolonizar os estudos de economia política e os estudos pós-coloniais: transmodernidade, pensamento de fronteira e colonialidade global. **Revista Crítica de Ciências Sociais**, n. 80, 2008, p. 123.

Na busca por explicação para o racismo à brasileira, Lélia Gonzalez, por sua vez, situava o termo colonialismo europeu na segunda metade do século XIX e correlacionava a ideologia do racismo científico, como "a ciência" da superioridade euro-cristã (branca e patriarcal)", e a tradição etnocêntrica pré-colonialista (séculos XV-XIX) que classificava como absurdas, supersticiosas ou exóticas as manifestações culturais dos povos "selvagens"[97]. A violência contra esses povos adquiria novos contornos, mais sofisticados, transmudando-se para a ideia de "verdadeira superioridade" do colonizador, internalizada pelos colonizados.

Apesar da diferença cronológica sobre o colonialismo, há pontos de convergência entre Lélia Gonzalez e o GMC. Para ambos, a raça foi inicialmente concebida como um critério religioso. A identidade da Península Ibérica se construiu a partir do cristianismo, essencial na Reconquista em face das populações muçulmanas e judias no final do século XV. A limpeza étnica se deu por meio do genocídio – com o extermínio físico de judeus e muçulmanos – e do epistemicídio – com a conversão dos sobreviventes ao cristianismo e o apagamento de sua memória, conhecimento e espiritualidade anteriores, materializado na queima das bibliotecas da região de Al-Andalus. A fim de se garantir a "pureza do sangue", os convertidos e seus descendentes eram constantemente vigiados e controlados, garantindo que não se voltassem para o "Deus equivocado" ou a "religião errada"[98].

Com os povos indígenas na América, o processo se deu de forma similar. Houve uma longa discussão sobre se o "índio" tinha ou não religião (o que significava ter ou não alma) ou se apenas adorava o "Deus errado". A própria categoria "índio" é uma criação do colonizador que, sem compreender as identidades pré-existentes na América e nos territórios desconhecidos, homogeneizou toda a diversidade sob um mesmo rótulo. Em 1552, após 60 anos de debate, a monarquia espanhola decidiu o que ficou conhecido como julgamento de Valladolid: os "índios" possuíam religião e, portanto, alma, mas deveriam ser cristianizados. Na divisão internacional (e racial) do trabalho, os "índios"

---

97 GONZALEZ, Lélia. A categoria político-cultural de amefricanidade (1988). *In*: GONZALEZ, Lélia. **Primavera para as rosas negras**: Lélia Gonzalez em primeira pessoa… Diáspora Africana: Filhos da África, 2018, pp. 323-324.

98 GROSFOGUEL, Ramón. A estrutura do conhecimento nas universidades ocidentalizadas: racismo/sexismo epistêmico e os quatro genocídios/epistemicídios do longo século XVI. **Revista Sociedade e Estado**. Brasília, v. 31, n. 1, pp. 25-49, abr. 2016, pp. 33-34.

foram deslocados da escravização para a servidão no sistema de *encomienda*. Esta decisão tem relação direta com o início do processo de sequestro massivo e comercialização de "negros", assim compreendidos de forma homogeneizante os povos africanos, ignorando-se, mais uma vez, a identidade de sujeitos não europeus. Os "negros" foram considerados seres sem religião e, consequentemente, não humanos "aos olhos de Deus". Desta forma, submetê-los à escravidão não era pecado, uma vez que "negros" não tinham alma.

O racismo teológico assumiu a forma científica no século XIX, sob as luzes do Iluminismo, quando adotou o falacioso discurso biológico da superioridade da raça branca em substituição ao critério religioso. Tanto os povos ameríndios quanto os amefricanos sofreram genocídio e epistemicídio, sob a colonialidade e o eurocentrismo[99]. Na prática, a humanização do ameríndio não teve nenhuma repercussão tangível em sua vida, pois continuou desprovido da condição de sujeito de direitos e submetido à violência e à exploração sob total impunidade dos colonizadores europeus[100] e [101].

A colonialidade do ser, por sua vez, é a experiência física, material e cotidiana vivida pelos sujeitos como uma manifestação da colonialidade do poder. O processo de desumanização do outro (não europeu) atribuiu-lhe a condição de irracional, violento, incontrolável, justificando medidas de força para civilizá-lo. O genocídio[102], o encarceramento e a precariedade

---

99 GROSFOGUEL, Ramón. A estrutura do conhecimento nas universidades ocidentalizadas: racismo/sexismo epistêmico e os quatro genocídios/epistemicídios do longo século XVI. **Revista Sociedade e Estado**. Brasília, v. 31, n. 1, pp. 25-49, abr. 2016, p. 40.

100 MENDOZA, Breny. Los 'fundamentos no-democráticos' de la democracia: un enunciado desde Latinoamérica postoccidental. *In*: MIÑOSO, Yuderkys *et al*. **Tejiendo de otro modo**: feminismo, epistemología y apuestas descoloniales en Abya Yala. Popayán (Colombia): Universidad del Cauca, 2014, p. 138.

101 Estudos indicam que foram mais de 70 milhões de mortes entre os povos originários das Américas desde 1492. Neste sentido, cito o próprio título do livro: GRONDIN, Marcelo; VIEZZER, Moema. **O maior genocídio da história da humanidade**: mais de 70 milhões de vítimas entre os povos originários das Américas – resistência e sobrevivência. Toledo: Princeps, 2018.

102 O filósofo camaronês Achille Mbembe desenvolveu o termo necropolítica (poder de morte), para resgatar a ideia de que a soberania dos Estados nacionais se expressa no poder de decidir quem pode viver e quem deve morrer. A partir da noção de biopoder de Foucault e de estado de exceção de Agamben, Mbembe explica como se forma a base normativa do direito de matar e relaciona a necropolítica

das condições de vida da população negra e indígena são expressões materiais da colonialidade do ser, que ainda se manifestam na atualidade.

O eurocentrismo é uma perspectiva e modo concreto de produzir conhecimento, que demonstra o caráter do padrão mundial de poder: colonial/moderno, capitalista e eurocentrado, estabelecido a partir da conquista da América. Parte da "ideia do estado de natureza como ponto de partida do curso civilizatório cuja culminação é a civilização europeia ou ocidental", numa perspectiva evolucionista, de movimento e de mudança unilinear e unidirecional da história humana. Esta categoria se torna mundialmente hegemônica, colonizando e sobrepondo-se a todas as demais perspectivas prévias ou diferentes e seus respectivos saberes concretos, na Europa ou no resto do mundo[103]. O eurocentrismo é também a lógica fundamental para a reprodução da colonialidade do saber[104], que perdura mesmo depois do colonialismo, de forma que se afirma que a Améfrica Ladina passou pela descolonização, mas não pela decolonialidade.

A colonialidade do saber é, ao mesmo tempo, a ocultação de cultura e de conhecimentos não europeus, por não considerá-los civilizados e racionais, e a apropriação deles por meio da estereotipação. Neste sentido, agrupar os povos indígenas sob a insígnia de "índios" e os povos africanos sob o rótulo de "negros" implica a negação e o apagamento das diversas culturas e tradições que são, assim, homogeneizadas a partir da ótica do colonizador. Ao se assumir como superior, o pensamento eurocêntrico se impõe aos colonizados (considerados sem alma, sem religião, sem desenvolvimento). O grande reflexo da colonialidade do saber é levar os sujeitos subalternizados a pensarem na lógica daqueles que estão em posições dominantes.

Um dos desafios da decolonialidade é romper com o discurso de neutralidade, decorrente da assunção como universal do ponto de vista do colonizador, que é, na realidade, parcial. Colocar-se como pensamento neutro, objetivo, racional, civilizado e universal é o que o torna

---

com a escravidão. MBEMBE, Achille. **Necropolítica**: biopoder, soberania, estado de exceção, política de morte. 3. ed. São Paulo: n-1edições, 2018.

103 QUIJANO, Aníbal. Colonialidade do poder, eurocentrismo e América Latina. *In*: **A colonialidade do saber**: eurocentrismo e ciências sociais. Perspectivas latino-americanas. Buenos Aires: CLACSO, Consejo Latinoamericano de Ciencias Sociales. 2005, p. 126.

104 BALLESTRIN, Luciana. América Latina e o giro decolonial. **Revista Brasileira de Ciência Política**, n. 11. Brasília, maio-ago. 2013, p. 103.

impositivo para todos os subalternos e invisibiliza outras perspectivas. É o que Grosfoguel chama de privilégio epistêmico do homem ocidental, o qual seria dotado de *"episteme* superior", com a inferiorização dos demais sujeitos, que são racializados, generificados, etc.

> Trata-se, então, de uma filosofia na qual o sujeito epistêmico não tem sexualidade, gênero, etnia, raça, classe, espiritualidade, língua, nem localização epistêmica em nenhuma relação de poder, e produz a verdade desde um monólogo interior consigo mesmo, sem relação com ninguém fora de si. Isto é, trata-se de uma filosofia surda, sem rosto e sem força de gravidade. O sujeito sem rosto flutua pelos céus sem ser determinado por nada nem por ninguém [...]. Será assumida pelas ciências humanas a partir do século XIX como a epistemologia da neutralidade axiológica e da objetividade empírica do sujeito que produz conhecimento científico[105].

O pensamento decolonial é, portanto, uma proposta de pluralidade epistemológica, uma produção de conhecimento a serviço de um mundo para além do "sistema-mundo capitalista, patriarcal, eurocêntrico, cristão, moderno e colonialista", com conceitos plurais com "muitos decidindo por muitos" (pluri-verso), em contraposição ao uni-versalismo epistêmico, que significa "um define pelos outros" (uni-verso)[106].

De maneira similar, a categoria da amefricanidade também tem força epistêmica, pois traz da margem para o centro da investigação mulheres e homens negras/os e indígenas, reconhecendo-os como sujeitos do conhecimento e "aponta para a descolonização do pensamento através da desconstrução das estruturas de poder que mantêm a colonialidade do saber, usando categorias fundadas a partir da cultura negra"[107].

---

105 GROSFOGUEL, Ramón. Descolonizando los universalismos occidentales: el pluri-versalismo transmoderno decolonial desde Aimé Césaire hasta los zapatistas. *In*: CASTRO-GÓMEZ, Santiago; GROSFOGUEL, Ramon (coord.). **El giro decolonial**: reflexiones para uma diversidad epistêmica más allá del capitalismo global. Bogotá: Siglo del Hombre Editores, Universidad Central, Instituto de Estudios Sociales Contemporáneos, Pontificia Universidad Javeriana, Instituto Pensar, 2007, pp. 64-65.

106 GROSFOGUEL, Ramón. A estrutura do conhecimento nas universidades ocidentalizadas: racismo/sexismo epistêmico e os quatro genocídios/epistemicídios do longo século XVI. **Revista Sociedade e Estado**. Brasília, v. 31, n. 1, pp. 25-49, abr. 2016, p. 46.

107 CARDOSO, Cláudia P. Amefricanizando o feminismo: o pensamento de Lélia Gonzalez. **Revista Estudos Feministas**. Florianópolis, 22(3): 320, set.-dez. 2014, p. 972.

Assim, é possível afirmar que o núcleo da produção teórica de Lélia Gonzalez, a partir da problematização do racismo e do sexismo no Brasil em termos históricos, antropológicos e filosóficos, destacando as possibilidades de resistência amefricana, antecipou a crítica em uma perspectiva decolonial, ao reconhecer o processo histórico da identidade étnica resultante da cultura trazida da África e de sua re-criação na América.

1.2.1. COLONIALIDADE DE GÊNERO

María Lugones é argentina e professora de filosofia na Universidade de Nova Iorque, com linha de pesquisa voltada para a intersecção de raça e gênero, e participa desde 2006 do Grupo Modernidade/Colonialidade (GMC), contribuindo especialmente com o conceito de colonialidade de gênero, que se refere à "análise da opressão de gênero racializada capitalista"[108], criticando a ideia totalizante do conceito de raça como origem de toda configuração moderna de poder e exploração. A dicotomia central da modernidade colonial é entre humano e não humano, na disputa pelo controle do trabalho, sexo, autoridade coletiva e intersubjetividade, subalternizando o colonizado de forma a considerar que apenas os civilizados (brancos europeus) são homens ou mulheres, pois os ameríndios e os africanos escravizados constituem espécies não humanas. Paralelamente, a hierarquização pela diferença do sexo foi imposta com a colonização aos povos ameríndios e amefricanos, cujas sociedades eram organizadas de forma que o gênero não era rigidamente binário nem necessariamente hierarquizante.

Avançando na análise, María Lugones[109] defende que o sistema moderno/colonial de gênero, assim como a colonialidade do poder, tem dois lados: um oculto/obscuro e outro visível/claro. O lado visível/claro organiza as vidas de homens e mulheres brancos e burgueses, ou seja, aqueles que tinham *status* de humanos. Nesta organização, as mulheres brancas são reprodutoras da classe e da posição social e racial dos homens brancos e, por isso, pureza e passividade sexual lhes são atribuídas, como forma de controle social, garantindo a manutenção e a sucessão da propriedade. A debilidade de corpos e mentes das mulhe-

---

108 LUGONES, María. Rumo a um feminismo descolonial. **Revista Estudos Feministas**, Florianópolis, v. 22, n. 3, pp. 935-952, set. 2014. Disponível em: https://periodicos.ufsc.br/index.php/ref/article/view/36755/28577. Acesso em: 03 set. 2019, p. 941.

109 LUGONES, María. Colonialidad y género. **Tabula Rasa**. Bogotá-Colombia, n. 9, pp. 73-101, julio-diciembre 2008, pp. 98-99.

res é construída socialmente para que sejam destinadas apenas à reprodução humana, por meio do acesso sexual obrigatório e/ou permitido do casamento. Nessa esteira, elas são excluídas da esfera da autoridade coletiva, da produção de conhecimento e de quase toda possibilidade de controle sobre os meios de produção e seus corpos. E, a partir deste estereótipo, se constrói a concepção subjetiva de feminilidade, que é branca, frágil e submissa. Como a modernidade colonial organiza o mundo em categorias homogêneas, atômicas e separadas, a intersecção de raça, classe, sexualidade e gênero ultrapassa essa lógica categórica binária. Diante disso, a "mulher colonizada" é uma categoria vazia, pois nenhuma mulher (branca) é colonizada e nenhuma fêmea colonizada (ameríndia ou amefricana) é mulher[110]. Uma expressão da colonialidade é a concepção de "mulher" eurocentrada e universalizada dentro das teorias feministas hegemônicas, que desconsidera as diferenças essenciais entre mulheres brancas, negras, indígenas, transgêneras, suas diversas opressões e necessidades.

María Lugones alerta ainda que o lado oculto/obscuro do sistema moderno/colonial de gênero, por sua vez, é completamente violento. A imposição da heteronormatividade aos povos ameríndios e africanos[111] significou a redução profunda das pessoas colonizadas à dicotomia macho/fêmea, alterando a organização social que aceitava mais de duas representações de gênero, como pessoas intersexuais e o "terceiro gênero". Ainda que, em várias destas sociedades, as diferentes características biológicas não implicassem em desigualdade ou hierarquia entre as pessoas, a inserção do sistema patriarcal pela colonização alterou significativamente a vida nessas comunidades, impondo a inferiorização de gênero às pessoas colonizadas então categorizadas como mulheres (ou seja, submissas, frágeis e incapazes de exercer autoridade coletiva ou autonomia individual) ou como figuras "bestializadas" (as pessoas não binárias). Da participação onipresente nos rituais, nos processos de tomada de decisão e na economia pré-colonial, estas pes-

---

110 LUGONES, María. Rumo a um feminismo descolonial. **Revista Estudos Feministas**, Florianópolis, v. 22, n. 3, pp. 935-952, set. 2014. Disponível em: https://periodicos.ufsc.br/index.php/ref/article/view/36755/28577. Acesso em: 03 set. 2019, p. 939.

111 Oyéronké Oyewùmi tem um importante estudo sobre a sociedade Yorubá no qual demonstra que não havia divisão binária de gênero em sua configuração pré-colonial. OYEWUMI, Oyeronke. **The invention of women**. Making an african sense of western gender discourses. Minneapolis: University of Minnesota Press, 1997.

soas foram reduzidas à animalidade, ao sexo forçado com os colonizadores brancos e a uma exploração laboral tão profunda que levou muitas delas à morte[112]. A colonialidade, para María Lugones, é também "um processo ativo de redução das pessoas, a desumanização que as qualificam para a classificação, o processo de subjetivação, a tentativa de transformar o colonizado em menos humano"[113].

Embora desconhecesse as expressões colonialidade de gênero e colonialidade do poder, mesmo porque só foram cunhadas no final dos anos 1990, Lélia Gonzalez problematizava a hierarquização (do saber) e a burocracia (do poder) que os colonizadores trouxeram das sociedades ibéricas, "onde tudo e todos tinham seu lugar determinado". "As sociedades que se constituíram na chamada América Latina foram as herdeiras históricas das ideologias de classificação social (racial e sexual) e das técnicas jurídicas e administrativas das metrópoles ibéricas"[114]. A imposição da norma de gênero não pode ser distanciada da racialização, pois ambas classificam e hierarquizam os seres humanos. Os estudos de Lélia Gonzalez mostram que o lugar ocupado pelas mulheres negras no gênero (corpo feminino racializado como não humano e não mulher) define o próprio "padrão de feminilidade associado à mulher branca; o de masculinidade associado ao homem branco provedor e proprietário do feminino ideal, e a heterossexualidade como modelo para assegurar a manutenção e a perpetuação do modelo familiar nuclear branco cristão conservador"[115].

Ademais, para Lélia Gonzalez, a mulher não branca, ameríndia ou amefricana, sintetiza a exploração de forma tripla: classe, gênero e raça, relações de poder estruturantes e indissociáveis da sociedade capitalista, em uma abordagem que anos depois seria nomeada como interseccional.

---

112 LUGONES, María. Colonialidad y género. **Tabula Rasa**. Bogotá-Colombia, n. 9, pp. 73-101, julio-diciembre 2008, p. 99.

113 LUGONES, María. Rumo a um feminismo descolonial. **Revista Estudos Feministas**, Florianópolis, v. 22, n. 3, pp. 935-952, set. 2014. Disponível em: https://periodicos.ufsc.br/index.php/ref/article/view/36755/28577. Acesso em: 03 set. 2019, p. 939.

114 GONZALEZ, Lélia. Nanny (1988). *In*: GONZALEZ, Lélia. **Primavera para as rosas negras**: Lélia Gonzalez em primeira pessoa... Diáspora Africana: Filhos da África, 2018, p. 337.

115 CARDOSO, Cláudia P. Amefricanidade: proposta feminista negra de organização política e transformação social. **LASA Forum**. v. 50:3. Verão, 2019, p. 47.

1.3. INTERSECCIONALIDADE E AMEFRICANIDADE

A amefricanidade, na medida em que desloca o lugar epistêmico, desafiando a supremacia da latinidade e do modelo colonizador masculino branco "neutro", dialoga com as teorias de perspectiva (*standpoint theories*), desenvolvidas pelos feminismos nos Estados Unidos na década de 1980, a partir da afirmação de que o lugar social de onde se vê, ou seja, a perspectiva, determina nossa visão do mundo.

Donna Haraway afirma a existência de um "ponto de vista" próprio à experiência e ao lugar social ocupado pelas mulheres[116]. A abordagem por perspectiva não retira o caráter científico do estudo, pois não se trata de mero relativismo, mas de uma visão única e localizada, que permite compreender melhor o que fica obscurecido pela versão construída social e historicamente pelos pesquisadores científicos. Como tais, são reconhecidos preponderantemente os homens brancos das classes dominantes e do eixo Norte do mundo, cujo saber é tomado como sendo o único, objetivo e universalmente válido, excluindo "qualquer outro ponto de vista (o das mulheres, dos pobres, das pessoas "de cor", de países não ocidentais") [o que] possibilitou que se consolidasse a hegemonia material e ideológica dos dominantes"[117]. Trata-se, portanto, de uma crítica ao conhecimento supostamente neutro, objetivo, universal, racional e "natural", que domina o que se chama de ciência. Ao se posicionar contrariamente à tendência totalizante da ciência hegemônica, não se busca um relativismo, mas sim "saberes parciais, localizáveis, críticos, apoiados na possibilidade de redes de conexão, chamadas de solidariedade em política e de conversas compartilhadas em epistemologia"[118]. Sandra Harding, por sua vez, acrescenta que "a pesquisa feminista não representa a substituição da lealdade a um gênero pela lealdade a outro – a troca de um subjetivismo por outro –, mas a transcendência de todo gênero, o que, portanto, aumenta a objetividade"[119].

---

116 HARAWAY, Donna. Saberes localizados: a questão da ciência para o feminismo e o privilégio da perspectiva parcial. Tradução de Mariza Corrêa. **Cadernos Pagu** (5) 1995, p. 21.

117 LÖWY, Ilana. Ciências e gênero. Tradução de Naira Pinheiro. *In*: HIRATA, Helena *et al*. (org.). **Dicionário crítico do feminismo**. São Paulo: UNESP, 2009, p. 42.

118 HARAWAY, Donna. Saberes localizados: a questão da ciência para o feminismo e o privilégio da perspectiva parcial. Tradução de Mariza Corrêa. **Cadernos Pagu** (5) 1995, p. 23.

119 HARDING, Sandra. A instabilidade das categorias analíticas na teoria feminista. In: HOLANDA, Heloísa Buarque de. **Pensamento feminista**: conceitos fundamentais. Rio de Janeiro: Bazar do Tempo, 2019. p. 101

Nesta mesma linha, Linda Alcoff afirma que considerar outros sujeitos que não apenas os dotados de privilégios, que representam o "neutro" hegemônico (masculino, branco, *hetero* e *cis*) e dominam as narrativas, tornando-as versão oficial, pode ser importante, pois "as experiências em diferentes localizações são distintas" e "a localização importa para o conhecimento"[120]. Trata-se de uma questão epistemológica ao destacar quanto "à forma como o conhecimento *deve ser* produzido, a quem *deve ser* autorizado, à forma como a presunção de credibilidade *deve ser* distribuída e à forma como podemos ganhar alguma influência politicamente reflexiva sobre as delimitações da ontologia"[121].

Desafiar o padrão masculino branco na produção do conhecimento, porém, pode levar a um outro problema epistemológico: a mulher universal como sujeito ou objeto da análise. Isto representa uma generalização da experiência das mulheres brancas, ocidentais, burguesas e heterossexuais como sendo a única e verdadeira expressão do que seja ser "mulher", o que excluiria de cena todas aquelas que não se encaixassem nestas características, ou seja, a grande maioria das mulheres.

Na defesa de direitos humanos, as múltiplas opressões vivenciadas por mulheres negras também levavam à produção de conhecimento. Audre Lorde (1934-1992) foi poetisa e escritora caribenha-estadunidense e militante do movimento feminista negro. Em conferência em 1979, ela defendeu a necessidade de se enfrentar simultaneamente as diferenças hierarquizantes de raça, sexualidade, classe e idade, além de incluir na discussão as mulheres pobres, as mulheres negras e do Terceiro Mundo e as lésbicas, no movimento feminista. Ela propôs a superação das formas de combate às formas de opressão, pois "o que significa quando as ferramentas do patriarcado racista são usadas para examinar os frutos do mesmo patriarcado? Significa que apenas os perímetros mais estreitos de mudança são possíveis"[122].

Para Audre Lorde, por exemplo, é necessário um exame da mutualidade entre as mulheres, superando o modelo dicotômico (do tipo "ou, ou"), característico da estrutura patriarcal. O poder das mulheres está na conexão,

---

120 ALCOFF, Linda M. Uma epistemologia para a próxima revolução. **Revista Sociedade e Estado**. v 31, n. 1, jan.-abr. 2016, p. 136.

121 ALCOFF, Linda M. Uma epistemologia para a próxima revolução. **Revista Sociedade e Estado**. v. 31, n. 1, jan.-abr. 2016, p. 133.

122 LORDE, Audre. The master's tools will never dismantle the master's house. *In:* LORDE, Audre. **Sister outsider**: essays & speeches. Califórnia: Freedom, 1984, p. 110. (tradução nossa).

que lhes permite cuidar umas das outras, em um sistema de apoio compartilhado, de maneira redentora e não patológica, desafiadora do mundo patriarcal. Ressalta também a interdependência entre mulheres, que inclui lésbicas e mulheres que se identificam como mulheres, como caminho para uma liberdade que permita um "Eu" não explorado, mas criativo.

Para tanto, não basta a tolerância da diferença entre as mulheres. A diferença deve ser vista como uma "reserva de polaridades necessárias entre as quais nossa criatividade pode faiscar à maneira do processo dialético". Apenas sob o prisma da interdependência das diferenças mútuas e não dominantes, é possível perceber as diferenças como forças de mudança. Negar as diferenças não nos levará à comunidade, mas apenas a um breve acordo de paz. Reconhecer as diferenças como forças de mudança nos permite a comunidade e a libertação, com a inclusão de todas as mulheres, aceitáveis ou não – pobres, lésbicas, negras, velhas –, da sociedade.

O que Audre Lorde quer dizer com o título "As ferramentas do senhor não desmantelarão a casa grande"? O pensamento a partir da matriz patriarcal (dividir e conquistar), ou seja, em divisões estanques das mulheres sem a possibilidade de superá-las, é a ferramenta do opressor. Se não nos desvincularmos dela (definir e empoderar), não será avançaremos a luta política para vencê-lo. Ainda que alguma mulher consiga vencer com estas ferramentas, isso não representará um avanço para o movimento das mulheres como um todo, pois ainda outras mulheres pobres e mulheres de cor limpam sua casa e cuidam de seus filhos. É o que Audre Lorde acusa de feminismo racista.

> Racismo e homofobia são condições reais de todas as nossas vidas neste espaço e tempo. Convoco cada uma de nós aqui a mergulhar até o profundo lugar de conhecimento dentro de si mesma e tocar aquele terror e aversão a qualquer diferença que vive lá. Veja a face de quem lhe veste. Então, tanto o pessoal quanto o político podem começar a iluminar todas as nossas escolhas[123].

Com uma escrita contundente e cheia de poesia, no sentido de sensibilizar e comover, o texto transcende seu tempo histórico e permanece atual. Ao denunciar o racismo que subjaz do feminismo branco estadunidense, Audre Lorde assume as feministas brancas acadêmicas como opressoras, que se valem das ferramentas do senhor e, por isso, jamais desmantelarão o patriarcado.

---

123 LORDE, Audre. The master´s tools will never dismantle the master´s house. *In*: LORDE, Audre. **Sister outsider**: essays & speeches. Califórnia: Freedom, 1984, p. 113. (tradução nossa).

Em diálogo com Audre Lorde, Patricia Hill Collins tratou da interação entre múltiplos sistemas de opressão como objeto de crescente estudo das acadêmicas feministas negras, citando *bell hooks*[124]. Esta já trabalhava com a ideia de "pensamento dualístico do tipo ou este ou aquele", à qual Patricia Collins denominou de "constructo da diferença dicotômica por oposição". Esta construção se caracteriza fundamentalmente pela categorização das pessoas, coisas e ideias em termos de diferenças entre elas, como nas dicotomias: preto/branco, masculino/feminino, razão/emoção, sujeito/objeto. Estas diferenças não são complementares, mas opostas entre si. As relações de oposição não representam relações de igualdade na diferença, mas de subordinação de uma à outra: brancos dominam negros, homens dominam mulheres, a razão é superior à emoção e o sujeito domina o objeto. A condição das mulheres afro-americanas é marcada por metades inferiores de diversas dualidades, o que as coloca sob dominação persistente[125].

Outsider within é a expressão concebida por Patricia Collins para descrever a condição das trabalhadoras afro-americanas domésticas dentro dos lares de famílias brancas. Essas mulheres tinham uma perspectiva única para ver as elites brancas, que não podia ser apreendida por seus esposos negros ou por outros grupos dominantes. Elas estavam dentro das famílias brancas (*within*). Ao mesmo tempo, elas nunca integrariam aquelas famílias, permanecendo fora delas (*outsider*), apesar do seu envolvimento físico e até afetivo. Conjuntamente, Patricia Collins utilizou o *status* de *outsider within*[126] para tratar da importância sociológica do pensamento feminista negro, abordando a posição das mulheres negras em relação às mulheres acadêmicas no geral, o que as provê de um ponto de vista diferente em relação às teorias e aos paradigmas já existentes na sociologia, aplicando a teoria do "ponto de vista situado". No sentir de Patricia Collins, "Na verdade, a realidade vivenciada é usada como fonte válida de conhecimento para

---

124 Gloria Jean Watkins adota o nome de *bell hooks* em homenagem a sua bisavó materna, com a grafia de letras minúsculas, desafiando convenções linguísticas e acadêmicas. Com isso, busca enfatizar sua escrita e não sua pessoa, além de não se prender a uma identidade em particular, permanecendo em movimento.

125 COLLINS, Patricia Hill. Aprendendo com a *outsider within*: a significação sociológica do pensamento feminista negro. **Revista Sociedade e Estado**. Brasília, v. 31, n. 1, abr. 2016, pp. 108-109.

126 COLLINS, Patricia Hill. Aprendendo com a *outsider within*: a significação sociológica do pensamento feminista negro. **Revista Sociedade e Estado**. Brasília, v. 31, n. 1, abr. 2016, pp. 99-100.

criticar fatos e teorias sociológicas, ao passo que o pensamento sociológico oferece novas formas de ver esta realidade vivenciada"[127].

A primeira manifestação pública que desafiou o conceito universalizante da mulher, correspondente ao estereótipo da mulher branca, foi no século XVIII e tem sido recuperada pelo feminismo negro estadunidense. Esta manifestação foi o célebre pronunciamento de Sojourner Truth – nascida escrava em Nova Iorque em 1787 e liberta dez anos depois – a respeito da condição da mulher negra, que ficou conhecido com o título "E eu não sou uma mulher?". Sojourner Truth participou das lutas abolicionista, sufragista e pelos direitos das mulheres nos Estados Unidos. Durante a Convenção sobre os Direitos das Mulheres em Ohio, 1851, ela falou após ouvir de pastores presentes que as mulheres não deveriam ter os mesmos direitos dos homens "porque seriam frágeis, intelectualmente débeis, porque Jesus foi um homem e não uma mulher e porque, por fim, a primeira mulher fora uma pecadora"[128]:

> Aqueles homens ali dizem que as mulheres precisam de ajuda para subir em carruagens, e devem ser carregadas para atravessar valas, e que merecem o melhor lugar onde quer que estejam. Ninguém jamais me ajudou a subir em carruagens, ou a saltar sobre poças de lama, e nunca me ofereceram melhor lugar algum! E não sou uma mulher? Olhem para mim? Olhem para meus braços! Eu arei e plantei, e juntei a colheita nos celeiros, e homem algum poderia estar à minha frente. E não sou uma mulher? Eu poderia trabalhar tanto e comer tanto quanto qualquer homem – desde que eu tivesse oportunidade para isso – e suportar o açoite também! E não sou uma mulher? Eu pari treze filhos e vi a maioria deles ser vendida para a escravidão, e quando eu clamei com a minha dor de mãe, ninguém a não ser Jesus me ouviu! **E não sou uma mulher?** (grifei)[129].

A experiência de ser mulher negra, invisibilizada quando se trata de estabelecer os "direitos de mulheres", havia lhe reservado um lugar de trabalho árduo e penoso e de luta pela vida em condições de precarie-

---

127 COLLINS, Patricia Hill. Aprendendo com a *outsider within*: a significação sociológica do pensamento feminista negro. **Revista Sociedade e Estado**. Brasília, v. 31, n. 1, abr. 2016, pp. 120.

128 PINHO, Osmundo. Nota explicativa na tradução de Sojourner Truth. **E eu não sou uma mulher?** Disponível em: https://pt.scribd.com/document/196229620/E-nao-sou-uma-mulher. Acesso em: 16 jun. 2018.

129 TRUTH, Sojourner. **E eu não sou uma mulher?** Tradução de Osmundo Pinho. Disponível em: https://pt.scribd.com/document/196229620/E-nao-sou-uma-mulher. Acesso em: 16 jun. 2018.

dade, muito distante do estereótipo arguido pelos homens permeados por uma visão colonial. A indagação de Sojourner Truth confrontava também a universalidade da noção de mulher, que, embora não contemplasse as mulheres de cor, foi adotada pelo movimento sufragista estadunidense e europeu. As mulheres negras trabalharam ao lado dos homens negros pela abolição da escravatura e ao lado das sufragistas brancas pelo voto feminino, mas em nenhum dos dois movimentos suas demandas específicas, como fim da violência sexista e melhores condições de vida, eram consideradas. Sojourner Truth compreendia muito bem as exclusões sofridas pela mulher negra, ao ser vista como a mulher não branca ou a pessoa negra não homem.

Na década de 1930, Claudia Jones teorizou sobre a condição de superexploração a qual as mulheres negras estadunidenses eram submetidas. Como mulher caribenha que morava nos Estados Unidos, ela compreendeu que a mulher negra sofria tripla opressão: raça, classe e gênero. Seu estudo sobre as pautas específicas das mulheres negras ressaltou a necessidade de união nas lutas feminista e trabalhista pelos direitos da trabalhadora doméstica, majoritariamente negra, que não era sindicalizada nem tinha direitos trabalhistas reconhecidos nos Estados Unidos, a despeito de toda riqueza da nação. Essa condição de precariedade é resultado, de um lado, de negligências dos movimentos negro, feminista e sindical, e de outro, de ideologias supremacista branca e machista, presentes nos meios de comunicação.

> Um fator intimamente associado à questão das oportunidades de trabalho para a mulher negra é a especial opressão que ela sofre como negra, como mulher e como trabalhadora. A mulher negra é vítima do estereótipo machista branco a respeito do lugar que deve ocupar [na sociedade]. No cinema, no rádio e na imprensa, a mulher negra não é representada em seu verdadeiro papel: como chefe, mãe e protetora da família. Mas somente como uma "mãe preta" tradicional, que coloca o cuidado das crianças das famílias dos outros acima de sua própria. O estereótipo tradicional da mãe negra escrava, que, até hoje, aparece em propagandas, deve ser combatido e rejeitado como um aparato do imperialismo para perpetuar a ideologia branca machista de que as mulheres negras são "atrasadas", "inferiores" e "escravas naturais" de outros[130].

---

130 JONES, Claudia. Um fim à negligência em relação aos problemas da mulher negra! (1949). **Estudos feministas**. Florianópolis, 25(3), 530, set.-dez. 2017, p. 1.006.

Angela Davis[131] discorre sobre a história das lutas contra a escravidão e pelo voto feminino, a partir da ação dos movimentos negro, trabalhista e sufragista, e mostra a dificuldade de as mulheres negras de serem compreendidas e contempladas. As mulheres brancas de classe média lutavam não só pelo sufrágio universal, mas também por uma igualdade, cujo conteúdo não era o mesmo das mulheres negras. As próprias condições de vida ensejavam bandeiras diversas. Homens e mulheres escravizados viviam em família com relativa igualdade, pois a fragilidade decorrente do gênero feminino não era atribuída às mulheres negras, de modo que trabalhavam nas mesmas condições dos homens na lavoura. Como homens e mulheres escravizados eram desprovidos de sua condição humana, não se impunham as normas de gênero em geral. O gênero para a mulher negra se revelava na violência dos castigos que assumiam além do caráter físico e moral, o sexual; e no fato de ser considerada reprodutora de força de trabalho escravizado. Todavia, durante a gestação, a mulher negra não era poupada do trabalho, continuando o trabalho pesado até o parto. Após o nascimento do bebê, ele lhe era retirado, uma vez que se tratava de propriedade do senhor, de maneira que à mulher negra era negado o direito de exercer a maternidade.

Angela Davis conta que, no contexto pós-abolição, as mulheres brancas exigiam o direito de exercer a maternidade voluntariamente, o chamado direito de opção. As mulheres negras, por sua vez, sofriam esterilização compulsória em razão do movimento eugenista e, por isso, também exigiam seus direitos reprodutivos, porém, diversamente, reivindicavam o direito de ser mãe.

Na questão do trabalho, as diferenças eram bem claras: as mulheres brancas lutavam pelo direito de trabalhar; as mulheres negras sempre trabalharam em condições de igualdade com os homens negros e não viam nisso nenhuma vantagem. A libertação não resolveu os problemas sociais, o que fica claro com a passagem em que Angela Davis narra a incompreensão da líder sufragista americana (e burguesa) Susan B. Anthony sobre as "outras mulheres" (negras, trabalhadoras):

> "Mulher" era o critério, mas nem toda mulher parecia estar qualificada. As mulheres negras, claro, eram praticamente invisíveis no interior da longa campanha pelo sufrágio feminino. [...] Como as mulheres trabalhadoras bem sabiam, seus pais, irmãos, maridos e filhos que exerciam o direito de

---

131 DAVIS, Angela. **Mulheres, raça e classe**. Tradução de Heci Regina Candiani. São Paulo: Boitempo, 2016.

voto continuavam a ser miseravelmente explorados por seus ricos empregadores. A igualdade política não abriria a porta da igualdade econômica[132].

O que normalmente não é contado na história das sufragistas é que após a conquista do direito ao voto feminino, as mulheres negras do Sul dos Estados Unidos foram violentamente impedidas de exercê-lo, seja pela violência impingida pela Ku Klux Klan, causando mortes de mulheres e crianças negras, ou pela simples recusa de suas cédulas pelos supervisores eleitorais quando compareceram às urnas para votar[133].

O movimento feminista negro estadunidense surgiu da própria experiência de que o movimento sufragista e o subsequente movimento feminista (predominantemente de mulheres brancas), bem como o movimento negro (com demandas pautadas pelos homens negros), não contemplavam as necessidades e os anseios das mulheres negras. Assim como no Brasil, o feminismo negro estadunidense se organizou como movimento social, político e cultural por volta da década de 1970. Destaca-se o coletivo *Combahee River*, que perdurou entre 1974 e 1980. O nome do coletivo advém de uma ação militar durante a Guerra Civil Americana, liderada pela abolicionista Harriet Tubman, nascida escravizada, que escapou e libertou centenas de outros escravizados.

A Declaração deste Coletivo (*Combahee River Collective Statement*) é considerado o primeiro manifesto estadunidense que articula as relações sociais de classe, raça e gênero. Nesse manifesto é expresso o compromisso do coletivo na luta política contra a opressão racial, sexual, heterossexual e de classe, com a tarefa de desenvolver análise e prática integradas, baseadas na ideia de que os grandes sistemas de opressão são interligados, cuja síntese cria as condições de vida das mulheres negras. "Nós lutamos junto com os homens negros contra o racismo, e contra os homens negros contra o sexismo" [134]. Enfatiza-se que a inclusividade do projeto feminista negro atrai o interesse para as condições de vida das mulheres, povos do Terceiro Mundo e dos trabalhadores. Diversas ações práticas integram a luta contra as opressões e o manifesto termina

---

132 DAVIS, Angela. **Mulheres, raça e classe**. Tradução de Heci Regina Candiani. São Paulo: Boitempo, 2016, p. 146.

133 DAVIS, Angela. **Mulheres, raça e classe**. Tradução de Heci Regina Candiani. São Paulo: Boitempo, 2016, p. 153.

134 COMBAHEE RIVER COLLECTIVE. The combahee river collective statement: a black feminist statement. EISENSTEIN, Z. (ed.). **Capitalism, patriarchy and the case for socialist feminism**. New York: Monthly Review Press, 1978.

com as propostas[135] de reivindicações de creches, combate à esterilização forçada[136], direito ao aborto, mulheres vítimas de violência doméstica ou estupros e serviços de saúde, atividades educativas e acadêmicas, exigir a responsabilidade das mulheres brancas sobre o racismo no movimento feminista branco. As mulheres negras estadunidenses experimentaram a marginalização no bojo dos movimentos sociais negros e feministas, onde suas demandas não eram ouvidas. A declaração do coletivo *Combahee River* antecipou várias questões que seriam teorizadas por acadêmicas nas décadas seguintes.

Apesar das diferenças nas sociedades brasileira e estadunidense, que, nos termos propostos por Lélia Gonzalez, apresentam respectivamente o racismo disfarçado (ou por denegação) e o racismo aberto (ou por segregação), a experiência de ser mulher negra marcou as acadêmicas e militantes em ambos os lugares.

Lélia Gonzalez também teve toda sua produção acadêmica e sua militância marcada por sua experiência de ser mulher negra, ao que ela definiu como sendo "um processo difícil de aprendizado na busca de minha identidade como mulher negra, dentro de uma sociedade que me oprime e discrimina precisamente por causa disso". A partir de uma ordem ético-política, ela transcendeu a perspectiva individual, pois entendia que não se pode falar em primeira pessoa do singular de "algo dolorosamente comum a milhões de mulheres", ameríndias e amefricanas, subordinadas a uma latinidade que legitima sua inferiorização[137].

Lélia Gonzalez reconheceu a importância do feminismo como teoria e prática, sobretudo por expor as bases materiais e simbólicas da dominação das mulheres dentro do capitalismo patriarcal, e por trazer para o debate público temas até então considerados exclusivos da esfera privada, como a sexualidade, a violência, os direitos reprodutivos, dentre outros, os quais possibilitaram o encaminhamento das lutas como movimento, demonstrando a natureza pública do mundo privado. Ressaltou ainda que, ao propor a discussão sobre a sexualidade,

---

135 Como veremos no Capítulo 4, várias destas demandas compuseram a pauta das mulheres trabalhadoras no Brasil.

136 Apesar das diferenças intrínsecas a cada sociedade, esterilização forçada também foi e ainda é denunciada pelos movimentos de mulheres no Brasil. A CPI da mulher fez importante levantamento a este respeito.

137 GONZALEZ, Lélia. Por um feminismo afrolatinoamericano (1988). *In*: GONZALEZ, Lélia. **Primavera para as rosas negras**: Lélia Gonzalez em primeira pessoa... Diáspora Africana: Filhos da África, 2018, p. 307.

o feminismo estimulou a conquista de espaço por aqueles que eram discriminados por sua orientação sexual. No entanto, Lélia observou que a questão racial foi esquecida por esse modelo de feminismo hegemônico, fato que ela atribui ao racismo por omissão:

> Exatamente porque tanto o sexismo quanto o racismo são baseados em diferenças biológicas para se estabelecerem como ideologias de dominação. Há, então, a questão: como esse esquecimento do feminismo pode ser explicado? A resposta, em nossa opinião, está no que alguns cientistas sociais caracterizam como racismo por omissão e cujas raízes, dizemos, são encontradas numa cosmovisão eurocêntrica e neocolonialista da realidade[138].

A feminilidade é refutada pelas feministas negras não apenas pela crítica à essencialização daquilo que se enquadra como ser mulher, mas também porque os estereótipos nunca foram dirigidos às mulheres negras. Sueli Carneiro adverte que os mitos da fragilidade feminina – que justificou historicamente a proteção paternalista dos homens sobre as mulheres –, da rainha do lar, da musa idolatrada dos poetas e de que a mulher é subproduto do homem – feita da costela de Adão – não dizem respeito à mulher negra, para quem não faz sentido ter como bandeira derrubá-los. Afinal, mulheres negras nunca foram tratadas como frágeis, mas sim "com identidade de objeto" para servir; nunca foram musas ou rainhas, pois o modelo estético é a mulher branca, e não reconhecem a figura de Adão[139], uma vez que não faz parte de sua tradição religiosa.

Lélia Gonzalez invocou duas categorias lacanianas para explicar o racismo por omissão do feminismo. A categoria do "infante" diz respeito àquele que é "falado pelos outros", e por isso não é sujeito do seu próprio discurso, a exemplo da criança que é falada pelos adultos na terceira pessoa. Desse modo, as mulheres negras e "não brancas" não falam por si mesmas, mas sim por um sistema ideológico de dominação que as infantiliza, o sistema patriarcal-racista. Já a categoria "óbvio-saber adulto" dialoga com Frantz Fanon e as determinações do inconsciente que levam o colonizado a atribuir um lugar de supe-

---

138 GONZALEZ, Lélia. Por um feminismo afrolatinoamericano (1988). *In*: GONZALEZ, Lélia. **Primavera para as rosas negras**: Lélia Gonzalez em primeira pessoa... Diáspora Africana: Filhos da África, 2018, p. 309.

139 CARNEIRO, Sueli. Enegrecer o feminismo: a situação da mulher negra na América Latina a partir de uma perspectiva de gênero. *In*: HOLLANDA, Heloísa B. (org.). **Pensamento feminista**: conceitos fundamentais. Rio de Janeiro: Bazar do Tempo, 2019, p. 314.

rioridade ao colonizador, de modo que o eurocentrismo e seu efeito neocolonizador são formas alienadas de uma teoria e prática percebida como libertadora, ou seja, do feminismo. Assim, o feminismo latino-americano perde muito de sua força ao abstrair a natureza multirracial e pluricultural das sociedades da região. "Tentar, por exemplo, a divisão sexual do trabalho sem articulá-lo com o correspondente ao nível racial, é recair sobre um tipo de racionalismo universal abstrato, típico de um discurso masculinizante e branco"[140].

Lélia Gonzalez se aproximou do que poderia ser chamado hoje de um feminismo decolonial, discutindo os impactos do sexismo na colonização e na formação de estereótipos que recaem sobre as mulheres negras, o que tinha consequências da ordem material: menor grau de escolaridade, dificuldade na inserção no mercado de trabalho, desvalorização do trabalho doméstico etc. Além disso, a militância no movimento feminista lhe evidenciou a dificuldade de colocar em pauta as demandas das mulheres negras. Lélia Gonzalez fez a crítica sobre a universalização da mulher, posição que assume a mulher branca, encobrindo a condição vivenciada pela mulher negra:

> Se as transformações da sociedade brasileira nos últimos vinte anos favoreceram a mulher, não podemos deixar de ressaltar que essa forma de universalização abstrata encobre a realidade vivida, e duramente, pela grande excluída da modernização conservadora imposta pelos donos do poder do Brasil pós-64: a mulher negra[141].

Para corroborar as observações de Lélia Gonzalez, trago dados objetivos, buscando demonstrar que a universalização da mulher pode, de fato, levar a graves erros analíticos. De acordo com estudos demográficos do IBGE[142], na década de 1970, a população urbana superou a rural no Brasil, uma longa transição que remonta ao início do século XX. É

---

140 GONZALEZ, Lélia. Por um feminismo afrolatinoamericano (1988). *In*: GONZALEZ, Lélia. **Primavera para as rosas negras**: Lélia Gonzalez em primeira pessoa... Diáspora Africana: Filhos da África, 2018, p. 310.

141 GONZALEZ, Lélia. Mulher negra (1985). *In*: GONZALEZ, Lélia. **Primavera para as rosas negras**: Lélia Gonzalez em primeira pessoa... Diáspora Africana: Filhos da África, 2018, p. 272.

142 INSTITUTO BRASILEIRO DE GEOGRAFIA E ESTATÍSTICA – IBGE. **Tendências demográficas no período de 1950/2000**: uma análise dos resultados da amostra do Censo Demográfico 2000. Disponível em: https://ww2.ibge.gov.br/home/estatistica/populacao/censo2000/tendencias_demograficas/comentarios.pdf Acesso em: 16 jul. 2018.

possível afirmar também com base nos dados estatísticos oficiais que, a partir da década de 1970, houve um acentuado aumento da expectativa de vida ao nascer, provavelmente relacionado à urbanização e aos avanços no atendimento à saúde e no acesso a saneamento básico. A taxa de fecundidade apresentou um declínio contínuo desde 1950, mas mais acentuado em 1970, em razão da introdução dos métodos anticonceptivos orais. Segundo Alves *et al.*[143], estes fatos sociais reconfiguraram as relações sociais entre homens e mulheres. O número menor de filhos permitiu que as mulheres reduzissem o tempo dedicado às tarefas de reprodução e cuidados, assim como a maior expectativa de vida lhes possibilitou um aumento do ciclo produtivo, com aumento do nível de escolaridade e participação na População Economicamente Ativa (PEA).

Além disso, os autores destacam o movimento da reversão do hiato de gênero ocorrido na educação – desigualdade nos níveis de escolaridade entre os sexos – com início na década de 1960: na primeira metade do século XX era elevada a taxa de analfabetismo das mulheres e as taxas de escolaridade dos homens eram superiores às das mulheres em todos os níveis de instrução. "As abordagens de gênero mostram que as diferenças nos níveis educacionais não decorriam das características biológicas, mas das condições históricas e estruturais da conformação da sociedade"[144]. Aos poucos, as mulheres passaram a ser maioria no nível primário de ensino e depois no secundário. No início da década de 1970, as mulheres representavam apenas 25,6% das pessoas com educação superior no Brasil. Já em 1980 passaram a corresponder a 45,5%; em 1990, 48,9%; e, em 2000, reverteu-se o hiato, com as mulheres se tornando a maioria (52,8%) das pessoas com nível superior de escolaridade. Esta reversão também se deu na pós-graduação. A partir de 2004, as mulheres tituladas em doutorado superaram percentualmente os homens. No que se refere ao mercado de trabalho, mostra-se também uma tendência do decréscimo do hiato de gênero, em razão da forte elevação da PEA feminina desde 1970, quando 18,5% do total da população de

---

143 ALVES, José E. D. *et al*. Meio século de feminismo e o empoderamento das mulheres no contexto das transformações sociodemográficas do Brasil. *In*: **50 anos de feminismo**: Argentina, Brasil e Chile – a construção das mulheres como atores políticos e democráticos. São Paulo: EDUSP/Fapesp, 2017, pp. 15-54.

144 ALVES, José E. D. *et al*. Meio século de feminismo e o empoderamento das mulheres no contexto das transformações sociodemográficas do Brasil. *In*: **50 anos de feminismo**: Argentina, Brasil e Chile – a construção das mulheres como atores políticos e democráticos. São Paulo: EDUSP, Fapesp, 2017, p. 27.

mulheres participava da PEA feminina, saltando para 26,6% em 1980 e assim sucessivamente até 2010, quando alcançou 48,9%[145].

Os dados estatísticos e suas interpretações no parágrafo acima invisibilizam o lugar social das mulheres negras, dando a impressão de que houve uma evolução para todas as mulheres, porém, não é bem assim. Como reflexo do sistema moderno/colonial de gênero, a mulher negra fica eclipsada na ideia da mulher universal em análises sem o recorte racial. Primeiro, porque as mulheres negras sempre foram consideradas produtivas, pois, como escravizadas, já eram trabalhadoras e assim continuaram por uma questão de sobrevivência. Trabalhar não era um desejo para as mulheres negras, mas uma necessidade. Segundo, porque a urbanização ensejou a deterioração das condições de vida dos estratos urbanos de baixa renda, com o aumento da população residente nas favelas (no Rio de Janeiro, de 757.000 favelados em 1970, saltou para 1.740.000 em 1980), onde se constatou aumento da mortalidade infantil, problemas de infraestrutura de transporte urbano e de saneamento básico, insuficiência de atendimento médico-hospitalar, alto índice de evasão escolar[146], o que afetava diretamente o cotidiano da mulher negra periférica. Em terceiro lugar, houve um aumento da concentração de renda: em 1970, os 50% mais pobres participavam de 14,9% dos rendimentos da PEA, o que foi reduzido para 12,6% em 1980; enquanto isso, os 10% mais ricos aumentaram de 46,7% para 50,9%. Em quarto lugar, 83% das trabalhadoras negras se concentram nas ocupações manuais, com baixos níveis de rendimentos e de escolaridade; o crescimento da presença feminina nas ocupações não manuais se deu de forma racializada: nas que exigiam nível médio, havia 14,4% de mulheres negras e 29,7% de mulheres brancas, nas de nível superior, 2,5% e 8,8%, respectivamente[147].

---

145 Dados referentes aos homens: em 1970, 71,8% deles participavam da PEA masculina; em 1980, 72,4%, e em 2010, 67,1%. Dados compilados pelos autores com base em censos demográficos do IBGE. ALVES, José E. D. *et al*. Meio século de feminismo e o empoderamento das mulheres no contexto das transformações sociodemográficas do Brasil. *In*: **50 anos de feminismo**: Argentina, Brasil e Chile – a construção das mulheres como atores políticos e democráticos. São Paulo: EDUSP/Fapesp, 2017.

146 GONZALEZ, Lélia. Mulher negra (1985). *In*: GONZALEZ, Lélia. **Primavera para as rosas negras**: Lélia Gonzalez em primeira pessoa… Diáspora Africana: Filhos da África, 2018, p. 267.

147 GONZALEZ, Lélia. Mulher negra (1985). *In*: GONZALEZ, Lélia. **Primavera para as rosas negras**: Lélia Gonzalez em primeira pessoa… Diáspora Africana: Filhos da

Beatriz Nascimento sintetizava o diferente acesso de mulheres brancas e negras às chamadas "atividades femininas", empregos burocráticos de nível baixo que, embora mal remunerados, exigiam certa qualificação educacional:

> [...] primeiro, porque a mulher negra ainda não teve acesso à educação suficiente, a fim de qualificar-se para estes tipos de trabalhos burocráticos. Segundo, porque esses empregos implicam relações públicas ou relação com o público, como o comércio de mercadorias. Neste contexto, o critério racial se faz muito mais seletivo, mantendo a mulher negra nos empregos tradicionais ou, então, como operárias industriais[148].

Neste contexto, a partir de sua própria experiência, pensando no lugar da mulher negra no mercado de trabalho, Lélia Gonzalez já ensaiava em 1979[149] algumas articulações com recorte de gênero – em sua obra, ela trata como "sexo" –, numa antecipação daquilo que viria a ser chamado de interseccionalidade: "Ora, na medida em que existe uma divisão racial e sexual do trabalho, não é difícil concluir sobre o processo de tríplice discriminação sofrido pela mulher negra (enquanto raça, classe e sexo), assim como sobre seu lugar na força de trabalho"[150]. Ela também denunciou o reforço da discriminação no recrutamento de trabalhadoras, sob os requisitos de "educação" e "boa aparência", dada a diferença de nível de escolaridade entre mulheres brancas e negras e o padrão estético racista disfarçado em eufemismo. Distinguiu os efeitos do racismo por sexo, revelando as experiências vivenciadas por homens negros e mulheres negras.

África, 2018, pp. 270-271.

148 NASCIMENTO, Beatriz (1976). *In*: HOLLANDA, Heloísa B. (org.). **Pensamento feminista brasileiro**: formação e contexto. Rio de Janeiro: Bazar do Tempo, 2019, p. 262.

149 Helleieth Saffioti trabalhou a ideia de nó para pensar simultaneamente gênero, classe e raça/etnia na realidade social. "Não se trata da figura do nó górdio nem apertado, mas do nó frouxo, deixando mobilidade para cada uma de suas componentes. Não que cada uma destas contradições atue livre e isoladamente. No nó, elas passam a apresentar uma dinâmica especial, própria do nó. Ou seja, a dinâmica de cada uma condiciona-se à nova realidade, presidida por uma lógica contraditória". SAFFIOTI, Heleieth. **Gênero Patriarcado Violência**. 2ª ed. São Paulo: Expressão Popular, 2015. p. 133.

150 GONZALEZ, Lélia. A mulher negra na sociedade brasileira: uma abordagem político-econômica (1979). *In*: GONZALEZ, Lélia. **Primavera para as rosas negras**: Lélia Gonzalez em primeira pessoa... Diáspora Africana: Filhos da África, 2018, p. 42.

Enquanto seu homem é o objeto da perseguição, repressão e violência policiais (para o cidadão negro brasileiro, desemprego é sinônimo de vadiagem; é assim que pensa e age a polícia brasileira), ela se volta para a prestação de serviços domésticos junto às famílias das classes média e alta da formação social brasileira. Enquanto empregada doméstica, ela sofre um processo de reforço quanto à internalização da diferença, da subordinação e da "inferioridade" que lhe seriam peculiares. É tudo isto acrescido pelo problema da dupla jornada que ela, mais do que ninguém, tem de enfrentar[151].

Assim, para a mulher negra, a interseccionalidade, como sistema de opressão interligado[152], é, antes do que uma ferramenta teórica, uma experiência concreta cotidiana. Esta experiência é marcada pela diáspora africana – ainda que as formas de racismo encontradas na Améfrica Ladina e nos Estados Unidos sejam diferentes (por denegação e por segregação, respectivamente) –; pela exploração de classe – (in)formada pela própria raça no colonialismo – e pela hierarquização de gênero, reservando um "não lugar" à mulher negra. O "não lugar" pode significar a invisibilidade de seu lugar social e de suas necessidades específicas, ou ainda, o silenciamento de sua voz, que pode ocorrer pelo descrédito de sua perspectiva. Dar nome à interseccionalidade teve o efeito de revelar o "não lugar" resultante da simultaneidade da exploração de classe com as opressões de raça e de gênero, abrindo espaço para novas formulações na política e no direito.

1.3.1. INTERSECCIONALIDADE COMO CONCEITO JURÍDICO

Em 1989, anos após a publicação do manifesto do coletivo *Combahee River*, a jurista negra estadunidense Kimberlé Crenshaw, a partir da análise de processos judiciais, constatou que a discriminação contra mulheres negras deixava de ser percebida, pois as categorias raça e gênero eram analisadas separadamente pelos Tribunais, enquanto na materialidade das relações sociais as discriminações eram vivenciadas simultaneamente.

O caso judicial trabalhista enfrentado por Kimberlé Crenshaw que a levou à formulação do conceito da interseccionalidade foi o seguinte: a empresa estadunidense General Motors (GM) era acusada de praticar discriminação

---

151 GONZALEZ, Lélia. A mulher negra na sociedade brasileira: uma abordagem político-econômica (1979). *In*: GONZALEZ, Lélia. **Primavera para as rosas negras**: Lélia Gonzalez em primeira pessoa… Diáspora Africana: Filhos da África, 2018, pp. 44-45.

152 AKOTIRENE, Carla. **O que é interseccionalidade?** Belo Horizonte: Letramento, 2018, p. 16.

de raça e de gênero contra mulheres afrodescendentes na contratação de sua força de trabalho. O júri[153] desmembrou a reclamação em duas questões separadas. A primeira perguntava se a GM praticava discriminação racial e a resposta era "não", pois havia homens negros trabalhando na planta produtiva. A segunda pergunta era se a GM praticava discriminação de gênero e a resposta foi novamente "não", pois havia mulheres trabalhando no setor administrativo. O problema era que os afrodescendentes contratados não eram mulheres e as mulheres contratadas não eram negras[154]. Para demonstrar o mecanismo desta discriminação, Crenshaw utilizou a metáfora de avenidas identitárias – raça e gênero – que se entrecruzam, localizando as mulheres negras na colisão/intersecção destes eixos e elaborando a interseccionalidade como um conceito

> que busca capturar as consequências estruturais e dinâmicas da interação entre dois ou mais eixos da subordinação. Ela [a interseccionalidade] trata especificamente da forma pela qual o racismo, o patriarcalismo, a opressão de classe e outros sistemas discriminatórios criam desigualdades básicas que estruturam as posições relativas de mulheres, raças, etnias, classes e outras. Além disso, a interseccionalidade trata da forma como ações e políticas específicas geram opressões que fluem ao longo de tais eixos, constituindo aspectos dinâmicos ou ativos do desempoderamento[155].

A interseccionalidade investiga o fracasso da lei, prejudicando a cobertura dos direitos humanos ao ignorar o "não lugar", aquilo que fica invisível quando as categorias gênero e raça são consideradas apartadamente. Uma crítica à "mulher", como concepção em termos abstratos,

---

153 O sistema judiciário estadunidense é bastante diferente do sistema brasileiro. Nos limites desta pesquisa, é importante considerar que o processo civil estadunidense é marcado pela oralidade e pode haver decisões proferidas por júri – um colegiado formado por cidadãos e cidadãs –, como no caso das *class actions* (ações coletivas). Nos Estados Unidos, embora exista o direito constitucional ao julgamento pelo júri, este direito é disponível, de forma que as partes podem dispensá-lo para ter o julgamento por um juiz monocrático, o que reduz os custos com o processo. No Brasil, a competência do júri é prevista no artigo 5º, XXXVIII da Constituição Federal, especificamente para o julgamento dos crimes dolosos contra a vida, ou seja, não há previsão legal para demandas civis.

154 CRENSHAW, Kimberlé W. Beyond Entenchment: race, gender and the new frontiers of (um)equal protection. *In*: TSUJIMURA, Miyoko (ed.). **International perspectives on gender equality & social diversity**. Sendai: Tohoku University Press, 2010, p. 91.

155 CRENSHAW, Kimberlé W. Documento para o Encontro de Especialistas em Aspectos da Discriminação Racial Relativos ao Gênero. **Estudos Feministas**. Ano 10, n. 1, 2002, p. 177.

pois a norma pressuposta é a de que corresponde à mulher branca burguesa heterossexual, assim como o "homem" corresponde ao homem branco burguês heterossexual e o "negro", o homem negro heterossexual. A intersecção entre mulher e negro é uma ausência onde deveria estar a "mulher negra", pois nem a "mulher" nem o "negro" a incluem. Tal invisibilidade, no sentido da ausência de reconhecimento de direitos, só é superada quando todas as opressões são consideradas simultaneamente e de maneira não hierarquizada.

> Adotando nisso o ponto de vista de Crenshaw, frequentemente e por engano, pensamos que a interseccionalidade é apenas sobre múltiplas identidades, no entanto, a interseccionalidade é, antes de tudo, lente analítica sobre a interação estrutural em seus efeitos políticos e legais. A interseccionalidade nos mostra como e quando mulheres negras são discriminadas e estão mais vezes posicionadas em avenidas identitárias, que farão delas vulneráveis à colisão das estruturas e fluxos modernos[156].

Como método de abordagem, a interseccionalidade descreve a experiência das múltiplas opressões e não se confunde com uma abordagem pós-moderna (e neoliberal) com ênfase em identidades individuais. Ao contrário, reconhecer que mulheres negras sofrem opressões de forma diversa das mulheres brancas é trabalhar com identidades sociais, na perspectiva preconizada no *Combahee River Collective Statement*.

A simultaneidade das opressões também nos remete ao que ensinou Audre Lorde, autoproclamada "negra, lésbica, feminista, socialista, mãe de duas crianças, incluindo um garoto, e integrante de um casal inter-racial, eu usualmente encontro partes de mim em algum grupo definido como outro, desviante, inferior, ou apenas como algo que deu errado"[157]. Não existe hierarquia de opressão. E, de fato, a experiência de estar em todos estes grupos lhe permitiu dizer sobre os efeitos e as causas das opressões, discriminações e intolerâncias:

> Eu aprendi que sexismo (a crença na superioridade inerente de um sexo sobre todos os outros e, assim, seu direito de dominar) e heterossexismo (a crença na superioridade inerente de uma forma de amar sobre todas as outras e, assim, seu direito de dominar) vêm, os dois do mesmo lugar que

---

156 AKOTIRENE, Carla. **O que é interseccionalidade?** Belo Horizonte: Letramento, 2018, p. 58.

157 LORDE, Audre. Age, race, class and sex: women redifining difference. *In*: LORDE, Audre. **Sister outsider**: essays & speeches. Califórnia: Freedom, 1984, p. 114.

o racismo – a crença na superioridade inerente de uma raça sobre todas as outras e, assim, seu direito de dominar [158].

Como uma lésbica feminista negra, confortável com os diversos ingredientes de minha identidade, e uma mulher comprometida com a liberdade racial e sexual, vejo que sempre estou sendo encorajada a arrancar algum aspecto de mim mesma e mostrar esse aspecto como sendo o todo significativo, eclipsando ou negando as outras partes do eu. Mas essa é uma maneira destrutiva e fragmentada de viver. Só disponho de toda a minha energia concentrada quando integro todas as partes de quem eu sou, abertamente, permitindo que a força de determinadas fontes de minha vida flua livremente através de meus diferentes eus, sem as restrições de uma definição imposta de fora. Só então posso colocar a mim mesma e às minhas energias como um todo a serviço das lutas que abraço como parte de minha vida[159].

Ressalto que a interseccionalidade não trata de identidades individuais, pois o que lhe interessa é a identidade coletivamente constituída que se traduz em desigualdades. Assim, a mulher que se identifica como negra, mas não sofre o racismo por causa de seu fenótipo, não é acidentada no entrecruzamento das opressões em termos interseccionais, por melhor que seja a sua intenção. Isso porque "a interseccionalidade é sobre a identidade da qual participa o racismo interceptado por outras estruturas"[160], uma experiência racializada.

Carla Akotirene chama a atenção sobre a apropriação colonizadora que a academia hegemônica tenta fazer da interseccionalidade como uma abordagem em que cabem marcadores outros que invisibilizem a questão racial (ao analisar classe, geração, escolaridade, religião, território, profissão etc. agregados, como uma falsa vulnerabilidade uniformizada, no lugar de raça) ou que simplesmente a ignorem (como as feministas alemãs utilizam o método interseccional para pensar o patriarcado)[161]. A interseccionalidade foi desenvolvida para dar conta da experiência simultânea das opressões de raça e gênero e delas não pode prescindir. Outros marcadores a serem agregados (idade, religião, orientação sexual, sexualidade) podem proporcionar

---

158 LORDE, Audre. There is no hierarchy of oppression. *In*: LORDE, Audre. **I am your sister**. New York: Oxford University Press, 2009, p. 219.

159 LORDE, Audre. Age, race, class and sex: women redifining difference. *In*: LORDE, Audre. **Sister outsider**: essays & speeches. Califórnia: Freedom, 1984, pp. 120-121.

160 AKOTIRENE, Carla. **O que é interseccionalidade?** Belo Horizonte: Letramento, 2018, p. 43.

161 AKOTIRENE, Carla. **O que é interseccionalidade?** Belo Horizonte: Letramento, 2018, pp. 44-45.

melhor visualização do acidente, mas não podem substituir raça e gênero, proclamando-se ainda em abordagem interseccional.

Sem dúvidas, ao dar nome à situação de invisibilidade da mulher negra, Kimberlé Crenshaw não só revelou o acidente na cena político-jurídica, mas também publicizou o debate sobre o entrecruzamento das opressões simultâneas, que passou a ser chamado de interseccionalidade[162].

No campo jurídico brasileiro, Adilson Moreira teoriza sobre discriminação do ponto de vista jurídico. Segundo ele, a discriminação pode significar a categorização de uma pessoa a partir de uma característica, como a cor da pele, aparência física, orientação sexual ou situação jurídica, para atribuir a ela uma consequência. Na atualidade, porém, a conotação é claramente negativa, no sentido de indicar que uma pessoa (ou um grupo) impõe a outra (ou a outro) uma situação desvantajosa, independentemente de intencionalidade (que pode haver, mas não é requisito). Por deter diversos significados, a discriminação pode ser reconhecida também nas práticas das instituições que deixam de tomar medidas necessárias para que pessoas de diferentes grupos estejam representadas em seus quadros. Há discriminação quando certos indivíduos são excluídos em razão da convergência de normas moralmente neutras, mas têm impacto negativo sobre certas classes de pessoas, agravando a situação na qual elas vivem ou colocando-as em uma posição de perene subordinação[163]. Assim, a discriminação pode ser praticada por indivíduos, empresas ou instituições; por ação direta (intencional e arbitrária) ou indireta (sem intenção explícita ou por meio de impacto desproporcional de certa medida a determinado grupo social).

Destaco o conceito do autor sobre discriminação estrutural ocorrida quando "a acumulação de desvantagens sociais causadas por diversas formas de discriminação concorre para a estratificação, o que coloca certos grupos em uma situação de subordinação durável ou permanente". Essas

---

162 Danièle Kergoat critica o conceito de interseccionalidade, pois entende que "pensar em termos de cartografia nos leva a naturalizar as categorias analíticas" e "a multiplicidade de categorias mascara as relações sociais". Sobre este debate: KERGOAT, Danièle. Dinâmica e consubstancialidade das relações sociais. **Novos estudos**. n. 86. São Paulo: CEBRAP, 2010. P. 93-103. HIRATA, Helena. Gênero, classe e raça: interseccionalidade e consubstancialidade das relações sociais. **Tempo Social**. v. 26, nº 1, Jan-jun. 2014, p. 61-74.

163 MOREIRA, Adilson J. **O que é discriminação?** Belo Horizonte: Letramento, 2018, pp. 27-28.

formas não expressam atos individuais, mas forças sociais alimentadas por relações assimétricas de poder. A legitimação da discriminação estrutural se dá "por meio de ideologias sociais que podem atuar para afirmar a inferioridade de um grupo, a harmonia entre a exclusão social e normas legais ou também para manter a invisibilidade social dessas práticas"[164].

Para Adilson Moreira, a interseccionalidade possui um caráter estrutural e um político. É estrutural na hipótese da ação conjunta de sistemas de opressão como o racismo e o sexismo que impedem mulheres negras de terem as mesmas chances no mercado de trabalho que as mulheres brancas (ou que homens brancos ou, ainda, que homens negros). A interação entre as formas de opressão limita as oportunidades de um grupo social ou produz a continuidade da exclusão. O caráter político se revela, por exemplo, na invisibilidade da experiência da mulher negra na formulação de demandas de justiça elaboradas por líderes comunitários. Daí a importância da concepção da interseccionalidade "como estrutura de compreensão das relações sociais e também como uma prática social que deve orientar as ações políticas"[165].

A interseccionalidade surgiu para dar resposta a um problema jurídico, dentro de uma ordem jurídica posta. Dar nome ao "não lugar" da mulher negra foi essencial para dar visibilidade ao seu lugar social e problematizar a consequência jurídica da fragmentação da análise do sistema interligado de opressões. Na perspectiva histórica da luta por direitos, porém, proponho mobilizar também a categoria da amefricanidade, em diálogo com o caráter político da interseccionalidade – nos termos de Adilson Moreira –, pois, ao ser desenvolvida por uma intelectual brasileira, considera as condições específicas da formação da sociedade brasileira e, a partir destas, a imbricação das opressões é vista não só como um lugar negligenciado pela lei, mas também como lugar de resistência e fonte de produção de conhecimento.

---

164 MOREIRA, Adilson J. **O que é discriminação?** Belo Horizonte: Letramento, 2018, pp. 136-137.

165 MOREIRA, Adilson J. **O que é discriminação?** Belo Horizonte: Letramento, 2018, pp. 113-114.

2. DIREITO, TRABALHO E MULHERES: AS LUTAS E AS RESISTÊNCIAS ATÉ O SILENCIAMENTO DOS ANOS DE CHUMBO

O Cais do Valongo é a resposta para tudo porque é onde nosso país foi gestado.
É onde nosso umbigo está conectado.
O Cais do Valongo é o útero do Brasil.
Um útero de pedra, sangue e rotina.

Dodô Azevedo

A história de luta das mulheres no Brasil tem origem no período colonial, quando se destaca a atuação das mulheres negras na luta por liberdade do sistema escravocrata. As "escravas de ganho" praticavam pequeno comércio de alimentos nas ruas e, com o resultado destas vendas, conquistavam a própria liberdade, que era favorecida também pelo preço mais baixo da alforria da mulher em relação ao homem escravizado. Além disso, as mulheres libertas participavam das irmandades religiosas, onde se engajavam na formação de quilombos rurais e nas rebeliões urbanas. "Foi dessa liberdade conquistada e de suas vivências nos espaços públicos que as mulheres negras exerceram a liderança, por vezes nem experimentadas pelos homens negros, nem pelas mulheres brancas de sua época, que ficavam confinadas em suas casas"[166]. Além destas mulheres anônimas que resistiam no cotidiano, outras tiveram seus nomes registrados como fundamentais para a comunidade negra, das quais cito: Dandara dos Palmares, Anastácia,

---

[166] DEL GUERRA, Débora *et al.* A história das mulheres no Brasil colonial. *In:* MAIOR, Jorge L. S; VIEIRA, Regina S. C. (org.). **Mulheres em luta**: a outra metade da história do direito do trabalho. São Paulo: LTr., 2017, p. 16.

Tereza de Benguela, Maria Felipa de Oliveira, Esperança Garcia, Maria Firmina dos Reis e Nzinga[167].

---

167 "1. Dandara dos Palmares: É uma das líderes mais conhecidas no Brasil. Lutou contra a escravidão em Palmares. Foi contra a proposta da Coroa Portuguesa em condicionar as reivindicações dos quilombolas. A guerreira morreu durante a disputa no Quilombo dos Macacos pertencente ao Quilombo de Palmares, onde vivia também seu marido, Zumbi dos Palmares. 2. Anastácia: Ajudou escravos quando eram castigados, ou facilitando a fuga. Certa vez, lutou contra a violência física e sexual de um homem branco, por isso, recebeu o castigo de usar uma mordaça de folha de flandres e uma gargantilha de ferro. Apesar de viver na Bahia e em Minas Gerais, foi levada para o Rio de Janeiro no fim da vida, lá atribuíram vários milagres durante sua estadia. [...] 4. Tereza de Benguela: No Brasil, dia 25 de julho é comemorado o Dia de Tereza de Benguela em homenagem a líder quilombola. Era mulher do líder do Quilombo de Quariterê ou do Piolho, no Mato Grosso. Por lá, foram abrigados até índios bolivianos incomodando autoridades das Coroas espanhola e portuguesa. Tereza foi presa em um dos confrontos e como não aceitou a condição de escravizada, suicidou-se. [...] 7. Maria Felipa de Oliveira: Foi líder na Ilha de Itaparica, Bahia. Aprendeu a jogar capoeira para se defender. Tinha como missão principalmente libertar seus descendentes e avós. Ficava escondida na Fazenda 27, em Gameleira (Itaparica), para acompanhar, durante a noite, a movimentação das caravelas lusitanas. Em seguida, tomava uma jangada e ia para Salvador, passar as informações para o Comando do Movimento de Libertação. Foi uma mulher marisqueira, pescadora e trabalhadora braçal. [...] 12. Esperança Garcia: Esperança Garcia era escravizada confiscada aos padres jesuítas, que, com a expulsão destes pelo Marquês de Pombal, passaram-na à administração do governo do Piauí. Esperança Garcia foi levada à força da Fazenda Algodões, perto de Floriano, para uma fazenda em Nazaré do Piauí. Em 6 de setembro de 1770, a escravizada dirigiu uma petição ao Presidente da Província de São José do Piauí, Gonçalo Lourenço Botelho de Castro, denunciando os maus-tratos físicos de que era vítima, ela e seu filho, por parte do feitor da Fazenda Algodões. 13. Maria Firmina dos Reis: Negra, filha de mãe branca e pai negro, registrada sob o nome de um pai ilegítimo e nascida na Ilha de São Luis, no Maranhão, Maria Firmina dos Reis (1822 – 1917) fez de seu primeiro romance, Úrsula (1859), algo até então impensável: um instrumento de crítica à escravidão por meio da humanização de personagens escravizados. "Em sua literatura, os escravos são nobres e generosos. Estão em pé de igualdade com os brancos e, quando a autora dá voz a eles, deixa que eles mesmos contem suas tragédias. O que já é um salto imenso em relação a outros textos abolicionistas", afirma Régia Agostinho da Silva, professora da Universidade Federal do Maranhão e autora do artigo "A mente, essa ninguém pode escravizar: Maria Firmina dos Reis e a escrita feita por mulheres no Maranhão". [...] 19. Nzinga: Hábil guerreira, Nzinga foi uma líder carismática, rainha que passou a vida combatendo e morreu sem nunca ter sido capturada. Enviada a Luanda (Angola) pelo seu meio-irmão e rei Ngola Mbandi, para negociar com os portugueses, foi recebida pelo governador-geral e pediu a devolução de territórios em troca da sua conversão para o cristianismo,

A independência do Brasil[168] em 1822 em nada alterou a conformação do gênero e da raça na sociedade extremamente rígida e estratificada que se construiu no colonialismo. As mulheres permaneciam fora do espaço político, em regra, pois a mulher branca continuou confinada no ambiente doméstico e a mulher negra ainda era escravizada.

A primeira Assembleia Nacional Constituinte (ANC) foi convocada em 1823 por D. Pedro I, com base no chamado "voto censitário", o que significava que apenas quem detinha rendimento anual superior a 100 mil réis poderia ser eleitor e, para ser candidato, a renda anual do cidadão deveria ser superior a 200 mil réis. O masculino utilizado neste caso não era o neutro, mas efetivamente queria dizer que apenas homens brancos proprietários poderiam ser considerados cidadãos, votar e ser votados, revelando não só a segregação das mulheres, mas também um caráter elitista da política, que excluía da imensa maioria a possibilidade de decidir sobre o planejamento de nossa sociedade[169]. É preciso lembrar que a Revolução Haitiana (1791-1804) teve forte impacto na construção do discurso que defendia uma liberdade não-universalizável no ordenamento jurídico brasileiro naquela época.

> O medo, assim, não só serve de delimitação entre a liberdade a ser constitucionalizada perante a liberdade defendida e reinventada cotidianamente nos espaços públicos. Nessa demarcação, o medo também estabelece o "sujeito constitucional" como os brancos proprietários escravocratas em contraposição aos seus ideais revolucionários em uma perspectiva universalizante que colocasse em cheque (sic) a ordem vigente.[170]

---

recebendo o nome de D. Anna de Sousa. Não conseguindo a paz com os portugueses, fundou o modelo de resistência e de guerra que resultou nos quilombos. Sua história virou peça de teatro: 'A comida de Nzinga'". NOSSA POLÍTICA. **18 mulheres negras que lutaram contra a escravidão**. Publicado em: 14 mar. 2019. Disponível em: https://ceert.org.br/noticias/genero-mulher/24226/18-mulheres-negras-que-lutaram-contra-a-escravidao. Acesso em: 31 out. 2019.

168 Cito algumas mulheres que se destacaram nas batalhas pela independência: Bárbara de Alencar, Joana Angélica de Jesus, Maria Quitéria de Medeiros, Jovita Alves Feitosa. PRADO, Maria L; FRANCO, Stella S. Participação feminina no debate público brasileiro. *In*: PINSKY, Carla B; PEDRO, Joana M (org.). **Nova História das mulheres no Brasil**. São Paulo: Contexto, 2016. p. 196-201.

169 CARDOSO, Irede; CARDOZO, José E. M. **O direito da mulher na Nova Constituição**. São Paulo: Global, 1986, p. 77.

170 QUEIROZ, Marcos. **Constitucionalismo Brasileiro e o Atlântico Negro**: a experiência constituinte de 1823 diante da Revolução Haitiana. 2ª ed. Rio de Janeiro: Lumen Juris, 2018. p. 135.

Coerentemente com este contexto de discriminação de classe, gênero e raça, além de alta concentração de poder político, a Constituição outorgada em 1824 foi omissa quanto à igualdade entre os sexos, tratando da igualdade formal de maneira pretensamente universal, mas, na prática, excluindo as mulheres, as pessoas escravizadas e os despossuídos. Na questão do trabalho, a Constituição de 1824 apenas reforçou os privilégios conferidos ao homem com posses, pois trabalhadores livres, que não puderam votar ou se candidatar para a ANC, tiveram as corporações de ofício dissolvidas, prejudicando sua incipiente organização de classe[171]. De fato, o horizonte de igualdade no Brasil Império era de que a "lei será igual para todos"[172], mas isso não significava que todos fossem iguais perante a lei, seguindo uma lógica kantiana para a igualdade[173].

A abolição legal da escravatura em 1888 e a proclamação da República em 1889 não mudaram o caráter elitista da política, que se revelou pelo abusivo poder econômico de fazendeiros[174], da nascente

---

171 PIMENTEL, Silvia. **A mulher e a Constituinte**: uma contribuição ao debate. São Paulo: Cortez/EDUC, 1985, pp. 77-78.

172 A igualdade na Constituição de 1824 estava prevista no artigo 178, XII: "A lei será igual para todos, quer proteja, quer castigue e recompensará em proporção dos merecimentos de cada um".

173 "A **liberdade** (a independência em relação ao arbítrio coercitivo de outro), na medida em que se possa coexistir com a liberdade de qualquer outro segundo uma lei universal, é esse direito único, que cabe a todo homem em virtude de sua humanidade. – E as seguintes competências já estão no princípio da liberdade inata e dela não se distinguem realmente (como membros da divisão sob um conceito superior do direito): a **igualdade** inata, isto é, a independência que consiste em não ser obrigado por outrem senão àquelas coisas a que também reciprocamente se pode obrigá-los; por conseguinte, a qualidade do homem de ser seu **próprio senhor** (*sui iuris*); de igual modo, a qualidade de ser um homem *íntegro* (*iusti*) porque anteriormente a qualquer ato jurídico não fez nada de incorreto; por fim, também a competência para fazer a outrem o que em si não os prejudica no que é ser, supondo que eles não querem apenas aceitá-lo, tal como simplesmente comunicar-lhes o seu pensamento, contar-lhes ou prometer-lhes algo, ser verdadeiro e sincero, ou mentiroso e falso (*veriloquium aut faliloquium*), simplesmente porque depende disso se irão ou não crer nele". KANT, Immanuel. Primeira parte – primeiros princípios metafísicos da doutrina. *In*: KANT, Immanuel. **Metafísica dos costumes**. Tradução de Clélia Aparecida Martins. São Paulo: Universitária São Francisco, 2013, pp. 43-44, grifos do autor.

174 Tão logo aprovada a Lei Eusébio de Queirós (Lei n. 581, de 4 de setembro de 1850), que aboliu o tráfico de cativos africanos, foi sancionada a Lei de Terras (Lei n. 601, de 18 de setembro de 1850), que dispôs sobre o direito à terra e garantiu a

burguesia industrial e financeira e de oficiais militares. Neste sentido, foram proibidos de participar da nova ANC: as mulheres, os analfabetos, as pessoas não brancas, os praças e os religiosos. Seguindo esta linha, o princípio da igualdade na Carta de 1891 apenas se restringiu a afastar os privilégios da monarquia, recém-superada, sem se preocupar em promover a isonomia na sociedade.

> Artigo 72, § 2º Todos são iguais perante a lei. A República não admite privilégios de nascimento, desconhece foros de nobreza e extingue as ordens honoríficas existentes e todas as suas prerrogativas e regalias, bem como os títulos nobiliárquicos e de conselho.

Apesar de reconhecer que "todos são iguais perante a lei", o significado de *todos* não se alterou muito em relação à ordem jurídica do Império, sobretudo porque permanecia a exclusão das mulheres e de grande parte da população, constituída majoritariamente por analfabetos. Outra característica da Constituição de 1891 foi a continuada ausência de direitos trabalhistas, apesar da crescente urbanização, industrialização e imigração de estrangeiros. Quanto aos direitos políticos, o fato de a Constituição de 1891 prever que seriam eleitores os cidadãos maiores de 21 anos (artigo 70) não deixou dúvidas para "o conjunto da população de homens e mulheres e para o regramento jurídico do país que as mulheres não poderiam votar. [...] Não se citou a mulher em 1891, não se lhe prescreveu limites, simplesmente se excluiu, não se reconheceu sua existência"[175]. Apenas na década de 1920, começaram as interpretações que incluíam as mulheres, aplicando a ideia do masculino genérico gramatical na hermenêutica jurídica[176].

É importante relembrar que a abolição da escravatura não foi acompanhada pela integração da comunidade liberta no trabalho assalariado, ou seja, a liberdade não proporcionou a igualdade econômica e social. Ao contrário, trouxe discriminação e marginalização com o

---

manutenção da concentração da posse da terra (originada na forma das sesmarias) a quem pudesse pagar por ela, excluindo a quase totalidade da população, o que marcou a questão agrária brasileira.

175 PINTO, Celi R. J. Feminismo, história e poder. **Revista de Sociologia e Política**. v. 18, n. 36, jun. 2010, p. 19.

176 Há um relevante debate sobre o uso do masculino genérico no idioma português, como reforço de um modelo que invisibiliza as mulheres, revelando uma assimetria de poder. Sobre a relação entre linguagem e desigualdades, ver: ABRANCHES, Graça. Como se fabricam as desigualdades na linguagem escrita. **Cadernos Sacausef**. n. 8. Lisboa: 2011.

branqueamento assumido como política de Estado, com estímulo à imigração (branca) europeia. O homem negro liberto foi preterido nas oportunidades do mercado de trabalho livre em formação, que foram aproveitadas pelo imigrante europeu recém-chegado ao Brasil[177]. A mulher negra, por sua vez, foi destinada ao trabalho doméstico, carregando o peso dos estereótipos da colonialidade (a ambígua figura da *mucama*). As mulheres negras, assim, experimentaram o trabalho assalariado, sem que ele tivesse se tornado um desejo para elas. Foi, antes de tudo, uma questão de sobrevivência. À situação de extrema precariedade, a mulher negra respondeu inicialmente com a resistência passiva, o que explica em grande medida "a 'matrifocalidade' das famílias negras e pobres de qualquer cor, nas quais apenas a mulher representa uma referência econômica e social de estabilidade"[178]. No trabalho doméstico, as mulheres negras libertas

> Experimentaram as liberdades possíveis: negociaram a habitação em moradias próprias, o limite de horas de trabalho e o pagamento de salários, compartilhando do alimento e do ordenado com seus parentes e companheiros, cuidando de seus doentes. Recusaram com suas indisciplinas as jornadas extenuantes de trabalho. Abandonando sucessivamente os sobrados, indispuseram-se ao assédio sexual, aos maus tratos e aos baixos ordenados, que nem sempre receberam[179].

Sob a égide da Constituição republicana liberal de 1889, foi promulgado o Código Civil de 1916, que "consolidou juridicamente as rela-

---

177 "Para o negro, sem a oportunidade de competir com chances reais na nova ordem, restavam os interstícios do sistema social: a escória proletária, o ócio dissimulado ou a criminalidade fortuita ou permanente como forma de preservar a dignidade de "homem livre". Ao perderem a posição de principal agente do trabalho, os negros perderam também qualquer possibilidade de classificação social. [...] Tendo sido animalizado como "tração muscular" em serviços pesados e estigmatizado como trabalhador manual desqualificado – que mesmo os brancos pobres evitavam –, é exigido dele agora que se torne trabalhador orgulhoso de seu trabalho. O mesmo trabalho que pouco antes era o símbolo de sua desumanidade e condição inferior. Ele foi jogado em competição feroz com o italiano, para quem o trabalho sempre havia sido motivo principal de orgulho e autoestima. Belo início da sociedade "competitiva" entre nós". SOUZA, Jessé. **A elite do atraso**: da escravidão à Lava Jato. Rio de Janeiro: Leya, 2017, p. 77.

178 SOUZA, Jessé. **A elite do atraso**: da escravidão à Lava Jato. Rio de Janeiro: Leya, 2017, p. 78.

179 TELLES, Lorena Féres da Silva. **Libertas entre sobrados**: mulheres negras e trabalho doméstico em São Paulo (1880-1920). São Paulo: Alameda, 2013, p. 322.

ções patriarcais na família"[180]ao normatizar o tratamento desigual entre homens e mulheres, atribuindo ao marido a direção da sociedade conjugal, o direito de fixar o domicílio da família, o direito de administrar os bens do casal, o direito de decidir em casos de divergência. Além disso, o Código Civil de 1916 impunha à mulher casada a incapacidade jurídica relativa, ao lado dos pródigos, silvícolas e menores impúberes, assim como o Código Comercial de 1850 previa a necessidade de autorização marital para a mulher casada praticar atos de comércio[181]. Clóvis Bevilácqua, autor do projeto do Código Civil de 1916, explicou:

> A mulher goza da mesma capacidade atribuída ao homem. Casando-se, essa capacidade se restringe, para não estorvar a direção da família, entregue ao marido. Quando esse, temporária ou definitivamente, deixa a direção do lar, cessa o motivo da incapacidade da mulher[182].

Maria Pena entende que o Estado moderno, na concepção weberiana, possui o monopólio legítimo da força e reivindica para si a tarefa de defender privilégios, tornando-os coercitivamente legítimos. Neste sentido, o Estado assegurou juridicamente a supremacia ao homem na família, por meio do Código Civil de 1916.

> Então, foi através de uma força legitimada a nível estatal que se assegurou a dominação masculina na família e se limitou a participação feminina no domínio da produção pública. Tal limitação, é bom enfatizar, não implicou em reduzir quantitativamente a participação da mulher nas atividades assalariadas fora do domínio doméstico e, sim, em torná-la submetida aos ordenamentos patriarcais da família, através do reforço do poder masculino. Em outras palavras, o Código estabelecia um espaço, o da família, no qual os agentes do Estado procuraram a menor intervenção possível, deixando

---

180 PENA, Maria Valéria J. **Mulheres e trabalhadoras**: presença feminina na constituição do sistema fabril. Rio de Janeiro: Paz e Terra, 1981, p. 31.

181 A constitucionalidade destes preceitos não foi contestada, de modo que a concepção de igualdade jurídica não repudiava o *status* inferior das mulheres casadas, que experimentavam desigualdade jurídica e legal em relação aos homens. Essa desigualdade só foi paulatinamente eliminada, em especial, a partir do Estatuto da Mulher Casada, de 1962.

182 BEVILÁQUA, Clóvis. Código Civil dos Estados Unidos do Brasil: Comentários (ed. Histórica). Rio de Janeiro: Rio, 1965, p. 601 *apud* PENA, Maria Valéria J. **Mulheres e trabalhadoras**: presença feminina na constituição do sistema fabril. Rio de Janeiro: Paz e Terra, 1981, p. 147.

seu controle ao homem; principalmente, e de várias formas, o Estado relacionou-se com a mulher casada através de seu marido[183].

Esta dominação do marido sobre a mulher assegurada por lei, ainda que refletisse a assimetria presente no modelo patriarcal de nossa sociedade, não alcançava grande parte da população. Raquel Soihet explica que a realização do casamento formal era dispendiosa e burocrática, de modo que, embora fosse a única via legítima e legal de união entre homem e mulher para a formação de uma família, ficava restrito às camadas médias e altas da população. O casamento constituía uma forma de zelar pelos interesses patrimoniais da elite branca, enquanto as outras camadas da população, desprovidas de bens dotais, viviam em regime de concubinato. Isso gerava uma grande diferença entre as mulheres. As mulheres casadas ficavam presas ao papel tradicional e restrito do casamento e da maternidade, mas gozavam, em princípio, de uma reputação irrepreensível. As mulheres concubinas experimentavam certa autonomia – afinal, os homens pobres tinham dificuldades também em assumir o papel tradicional de mantenedor – e até mesmo liberdade sexual. Todavia, esta liberdade tinha um preço: eram menos protegidas e ficavam sujeitas à exploração sexual, pois "suas relações tendiam a se desenvolver dentro de outro padrão de moralidade que, relacionado principalmente às dificuldades econômicas e de raça, contrapunha-se ao ideal de castidade"[184]. É importante considerar que a liberdade experimentada pelas mulheres das classes baixas não era absoluta, pois a cultura dominante exigia da mulher a questão da virgindade e da castidade. "Embora não deixassem de experimentar a influência dos padrões culturais vigentes, essas mulheres expressavam no comportamento suas condições concretas de existência, marcada por precariedades materiais que as obrigavam a uma constante luta"[185]. Além disso,

> Como era grande sua participação no "mundo do trabalho", embora mantidas numa posição subalterna, as *mulheres populares*, em grande parte, não se adaptavam às características dadas como universais ao sexo feminino:

---

183 PENA, Maria Valéria J. **Mulheres e trabalhadoras**: presença feminina na constituição do sistema fabril. Rio de Janeiro: Paz e Terra, 1981, p. 150.

184 SOIHET, Raquel. Mulheres pobres e violência no Brasil urbano. *In*: DEL PRIORE, Mary (org.) **História das mulheres no Brasil**. 10. ed. São Paulo: Contexto, 2017, p. 368.

185 SOIHET, Raquel. Mulheres pobres e violência no Brasil urbano. *In*: DEL PRIORE, Mary (org.) **História das mulheres no Brasil**. 10. ed. São Paulo: Contexto, 2017, p. 398.

submissão, recato, delicadeza, fragilidade. Eram mulheres que trabalhavam e muito, em sua maioria não eram formalmente casadas, brigavam na rua, pronunciavam palavrões, fugindo, em grande escala, aos estereótipos atribuídos ao *sexo frágil*[186].

O estereótipo de mulher frágil, submissa e casta, idealizado no sistema moderno/colonial de gênero, não abrangia a mulher trabalhadora livre, assim como não havia alcançado a mulher colonizada. Isso, porém, não significou a falta de importância das mulheres trabalhadoras na formação da classe operária que se constituiu nas fábricas urbanas da Primeira República. Em São Paulo, inicialmente havia uma presença bastante acentuada de estrangeiros dentre os operários: 90% dos 12 mil trabalhadores em indústria em 1901. A composição do operariado se alteraria com a expansão da indústria, de modo que, em 1920, das 168 mil pessoas empregadas nas grandes fábricas e nas pequenas oficinas, apenas 40% eram estrangeiras, proporção esta que, na cidade de São Paulo, subia para 52%[187]. O trabalhador estrangeiro (em geral, italiano, português ou espanhol) trazia consigo uma ideologia (o valor social do trabalho e os direitos trabalhistas) que não se ajustava à realidade nacional, de um país essencialmente agrário e da recente abolição da escravatura. No meio rural, o trabalho livre ainda tinha a forma arcaica de colonato e não era regido por uma lógica de direitos trabalhistas das sociedades capitalistas[188]. Havia, portanto, uma divisão espacial do trabalho, de maneira que o sindicalismo industrial que se formava nos centros urbanos não dialogava com a realidade do campo[189].

Nas relações trabalhistas urbanas, entre 1901 e 1919, houve registro de 22 greves em fábricas têxteis, nas quais as mulheres trabalhadoras

---

186 SOIHET, Raquel. Mulheres pobres e violência no Brasil urbano. *In*: DEL PRIORE, Mary (org.) **História das mulheres no Brasil**. 10. ed. São Paulo: Contexto, 2017, p. 367.

187 LEWKOWICS, Ida; GUTIÉRREZ, Horacio; FLORENTINO, Manolo. **Trabalho compulsório e trabalho livre na história do Brasil**. São Paulo: UNESP, 2008, p. 65.

188 Sobre a compatibilidade das relações de trabalho coloniais numa sociedade capitalista, ver: MARTINS, José de Souza. **O cativeiro da terra**. 2. ed. São Paulo: Ciências Humanas, 1981, p. 21. "O capitalismo engendra relações de produção não-capitalistas como recurso para garantir a sua própria expansão, como forma de garantir a produção não-capitalista do capital, naqueles lugares e naqueles setores da economia que se vinculam ao modo capitalista de produção através das relações comerciais".

189 Esta divisão espacial do trabalho corresponde à divisão racial do trabalho, como veremos adiante.

eram a maioria. "Em recenseamento feito em 1912 em 31 fábricas de tecidos da capital paulista, do total de trabalhadores, 80% eram estrangeiros, quase todos italianos, e 64% mulheres, das quais 71% com idades entre 12 e 22 anos"[190]. Em 1906, foi fundada a Associação de Costureiras de Sacos, que denunciou as péssimas condições de trabalho das costureiras: elas tinham jornada de 14 horas com apenas um intervalo para lanche e salários inferiores que chegavam à metade do salário médio dos homens da época.

Em 1906, em Jundiaí, houve a notícia da primeira greve com a participação de mulheres. Na fábrica São Bento, os tecelões e as tecelãs reivindicavam redução da jornada para oito horas e aumento de salários. Os homens alcançaram seus objetivos, mas as mulheres permaneceram com jornadas de nove horas e meia[191]. A contradição entre a fragilidade feminina e as piores condições de trabalho para a mulher foi declarada no Manifesto às Costureiras, publicado no jornal A Terra Livre, de 19 de julho de 1906: "Em muitas partes, os homens conseguiram a jornada de trabalho de oito horas, já desde 1856; e nós, que somos do sexo fraco, temos que trabalhar até 16 horas! O dobro das horas trabalhadas deles, que são do sexo forte!"[192].

Em junho de 1917, em São Paulo, teve início uma greve na indústria Cotonifício Crespi que empregava majoritariamente mulheres, dentre seus 2.000 trabalhadores. Os conflitos se propagaram para outras fábricas, alcançando 50.000 pessoas numa cidade de 400.000 habitantes[193]. Para a negociação com o empregador mediada pelo Secretário

---

190 A aglutinação de estrangeiros se deu nas regiões Sul e Sudeste, preponderantemente em São Paulo, pois em 1920 os estrangeiros não passavam de 5% da população total em território nacional. LEWKOWICS, Ida; GUTIÉRREZ, Horacio; FLORENTINO, Manolo. **Trabalho compulsório e trabalho livre na história do Brasil**. São Paulo: UNESP, 2008, pp. 65-66.

191 TELES, Maria Amélia A. **Breve história do feminismo no Brasil e outros ensaios**. São Paulo: Alameda, 2017, p. 50.

192 PENA, Maria Valéria J. Lutas ilusórias: as mulheres na política operária da Primeira República. Trabalho apresentado no V Encontro Anual da Associação Nacional de Pós-Graduação e Pesquisa em Ciências Sociais. **Reunião do Grupo de Trabalho "A Mulher na Força de Trabalho"**, Friburgo 21 a 23 out. 1981, p. 7. Disponível em: https://www.anpocs.com/index.php/papers-05-encontro/gt-6/gt-12-5/5597-mariapena-lutas/file. Acesso em: 5 set. 2019.

193 FRACCARO, Glaucia C. G. **Os direitos das mulheres**: organização social e legislação trabalhista no entreguerras brasileiro (1917-1937). Tese (Doutorado). Orientador: Fernando Teixeira da Silva. Unicamp, IFCH. Campinas, 2016, p. 39.

de Justiça do Estado de São Paulo, Eloy Chaves, foi formado o Comitê de Defesa Proletária, cuja pauta era: "abolição do trabalho noturno para as mulheres, direito de greve e reunião, abolição da exploração do trabalho de menores de 14 anos, ganhos salariais, jornada de trabalho de 8 horas, acesso à alimentação e moradia"[194]. Assim, havia trabalho noturno feminino, trabalho infantil, jornadas superiores a oito horas e que a proibição destes foi pleiteada pela classe trabalhadora.

O movimento se expandiu para outras indústrias e foi bem-sucedido em suas reivindicações principais. Em agosto de 1917, foi criada a Federação Operária do Estado de São Paulo, composta por ligas de bairro, associações por categoria e sindicatos. Seus fins imediatos eram:

> que encarregados e gerentes respeitassem todos os operários, que se lutasse "pela igualdade dos salários das mulheres ao dos homens, e que lhes sejam garantidos os mesmos quando, no último período da gravidez ou após o parto, forem obrigadas a deixar de trabalhar", que se proibisse a ocupação de menores de 14 anos. A federação também incorporou a reivindicação de pagamento de indenizações para acidentes de trabalho, regulação da jornada de trabalho em oito horas, extinção das horas extras e a supressão do trabalho noturno, salvo nos vapores, hospitais ou outros estabelecimentos em que este seja de absoluta necessidade pública. Dessa vez, a proibição do trabalho noturno aparecia como reivindicação a atingir homens e mulheres[195].

As reivindicações mais comuns entre as trabalhadoras paredistas eram relacionadas a abusos sexuais dos mestres e aumento de salários. A questão do abuso, porém, tinha mais resistência por parte dos empregadores: era mais provável dar aumento do que dispensar um feitor. Isso dá indícios sobre como a hierarquização de gênero era considerada central no controle da classe operária e, portanto, na manutenção da exploração de classe. Maria Pena traz algumas falas de operárias divulgadas em jornais alternativos da época:

> Durante a noite, trabalha uma turma, na sua maioria composta de mulheres e crianças. Essa turma entra às 6 hs. da noite e sai às 5 hs. da manhã, tendo uma hora para refeições. O salário é o mesmo que de dia?!. [...] Esse Don Juan (um mestre) abusa do lugar que ocupa para se aproveitar de

---

194 FRACCARO, Glaucia C. G. **Os direitos das mulheres**: organização social e legislação trabalhista no entreguerras brasileiro (1917-1937). Tese (Doutorado). Orientador: Fernando Teixeira da Silva. Unicamp, IFCH. Campinas, 2016, p. 40.

195 FRACCARO, Glaucia C. G. **Os direitos das mulheres**: organização social e legislação trabalhista no entreguerras brasileiro (1917-1937). Tese (Doutorado). Orientador: Fernando Teixeira da Silva. Unicamp, IFCH. Campinas, 2016, p. 43.

pobres moças que vão ganhar o pão, tendo ainda que sofrer a exploração libidinosa de um sátiro (A Terra Livre, 13.07.1906, sobre a Votorantin).

As mulheres eram tratadas com uma brutalidade odiosa; a elas é oferecido somente dois tratamentos: o de um vocabulário indecente ou o de atitudes rufianescas (A Terra Livre, 11.12.1907)[196].

Em 1917, o movimento paredista conquistou a abolição do trabalho noturno das mulheres e dos menores com a promulgação de uma lei específica. Em 1919, houve nova greve, com a participação de 30 mil trabalhadores têxteis, que trazia como principais reivindicações a jornada de oito horas e a igualdade salarial entre homens e mulheres. Houve forte repressão policial, sobretudo contra mulheres e crianças[197].

Ao tempo do movimento paredista por melhores condições de trabalho, as mulheres das classes média e dominante passaram a reivindicar direitos políticos, aderindo ao movimento sufragista internacional. Em 1910, Leolinda Daltro fundou o Partido Feminino Republicano, objetivando mobilizar as mulheres na luta pelo direito ao voto. Leolinda Daltro e suas companheiras ocuparam a cena política carioca, comparecendo a todos os eventos em que pudessem colocar em evidência o sufrágio feminino. Em 1917, no Rio de Janeiro, ela promoveu uma passeata pelo direito ao voto, ato considerado de grande ousadia para a época[198].

O movimento sufragista é sempre mencionado como uma fase importante da história do feminismo. No Brasil, o Rio Grande do Norte foi o primeiro estado membro a reconhecer o direito ao voto para as mulheres e a eleger a primeira prefeita, Alzira Soriano, em 1927.

Embora seja lembrada por seu protagonismo na luta sufragista, Bertha Lutz também se interessou por questões trabalhistas após ter participado da 9ª Conferência da *International Woman Suffrage Alliance* em 1923, em Roma. Retornando ao Brasil, a Federação Brasileira para o Progresso Feminino (FBPF), fundada por Bertha Lutz, passou a de-

---

196 PENA, Maria Valéria J. Lutas ilusórias: as mulheres na política operária da Primeira República. Trabalho apresentado no V Encontro Anual da Associação Nacional de Pós-Graduação e Pesquisa em Ciências Sociais. **Reunião do Grupo de Trabalho "A Mulher na Força de Trabalho"**, Friburgo 21 a 23 out. 1981, p. 6. Disponível em: https://www.anpocs.com/index.php/papers-05-encontro/gt-6/gt-12-5/5597-mariapena-lutas/file. Acesso em: 5 set. 2019.

197 TELES, Maria Amélia A. **Breve história do feminismo no Brasil e outros ensaios**. São Paulo: Alameda, 2017, pp. 50-51.

198 SCHUMAHER, Schuma; BRAZIL, Érico V. (org.). **Dicionário Mulheres do Brasil**: de 1500 até a atualidade. Rio de Janeiro: Jorge Zahar, 2000, p. 319.

fender a criação de legislação do trabalho, a ratificação do Tratado de Versalhes[199] e "todas as medidas que interessam à mulher operária, principalmente no seu papel de mãe"[200].

A FBPF se caracterizava pelo que hoje podemos denominar de feminismo liberal, com a pauta pela igualdade entre homem e mulher, dentro de um contexto de democracia burguesa, ou seja, um movimento que combatia as discriminações sexistas sem contestar o sistema capitalista. Todavia, este movimento teve grande importância na redução de desigualdades previstas em lei, como no caso do direito ao voto e dos direitos das trabalhadoras, e na luta pela educação feminina. Se inicialmente a pauta era apenas o sufrágio feminino, com o passar do tempo, a FBPF, sob a condução de Bertha Lutz, passou a cuidar de direitos da trabalhadora gestante e, depois, da igualdade salarial entre homens e mulheres. Tudo isso sob críticas tanto das mulheres da burguesia letrada – que não viam motivos para tratar de questões trabalhistas –, quanto do movimento operário – que prejulgava as sufragistas como meras burguesas.

Grande parte da legislação sobre o trabalho da mulher surgiu na chamada Era Vargas e, por constituir objeto de relevância para esta pesquisa, passo a analisá-la em tópico próprio.

2.1. O TRABALHO FEMININO NA ERA VARGAS (1930-1945)

As novas forças políticas e sociais, como o operariado, o tenentismo e as oligarquias excluídas da alternância "café com leite" levaram ao esgotamento do modelo da República Velha. Getúlio Vargas chegou ao poder por meio do golpe de Estado conhecido como Revolução de 1930, colocando fim ao período de alternância das elites paulista e mineira na Presidência da República. Havia a expectativa de que novas eleições fossem convocadas, de maneira que o primeiro período de seu extenso governo foi chamado Governo Provisório (1930-1934), caracterizado pela centralização do poder, com medidas autoritárias

---

199 Vale lembrar que a Organização Internacional do Trabalho (OIT), criada em 1919, no Tratado de Versailles, teve como algumas das primeiras normas as Convenções que tratavam da proteção da maternidade (Convenção n. 3), do trabalho noturno da mulher (Convenção n. 4), da proibição do trabalho infantil (Convenção n. 5) e do trabalho noturno de jovens abaixo de 18 anos (Convenção n. 6).

200 FRACCARO, Glaucia C. G. **Os direitos das mulheres**: organização social e legislação trabalhista no entreguerras brasileiro (1917-1937). Tese (Doutorado). Orientador: Fernando Teixeira da Silva. Unicamp, IFCH. Campinas, 2016, p. 66.

como o fechamento do Congresso Nacional, para a reestruturação do Estado. A demora em convocar novas eleições foi a justificativa para o levante paulista, que exigia também a convocação de uma Assembleia Nacional Constituinte (ANC), pelo que ficou conhecido como Revolução Constitucionalista de 1932. Embora o movimento paulista tenha sido derrotado pelo governo federal, uma parte das reivindicações foi atendida: a convocação da ANC em 1933.

A questão social no Brasil tomou força nos anos 1920, apontando para um horizonte revolucionário, em que se colocaria em xeque a ordem capitalista pela emergência de ideias comunistas e pelo fortalecimento do movimento operário. Neste contexto, a elite industrial passou a aceitar o intervencionismo estatal nas relações de trabalho como forma de desmobilizar o operariado, adotando-se o discurso da necessidade de regulamentação do trabalho com vistas à modernização industrial em contraposição às oligarquias rurais arcaicas. Nesta disputa de narrativas entre o protagonismo operário e a concessão estatal, venceu o discurso que apresentava a burguesia industrial como progressista e o Estado como concedente dos direitos aos trabalhadores, negando a agência da classe trabalhadora e impondo-lhe um silenciamento histórico. A tentativa de conter os movimentos sindicais e trabalhistas surtiu certa abertura na ANC de 1933, que contou pela primeira vez com voto feminino, fruto de intenso trabalho do movimento sufragista[201], com resultado no Código Eleitoral de 1932 (Decreto n. 21.076, de 24 de fevereiro de 1932[202]):

> Artigo 2º É eleitor o cidadão maior de 21 anos, sem distinção de sexo, alistado na forma deste Código.

É de se destacar que a primeira previsão constitucional expressa sobre a igualdade jurídica entre os sexos se deu no texto da Carta de 1934, que contou com a participação oficial de uma mulher na sua elaboração, a médica paulista Carlota Pereira de Queiroz. A frase "Todos são iguais perante a lei" passou a incluir homens e mulheres, ricos e pobres, brancos e negros, pois não seriam mais admitidas distinções em razão do sexo, classe e raça:

---

201 CARDOSO, Irede; CARDOZO, José E. M. **O direito da mulher na Nova Constituição**. São Paulo: Global, 1986, p. 80.

202 É notável o uso das formas "decreto" e "decreto-lei" para que o Poder Executivo legislasse sobre as mais diversas matérias no governo de Getúlio Vargas, bem como durante a ditadura militar.

> Artigo 113, § 1º Todos são iguais perante a lei. Não haverá privilégios, nem distinções, por motivo de nascimento, sexo, raça, profissões próprias ou do país, classe social, riqueza, crenças religiosas ou ideias políticas.

Com relação aos direitos políticos, o artigo 109 da Constituição de 1934 previa que o alistamento e o voto eram obrigatórios para todos os homens e apenas para as mulheres que exercessem função pública remunerada. Esta diferenciação entre as mulheres não existia no Código Eleitoral de 1932 e poderia ser considerada uma discriminação às avessas, pois, ao tornar o voto facultativo para as demais mulheres (não só as mulheres casadas sem autorização para o trabalho, mas também grande parte das mulheres que, embora fossem trabalhadoras, não exerciam função pública, como as trabalhadoras domésticas e as camponesas), simplesmente desconsiderava a cidadania e a participação política delas. Assim, apenas as mulheres brancas que rompessem com o confinamento do ambiente doméstico pareciam ter relevância como cidadãs:

> Artigo 109 O alistamento e o voto são obrigatórios para os homens e para as mulheres, quando estas exerçam função pública remunerada, sob as sanções e salvas as exceções que a lei determinar.

A deputada Bertha Lutz também fez parte da comissão elaboradora do anteprojeto, cuja atuação durou pouco mais de um ano[203], mas foi de extrema importância para levar questões referentes aos direitos das trabalhadoras. Na Constituição de 1934, previu-se expressamente a igualdade salarial entre homens e mulheres, além de normas a respeito do trabalho da mulher, em especial a licença-maternidade e a proibição do trabalho em indústrias insalubres.

> Artigo 121, § lº A legislação do trabalho observará os seguintes preceitos, além de outros que colimem melhorar as condições do trabalhador: [...]
> a) proibição de diferença de salário para um mesmo trabalho, por motivo de idade, sexo, nacionalidade ou estado civil; [...]
> d) proibição de trabalho a menores de 14 anos; de trabalho noturno a menores de 16 e em indústrias insalubres, a menores de 18 anos e a mulheres; [...]
> h) assistência médica e sanitária ao trabalhador e à gestante, assegurando a esta descanso antes e depois do parto, sem prejuízo do salário e do emprego, e instituição de previdência, mediante contribuição igual da União, do empregador e do empregado, a favor da velhice, da invalidez, da maternidade e nos casos de acidentes de trabalho ou de morte; [...].

---

203 Bertha Lutz foi eleita suplente do deputado Cândido Pessoa, que faleceu em 1936. Assim, seu mandato durou de 28/07/1936 a 10/11/1937. Contudo, atuou ativamente na elaboração do anteprojeto, como colaboradora.

A proibição do trabalho da mulher no horário noturno e em ambiente insalubre como uma proteção é controvertida, pois, especialmente na opinião de feministas, seria discriminatória e obstativa do acesso feminino ao mercado de trabalho. Entretanto, há que se perquirir qual era o ponto de vista das trabalhadoras. De um lado, a demanda pela proibição do trabalho noturno nos movimentos paredistas da década de 1910 em São Paulo existiu e foi inicialmente voltada para o trabalho das mulheres, embora depois tenha se tornado reivindicação para homens e mulheres. Vinte anos mais tarde, a legislação, porém, absorveu apenas a proibição do trabalho noturno para mulheres no Decreto n. 21.417-A, de 17 de maio de 1932, baixado sob o Governo Provisório de Getúlio Vargas. No mesmo decreto, foi proibido o trabalho perigoso e insalubre feminino, criando uma desigualdade jurídica entre homens e mulheres no trabalho.

De outro lado, houve um forte trabalho por parte da FBPF para alterar estas normas nos textos legais após a Constituição de 1934. O Sindicato de Tipógrafos e Taquígrafos do Distrito Federal, por meio de sua presidenta Almerinda Faria Gama, solicitou a revisão da proibição do trabalho noturno e das noções de trabalho insalubre[204], pois entendia que era um obstáculo ao trabalho da mulher, que buscava a isonomia. Maria Pena reflete sobre o motivo de a figura da mulher ser associada à do menor de 18 anos para fins de "proteção no trabalho".

> Se das mulheres se espera que cumpram a **função social de reproduzir a força de trabalho**, de forma a continuamente alimentar de trabalho os campos, fábricas e escritórios, as crianças são a própria força de trabalho futura da sociedade. A maternidade constitui o tema constante das propostas que visam a mulher: seu acesso ao trabalho é restrito em nome de sua fecundidade e do direito de sua prole à vida, e aos cuidados maternais: **a lei, protegendo a mulher, constituía trabalhadores para o futuro e garantia serviços domésticos não pagos.** [...] Não resta a menor dúvida de que foi em nome das funções reprodutivas da mulher e da instituição social da maternidade que as principais medidas de legislação respectivamente a seu trabalho foram tomadas (grifei)[205].

---

204 FRACCARO, Glaucia C. G. **Os direitos das mulheres**: organização social e legislação trabalhista no entreguerras brasileiro (1917-1937). Tese (Doutorado). Orientador: Fernando Teixeira da Silva. Unicamp, IFCH. Campinas, 2016, pp. 131-132.

205 PENA, Maria Valéria J. **Mulheres e trabalhadoras**: presença feminina na constituição do sistema fabril. Rio de Janeiro: Paz e Terra, 1981, p. 153.

Sob o nacionalismo (ou a "política de identidade nacional"[206]), desenvolveu-se naquela época um discurso de intervenção do Estado quanto ao trabalho feminino em defesa da família, especificamente daquele tipo de família que se organizava de forma dependente do salário masculino e do trabalho doméstico feminino[207].

As normas que visavam à proteção da mulher, considerando a sua função biológica reprodutiva, foram instituídas ao mesmo tempo que as normas que passaram a limitar a entrada de imigrantes que estorvassem a "integração étnica" nacional[208]. O Decreto n. 19.482, de dezembro de 1930, dois meses após a ascensão de Getúlio Vargas ao poder, ficou conhecido como a "Lei dos 2/3" e colocava restrições à concessão de vistos a estrangeiros para entrada no país, além de impor a todos os empregadores no Brasil a contratação de dois terços de brasileiros natos dentre seus empregados. A versão oficial é a de que a forte imigração de trabalhadores a partir do século XIX já teria cumprido a função de formar o proletariado no Brasil e passava a ser indesejada. Entretanto, a restrição não era para estrangeiros em geral.

---

206 A conexão entre nacionalismo e ideologia do branqueamento, da qual a miscigenação seria um instrumento, fica clara neste trecho: "Na década de 1920, um ufanismo reformulado era característico da *intelligentsia*. Houve um ressurgimento do nacionalismo com a expectativa de que a rápida expansão de uma economia de exportação baseada no café, na imigração e na ascensão de novos grupos profissionais reformularia a tradicional política do país e lançaria o Brasil como potência mundial. Para contrapor-se à avaliação negativa da identidade brasileira como nação de mulatos e negros dos cientistas europeus e norte-americanos, os brasileiros afirmavam que seu país estava em processo de transformação e aprimoramento". STEPAN, Nancy Leys. **A hora da eugenia**: raça, gênero e nação na América Latina. Rio de Janeiro: Fiocruz, 2005, p. 165.

207 PENA, Maria Valéria J. **Mulheres e trabalhadoras**: presença feminina na constituição do sistema fabril. Rio de Janeiro: Paz e Terra, 1981, p. 157.

208 A chamada "lei de cotas" de 1934, que regulava a entrada de estrangeiros no país, estava, na realidade, no corpo da Constituição de 1934 no artigo 121, o mesmo que, no § 1º dispunha sobre a legislação trabalhista. Consistia nos seguintes parágrafos: "§ 6º A entrada de imigrantes no território nacional sofrerá as restrições necessárias à garantia da integração étnica e capacidade física e civil do imigrante, não podendo, porém, a corrente imigratória de cada país exceder, anualmente, o limite de dois por cento sobre o número total dos respectivos nacionais fixados no Brasil durante os últimos cinquenta anos. § 7º É vedada a concentração de imigrantes em qualquer ponto do território da União, devendo a lei regular a seleção, localização e assimilação do alienígena".

Na ANC de 1933, os debates giraram em torno de se proibir ou restringir especialmente a entrada de estrangeiros negros e de amarelos (especialmente japoneses) no país[209]. A restrição, portanto, não era voltada para o branco europeu[210], muito embora a elite nacional estivesse assustada com o movimento operário (com forte influência anarquista de imigrantes europeus) que ganhou força nas fábricas desde a década de 1910. Como compreender a restrição diferenciada entre imigrantes europeus, que efetivamente agitaram as relações de trabalho, e africanos e asiáticos?

A proteção do trabalho da mulher e a proibição do trabalho infantil[211], de um lado, e o controle sobre a entrada de trabalhadores imigrantes, de outro, são duas faces de um mesmo movimento em curso no Brasil: a eugenia. A eugenia, conhecida como ciência do "aprimoramento racial", foi também um movimento social no início do século XX, cujo enfoque na América Latina era concentrado na reprodução humana como arena para atuação da ciência e das políticas sociais.

---

209 Miguel Couto era um dos constituintes mais críticos à imigração japonesa no período. "Em fevereiro de 1934, Miguel Couto voltou a falar na Assembleia sobre japoneses, trabalhadores estrangeiros e mestiçagem. O importante, para Miguel Couto, era afirmar: "pretos, amarelos e brancos; classifiquem-nos como quiserem, mas são diferentes". Apenas brancos "indo-europeus" seriam desejáveis, "porque o progresso das sociedades e a sua riqueza e cultura são criação dos seus elementos eugênicos" e a superioridade de algumas raças em relação a outras, para Miguel Couto, afetava a cultura e a prosperidade de um povo. Utilizando argumentos eugenistas, o deputado procurou demonstrar que os imigrantes japoneses não poderiam contribuir para o desejado "branqueamento". Entretanto, outro elemento passou a ganhar crescente importância nessa discussão: a questão do imperialismo e expansionismo japonês como ameaça à segurança nacional. Por várias vezes, em seus discursos, Miguel Couto alertou quanto à invasão japonesa na Manchúria como exemplo concreto dessa ameaça. Dessa forma, os japoneses passaram a reunir alguns fatores temidos por este e outros deputados: a condição racial de não brancos, membros de uma nação imperialista e, ainda, um grupo inassimilável concentrado em núcleos coloniais". GERALDO, Endrica. A "lei de cotas" de 1934: controle de estrangeiros no Brasil. **Caderno AEL**, v. 15, n. 27, 2009, p. 11.

210 Neste caso, havia também uma hierarquização: o "ideal ariano" também fazia parte do movimento eugenista, ou seja, havia preferência pela imigração de descendentes de alemães em relação a europeus da região mediterrânea.

211 "As crianças, especialmente, eram vistas como recursos biológicos-políticos da nação, e considerava-se que o Estado tinha a obrigação de regular a saúde delas". STEPAN, Nancy Leys. **A hora da eugenia**: raça, gênero e nação na América Latina. Rio de Janeiro: Fiocruz, 2005, p. 86.

Este aprimoramento racial visava à aproximação do ideal do homem branco europeu, que deteria o padrão de melhor saúde, de maior beleza e de maior competência intelectual em comparação com as demais "raças": amarela (asiáticos), vermelha (povos indígenas) e negra (africana). Esta aproximação do ideal branco se daria por meio da "miscigenação construtiva"[212].

O movimento eugenista brasileiro era integrado por profissionais de diversas áreas – medicina, direito, biologia, farmácia, engenharia[213] – e teve grande influência na ANC de 1933, alcançando seu objetivo de introduzir normas sobre: limites para a imigração, "proteção" do trabalho da mulher e exigência de testes pré-nupciais. Os eugenistas se preocupavam especialmente com as mulheres, pois entendiam que a reprodução humana definia o papel social delas[214]. Tinha, portanto, implicações de raça e gênero, pelo que o controle sobre os corpos femininos se fazia

---

212 "A questão é que a ficção racial e social do final da década de 1920 e da de 1930 – de que o Brasil era uma democracia racial em que as várias "raças" misturavam-se livremente – forneceu um contexto em que a eugenia sobreviveu. A comunidade imaginada do Brasil negava a realidade do racismo no país e exaltava as possibilidades de harmonia e unidade raciais. A variante da eugenia identificada com higiene pública e compatível com a miscigenação racial e o mito da democracia racial ganhou apoio; eugenias reprodutivas extremadas, ou higiene racial ao estilo nazista, não". STEPAN, Nancy Leys. **A hora da eugenia**: raça, gênero e nação na América Latina. Rio de Janeiro: Fiocruz, 2005, p. 177.

213 O "aprimoramento racial" envolveu esforços em diversas frentes: saneamento básico e higiene pública, campanha antialcoólicas, difusão da puericultura, regulamentação do trabalho e legislação social, combate à mortalidade infantil, defesa de intervenção direta na reprodução humana, esterilização humana e até eutanásia (eugenia negativa). A Constituição de 1934 incorporou expressamente a "cláusula nubente", segundo a qual os casais que pretendiam contrair matrimônio deveriam fazer prova de sanidade física e mental (artigo 145), demonstrando a importância do "aprimoramento racial" para o Estado brasileiro.

214 "Para alguns historiadores a eugenia foi, por definição, um movimento conservador e antifeminista, porque visava controlar a sexualidade e confinar as mulheres a um papel reprodutivo-maternal. Outros, concentrando-se na promoção pelos eugenistas do cuidado com a saúde da mãe e de seus filhos, com a educação e a higiene sexual, enfatizam o atrativo da eugenia para os reformadores e para a esquerda. [...] Os significados de gênero na eugenia dependem claramente de para onde se olhe. As mulheres, da mesma forma que os homens, não formavam uma categoria unitária, e as políticas eugênicas sobre reprodução refletiam a divisão dentro do gênero e da vida social" STEPAN, Nancy Leys. **A hora da eugenia**: raça, gênero e nação na América Latina. Rio de Janeiro: Fiocruz, 2005, pp. 116-117.

tão necessário quanto o controle sobre a entrada de estrangeiros não europeus. Neste contexto, se deu a inusitada conformação entre direitos sociais e eugenia na primeira metade do século XX[215].

> [...] a eugenia latino-americana associou-se aos reclamos pela introdução de tal legislação social, e essa associação influenciou a forma que assumiu. O processo real foi extremamente lento, e muito da legislação social eventualmente aprovada na década de 1920 era mais simbólico que real, uma oportunidade para retórica, em vez de redistribuição séria de recursos econômicos e sociais[216].

Os direitos trabalhistas foram incluídos na Constituição de 1934 no Título IV – Da Ordem Econômica e Social, Capítulo II – Dos Direitos e Garantias Individuais, e foram marcados pelos papéis sociais atribuídos a cada sexo, em lógica coerente com o discurso eugenista[217], pois às mulheres foi reservada a responsabilidade pelo trabalho doméstico e de cuidado (os serviços de amparo à maternidade e à infância e os serviços referentes ao lar), como consta no artigo 121, § 3º, da Constituição de 1934: "Os serviços de amparo à maternidade e à infância, os referentes ao lar e ao trabalho feminino, assim como a fiscalização e a orientação respectivas, serão incumbidos de preferência a mulheres habilitadas".

---

215 "A eugenia, por conseguinte, não sofreu nenhuma súbita ruptura na América Latina. Ela permaneceu fiel a seu tipo, embora o número de seus defensores diminuísse. O que finalmente ocorreu foi um conveniente desmentido de que os latino-americanos jamais houvessem abraçado os princípios eugênicos. Conveniente porque, terminada a guerra, a esterilização forçada pelos nazistas a mais de 350 mil pessoas em nome da eugenia e o extermínio que fizeram de milhões de judeus em nome da "inferioridade racial" causaram repulsa tão profunda que a própria palavra "eugenia" tornou-se um tabu". STEPAN, Nancy Leys. **A hora da eugenia**: raça, gênero e nação na América Latina. Rio de Janeiro: Fiocruz, 2005, p. 208.

216 STEPAN, Nancy Leys. **A hora da eugenia**: raça, gênero e nação na América Latina. Rio de Janeiro: Fiocruz, 2005, p. 49.

217 O controle sobre os corpos femininos, porém, não ficava restrito à questão trabalhista. A despeito de as atletas brasileiras terem começado a participar dos Jogos Olímpicos na década de 1930, com expressiva participação na natação, Getúlio Vargas editou o Decreto-Lei n. 3.199, de 14/4/1941, que previa: "Artigo 54. Às mulheres não se permitirá a prática de desportos incompatíveis com as condições de sua natureza, devendo, para este efeito, o Conselho Nacional de Desportos baixar as necessárias instruções às entidades desportivas do país." Assim, a "natureza das mulheres" dizia respeito à função reprodutiva, que se tornou uma questão de Estado, durante o governo autoritário.

Dentro do recém-criado Ministério do Trabalho, "os eugenistas também encontraram um lugar para suas ideias sobre adequação e aprimoramento nacional"[218]. Uma evidência disso é a publicação do Boletim do Ministério do Trabalho, que, em seu número 1, datado de setembro de 1934, trouxe uma matéria sobre os impactos do trabalho da mulher para a família com os seguintes excertos:

"A consequência da propagação do trabalho feminino é a diminuição de nascimentos";

"A mãe ativa é quase sempre forçada a negligenciar os cuidados com a família, os filhos e a educação";

"É fato notório a mortalidade infantil onde o trabalho feminino se torna geral";

"O trabalho feminino diminui o apego familiar e dissolve a unidade moral da vida da família. Os filhos adolescentes não conhecem a influência da união familiar e, sem vigilância, são as mais das vezes lançados às ruas que lhes abrem a via do deboche"; "A ordem geral anti-burguesa considera a família o último reduto do capitalismo; deste modo nada objeta ao trabalho da mulher".

Daí, na ordem burguesa, "não é conveniente, dentro do ponto de vista que se externa, nem é desejável sob o aspecto social, correspondendo ao aumento da população, que a mulher procure trabalho fora de casa; seria mais útil, social e economicamente, que ela continuasse a administrar o lar"[219].

No cenário em que a classe operária já estava formada, a demanda por força de trabalho fora suprida e o movimento eugenista expressava força, o Estado brasileiro pareceu ter decidido que era hora de as trabalhadoras voltarem para suas casas para cuidar de suas famílias. É importante lembrar que a força de trabalho feminina foi imprescindível no processo de industrialização nacional, assim como a infantil e a estrangeira. Superada a escassez de força de trabalho masculina, a imigração foi restringida, o trabalho infantil foi proibido e o trabalho da mulher na indústria, desestimulado. Os baixos salários, todavia, não eram compatíveis com o modelo patriarcal: os ganhos das mulheres da classe proletária eram importantes para compor a renda familiar. Assim, a (falta de) opção para as trabalhadoras era a dupla jornada, buscando a difícil conciliação entre a jornada de trabalho e o cuidado da família e do lar. Sobre esta condição, resume Maria Pena:

Nos dois campos em questão, o da reprodução e o da produção, o da família e o do trabalho assalariado, o **Estado procurou garantir o trabalho doméstico**

---

218 STEPAN, Nancy Leys. **A hora da eugenia**: raça, gênero e nação na América Latina. Rio de Janeiro: Fiocruz, 2005, p. 177.

219 PENA, Maria Valéria J. **Mulheres e trabalhadoras**: presença feminina na constituição do sistema fabril. Rio de Janeiro: Paz e Terra, 198, p. 158.

e não remunerado da mulher como uma forma de rebaixamento do nível geral de salários, frequentemente abaixo dos limites contábeis de reprodução; ao mesmo tempo a guardou como **exército industrial de reserva**, consolidando juridicamente sua dependência em relação ao marido.[220] (grifei)

As mulheres das classes médias, por sua vez, gradativamente, tiveram maior acesso à educação formal e também passaram a questionar essa função natural da maternidade como única razão de ser. Neste contexto, a União Feminina (UF) nasceu em 1934 com a participação de operárias e intelectuais, como parte integrante da Aliança Nacional Libertadora (ANL), movimento comunista brasileiro que defendia a reforma agrária, o anti-imperialismo e a revolução proletária. O movimento de direita também se organizou em 1934 por meio da Ação Integralista Brasileira (AIB), com inspiração nacionalista, nazifascista e totalitária, cujos membros se vestiam de camisas verdes e se cumprimentavam levantando o braço direito e gritando a palavra indígena "Anauê".

A ANL e o recém constituído Partido Comunista Brasileiro (PCB) faziam oposição ao governo getulista e foram fortemente repreendidos após o levante conhecido como Intentona Comunista. Em abril de 1935, foi promulgada a Lei de Segurança Nacional[221], criminalizando toda ação que contestasse ou se opusesse ao Estado, o que deu início a um regime de exceção, ainda que formalmente sob o Governo Constitucional (1934-1937). No mesmo ano, a UF foi colocada na clandestinidade, assim como a ANL, com a prisão de suas dirigentes, dentre elas a alemã Olga Benário Prestes, que foi deportada para Alemanha, enviada para um campo de concentração e morta pela Gestapo[222] e [223].

---

220 PENA, Maria Valéria J. **Mulheres e trabalhadoras**: presença feminina na constituição do sistema fabril. Rio de Janeiro: Paz e Terra, 1981, pp. 172-173.

221 BRASIL. Lei n. 38, de 04 abr. 1935. Disponível em: http://www.planalto.gov.br/ccivil_03/LEIS/1930-1949/L0038.htm. Acesso em: 04 fev. 2020.

222 TELES, Maria Amélia A. **Breve história do feminismo no Brasil e outros ensaios**. São Paulo: Alameda, 2017, p. 54.

223 Em 1988, mais de 50 anos depois, foram reveladas as condições da prisão de mulheres em 1935 por Maria Werneck, uma das comunistas presa. A "Sala 4" foi a primeira de uma série de prisões por onde passaram mulheres "perigosas" como Patrícia Galvão, Olga Benário, Nise da Silveira e Maria Werneck, de diversas nacionalidades e profissões, cuja posição política teria sido assumida após a leitura de livros marxistas. A relação entre homens e mulheres como companheiros era contraditória, pois "as mulheres eram mão de obra para as atividades do partido, desqualificadas, fazendo tarefas "domésticas" e não centrais. Mas foram presas e torturadas como os homens". Sobre a Sala 4, ver: BLAY, Eva A. Como as mulheres se

Ainda em 1935, foi decretado estado de sítio e criada a Comissão Nacional de Repressão ao Comunismo, em processo de centralização política no Poder Executivo. Com o fechamento do Congresso Nacional em 10 de novembro de 1937, instituiu-se o Estado Novo. Com o golpe de Estado de Getúlio Vargas em 1937, as mulheres juntaram esforços ao movimento de resistência à ditadura[224]. A Carta outorgada de 1937 manteve a previsão da igualdade de todos perante a lei, mas retirou a expressa proibição da diferença salarial em razão do sexo. Ainda na questão trabalhista, foram mantidas na Carta de 1937 a proibição do trabalho em indústrias insalubres para mulheres e menores de 18 anos, a assistência à gestante e a licença-maternidade, mas foi excluída a garantia de emprego da gestante. O direito de greve foi eliminado do texto constitucional, em consonância com o regime totalitário.

A omissão constitucional quanto à proibição da diferença salarial em razão do sexo, apesar da expressa igualdade jurídica entre homens e mulheres, repercutiu na legislação infraconstitucional de maneira a permitir uma discriminação pela via legal: o Decreto-Lei n. 2.548, de 1940, autorizou o pagamento de salário inferior para as mulheres, com a redução de 10% em relação ao salário dos homens, quando observadas as condições de higiene estatuídas por lei para o trabalho de mulheres[225].

Na exposição de motivos da referida norma, o Ministro do Trabalho, Indústria e Comércio Waldemar Falcão justificou que a redução do salário da mulher era necessária, pois as medidas de higiene e proteção impostas pela lei oneravam o trabalho feminino, caso contrário, "este benefício [medidas de higiene e proteção] trará efeitos contrários aos seus propósitos de amparo pelas restrições que serão opostas à aceitação de empregadas". Maria Pena explica que as tais medidas de higiene se referiam a lugares de aleitamento, concluindo que as mulheres eram estimuladas à maternidade para continuar a terem filhos/as; para tanto, cuidariam da prole ao mesmo tempo e no mesmo espaço do seu trabalho

---

construíram como agentes políticas e democráticas: o caso brasileiro. *In*: BLAY, Eva; AVELAR, Lúcia. **50 anos de feminismo**: Argentina, Brasil e Chile: a construção das mulheres como atores políticos e democráticos. São Paulo: EDUSP/Fapesp, 2017.

224 TELES, Maria Amélia A. **Breve história do feminismo no Brasil e outros ensaios**. São Paulo: Alameda, 2017, p. 54.

225 A redução de salário era prevista também para trabalhadores maiores de 18 e menores de 21 anos de idade, sem experiência profissional, em uma espécie de contrato de aprendizagem.

e ainda veriam seu salário diminuído em relação ao masculino por sua disposição em cumprir duas jornadas de trabalho simultaneamente[226].

A criação da prole era, portanto, um encargo exclusivamente feminino, de modo que normas que a protegessem eram consideradas direitos para a mulher – e não para a criança, a família ou a sociedade. Isto colocava a mulher em desvantagem na inserção e manutenção no mercado de trabalho em relação ao homem, que não suportava nenhum impacto "negativo" no trabalho, caso se tornasse pai, nem possuía limitações no trabalho para que seu corpo se conservasse para a paternidade.

O salário mínimo instituído pelo Decreto-Lei n. 399, de 30 de outubro de 1938, ao ser considerado como remuneração mínima que garantisse "as necessidades normais de **um trabalhador adulto**" (grifei), não trouxe melhoria significativa nas condições de vida da classe trabalhadora, pois não visava garantir o custo de vida da família. Além disso, não acompanhou o aumento do custo de vida, pois foi recalculado apenas uma vez nos primeiros dez anos. Estes dois fatores contribuíram com o aumento da participação da mulher no mercado de trabalho: entre 1940 e 1950 houve um aumento de 31,9% de trabalhadoras[227], a despeito das desvantagens e dos desestímulos jurídicos.

A partir da década de 1930, as trabalhadoras domésticas[228] também começaram a se organizar. Em 1936, a empregada doméstica amefricana nascida na cidade de Poços de Caldas/MG Laudelina de Campos Melo, que tinha relacionamento com o movimento sindical-classista e o movimento negro[229] (Frente Negra Brasileira)[230], fundou em Santos/

---

226 PENA, Maria Valéria J. **Mulheres e trabalhadoras**: presença feminina na constituição do sistema fabril. Rio de Janeiro: Paz e Terra, 1981, p. 167.

227 PENA, Maria Valéria J. **Mulheres e trabalhadoras**: presença feminina na constituição do sistema fabril. Rio de Janeiro: Paz e Terra, 1981, p. 165.

228 Adotamos o feminino trabalhadoras domésticas, tendo em vista a composição amplamente majoritária de mulheres no trabalho doméstico.

229 BERNARDINO-COSTA, Joaze. Decolonialidade e interseccionalidade emancipadora: a organização política das trabalhadoras domésticas no Brasil. **Revista Sociedade e Estado**. 30 (1), 2015, p. 155.

230 Sobre Laudelina C. Melo: "Em Santos passou a integrar um grupo chamado Frente Negra, que abrigava várias entidades com propósitos de ampliação política, conscientização social e aprimoramento da população negra. Em 1936, surgiu a ideia de criar uma associação para empregadas domésticas, como uma extensão do movimento". SCHUMAHER, Schuma; BRAZIL, Érico V. (org.). **Dicionário Mulheres do Brasil**: de 1500 até a atualidade. Rio de Janeiro: Jorge Zahar, 2000, p. 310.

SP a Associação Profissional de Empregados Domésticos, com a intenção de alcançar o reconhecimento jurídico da categoria e do sindicato a fim de acessar e negociar direitos trabalhistas.

O trabalho doméstico assalariado já existia antes da abolição da escravatura, mas era tão marginal que a primeira lei sobre as atividades de "ama de leite" e de "criados"[231] é datada de 1886, ou seja, apenas dois anos antes da Lei Áurea. O tratamento jurídico do trabalho doméstico era o de locação de serviços, com amparo legal no Código Civil de 1916, o que não contemplava a questão da desigualdade material entre trabalhador/a doméstico/a e empregador/a. A premissa das relações civis é a de igualdade jurídica entre as partes. A relação de emprego, por sua vez, é caracterizada pela subordinação jurídica (decorrente da própria desigualdade material), especificidade que marca todo contrato de trabalho e que, na prática cotidiana, se revela de maneira bastante acentuada no trabalho doméstico, a despeito da negação da norma jurídica.

No Decreto-Lei n. 3.078/1941 foi regulamentado o contrato de locação de serviço doméstico, com previsão de anotação do contrato em carteira profissional e tão somente do direito ao aviso prévio. Apesar dos esforços empreendidos por Laudelina de Campos Melo, que requereu expressamente a Getúlio Vargas que fossem incluídos direitos concernentes ao trabalho assalariado doméstico na Consolidação das Leis do Trabalho (CLT), promulgada em 1943, isso não se concretizou. Ao contrário, houve exclusão expressa das trabalhadoras domésticas e de trabalhadores rurais do alcance das normas consolidadas (artigo 7º). O "pai dos pobres" não melhorou a vida das pobres domésticas e de pobres rurais, ou seja, da grande maioria da classe trabalhadora.

O trabalho rural, além de se manter por muito tempo em condições arcaicas, se revelava ainda mais problemático para as mulheres. Conforme estudos de Felícia Madeira e Paul Singer sobre o emprego feminino no período entre 1920-1970, as trabalhadoras rurais, em geral, combinavam o trabalho na agricultura com tarefas domésticas, de maneira que

---

231 O criado de servir, como toda pessoa de condição livre, que mediante salário convencionado, tiver ou que quiser ter ocupação de moço de hotel, hospedaria ou casa de pasto, cozinheiro, copeiro, cocheiro, hortelão, ama de leite, ama-seca, engomadeira ou costureira e, em geral, a de qualquer serviço doméstico. Artigo 263, Código de Posturas do Município de São Paulo *apud* BENTIVOGLIO, Elaine C. S; FREITAS, Natalia S. **A evolução da legislação do trabalho doméstico no Brasil**. Disponível em: http://dx.doi.org/10.15603/2176-1094/rcd.v11n11p219-232. Acesso em: 10 dez. 2019.

a participação feminina no trabalho agrícola parecia ser mais fácil nas pequenas propriedades, em que predominava a forma não assalariada. Com o aumento do número de minifúndios no período, houve a "expansão de um tipo de agricultura que ainda se mostra capaz de aproveitar a força de trabalho feminina à moda antiga, isto é, sem separar, no tempo e no espaço, as tarefas domésticas das produtivas"[232], a despeito do êxodo rural. A agricultura moderna desenvolvida em grandes propriedades eliminava o trabalho feminino, que ficava adstrito à economia de subsistência. "Neste tipo de agricultura, o trabalho feminino é importante, mas mantém suas características tradicionais: é uma extensão da atividade doméstica, realizada de forma rudimentar e pouco produtiva, dando lugar, não poucas vezes, à superexploração tanto da mulher como das crianças"[233]. A agricultura de subsistência, portanto, significava a ausência de salário para a trabalhadora rural.

Retomando a regulação do trabalho urbano, importa saber que a CLT não apenas consolidou leis esparsas, mas também criou normas. Sobre o trabalho da mulher, foram várias inovações, dentre as quais: a possibilidade de prorrogação de jornada ("horas extras") para a trabalhadora, *desde que autorizada por atestado médico*; a proibição do trabalho noturno feminino, salvo algumas exceções, em que a remuneração do trabalho noturno seria superior à do diurno e sob a condição de apresentação de *atestado de bons antecedentes*, fornecido por autoridade competente e de *atestado de capacidade física e mental*, por médico oficial (não havia regras equivalentes para o trabalho noturno masculino); a ampliação do período de descanso no caso de maternidade para seis semanas antes e seis depois do parto. A proibição do trabalho feminino e de menores de 18 anos em condições insalubres ou perigosas remanescia. A igualdade salarial sem distinção de sexo foi expressamente prevista, mas o artigo 461 colocou tantos requisitos que, no tocante à equiparação salarial, a CLT foi considerada ambígua, pois não era simples explicar (nem entender) qual seria o significado de "trabalho de igual valor". Evaristo de Moraes Filho afirmou: "exige-se a ponta de alfinete, identidade de funções, quando algumas legislações estrangeiras e decisões de tribunais – italianos e alemães, por exemplo – exigem apenas igualdade de

---

232 MADEIRA, Felícia; SINGER, Paul. Estrutura do emprego e trabalho feminino no Brasil: 1920-1970. **Cadernos CEBRAP**, n. 13, São Paulo, 1973, pp. 24-25.

233 MADEIRA, Felícia; SINGER, Paul. Estrutura do emprego e trabalho feminino no Brasil: 1920-1970. **Cadernos CEBRAP**, n. 13, São Paulo, 1973, pp. 39.

posto"[234]. Esta ambiguidade não passou despercebida e teve impacto na desigualdade salarial entre homens e mulheres, criando discriminações dentro da mesma categoria profissional[235], com diferenças de salários e cargos, sem que houvesse correspondência no grau de complexidade das atribuições de cada nível hierárquico.

2.2. MOVIMENTOS DE MULHERES NA DEMOCRACIA (1945-1964)

Durante a Segunda Guerra Mundial, as mulheres participaram da luta em favor da democracia, contra o nazifascismo e pela entrada do Brasil na guerra, ao lado dos Aliados[236]. Zuleika Alambert explica como a militância para colaborar com os soldados brasileiros da Força Expedicionária Brasileira (FEB) a ajudou a descobrir a política:

> A passagem desta campanha da FEB para outras questões, como a luta pela anistia aos presos políticos, a campanha por eleições democráticas gerais em todo país, tudo foi como um rol de acontecimentos que foram envolvendo cada vez mais a juventude da época, mesmo a mim que não tinha tido vida política absolutamente nenhuma. Foi como um rompimento, como se tivessem arrancado uma venda dos olhos daqueles dez anos de opressão sofridos no governo de exceção de Getúlio[237].

Zuleika Alambert ajudou a organizar a primeira greve portuária no Brasil, formou comitês populares na campanha por uma nova Constituição, elegeu-se deputada estadual suplente pelo Partido Comunista Brasileiro (PCB) em 1947 e chegou a ocupar a cadeira até que o partido foi cassado, com base na Lei n. 211, de 7 de janeiro de

---

234 PENA, Maria Valéria J. **Mulheres e trabalhadoras**: presença feminina na constituição do sistema fabril. Rio de Janeiro: Paz e Terra, 1981, p. 169.

235 Como veremos adiante, a escala de salários nas empresas brasileiras tinha muito mais níveis do que em outros países e o que os diferenciava não era a natureza da tarefa, mas sim o próprio salário. "É, na verdade, o salário que determina a classificação do cargo, e não a eficiência, a produtividade ou mesmo o nível de formação necessário". SOUZA-LOBO, Elisabeth. **A classe operária tem dois sexos**: trabalho, dominação e resistência. 2. ed. São Paulo: Fundação Perseu Abramo, 2011, p. 32.

236 TELES, Maria Amélia A. **Breve história do feminismo no Brasil e outros ensaios**. São Paulo: Alameda, 2017, p. 54.

237 COSTA, Albertina *et al*. Memórias das mulheres do exílio, 1980 *apud* BLAY, Eva A. Como as mulheres se construíram como agentes políticas e democráticas: o caso brasileiro. *In*: BLAY, Eva; AVELAR, Lúcia. **50 anos de feminismo**: Argentina, Brasil e Chile: a construção das mulheres como atores políticos e democráticos. São Paulo: EDUSP/Fapesp, 2017, p. 70.

1948, passando a atuar na clandestinidade[238]. Durante o curto mandato, Zuleika Alambert apresentou um projeto de lei sobre o abono de Natal, que seria o embrião do 13º salário, e outro em defesa de salários iguais sem distinção de sexo[239].

Em 1945, surgiu no Rio de Janeiro o Comitê de Mulheres pela Democracia, para as mulheres participarem "da consolidação da democracia e da conquista da igualdade de direitos em termos profissionais, administrativos, culturais e políticos". Foi também fundada a Associação de Donas de Casa contra a Carestia e desenvolveu-se a luta pela anistia dos presos políticos durante o Estado Novo. Apesar de ter sido a primeira eleição presidencial com o voto feminino, o voto secreto e a maior participação democrática até então, realizada sob a Justiça Eleitoral, nenhuma mulher se elegeu para participar da ANC de 1946[240]. A despeito da ausência feminina na ANC, a proibição expressa da diferença salarial sexista retornou ao texto da Carta de 1946. Além disso, a previdência em favor da maternidade passou a ter previsão constitucional.

> Artigo 141, § 1º Todos são iguais perante a lei.
>
> Artigo 157 A legislação do trabalho e da previdência social obedecerão aos seguintes preceitos, além de outros que visem à melhoria da condição dos trabalhadores: [...]
>
> II. proibição de diferença de salário para um mesmo trabalho por motivo de idade, sexo, nacionalidade ou estado civil; [...]
>
> IX. proibição de trabalho a menores de 14 anos; em indústrias insalubres, a mulheres e a menores de 18 anos;
>
> X. direito da gestante a descanso antes e depois do parto, sem prejuízo do emprego nem do salário; [...]
>
> XVI. previdência, mediante contribuição da União, do empregador e do empregado, em favor da maternidade e contra as consequências da doença, da velhice, da invalidez e da morte.

Em 1947 foi criada a Federação das Mulheres do Brasil (FMB), com influência do PCB. A atuação principal era o combate à carestia ("Campanha da Panela Vazia"), mas posteriormente foi agregada a luta

---

238 BLAY, Eva A. Como as mulheres se construíram como agentes políticas e democráticas: o caso brasileiro. *In*: BLAY, Eva; AVELAR, Lúcia. **50 anos de feminismo**: Argentina, Brasil e Chile: a construção das mulheres como atores políticos e democráticos. São Paulo: EDUSP/Fapesp, 2017, p. 70.

239 SCHUMAHER, Schuma; BRAZIL, Érico V. (org.). **Dicionário Mulheres do Brasil**: de 1500 até a atualidade. Rio de Janeiro: Jorge Zahar, 2000, p. 534.

240 TELES, Maria Amélia A. **Breve história do feminismo no Brasil e outros ensaios**. São Paulo: Alameda, 2017, p. 54.

pela anistia. Em 1951 foi realizado o I Congresso da FMB com 231 delegadas de todos os estados, das quais 146 eram donas de casa e as demais operárias, funcionárias públicas, professoras, profissionais liberais, estudantes e camponesas[241].

O Jornal Movimento Feminino (JMF) foi criado em 1947, com corpo editorial vinculado à FMB, e abordava questões como a defesa da cidadania feminina, a luta contra carestia, a defesa da paz e a mulher trabalhadora. A partir de 1955, passou a manter uma coluna sobre a condição de trabalho da mulher, a seção "Direitos da Mulher"[242].

A coluna da edição 115 do JMF trazia a denúncia do descumprimento da legislação trabalhista nos seguintes pontos: ausência de creches, ausência de banheiros separados para homens e mulheres, falta de ar e luz nos ambientes de trabalho, trabalho em condições inseguras, discriminação contra a mulher casada e a proibição de engravidar (sob pena de "demissão sumária"). O texto denunciava também a ausência da fiscalização do Ministério do Trabalho e o desconhecimento de direitos previstos em lei por parte das trabalhadoras. A autora acreditava que a criação de departamentos femininos favoreceria a reunião e a participação das mulheres nas associações de classe. Para tanto, "é preciso esclarecê-las sobre os direitos sociais já conquistados à custa de lutas e movimentos reivindicatórios"[243].

Conforme a edição 116, o trabalho noturno de mulheres foi denunciado na Primeira Assembleia Nacional de Mulheres, realizada em Porto Alegre, em 1953. Em razão do racionamento de energia elétrica, a escala de trabalho nas indústrias têxteis se estendia até de madrugada e as trabalhadoras não dispunham de transporte público para retornarem aos seus lares[244]. Por idêntico motivo, emitiu-se nota de solidariedade às operárias da fábrica Matarazzo em Ribeirão Preto, que estavam dormindo no chão da fábrica por conta do horário de saída do trabalho. Além disso, noticiou-se que "Dr. Chufralo, médico da referida Fábrica, quan-

---

241 TELES, Maria Amélia A. **Breve história do feminismo no Brasil e outros ensaios**. São Paulo: Alameda, 2017, pp. 56-57.

242 STRABELLI, Adriana R. *et al.* Trabalhadoras brasileiras no período entre 1950 e 1964. *In:* MAIOR, Jorge L. S; VIEIRA, Regina S. C. (org.). **Mulheres em luta**: a outra metade da história do direito do trabalho. São Paulo: LTr., 2017, p. 71.

243 MONTENEGRO, Ana. Direitos da mulher. **Momento feminino**. ed. 115. Rio de Janeiro, 1955, p. 34.

244 MONTENEGRO, Ana. Direitos da mulher. **Momento feminino**. ed. 116. Rio de Janeiro, 1956, p. 13.

do procurado por uma operária gestante obriga-a a submeter-se ao aborto, cobrando por tal prática a quantia de Cr$ 3 ou mesmo 4.000,00"[245]. O racionamento de energia impactou o trabalho nas fábricas, reduzindo-o a três dias na semana, como no caso do Cotonifício Gávea. O salário auferido nestas condições não era suficiente para a alimentação das famílias. Além disso, tal empresa, com mais 800 empregados, fornecia creche para apenas 12 crianças até nove meses. A colunista afirmava ainda que a dupla jornada dificultava a participação feminina na vida sindical, ao que se sugeria a criação de conselhos sindicais em cada empresa e departamentos femininos nos sindicatos[246].

O JMF registrou que, em 1956, foi organizada a Conferência Nacional de Trabalhadoras no Rio de Janeiro, em preparação para a Conferência Mundial das Trabalhadoras que seria realizada em junho do mesmo ano, em Budapeste. No evento, foram discutidos dois pontos principais: direitos e reivindicações das trabalhadoras das cidades e do campo; e participação efetiva das trabalhadoras na vida e atividade de suas respectivas organizações. As reivindicações compiladas foram: por igualdade salarial, por aumento salarial, contra a assiduidade (regra que exigia o cumprimento integral da jornada durante a semana anterior ao descanso, para que ele fosse remunerado), contra a intensificação do ritmo do trabalho, pelo pagamento das taxas de insalubridade, contra a carestia da vida, pela unidade e liberdade sindical, pela extinção do fundo sindical e "revogação do Decreto 9.070"[247], pelo pagamento da dívida do governo aos Institutos e Caixas de previdência e que estes fossem dirigidos por trabalhadores, pelo respeito às leis de proteção à maternidade, pela aposentadoria integral aos 25 anos de serviço ou 45 anos de idade, por instalação de creches e casas maternais, pela extensão dos direitos trabalhistas às trabalhadoras do campo, pela organização de associações profissionais para as trabalhadoras a domicílio e as empregadas domésticas, pela organização de departamentos femininos nas organizações sindicais e por campanha de

---

245 MOMENTO FEMININO. Em Ribeirão Preto, na fábrica Matarazzo. **Momento feminino**. ed. 116. Rio de Janeiro, 1956, p. 28.

246 CARVALHO, Léa S. Quando falta energia. **Momento feminino**. ed. 116. Rio de Janeiro, 1956, p. 29.

247 Decreto n. 9.070, de 15 de março de 1946. Regulava a "cessação coletiva do trabalho", com a imposição de requisitos para a greve ser considerada legal, cuja não observância permitiria a rescisão do contrato de trabalho.

sindicalização das mulheres[248]. Para o movimento das trabalhadoras, a separação entre trabalho urbano e rural e entre trabalho produtivo e reprodutivo era claramente algo a ser superado.

As várias associações femininas surgidas neste quadrante da história, como a Associação Feminina do Distrito Federal (AFDF), tratavam precipuamente de questões bem concretas: pela paz nos bairros, contra a elevação do custo de vida, pelos direitos da mulher, pela defesa e proteção à infância e, aos poucos, somaram forças em defesa do monopólio estatal do petróleo, da soberania nacional e da carestia. Todavia, a democracia revelou seus limites quando o governo de Juscelino Kubitschek suspendeu o funcionamento de muitas destas associações, dentre elas a FMB e a AFDF[249].

Novamente as forças conservadoras buscavam maior controle sobre os corpos femininos. Jânio Quadros, em seu curto mandato em 1961, colocou em ação sua bandeira de moralização dos costumes, com a qual atraiu votos da classe média e venceu a eleição presidencial: propôs a proibição do uso de trajes de banho nos concursos de beleza por meio do Decreto n. 51.182, de 11 de agosto de 1961, enquanto o país passava por desafios econômicos como inflação e dívida externa e alguns setores da sociedade clamavam por reformas de base.

Desde 1950, havia a proposta de anteprojeto de lei versando sobre a retirada de artigos do Código Civil com conteúdo discriminatório contra as mulheres, como incapacidade jurídica relativa da mulher casada e a liberdade para o exercício profissional. A proposta foi apresentada no Congresso Nacional em 1952, mas só foi aprovada e sancionada pelo presidente João Goulart em 1962. O projeto de lei ficou sem tramitação por 10 anos e sua aprovação foi resultado do trabalho insistente do movimento de mulheres, em que se destacou a atividade da advogada Romy Medeiros. Promulgada a Lei n. 4.121, de 27 de agosto de 1962, conhecida como o Estatuto da Mulher Casada, foram reduzidas as desigualdades jurídicas em razão do sexo, mas não totalmente suprimidas. Os homens permaneciam como chefes da família, a quem

---

248 MOMENTO FEMININO. Na história do trabalho humano pela primeira vez reúnem-se mulheres trabalhadoras do mundo inteiro. **Momento Feminino**. ed. 118. Rio de Janeiro, 1956, p. 21.

249 SAFFIOTI, Heleieth. **A mulher na sociedade de classes**: mito e realidade. 3. ed. São Paulo: Expressão Popular, 2013, pp. 386-387.

cabia o pátrio poder e a administração dos bens comuns. "Às mulheres cabia colaborar com os homens"[250].

A Convenção sobre os Direitos Políticos da Mulher da ONU também teve um longo processo legislativo, pois tendo sido aprovada pelo Congresso Nacional por meio do Decreto Legislativo n. 123, de 20 de novembro de 1955, foi promulgada pelo Decreto n. 52.476, de 12 de setembro de 1963, oito anos depois. Em suma, tal normativa garante a igualdade de condições de votar e de elegibilidade entre homens e mulheres, além do direito de ocupar postos públicos e exercer funções públicas.

Em 1963, realizou-se o Encontro Nacional da Mulher Trabalhadora. As mulheres trabalhadoras reivindicavam extensão dos direitos trabalhistas às mulheres do campo, organizavam campanhas pela sindicalização da mulher e pela participação feminina na direção dos sindicatos. Pleiteavam a igualdade salarial e a efetiva aplicação das leis trabalhistas a favor da mulher[251].

Em abril de 1960, foi fundada a Liga Feminina do Estado da Guanabara, com propósitos semelhantes aos das associações anteriores. Desenvolveu intenso trabalho social e se sobressaiu na campanha contra a carestia de vida tanto nas ruas quanto nas mesas redondas com líderes sindicais e estudantis. Suas dirigentes foram perseguidas após o golpe de 1964, o que levou ao encerramento de suas atividades[252].

No (inesperado) governo de João Goulart iniciado em 1961, houve uma convergência inédita de movimentos sociais, articulando-se trabalhadores urbanos e rurais, camponeses, estudantes, intelectuais e artistas, graduados das Forças Armadas e das polícias militares. A partir das reivindicações destes setores da sociedade, formulou-se um programa – as chamadas "reformas de base" – que abrangia: as reformas agrária, urbana, educacional, bancária e política; a regulamentação da remessa de lucros para o exterior; a atuação do Estado nos setores estratégicos da economia (siderurgia, comunicações, transportes, portos, sistema financeiro, exportação e importação). Tudo isso num contexto

---

250 STRABELLI, Adriana R. *et al.* Trabalhadoras brasileiras no período entre 1950 e 1964. *In*: MAIOR, Jorge L. S.; VIEIRA, Regina S. C. (org.). **Mulheres em luta**: a outra metade da história do direito do trabalho. São Paulo: LTr., 2017, p. 65.

251 TELES, Maria Amélia A. **Breve história do feminismo no Brasil e outros ensaios**. São Paulo: Alameda, 2017, p. 57.

252 SAFFIOTI, Heleieth. **A mulher na sociedade de classes**: mito e realidade. 3. ed. São Paulo: Expressão Popular, 2013, pp. 388-389.

de Guerra Fria entre o capitalismo estadunidense e o socialismo da União Soviética e pós-Revolução Cubana[253].

Estas reformas, se implementadas, provocariam uma considerável redistribuição de riquezas e de poder na sociedade brasileira. Em reação à potencial redução das desigualdades sociais, as forças conservadoras (setores dominantes, acompanhados por segmentos da classe média e da oficialidade) passaram a se articular para agir por meio de organizações sociais e políticas, dentre as quais, duas organizações femininas: a Campanha de Mulheres pela Democracia (Camde) e a União Cívica Feminina (UCF)[254].

Não havia nenhuma proposta, dentre as reformas de base, que conduzisse a um estado socialista, mas o caráter reformista-nacionalista do governo de João Goulart sofria "campanha de desestabilização" desde 1961, que disseminava a ideia de que se caminhava para o comunismo, assim como para a destruição dos valores religiosos, patrióticos e morais da sociedade. Construía-se o cenário de que a ordem e os bons costumes corriam risco e que algo precisava ser feito para barrar este avanço indecente. É a chamada ideologia da segurança nacional: "um instrumento utilizado pelas classes dominantes, associadas ao capital estrangeiro, para justificar e legitimar a perpetuação por meios não democráticos de um modelo altamente explorador de desenvolvimento dependente"[255].

A "ameaça comunista" era fortemente difundida por jornais conservadores. O Estado de São Paulo traz na edição de 14 de março de 1964, ao lado direito da matéria "Goulart assina o decreto que expropria terras e a encampação das refinarias", a nota "Doutrinação – Milhares de soldados do Exército foram postos em pé de guerra para garantir o comício que o presidente da República promoveu ontem, na Guanabara, para defesa e propaganda de sua política. Participaram da reunião, ativa e ostensivamente, os comunistas e seus aliados (Do Enviado Especial)". Do lado esquerdo, anuncia: "Foi farto o material subversivo no comício", narran-

---

253 REIS, Daniel A. A vida política. *In*: REIS, Daniel A (coord.) **História do Brasil Nação**: 1808-2010. v. 5. Modernização, ditadura e democracia (1964-2010). Rio de Janeiro: Objetiva, 2010, p. 78.

254 REIS, Daniel A. A vida política. *In*: REIS, Daniel A (coord.) **História do Brasil Nação**: 1808-2010. v. 5. Modernização, ditadura e democracia (1964-2010). Rio de Janeiro: Objetiva, 2010, p. 80.

255 ALVES, Maria H. M. **Estado e oposição no Brasil** (1964-1984). 3. ed. São Paulo: Vozes, 1985, p. 23.

do que numerosas faixas ostentavam a foice e o martelo[256]. Naquele momento foi fundamental a atribuição da qualidade de "subversivo", que tinha caráter de perversão moral ou de tentativa de derrubar um sistema político, econômico ou social, ao material distribuído no ato convocado pelo presidente para defesa e propaganda de sua política.

Ao mesmo tempo em que a mídia hegemônica espalhava o "perigo comunista", ela celebrava, como "pessoas preocupadas com o futuro", as mulheres brancas e da elite que se organizavam para ir à favela para ensinar as pessoas a comer, tomar banho, como se as pessoas pobres fossem despreparadas para exercer a cidadania, com claro viés colonizador[257]. As mulheres conservadoras, que se proclamavam "apolíticas" se aliavam aos militares para proteger os papeis sociais da família tradicional e contra a "ameaça comunista"[258].

Em reação às medidas anunciadas no "Comício das Reformas", que contou com cerca de 150 mil pessoas reunidas em frente à Central do Brasil em 13 de março de 1964, dando início às reformas de base com a criação da Superintendência da Reforma Agrária (SUPRA), foi promovida a primeira Marcha da Família com Deus pela Liberdade em 19 de março de 1964, com ampla convocação nos principais jornais de São Paulo. Era necessária uma manifestação de massa para legitimar a derrubada do presidente e, para tanto, as mulheres foram convocadas[259]. Para além das reformas de base, esta declaração do presidente João Goulart teria provocado a movimentação das organizações femininas elitistas, que eram

---

256 O ESTADO DE SÃO PAULO. Goulart assina o decreto que expropria terras e a encampação das refinarias. **O Estado de S. Paulo**, Seção Geral, p. 44. Publicado em 14 mar. 1964. Disponível em: https://acervo.estadao.com.br/pagina/#!/19640314-27268-nac-0044-999-44-not/tela/fullscreen. Acesso em: 6 set. 2019.

257 Este tipo de ação caridosa em que a elite se coloca em missão de educar a classe pobre, pois se supõe em estágio de desenvolvimento superior, nada mais é do que uma expressão da colonialidade. Da mesma maneira, o ponto de vista que se propõe neutro (ou apolítico), mas que, justamente por ser um ponto de vista, é parcial. Tanto é assim que "colabora" com militares para proteger a "família tradicional", sem assumir nenhuma contradição com a aclamada neutralidade.

258 RAMOS, Alana M. *et al*. Ditadura civil-militar no Brasil: o protagonismo das mulheres nos espaços políticos. *In*: MAIOR, Jorge L S; VIEIRA, Regina S. C. (org.). **Mulheres em luta**: a outra metade da história do direito do trabalho. São Paulo: LTr., 2017, p. 91.

259 E posteriormente relegadas a um plano secundário. TELES, Maria Amélia A. **Breve história do feminismo no Brasil e outros ensaios**. São Paulo: Alameda, 2017, pp. 58-59.

muito religiosas: "O cristianismo nunca foi o escudo para os privilégios condenados pelos Santos Padres. Nem os rosários podem ser erguidos como armas contra os que reclamam a disseminação da propriedade privada da terra, ainda em mãos de uns poucos afortunados"[260].

Parte das mulheres pertencentes às elites econômicas aceitava que deveriam permanecer no espaço doméstico, correspondendo aos estereótipos de mulher frágil, cuidadosa e submissa ao marido, embora contraditoriamente tenham ido ao espaço público para defender tal estado de coisas[261]. Assim, elas ajudaram a promover as marchas de apoio ao golpe militar, levado a efeito na noite de 31 de março de 1964.

É preciso considerar que, pelos discursos da imprensa hegemônica, o golpe foi considerado uma defesa dos valores mais importantes em nossa sociedade: "Dado em defesa da democracia, do cristianismo, da família, das hierarquias tradicionais, da honestidade no trato do dinheiro público, contra a baderna. Neste sentido, não se fez um golpe para instaurar uma ditadura, mas para salvar a democracia"[262]. Além disso, como o termo "revolução" era prestigioso na época, ele foi adotado pelos golpistas civis e militares, para quem "salvar a democracia passava pela extirpação do varguismo e a construção de outras bases para a modernização do país. Qualquer retorno à ordem anterior sem profundas mudanças significaria a volta do getulismo, dos comunistas e dos corruptos"[263].

Portanto, havia uma polarização das posições políticas evidenciada nestes dois eventos: Comício na Central do Brasil e Marcha da Família com Deus pela Liberdade. E não pode ser ignorado que a deposição de João Goulart foi comemorada por parte considerável da população,

---

260 Discurso de Jango na Central do Brasil em 1964. Disponível em: http://www.ebc.com.br/cidadania/2014/03/discurso-de-jango-na-central-do-brasil-em-1964. Acesso em: 6 set. 2019.

261 RAMOS, Alana M. *et al*. Ditadura civil-militar no Brasil: o protagonismo das mulheres nos espaços políticos. *In*: MAIOR, Jorge L S; VIEIRA, Regina S. C. (org.). **Mulheres em luta**: a outra metade da história do direito do trabalho. São Paulo: LTr., 2017, pp. 91-92.

262 REIS, Daniel A. A vida política. *In*: REIS, Daniel A (coord.) **História do Brasil Nação**: 1808-2010. v. 5. Modernização, ditadura e democracia (1964-2010). Rio de Janeiro: Objetiva, 2010, p. 86.

263 REIS, Daniel A. A vida política. *In*: REIS, Daniel A. (coord.) **História do Brasil Nação**: 1808-2010. v. 5. Modernização, ditadura e democracia (1964-2010). Rio de Janeiro: Objetiva, 2010, p. 86.

além de instituições como a Ordem dos Advogados do Brasil e a alta cúpula da Igreja Católica[264]. O curto período de avanços normativos em prol de igualdade jurídica e liberdades democráticas havia sido encerrado. Na breve história da República Federativa do Brasil, quando o poder político deixou de ser exercido a serviço exclusivo dos titulares do poder econômico, com consequente expansão de direitos sociais e democracia, "ocorreram golpes de Estado, alguns explícitos, outros disfarçados, mediante o recurso a formas jurídicas"[265].

2.3. O DIA QUE DUROU 21 ANOS: A DITADURA MILITAR NO BRASIL[266]

O acirramento da tensão entre as posições político-ideológicas na sociedade brasileira foi um fator essencial para a deposição do Presidente João Goulart. A grande imprensa se mostrou a favor do golpe militar, o que pode ser conferido nas publicações da época. Em termos jurídicos, no entanto, o problema constitucional começou cedo. Embora o autoproclamado Comando Supremo da Revolução tenha optado por manter em vigor a Constituição de 1946, fato é que ela foi desrespeitada desde o momento em que se declarou vaga a Presidência da República na madrugada do dia 02 de abril de 1964, quando João Goulart ainda estava em solo brasileiro. Esta, no entanto, foi apenas a primeira contradição jurídico-constitucional, conforme veremos.

No dia 9 de abril de 1964, foi editado o Ato Institucional[267] que declarava a Revolução Vitoriosa, um movimento civil e militar que traduzia a vontade de "quase a totalidade" da Nação para assegurar ao novo governo "os meios indispensáveis à obra de reconstrução econômica, financeira, política e moral do Brasil". A "quase totalidade" da Nação

---

264 BARBOSA, Leonardo A. A. **História constitucional brasileira**: mudança constitucional, autoritarismo e democracia no Brasil pós-1964. Brasília: Câmara dos Deputados, Edições Câmara, 2012, p. 50.

265 CASARA, Rubens RR. **Bolsonaro**: o mito e o sintoma. São Paulo: Contracorrente, 2020. p. 29.

266 Este é o título de documentário histórico, dirigido por Camilo Tavares e narrado pelo jornalista Flávio Tavares, que participou da luta armada, foi preso, torturado e exilado político. O filme aborda a participação do governo estadunidense no golpe que resultou em uma ditadura de 21 anos no Brasil (1964 a 1985), a partir de documentos franqueados pelos Estados Unidos desde 1970. Brasil, 2012. 77 min.

267 A expectativa de que fosse apenas este normativo a ter este formato anômalo no ordenamento jurídico brasileiro fez com que o AI-1 na sua origem fosse nomeado tão somente "Ato Institucional".

se afirma como sendo a vontade da maioria – sem que isso signifique a maioria numérica da população, mas sim a maioria do poder econômico –, um discurso pretensamente superior e neutro, porém, na realidade, de viés elitista, branco e patriarcal.

Neste ato, posteriormente conhecido como Ato Institucional n. 1 (AI-1), revelou-se o Poder Constituinte revolucionário, ilimitado e legitimado por si mesmo, reconhecendo que "Os processos constitucionais não funcionaram para destituir o governo, que deliberadamente se dispunha a bolchevizar o País". Houve, portanto, um deslocamento da titularidade do poder constituinte do povo ("todo poder emana do povo") para o comando da tal revolução. À revolução que destituiu o governo anterior coube ditar as normas para o novo governo, decidindo-se por manter a Constituição de 1946, com alterações limitadas aos poderes do Presidente da República, a fim de que este "possa cumprir a missão de restaurar no Brasil a ordem econômica e financeira e tomar as urgentes medidas destinadas a drenar o bolsão comunista, cuja purulência já se havia infiltrado não só na cúpula do governo como nas suas dependências administrativas".

O Comando Supremo da Revolução era representado pelos comandantes em chefe do Exército, Marinha e Aeronáutica e coexistiu com a figura do Presidente da República em exercício, assumido pelo deputado Rainieri Mazzilli, até que o Congresso Nacional elegesse outro presidente para terminar o mandato, nos termos da Constituição Federal de 1946, que, por sua vez, não continha previsão normativa para o referido "comando". Criar o Comando Supremo da Revolução, figura que não tinha nenhum respaldo no ordenamento jurídico vigente até então, e, ao mesmo tempo, declarar que a Constituição de 1946 estava mantida, foi mais uma das várias contradições que se colocaram no plano jurídico a partir da "revolução vitoriosa". No campo discursivo, ao mesmo tempo em que se proclamava uma revolução, admitiu-se que não havia pretensão de se "radicalizar a revolução", mantendo, ao menos formalmente, a ordem constitucional de 1946.

Revolução como poder constituinte originário traz em si a ideia de criação, uma ruptura com a ordem anterior, fundando uma nova ordem jurídica, e não de uma reforma, um remendo, mas foi isso o que se concretizou. Além disso, a despeito de toda a argumentação de que os atos praticados em desacordo com a ordem constitucional foram necessários para destituir o governo, verificou-se que era um problema não jurídico, pois não se tratava de um defeito na Constituição quanto à separação dos poderes, mas sim político: era aquele governo supostamente comunista, embora democraticamente eleito, que precisava ser deposto. Com efeito, após o golpe militar de 1964, não ocorreu uma redução do Poder Executivo, mas sua ampliação em detrimento dos demais poderes, como um suprapoder. A instituição de um poder constituinte com a possibilidade de iniciativa de projeto de emenda constitucional pelo próprio Presidente da República, a redução da exigência do quórum de dois terços dos votos para maioria absoluta e os expurgos do Congresso Nacional caracterizaram este novo período de concentração de poderes no Poder Executivo e a consequente redução no Poder Legislativo.

O AI-1 buscou dar legitimidade ao golpe de Estado sem renunciar ao controle da política, prevendo a realização de eleições indiretas e a possibilidade de cassação de direitos políticos por até 10 anos. É iniciada a "Operação Limpeza": o artigo 7º suspendia por seis meses as garantias constitucionais e legais de vitaliciedade e estabilidade, atingindo diretamente toda a Magistratura nacional e funcionários públicos em geral. Assim, mediante "investigação sumária", os magistrados e servidores públicos poderiam ser demitidos, dispensados, postos em disponibilidade, aposentados, transferidos para a reserva ou reformados. Reforçando o caráter de exceção, no § 4º do artigo 7º, estava prevista a impossibilidade de controle de tais atos pelo Poder Judiciário: "O controle jurisdicional desses atos limitar-se-á ao exame de formalidades extrínsecas, vedada a apreciação dos fatos que o motivaram, bem como da sua conveniência ou oportunidade". Além disso, o artigo 8º previa a instauração de inquéritos e processos para apurar "crime contra o Estado ou seu patrimônio e a ordem política e social ou de atos de guerra revolucionária", o que deu origem aos Inquéritos Policial-Militares (IPM), que atingiram milhares de pessoas.

A primeira lista de cassados foi divulgada em 10 de abril, com 102 nomes, os chamados "expurgos" do Congresso Nacional, das Forças Armadas e da Administração Pública. A Comissão Nacional da Verdade traz em seu relatório o inventário produzido por Marcus Figueiredo, com os seguintes números, referentes ao período 1964-1973:

1) 4.841 pessoas foram punidas com perda de direitos políticos, cassação de mandato, aposentadoria e demissão;

2) 2.990 pessoas foram atingidas pelo AI-1, ou seja, 62% dos punidos entre 1964 e 1973;

3) 513 senadores, deputados e vereadores tiveram seus mandatos cassados;

4) 35 dirigentes sindicais perderam os direitos políticos;

5) foram aposentados ou demitidos 3.783 funcionários públicos, dentre os quais 72 professores universitários e 61 pesquisadores científicos;

6) 1.313 militares foram expulsos, dentre os quais: 43 generais, 240 coronéis, tenentes-coronéis e majores, 292 capitães e tenentes, 708 suboficiais e sargentos, 30 soldados e marinheiros;

7) 206 foram os punidos nas polícias militar e civil;

8) 536 intervenções (durante o período entre 1964 e 1970) foram feitas em organizações operárias, sendo 483 em sindicatos, 49 em federações e quatro em confederações[268].

O Serviço Nacional de Informações (SNI) foi criado pela Lei n. 4.341, de 13 de junho de 1964, como órgão da Presidência da República, com a finalidade de coletar e analisar informações pertinentes à Segurança Nacional, à contrainformação e à informação sobre questões de subversão interna. Foi "um poder político de facto quase tão importante quanto o do próprio Executivo"[269]. O Decreto-Lei n. 55.194, de 10 de dezembro de 1964, regulamentou o SNI, como um "sobrepoder", que aparentemente não se subordinava a nenhum controle, pois não era obrigado a publicar informações, revelar suar estrutura organizacional ou discutir o funcionamento de suas agências. O Chefe do SNI podia, por exemplo, remover servidores públicos de quaisquer ministérios ou órgãos governamentais por mera requisição. Portanto, tratava-se de um órgão de controle descontrolado, formando o aparato repressivo em várias instâncias da vida nacional.

Segundo Maria Alves, os levantamentos apontam que cerca de 50 mil pessoas foram presas nos primeiros meses do regime militar. Não é possível afirmar com exatidão o número de prisões, pois muitas se deram de maneira temporária, sem mandado de prisão ou lavratura de auto de prisão em flagrante[270], com a liberação da pessoa após algumas horas de violência física e mental, antes mesmo que os pedidos de *habeas corpus* pudessem ser apresentados[271]. Manobras militares de busca em detenção foram conduzidas em universidades, sindicatos,

---

268 BRASIL. Comissão Nacional da Verdade. **Relatório da Comissão Nacional da Verdade**. v. 1. Brasília: CNV, 2014, p. 101.

269 ALVES, Maria H. M. **Estado e oposição no Brasil** (1964-1984). 3. ed. São Paulo: Vozes, 1985, p. 73.

270 Era a prática da prisão por averiguação, um instrumento utilizado como forma manifesta de constrangimento, que implicava no arrebatamento de pessoas pelos órgãos de investigação, que eram literalmente presas, para aferir a vinculação das mesmas a uma infração, ou para investigar a sua vida pregressa. Esta prisão para averiguação é de todo ilegal, caracterizando abuso de autoridade.

271 ALVES, Maria H. M. **Estado e oposição no Brasil** (1964-1984). 3. ed. São Paulo: Vozes, 1985, p. 59.

ligas camponesas e movimentos católicos de trabalhadores, campone-ses e estudantes. A Universidade de São Paulo foi invadida por tropas e a Faculdade de Filosofia, quase destruída. A Universidade Federal de Minas Gerais e a Universidade de Brasília sofreram invasão e interven-ção. Professores foram expulsos e muitos deles, presos. A sede da UNE foi invadida por tropas e incendiada no próprio dia 1º de abril e foi arbitrária e oficialmente extinta logo em seguida[272].

Os sindicatos de trabalhadores e as ligas camponesas também foram atingidos pela "Operação Limpeza". As ligas camponesas compreen-diam sindicatos rurais, que tiveram a estrutura submetida à CLT em 1963[273]. Para ambos, bastou a aplicação literal das normas de controle da CLT, como as que autorizavam ao Ministério do Trabalho intervir nos sindicatos e afastar seus dirigentes por simples portaria; anular eleições; vetar candidaturas; reconhecer legalmente o sindicato. A es-trutura sindical desenhada em pleno Estado Novo era aplicada de for-ma menos rigorosa durante a democracia, mas não foi reformulada, de forma que "a coalizão civil-militar encontrou pronta uma estrutura legal repressiva para controle dos sindicatos, e efetivamente recorreu a ela"[274]. No primeiro ano, a "Operação Limpeza" afastou membros de 452 sindicatos, 43 federações e três confederações e 90% dos sin-dicatos rurais foram fechados. As organizações intersindicais criadas fora da estrutura celetista foram extintas por decreto, como no caso do Comando Geral dos Trabalhadores (CGT)[275].

As intervenções nos sindicatos se justificavam, em regra, por sub-versão e malversação de fundos das entidades, com emprego de recur-sos na subversão, como gastos com alfabetização dos trabalhadores pelo método de Paulo Freire. A "guerra contra a corrupção" não é uma novidade para justificar o autoritarismo brasileiro. Com a prisão dos

---

272 ALVES, Maria H. M. **Estado e oposição no Brasil** (1964-1984). 3. ed. São Paulo: Vozes, 1985, pp. 67-68.

273 O Estatuto do Trabalho Rural, Lei n. 4.214, de 2 de março de 1964, estendeu a legislação social ao trabalhador rural, reconhecendo a sua organização sindical. Todavia, é preciso lembrar que os direitos sociais ainda não alcançavam grande par-te dos trabalhadores, que eram considerados autônomos, vinculando-se por meio de contrato de parceria agrícola ou empreitada rural.

274 ALVES, Maria H. M. **Estado e oposição no Brasil** (1964-1984). 3. ed. São Paulo: Vozes, 1985, p. 69.

275 ALVES, Maria H. M. **Estado e oposição no Brasil** (1964-1984). 3. ed. São Paulo: Vozes, 1985, pp. 70-71.

principais líderes, os sindicatos ficaram sem uma orientação própria e, muitas vezes, sob o controle dos interventores. O governo militar esperava que os sindicatos se transformassem em "instrumentos de passivização, com práticas assistencialistas, tornando-os desmobilizadores, ocupados em resolver apenas as questões trabalhistas do dia a dia". Assim, os novos dirigentes não deveriam se ocupar de questões políticas, mas apenas "prover os trabalhadores de serviços e benefícios, legitimando sua condição de interlocutor na solução de conflitos trabalhistas, inevitáveis"[276].

Em 1º de junho de 1964, foi promulgada a Lei n. 4.330, conhecida como Lei de Greve, definindo em que situações a greve seria considerada legal, com a previsão de exaustivos requisitos, pelo que, na prática, a regra era a ilegalidade do ato. Servidores públicos foram proibidos de entrar em greve, assim como trabalhadores em serviços essenciais. Foram proibidas as greves de apoio ou de solidariedade e as de natureza política ou religiosa.

Em 19 de junho de 1964, foi emitida a Circular n. 10 do Ministério da Fazenda, que fixava a fórmula para calcular reajuste salarial, inaugurando a política de "arrocho salarial" para servidores públicos federais, estaduais e municipais. A Lei n. 54.018, de 14 de julho de 1964 estendeu a política salarial para todo o setor público, incluindo as empresas estatais. Durante anos, a política salarial subestimou a inflação e o aumento de produtividade, ocasionando a queda do nível real dos salários.

A Lei n. 4.725, de 13 de julho de 1965, estendeu a política de arrocho salarial ao setor privado, estabelecendo os critérios para a Justiça do Trabalho (não) decidir[277] os reajustes salariais em dissídios coletivos. A partir de 1966, os índices máximos de reajuste seriam decretados pelo Poder Executivo, conforme Decretos-Leis 15 e 17 de julho e agosto de 1966. Segundo Maria Alves, "as negociações coletivas passaram a limitar-se à discussão de vantagens adicionais (férias, transportes etc.), condições de trabalho e do aumento salarial baseado nas taxas de produtividade a ser adicionado ao índice oficial". As empresas

---

276 MOMESSO, Luiz. Lutas e organização sindical em 68, apesar da ditadura. **Clio** – Série Revista de Pesquisa Histórica, n. 26-1, 2008, p. 157.

277 Não havia espaço para decisão nos reajustes salariais, pois apenas cabia a aplicação do índice informado pelo governo. "Uma vez decidido o índice do governo, tanto a Justiça do Trabalho como os sindicatos deveriam cuidar do seu cumprimento". MOMESSO, Luiz. Lutas e organização sindical em 68, apesar da ditadura. **Clio** – Série Revista de Pesquisa Histórica, n. 26-1, 2008, p. 158.

passaram a aplicar apenas o índice oficial, alegando que não poderiam atender às reivindicações dos trabalhadores, pois a lei não lhes permitia. Assim, a forma jurídica dava a segurança necessária para que o arrocho salarial se concretizasse. Não é à toa que neste ano, intensificou-se a repressão à classe trabalhadora: houve intervenção em 358 sindicatos, afastamento de diretores em outros seis, anulação de eleições em três e dissolução completa de sete outros sindicatos[278].

Abro aqui um breve parêntese para uma questão que pode passar despercebida, diante de tantos problemas jurídicos graves que assolavam a sociedade brasileira. Mais uma vez, o controle sobre o corpo feminino foi assunto legislativo, em consonância com a onda conservadora que apoiou o golpe militar. Em 2 de agosto de 1965, a Deliberação n. 7, assinada pelo General Eloy Massey Oliveira de Menezes, presidente do Conselho Nacional de Desportos, delimitou a linha que segregava o esporte feminino brasileiro, privando as mulheres de praticar o futebol, dentre outras modalidades esportivas: "Não é permitida [à mulher] a prática de lutas de qualquer natureza, do futebol, futebol de salão, futebol de praia, polo aquático, polo, rugby, halterofilismo e baseball".

Este normativo mostra como o Estado lida com o corpo feminino, arrogando para si a decisão sobre as formas do uso do corpo, em absoluta invasão da esfera íntima e privada das mulheres. Este tipo de intervenção geralmente tem se justificado a partir da questão da reprodução humana, assumida como questão de Estado, sobre a qual a maior interessada (a própria mulher, dona daquele corpo potencialmente materno) pouco, ou nada, pode decidir.

Apesar de atender às expectativas mais reacionárias, a ruptura democrática não era unânime nem mesmo entre os conservadores. As eleições para governador de Estado realizadas em 1965 elegeram Negrão de Lima, em Minas Gerais, e Israel Pinheiro, na Guanabara. Ambos eram políticos conservadores, mas opositores do regime. Este resultado eleitoral, a necessidade de se aprofundar as medidas de estabilização econômica, as contradições internas dentro das Forças Armadas (entre a corrente "linha dura" e o grupo da Sorbonne[279]) e a oposição dentro do Congresso Nacional teriam levado ao recrudescimento das medidas de exceção.

---

278 ALVES, Maria H. M. **Estado e oposição no Brasil** (1964-1984). 3. ed. São Paulo: Vozes, 1985, pp. 82-83.

279 Mesmo após a eliminação do pessoal militar que tinha relação com o governo anterior ou que fosse democrata, constitucionalista ou opositor ao golpe de 1964, os militares que estavam no poder não podem ser vistos como um bloco monolíti-

O AI-2, de 27 de outubro de 1965, ampliou a competência da Justiça Militar para julgar os crimes contra a segurança nacional, inclusive se o agente for civil; aumentou a composição do Supremo Tribunal Federal de 11 para 16 ministros; determinou que as eleições para Presidente da República e Vice-Presidente fossem indiretas; manteve a suspensão das garantias de vitaliciedade, inamovibilidade e estabilidade e a possibilidade de cassação de direitos políticos por ato do Presidente da República; previu novas hipóteses de intervenção federal ("para prevenir ou reprimir a subversão da ordem"); extinguiu os partidos políticos existentes; e excluiu da apreciação judicial os atos praticados pelo comando da revolução com base no AI-1. Além disso, instituiu o poder constituinte permanente ("Não se disse que a revolução foi, mas que é e continuará. Assim o seu Poder Constituinte não se exauriu, tanto é ele próprio do processo revolucionário, que tem de ser dinâmico para atingir os seus objetivos") e a prerrogativa de o Presidente da República decretar o recesso do Congresso Nacional, quando passaria a exercer competência legislativa plena, ou de legislar por meio de decretos-leis sobre segurança nacional durante o funcionamento do Congresso.

O Ato Complementar n. 4, de 20 de novembro de 1965, estabeleceu as normas para a criação de novos partidos: não poderiam utilizar nomenclatura anterior e deveriam contar com 120 deputados e 20 senadores no período de 45 dias da promulgação do ato. Assim, foi viabilizada apenas a criação do Movimento Democrático Brasileiro (MDB) e da Aliança Renovadora Nacional (ARENA).

Ainda em 1965, o Departamento Nacional do Trabalho enviou uma circular, proibindo a propaganda político partidária nos sindicatos. As entidades de classe foram alvo de preocupações (e ações) do governo: cerca de 1.800 trabalhadores filiados ao Sindicato dos Metalúrgicos de São Paulo foram perseguidos e muitos deles foram presos[280].

---

co. Havia pelo menos duas correntes de pensamento: a chamada "linha dura", ala mais radical e que defendia a "revolução permanente"; e o grupo da Escola Superior de Guerra (ESG), conhecido como "Sorbonne", e que concebia o regime militar como um processo de transição rápido para o retorno à democracia.

280 MOMESSO, Luiz. Lutas e organização sindical em 68, apesar da ditadura. **Clio** – Série Revista de Pesquisa Histórica, n. 26-1, 2008, p. 159.

A Lei n. 4.923, de 23 de dezembro de 1965, possibilitava a redução salarial sem autorização do sindicato, mediante decisão judicial, em conformidade com a lógica autoritária[281].

O sistema de estabilidade no emprego vigente até então impedia a total liberdade dos empregadores em fixar o nível salarial. Os trabalhadores estáveis (com mais de 10 anos de contrato de trabalho com o mesmo empregador) se recusavam a aceitar salários mais baixos e não podiam ser dispensados sem que acarretassem "consideráveis despesas para o empregador". Para dar continuidade à política de arrocho salarial, tornou-se imperativo acabar com a estabilidade. Neste contexto, surgiu o Fundo de Garantia por Tempo de Serviço (FGTS) com a promulgação da Lei n. 5.107, de 13 de setembro de 1967, afastando a estabilidade decenal e reduzindo drasticamente os custos imediatos na dispensa de empregados, o que implicou em aumento da rotatividade nos postos de trabalho e favoreceu a compressão dos níveis salariais gerais[282]. José Martins Catharino não considerava o FGTS um direito trabalhista, mas uma lei econômico-financeira para "eliminar a segurança no emprego, acumular capital e tornar o Brasil mais atraente para o investimento multinacional"[283]. Wilson Ramos Filho considera que a criação do FGTS foi a primeira grande flexibilização do Direito do Trabalho brasileiro, ao acabar com a promessa assegurada consistente no princípio da continuidade da relação de emprego[284].

> Aprovada a lei do FGTS, logo no início da ditadura militar, depois de muitas táticas de ocultação que consistiam em falar em complementaridade entre os dois sistemas – que colocavam ênfase na questão da "opção" feita pelo empregado entre um sistema e outro –, paulatinamente foram desa-

---

281 Todavia, "é interessante perceber que mesmo dentro desse contexto político autoritário, cujo objetivo era reduzir direitos trabalhistas, alguns limites foram preservados, e, hoje, na lógica da onda neoliberal, muitos sustentam não existir qualquer limite para a negociação coletiva". SOUTO MAIOR, Jorge L. **História do direito do trabalho no Brasil**. São Paulo: LTr., 2017, p. 319.

282 ALVES, Maria H. M. **Estado e oposição no Brasil** (1964-1984). 3. ed. São Paulo: Vozes, 1985, p. 98.

283 ALVES, Maria H. M. **Estado e oposição no Brasil** (1964-1984). 3. ed. São Paulo: Vozes, 1985, p. 99.

284 RAMOS FILHO, Wilson. **Direito capitalista do trabalho**: história, mitos e perspectivas no Brasil. São Paulo: LTr., 2012, p. 241.

parecendo os empregos regidos pela antiga regra celetista, nunca revogado, mas sem aplicabilidade prática, dado o lapso temporal transcorrido[285].

Apesar de serem poucos os empregados estáveis à época (cerca de 10%), até porque as empresas tinham práticas que visavam evitar que trabalhadores alcançassem o direito à estabilidade, certo é que a estabilidade era uma recompensa depois de 10 anos àqueles que se submeteram ao modo de gestão taylorista. A forma de controle do trabalho deixou de ser a promessa da estabilidade para ser a ameaça do desemprego, embora o discurso corrente fosse o de que havia sido criada uma grande vantagem para a classe trabalhadora.

> Claro que a fórmula utilizada foi bastante inteligente, há de se reconhecer, pois com o auxílio da grande mídia, se conseguiu vender a imagem de que o FGTS seria um grande benefício para o trabalhador, comparando-se com a situação anterior, afinal, se antes o empregado podia ser dispensado antes da aquisição da estabilidade e não tinha garantia de que receberia a indenização e se, uma vez adquirida a estabilidade, trabalhasse até se aposentar ou deixasse o emprego por vontade própria, não recebia qualquer indenização e, agora, com o novo regime, o governo ia garantir ao trabalhador o montante do Fundo [...][286].

Não há registro de grandes insurgências contra esta drástica retirada de direito, não havendo consenso sobre o motivo da inércia: se os trabalhadores não perceberam a inovação como algo precarizante ou se não tiveram condições de se opor concretamente, dadas as circunstâncias da repressão do regime militar[287]. De todo modo, o simbolismo desta derrota – o fim da estabilidade no emprego e, portanto, a redução da capacidade de mobilização dos trabalhadores – expressa o modelo de crescimento econômico que se implementou no país, baseado em arrocho salarial, desigualdade social, concentração de renda e submissão ao capital estrangeiro, somente viabilizado com a ausência da democracia.

O AI-3, de 05 de fevereiro de 1966, previu a realização de eleições indiretas para Governador e Vice-Governador dos Estados. Sob a égide da Lei das Inelegibilidades (Lei n. 4.738, de 15 de julho de 1965), que excluía a todos que perderam mandato eletivo por ato do Comando

---

285 RAMOS FILHO, Wilson. **Direito capitalista do trabalho**: história, mitos e perspectivas no Brasil. São Paulo: LTr., 2012, p. 243.

286 SOUTO MAIOR, Jorge L. **História do direito do trabalho no Brasil**. São Paulo: LTr., 2017, p. 324.

287 SOUTO MAIOR, Jorge L. **História do direito do trabalho no Brasil**. São Paulo: LTr., 2017, p. 325.

Supremo da Revolução, dentre outras situações, inúmeros registros de candidatos da oposição (MDB) foram cancelados, o que contribuiu para uma participação restrita no pleito.

O partido da oposição continuou a sofrer expurgos, perdendo sete membros no Congresso Nacional em 12 de outubro de 1966. Este fato foi o clímax na tensão entre Poder Executivo e Legislativo, unindo forças entre ARENA e MDB contra a militarização do Poder Executivo[288]. No dia 20 de outubro, é baixado o Ato Complementar n. 23, fechando o Congresso Nacional por um mês. A ARENA foi vitoriosa nas eleições para Câmara dos Deputados e Senado, abrindo espaço para discutir uma nova Constituição, para o que foi baixado o AI-4, em 07 de dezembro de 1966, que fixava a data limite de 21 de janeiro de 1967 para a aprovação do texto enviado pelo Presidente da República. Um dado bastante emblemático daquele período: a proposta de redação para a nova Constituição enviada pelo Poder Executivo não continha rol de direitos individuais.

A questão trabalhista foi central desde o início da "revolução". Muitas foram as alterações legislativas na matéria, mas o Decreto-Lei n. 229, de 28 de fevereiro de 1967, foi insuperável: atingiu 200 artigos da CLT, alterando sua redação ou simplesmente revogando-a. Contrariamente à maior parte das alterações, as normas de segurança e medicina do trabalho foram reescritas e até melhoradas, sobretudo no tocante à prevenção dos acidentes do trabalho. Qual seria o propósito deste avanço civilizatório, aparentemente contrário ao movimento de redução de direitos trabalhistas acelerado no contexto da ditadura militar? Para alguns, seria convencer a classe trabalhadora

> [...] da atribuição da responsabilidade pelos acidentes do trabalho aos próprios acidentados, difundindo a teoria do ato inseguro da vítima, o que retirava dos empregadores a obrigação quanto à reparação dos danos. Em complemento, afirmava-se que o meio de prevenir tais acidentes seria a educação, o treinamento e a formação da mão de obra, o que na prática não dava nenhum resultado na prevenção, mas aumentava o poder de controle do empregador sobre trabalhadores, afastando-os ainda mais do domínio sobre o processo de produção[289].

---

288 ALVES, Maria H. M. **Estado e oposição no Brasil** (1964-1984). 3. ed. São Paulo: Vozes, 1985, pp. 102-103.

289 SOUTO MAIOR, Jorge L. **História do direito do trabalho no Brasil**. São Paulo: LTr., 2017, p. 312.

O modelo desenvolvimentista imposto pelo regime visava atrair investidores estrangeiros e, para tanto, se valeu do barateamento da força de trabalho nacional, da desregulamentação das remessas de recursos para o exterior e de incentivos fiscais. O discurso oficial era o de que o desenvolvimento econômico melhoraria as condições de vida dos trabalhadores: "fazer o bolo crescer para depois dividir".

O AI-4 fixou a data limite de 21 de janeiro de 1967 para a votação do texto enviado pelo Presidente da República para o que seria a nova Constituição. Como este texto não trazia rol de direitos fundamentais, os parlamentares o inseriram durante o "processo constituinte"[290]. Embora formalmente votada pelo Congresso Nacional, não é possível classificá-la como uma constituição promulgada, diante da ausência do poder ilimitado e de criação irrestrita do congresso constituinte. Ademais, a atividade constituinte em 1966-1967 não decorreu de manifestação da soberania do povo, mas de decisão do próprio governo.

Conforme explica Raymundo Faoro, dentro do quadro autoritário instalado a partir de 1964, os reflexos das inúmeras normas jurídicas produzidas não alcançaram a dimensão da legitimidade, mas apenas se instalou o quesito formal da legalidade. Sobre a Constituição de 1967, registra:

> Seu condicionamento era manifesto e expresso, no sentido de deliberar acerca de um documento básico que institucionalizasse os ideais e os princípios de 31 de março de 1964. Ato típico de poder, traçou os limites dentro dos quais se votaria o projeto apresentado pelo Presidente da República, guarda e vigia da tarefa a executar, escoltado por um partido oficialmente criado e majoritário[291].

A Constituição de 1967 teve pouco tempo de aplicação, uma vez que no ano seguinte foi editado o AI-5. O apreço pela forma como maneira de se legitimar o autoritarismo se revela na narrativa da sessão de votação da Constituição de 1967, que deveria se encerrar no dia 21 de janeiro de 1967, prazo previsto pelo AI-4, ainda que fosse necessário desafiar o tempo cronológico, nas palavras de José Afonso da Silva:

> Era um prazo fatal, que provocou um episódio burlesco na noite de 21 para 22 de janeiro. Estava chegando a meia-noite e a votação do projeto ainda não tinha terminado. Faltando um minuto para terminar o prazo fatal, o Presidente do Congresso, Senador Auro de Moura Andrade, determinou

---

290 BEDÊ JUNIOR, Américo. Constitucionalismo sob a ditadura militar de 64 a 85. **Revista de Informação Legislativa**, ano 50, n. 197, jan.-mar., 2013, p. 166.

291 FAORO, Raymundo. **Assembléia Constituinte**: a legitimidade recuperada. 5. ed. São Paulo: Brasiliense, 1981, p. 71.

que fossem parados todos os relógios do recinto do Congresso Nacional para que, pelos relógios da Casa, não se esgotasse o tempo enquanto não se encerrasse a votação da matéria, com o argumento – um tanto ridículo – de que o tempo do Congresso se marcava pelos seus relógios... E assim, concluída a votação, já na manhã do dia seguinte, ele mandou reativar os relógios. E tudo ficou como se tivesse sido feito dentro do prazo[292].

Sob a égide da Constituição de 1967, foi promulgada a Lei n. 5.250, de 9 de fevereiro de 1967, conhecida como Lei da Imprensa, que, a pretexto de regular a liberdade de manifestação do pensamento e de informação, institucionalizou a censura prévia na imprensa, o que, na prática, significava ferir de morte as liberdades de expressão, de informação e de imprensa[293].

Com igual senso de ruptura democrática, foi editado pelo Presidente Castello Branco o Decreto-Lei n. 314, de 13 de março de 1967, mais conhecido como Lei de Segurança Nacional, o que a rigor seria uma impropriedade jurídica, pois apesar de criar tipos penais (descrições de condutas ou omissões consideradas crimes), não foi um produto de atividade do Poder Legislativo, mas do próprio Poder Executivo, afrontando o princípio da legalidade estrita. Além disso, o decreto trazia novos conceitos de segurança nacional, guerra psicológica adversa e guerra revolucionária ou subversiva, que serviriam de "inspiração" para a sua aplicação, ferindo o princípio da tipicidade.

Quando o Marechal Arthur da Costa e Silva tomou posse no cargo de Presidente da República, em 15 de março de 1967, substituindo o General Humberto de Alencar Castelo Branco, prometeu restabelecer os processos político-representativos normais e as regras democráticas. A "política de alívio" significava chamar a oposição para o diálogo, mas nas ruas a repressão continuava contra os manifestantes, assim como prosseguiram as buscas e as detenções por parte da Polícia Militar (PM) e do aparato repressivo[294].

---

292 SILVA, José Afonso da. **O constitucionalismo brasileiro**: evolução institucional. São Paulo: Malheiros, 2011, p. 79 *apud* BEDÊ JUNIOR, Américo. Constitucionalismo sob a ditadura militar de 64 a 85. **Revista de Informação Legislativa**, ano 50, n. 197, jan.-mar., 2013, p. 161.

293 Este mecanismo jurídico somente foi retirado da ordem constitucional com o julgamento da Arguição de Descumprimento de Preceito Fundamental (ADPF) n. 130 pelo Supremo Tribunal Federal, em 2009, quando se declarou como não recepcionado pela Constituição Federal de 1988 o conjunto de dispositivos da Lei federal n. 5.250, de 9 de fevereiro de 1967.

294 ALVES, Maria H. M. **Estado e oposição no Brasil** (1964-1984). 3. ed. São Paulo: Vozes, 1985, pp. 102-112.

Entre 1967-1968, o movimento estudantil, que subsistiu clandestinamente após a extinção da UNE, lutou contra a dispensa arbitrária de professores e contra a reforma universitária acordada entre o Ministério da Educação e Cultura (MEC) e a *United States Agency for International Aid Development* (USAID), que previa a privatização das instituições de ensino, adotando o modelo estadunidense.

Em ação estudantil de interesse local na cidade do Rio de Janeiro – a deterioração da qualidade da comida e o aumento dos preços no restaurante Calabouço, que servia estudantes pobres –, a PM chegou à manifestação dos estudantes e abriu fogo com metralhadoras, vitimando o secundarista pobre de 16 anos, Edson Luís Lima Souto, em 29 de março de 1968. Houve uma grande comoção. Os estudantes carregaram o corpo de Edson Luís para ser velado na Assembleia Legislativa, pois havia o receio de que a PM sumisse com o corpo. Seu cortejo foi acompanhado por milhares de pessoas e transformou-se no primeiro grande ato público contra o regime militar. Novos ataques de violenta repressão tomaram lugar após a missa fúnebre na Igreja da Candelária. A imprensa noticiou tais fatos, adotando a frase que foi entoada durante o cortejo "e podia ser seu filho". A missa de sétimo dia foi novamente palco de manifestação popular e de desproporcional violência estatal repressora. Os estudantes organizaram uma série de protestos, com destaque da liderança de Vladimir Palmeira, presidente da União Metropolitana dos Estudantes (UME), sempre sob muita repressão policial e militar. Depois de muita negociação, foi permitida a realização de uma passeata. Irresignada, a sociedade carioca realizou uma grande passeata de apoio aos estudantes e repúdio à ditadura, que depois ficou conhecida como Passeata dos Cem Mil, organizada por uma comissão formada por um representante de setor profissional, dois estudantes, uma representante do Movimento das Mães pela Anistia e um padre representando a Igreja Católica[295]. Foi uma grande manifestação pacífica que deu muita esperança na luta contra a ditadura no ano de 1968.

Ao mesmo tempo, o movimento sindical passava por contradições: a criação de 854 sindicatos urbanos e 464 sindicatos rurais ("sindicatos-fantasmas") e a "renovação sindical", operacionalizadas pelo Ministério do Trabalho, não desestimularam a participação dos trabalhadores na estrutura sindical oficial. Formaram-se grupos de "oposição sindical" para disputar eleições e mobilizar trabalhadores, elevando a

---

295 ALVES, Maria H. M. **Estado e oposição no Brasil** (1964-1984). 3. ed. São Paulo: Vozes, 1985, pp. 116-119.

consciência dos problemas sociais e econômicos[296]. Embora a greve em Contagem/MG tenha sido muito bem-sucedida, contando com a liderança de Conceição Imaculada de Oliveira como diretora do Sindicato dos Metalúrgicos de Contagem[297], a greve de Osasco/SP foi dura e violentamente repreendida, criando feridas no movimento sindical.

> Imediatamente após a invasão [da fábrica Cobrasma], 120 pessoas foram detidas, espancadas e muitas torturadas. Entre os detidos estavam dois padres que trabalhavam na fábrica, no quadro de um movimento católico. A sede do sindicato foi cercada e ocupada por tropas. Sem ter onde reunir-se, os trabalhadores recorreram a uma igreja local. A igreja foi seriamente danificada, sendo detidos todos os que nela se encontravam. A lembrança da repressão à greve de Osasco permaneceu durante anos como poderoso fator dissuasivo contras outras tentativas de desafio às leis de greve[298].

Além dos movimentos estudantil e sindical, outro foco de resistência foi a Frente Ampla (FA), movimento político organizado em outubro de 1966 pela restauração da democracia. A FA buscou apoio de setores políticos civis tradicionais, conquistando o apoio de Juscelino Kubitschek e a participação de João Goulart, desde Montevidéu, onde se exilou. Ao atrair representantes conservadores das classes médias e até mesmo militares, a FA passou a ser vista como ameaça e, em abril de 1968, foi extinta por meio da Portaria n. 177, do Ministério da Justiça, em um verdadeiro ato de interferência estatal em âmbito privado.

No âmbito internacional, o ano de 1968 foi marcado por manifestações contestatórias na Europa e nos Estados Unidos, protagonizadas por jovens com motivações e objetivos diversos. Sem pretender esgotar o tema, apenas de forma panorâmica, trago aqui alguns pontos, que se relacionam com o olhar que queremos dar sobre este período. Nos Estados Unidos, à luta por direitos civis pelo movimento negro Black Power somaram-se movimentos de não violência e pacifista (contra a guerra no Vietnã), *hippie* (contra o *american way of life*), feminista (pela igualdade de tratamento), de jovens pelo "amor livre", de trabalhadores – majoritariamente hispânicos – na produção de vinho na

---

296 ALVES, Maria H. M. **Estado e oposição no Brasil** (1964-1984). 3. ed. São Paulo: Vozes, 1985, pp. 120-121.

297 TELES, Amelinha; LEITE, Rosalina S. C. **Da guerrilha à imprensa feminista**: a construção do feminismo pós-luta armada no Brasil (1975-1980). São Paulo: Intermeios, 2013, p. 26.

298 ALVES, Maria H. M. **Estado e oposição no Brasil** (1964-1984). 3. ed. São Paulo: Vozes, 1985, pp. 126-127.

Califórnia (por melhores salários), de estudantes (contra o colonialismo e os costumes, incluindo a liberação das substâncias entorpecentes). No Leste Europeu, questionavam-se as políticas soviéticas de restrição à liberdade, impostas pelo stalinismo como forma de enfrentar a Guerra Fria com os Estados Unidos. Na Alemanha, os estudantes iniciaram uma mobilização contra o autoritarismo e a opressão, em prol da liberdade acadêmica e da participação na gestão das universidades, ampliando a pauta para protestar contra regimes autoritários e contra a Guerra do Vietnã, aglutinando outros setores da sociedade e estudantes de outros países e pregando a revolução contra o sistema[299]. Na França, os movimentos estudantil e trabalhista tomaram as ruas em maio de 1968, influenciados por fatores externos e insatisfações internas, criticavam tanto o capitalismo, que produzia a Guerra do Vietnã e a desigualdade social, quanto o socialismo stalinista, autoritário, repressor e de ditadura unipartidária, levantando ainda outras bandeiras como o direito ao prazer, à vida, a um futuro digno. A transformação da sociedade não se daria apenas pela via econômica, mas também por mudanças no cotidiano, o que muitas vezes é lembrado apenas como liberação sexual, mas que contestava o conservadorismo, o autoritarismo, a hipocrisia moralista, a falta de liberdade e de igualdade. A greve geral convocada na França de 1968 parou dois terços da força de trabalho, cerca de oito milhões de trabalhadores.

As demandas libertárias dos movimentos sociais em 1968 encontraram forte reação conservadora, além de repressão estatal, mas reverberaram por todo o mundo, com a difusão de pautas das minorias. No Brasil, posteriormente, influenciaram os movimentos sociais que se reorganizaram na "transição lenta, gradual e segura", na segunda metade da década de 1970.

A passeata dos Cem Mil e o discurso pela democracia proferido pelo deputado Marcio Moreira Alves (MDB)[300] despertaram a reação do re-

---

299 RAMOS FILHO, Wilson. **Direito capitalista do trabalho**: história, mitos e perspectivas no Brasil. São Paulo: LTr., 2012, p. 254.

300 Discurso proferido em 02 de setembro de 1968, protestando contra a invasão da Universidade de Brasília pela Polícia Militar e sugerindo o boicote às comemorações do Sete de Setembro, sobretudo a partir das mulheres, como se lê no seguinte trecho: "Creio ter chegado, após os acontecimentos de Brasília, o grande momento da união pela democracia. Este é também o momento do boicote. As mães brasileiras já se manifestaram. Todas as classes sociais clamam por este repúdio à polícia. No entanto, isto não basta. **É preciso que se estabeleça, sobretudo por parte das mulheres, como já começou a se estabelecer nesta Casa, por parte das mulhe-**

gime militar. Com a recusa do parlamento em processar o deputado, com votação expressiva e emocionada, que incluía votos de membros da ARENA, em 13 de dezembro de 1968, é baixado o AI-5, com o fechamento do Congresso Nacional por prazo indeterminado, a suspensão de garantias individuais constitucionais – em especial do *habeas corpus* –, e a prisão de milhares de opositores ao regime. O ato se justificava em nome de um regime que, "atendendo às exigências de um sistema jurídico e político, assegurasse autêntica ordem democrática, baseada na liberdade, no respeito à dignidade da pessoa humana, no combate à subversão e às ideologias contrárias às tradições de nosso povo, na luta contra a corrupção". Supostamente "pela democracia, pela liberdade e pela dignidade da pessoa humana", o AI-5 foi o instrumento jurídico que deu "aparência de legalidade e legitimidade" a uma série de perseguições e violações de direitos fundamentais, sem qualquer controle judicial[301]. A oposição no Congresso Nacional foi praticamente anulada com mais uma série de expurgos.

De todo modo, o Poder Executivo tinha total supremacia sobre os demais poderes, uma vez que podia fechar o Congresso Nacional e as assembleias estaduais e municipais; cassar mandatos políticos e suspender direitos políticos por dez anos; demitir funcionários públicos; demitir ou remover juízes, cujas garantias de vitaliciedade, inamovibilidade e estabilidade estavam novamente suspensas; decretar estado de sítio sem as restrições constitucionais; confiscar bens como punição por corrupção; suspender a garantia do *habeas corpus*; legislar por decreto e baixar atos institucionais. Além disso, crimes políticos ficaram sob a competência da Justiça Militar e o Poder Judiciário não podia apreciar recursos interpostos por pessoas acusadas com base no AI-5.

---

res parlamentares da Arena, o boicote ao militarismo. Vem aí o 7 de setembro. As cúpulas militaristas procuram explorar o sentimento profundo de patriotismo do povo e pedirão aos colégios que desfilem junto com os algozes dos estudantes. Seria necessário que cada pai, cada mãe, se compenetrasse de que a presença dos seus filhos nesse desfile é o auxílio aos carrascos que os espancam e os metralham nas ruas. Portanto, que cada um boicote esse desfile. Esse boicote pode passar também, sempre falando de mulheres, às moças. Aquelas que dançam com cadetes e namoram jovens oficiais. Seria preciso fazer hoje, no Brasil, que as mulheres de 1968 repetissem as paulistas da Guerra dos Emboabas e recusassem a entrada à porta de sua casa àqueles que vilipendiam-nas". (grifei)

301 BEDÊ JUNIOR, Américo. Constitucionalismo sob a ditadura militar de 64 a 85. **Revista de Informação Legislativa**, ano 50, n. 197, jan.-mar., 2013, p. 167.

As restrições ao Poder Judiciário eram a resposta à tentativa de manutenção de uma determinada ordem constitucional. O Supremo Tribunal Federal concedeu 48 *habeas corpus* em 1968, em crimes contra a segurança nacional, exercendo seu papel de garantidor dos direitos fundamentais. Logo, não foi sem motivo que três ministros da corte foram aposentados compulsoriamente (Victor Nunes Leal, Hermes Lima e Evandro Cavalcanti Lins e Silva) e outros dois se exoneraram voluntariamente (Antônio Carlos Lafayette de Andrada e Antônio Gonçalves), o que viabilizou o restabelecimento do quadro de 11 ministros no Supremo Tribunal Federal pelo AI-6[302].

Além disso, o Decreto-Lei n. 898, de 29 de setembro de 1969, ampliou o rol de crimes contra a segurança nacional, sendo esta conceituada como "garantia da consecução dos objetivos nacionais contra antagonismos, tanto internos como externos". Assim, discordar do regime poderia ser considerado um antagonismo e, portanto, potencial crime contra a segurança nacional, com penas que poderiam ser de prisão perpétua ou até pena de morte[303]. A criação do tipo penal do crime de "propaganda subversiva" ilustra bem a censura e a falta de liberdade de expressão na época, bem como a repressão contra movimentos sociais e grevistas.

> Artigo 45. Fazer propaganda subversiva:
>
> I – Utilizando-se de quaisquer meios de comunicação social, tais como jornais, revistas, periódicos, livros, boletins, panfletos, rádio, televisão, cinema, teatro e congêneres, como veículos de propaganda de guerra psicológica adversa ou de guerra revolucionária ou subversiva;
>
> II – Aliciando pessoas nos locais de trabalho ou ensino;
>
> III – Realizando comício, reunião pública, desfile ou passeata;
>
> IV – Realizando greve proibida;
>
> V – Injuriando, caluniando ou difamando quando o ofendido for órgão ou entidade que exerça autoridade pública ou funcionário, em razão de suas atribuições;
>
> VI – Manifestando solidariedade a qualquer dos atos previstos nos itens anteriores: Pena: reclusão, de 1 a 3 anos.
>
> Parágrafo único. Se qualquer dos atos especificados neste artigo importar ameaça ou atentado à segurança nacional: Pena: reclusão, de 2 a 4 anos.

---

302 BEDÊ JUNIOR, Américo. Constitucionalismo sob a ditadura militar de 64 a 85. **Revista de Informação Legislativa**, ano 50, n. 197, jan.-mar., 2013, p. 168.

303 Disponível em: https://www2.camara.leg.br/legin/fed/declei/1960-1969/decreto-lei-898-29-setembro-1969-377568-publicacaooriginal-1-pe.html. Acesso em: 04 fev. 2020.

O Decreto-Lei n. 898/1969 foi a norma de segurança nacional mais severa e arbitrária; ela ampliou a competência da Justiça Militar, pois o conceito de crimes políticos passou a abranger também crimes cometidos por meio da imprensa. O inimigo já não era mais o aliado político de João Goulart ("trabalhador" ou "camponês"), nem o burocrata simpatizante ("servidor público" ou "agente político"), mas qualquer um do povo.

No tocante ao Direito Coletivo do Trabalho, seus três pilares foram finalmente atingidos: a estrutura sindical (expurgos e interventores), a restrição do poder normativo da Justiça do Trabalho e, a partir de então, a criminalização da greve, conforme previsão normativa no artigo 45, IV, do Decreto-Lei n. 898/1969. Ao asfixiar as formas de defesa coletiva de interesses da classe trabalhadora, garantiu-se a acumulação acelerada de capital, sobretudo para as grandes empresas transnacionais, com a compressão dos salários dos trabalhadores em geral e sem a possibilidade de resistência destes.

Além disso, a ausência do sistema de freios e contrapesos – com a subordinação dos Poderes Legislativo e Judiciário ao jugo do Executivo –, e a ausência de direitos e garantias fundamentais caracterizam a ausência do Estado Democrático de Direito, a despeito da farta legislação produzida no período pós-1964.

A grande produção legislativa do período contribuiu para a construção de uma narrativa legitimadora das práticas autoritárias, pois o direito "tem como função própria a estabilização de expectativas comportamentais, ao passo que oferece à política justificação normativa e, com isso, permite que ela se apresente como poder, e não como mero arbítrio"[304]. De um lado, era importante para a ditadura militar passar uma imagem de normalidade institucional no cenário internacional. De outro, a própria ausência de legitimidade do governo demandava a legalidade para embasar seu poder, como um aparelhamento jurídico da coerção, confundindo medidas de força com as leis, de modo a suprir a ausência de autoridade fundada no consentimento[305].

Vieram os "anos de chumbo". Outros 12 atos institucionais foram editados. O AI-10, de 16 de maio de 1969, afrontava duas garantias fundamentais – *non bis in idem* e o princípio da anterioridade da lei penal

---

304 BARBOSA, Leonardo A. A. **História constitucional brasileira**: mudança constitucional, autoritarismo e democracia no Brasil pós-1964. Brasília: Câmara dos Deputados, Edições Câmara, 2012, p. 19.

305 FAORO, Raymundo. **Assembléia Constituinte**: a legitimidade recuperada. 5. ed. São Paulo: Brasiliense, 1981, pp. 28-29.

–, ao prever novas penas que poderiam ser impostas pelo Presidente da República, a qualquer tempo, "inclusive às pessoas atingidas pelos atos institucionais anteriores a 13 de dezembro de 1968". O AI-13, de 05 de setembro de 1969, criou a pena de banimento para brasileiro considerado inconveniente, nocivo ou perigoso à segurança nacional, sem qualquer controle judicial. O AI-14, de 05 de setembro de 1969 (sim, do mesmo dia do ato anterior), inseriu a pena de banimento na desprestigiada Constituição de 1967, nos casos de "guerra externa psicológica adversa, ou revolucionária ou subversiva".

> Não há dúvidas de que a ditadura militar institucionalizou uma aparente legalidade jurídica, mas tal regime não sobrevive a uma análise mais profunda dos requisitos para que haja uma democracia e um regime constitucional adequado ao respeito aos direitos fundamentais[306].

Conforme pontua Cristiano Paixão, os atos institucionais "não tinham apenas a pretensão de oferecer roupagem jurídica a um regime ditatorial. Eles procuraram vincular o futuro, vedando expressamente o controle judicial sobre eles próprios", que se traduzia na impossibilidade de controle judicial do teor dos atos institucionais nos AI-1, AI-2, AI-3 e AI-5. A ausência de controle judicial sobre tais atos impediu que fossem produzidas "novas narrativas sobre o conflito político, os direitos fundamentais e as ações do regime"[307].

O período entre o final de 1968 e o ano de 1974 foram os anos mais truculentos em termos de repressão política e mais obscuros do ponto de vista de direitos fundamentais. A oposição foi sufocada pelo Estado e pelos grupos paramilitares. O ordenamento jurídico não garantia direitos mínimos, como *habeas corpus*, e a tortura se disseminou como forma de controle e repressão, fora da legalidade, apesar de se desenvolver dentro da institucionalidade.

A repressão foi determinante para conter os setores mais oprimidos da população. A despeito do chamado "milagre econômico", representado por incríveis índices de crescimento do Produto Interno Bruto (PIB), o sa-

---

306 BEDÊ JUNIOR, Américo. Constitucionalismo sob a ditadura militar de 64 a 85. **Revista de Informação Legislativa**, ano 50, n. 197, jan.-mar., 2013, p. 171.

307 PAIXÃO, Cristiano. Direito, política, autoritarismo e democracia no Brasil: da Revolução de 30 à promulgação da Constituição da República de 1988. **Araucária**. Revista Iberoamericana de Filosofia, Politica y Humanidades, ano 13, n. 26, 2º sem. 2011, p. 159.

lário mínimo continuou a decrescer[308] e, por conseguinte, a desigualdade social aumentou. Camadas altas e médias da sociedade dividiram entre si as benesses do crescimento econômico, enquanto as demais sofriam com a precariedade em decorrência da carestia e do arrocho salarial.

Maria Alves explica que a "cultura do medo" se instaurou com três componentes psicológicos importantes: o silêncio imposto à sociedade pela rigorosa censura; o sentimento de isolamento daqueles que sofriam a repressão ou a exploração econômica e o sentimento de desesperança e retraimento da atividade de oposição. O efeito combinado da exploração econômica, da repressão física, do controle político e da rígida censura, estabelecendo a "cultura do medo", coibiu a participação em atividades de oposição comunitária, sindical ou política[309]. Restaram aos opositores a clandestinidade e a via da luta armada, que se estendeu até 1974.

2.4. AS VÁRIAS MULHERES NO TRABALHO

Um dos objetivos deste capítulo foi demonstrar que o trabalho da mulher no Brasil não tem uma história única, assim como não existe a mulher universal, mas sim mulheres em diversos lugares sociais, resultantes da intersecção de classe, gênero e raça. Embora a luta pela liberdade de trabalhar seja legítima, ela não foi central para todas as mulheres, pois, independentemente da norma legal, na materialidade das relações sociais, os marcadores de classe e raça diferenciavam as mulheres nos seus lugares sociais, nas suas condições de vida e, portanto, em suas lutas. As mulheres negras não conheceram a opção de não trabalhar; para elas o trabalho não significava um ato de liberdade, mas sim de sobrevivência, assim como para as mulheres brancas pobres; por isso, elas se engajaram nas lutas por melhores condições de trabalho, que fossem, no mínimo, iguais às dos homens. O "sexo frágil" trabalhava em jornadas mais extensas, recebia salários menores e ainda sofria violência de gênero.

---

308 De acordo com Dieese, o salário mínimo em São Paulo foi reduzido em 17,5% no período entre 1967 e 1973 (em valor presente). Levantamento de Carlos Von Doelinger aponta que no Rio de Janeiro esta redução foi de 35,6% *apud* COSTA, Edimilson S. **A política salarial no Brasil, 1964-1985**: 21 anos de arrocho salarial e acumulação predatória. Orientador: Waldir José de Quadros. Tese (Doutorado) Universidade de Campinas: Instituto de Economia, 1996, p. 184.

309 ALVES, Maria H. M. **Estado e oposição no Brasil** (1964-1984). 3. ed. São Paulo: Vozes, 1985, pp. 126-169.

O direito, com a justificativa de proteger o trabalho da mulher, reforçou o ideal da mulher mãe e 'rainha do lar', o que, em geral, era incompatível com a realidade da mulher trabalhadora urbana, cuja renda do trabalho era imprescindível para compor o orçamento familiar. O resultado disso está presente até hoje na difícil conciliação entre a jornada de trabalho remunerado e o trabalho doméstico e de cuidado não remunerado, a chamada dupla jornada.

É fato notório que a inserção das mulheres no mercado de trabalho se dá de forma diferenciada em relação aos homens, mas importa considerar qual o papel do Direito nesta assimetria. Num primeiro momento, a ausência de regulação significava uma exploração maior das trabalhadoras nas fábricas, que se submetiam a jornadas muito superiores às dos homens no processo de industrialização.

As normas legais que passaram a regular as relações de trabalho não surgiram para promover a igualdade entre homens e mulheres. A igualdade salarial expressa foi bastante disputada: demorou para ser positivada, em seguida foi suprimida do ordenamento jurídico para, só depois, ser novamente prevista. As normas de proteção do trabalho da mulher, por sua vez, têm efeito questionável, pois muitas delas visam proteger a maternidade, como se esta fosse apenas de interesse particular de cada mulher, e não da família ou da sociedade. Percebido como um interesse particular, a consequência chegou a ser a atribuição de encargos à própria mulher, pois o custo de sua proteção não deveria ser absorvido pelo empregador, que pode, com permissão legal, pagar-lhe salário inferior ao do homem. Além disso, a ideia de proteção do trabalho da mulher pressupõe a) o argumento biológico de capacidade física inferior ("sexo frágil"), o que nas relações de trabalho tem servido para justificar menores salário; b) o argumento de prioridade da família, pois a mulher teria que ser autorizada pelo marido para trabalhar; ou ainda c) o argumento de salvaguarda moral, devendo a trabalhadora apresentar *atestado de bons antecedentes* e *atestado de capacidade física e mental* para se ativar no trabalho noturno.

Seguindo a lógica de separação e hierarquização de atividades socialmente reconhecidas como femininas e masculinas, uma grande parte das mulheres, em evidente imbricação de classe, gênero e raça, encontrou no trabalho doméstico remunerado o meio de sobrevivência. A divisão sexual do trabalho fica evidenciada no trabalho doméstico, remunerado ou gratuito, pois se trata de atividade transformadora e teleológica da natureza, de modo que ontologicamente não se diferencia de outros trabalhos. Todavia, por reunir tarefas atribuídas à esfera feminina, o valor social atribuído ao trabalho doméstico é hierarquicamente inferior ao de outros trabalhos, o que lhe reserva duas realidades: a invisibilidade – no caso do trabalho doméstico gratuito, pois associado ao âmbito dos afetos – ou um tratamento de grande precariedade – no caso do trabalho doméstico (mal) remunerado ou "superexplorado", nas palavras de Heleieth Saffioti:

> Muitas vezes, entretanto, a empregada doméstica substitui, na residência, a dona de casa determinada como trabalhadora típica do sistema capitalista. Neste caso, a empregada doméstica é vítima de uma "exploração" mediada pela exploração específica do modo de produção capitalista. Com efeito, seus salários contidos dentro de certos limites impostos pelo grau de exploração de que é objeto a patroa enquanto assalariada do capitalismo. Nestes termos, a empregada serve ao sistema capitalista, nele integrando-se na medida em que cria as condições para sua plena reprodução. Não podendo usufruir dos benefícios oferecidos por este, pode ser definida como elemento "superexplorado" das formações sociais dominadas pelo capitalismo[310].

A "superexploração" para a trabalhadora doméstica se materializava na ausência de reconhecimento da categoria profissional e do sindicato correspondente, com capacidade jurídica para negociar melhores condições de trabalho, e um pacote reduzido de normas trabalhistas.

O gênero no trabalho na agricultura de subsistência se apresentava de forma ainda mais gravosa, pois, muitas vezes, a trabalhadora rural sequer era considerada como assalariada, pois o fruto de seu trabalho se confundia com o de sua família e apenas o homem, chefe da família, era remunerado.

Assim, se as mulheres brancas das camadas médias e altas tinham como horizonte de luta a liberdade de trabalhar, discutindo normas de direito civil – como a autorização marital para o trabalho; as mulheres trabalhadoras urbanas lutavam por igualdade nas condições de trabalho em relação aos homens, dentro do direito do trabalho – em especial a isonomia salarial. As mulheres trabalhadoras domésticas, por sua vez, lutavam pelo reconhecimento de sua profissão e por direitos trabalhistas, enquanto as mulheres trabalhadoras rurais ansiavam por remuneração e o mínimo de proteção legal. O pequeno avanço de conquistas para a classe trabalhadora foi recebido de forma bem distinta pelas mulheres em 1964. Esta diferença ficou bem retratada

---

310 SAFIOTTI, Heleieth. **Mulher brasileira**: opressão e exploração. Rio de Janeiro: Achiamé, 1984, p. 52.

nos dois grandes eventos que antecederam o golpe militar: o Comício na Central do Brasil e a Marcha da Família com Deus pela Liberdade.

Neste capítulo, apresentei o caminho da construção do Direito para as mulheres, privilegiando a perspectiva do trabalho feminino. A maior ou menor liberdade das mulheres na sociedade é reflexo direto da divisão sexual do trabalho, construída material e historicamente, de modo que variou ao longo do percurso feito até aqui. Além disso, procurei demonstrar como a exploração do trabalho foi, se não central, pelo menos essencial, para o modelo de desenvolvimento econômico adotado no regime militar, que só pode ser implementado por meio de repressão estatal, passando ao largo dos direitos fundamentais de um Estado Democrático de Direito. Assim, busquei trazer elementos da ditadura militar para tecer as relações entre a redução de liberdades individuais e de direitos trabalhistas e a repressão política sob uma legalidade autoritária, as tentativas de resistência e de expressão popular e as contundentes reações estatais. Após a edição do AI-5, o "golpe dentro do golpe", o regime militar passa para a fase mais repressiva, viabilizando o "milagre econômico". Sobre este momento de ruptura democrática e de extrema repressão estatal, há diversos levantamentos importantes, como o relatório da Comissão Nacional da Verdade, cujo conteúdo ultrapassa o objetivo deste capítulo, muito embora a leitura seja recomendável a todas e todos os brasileiros, a fim de suprimir qualquer chance de revisionismo histórico.

3. MULHERES EM MOVIMENTO: DAS LUTAS CONTRA CARESTIA À REDEMOCRATIZAÇÃO

Não chores, meu filho;
Não chores, que a vida
É luta renhida:
Viver é lutar.

Gonçalves Dias

Neste capítulo, buscarei explicitar os caminhos percorridos pelas mulheres brasileiras para a atuação coletiva, institucional e político-partidária a partir dos anos 1970. Como exposto no capítulo anterior, os movimentos sociais e as manifestações de oposição ao regime foram silenciados após o AI-5 e a então nova Lei de Segurança Nacional. Este silêncio não significava a ausência de conflitos, mas apenas um reflexo da "cultura do medo". Enquanto apenas a classe trabalhadora sofria os efeitos da carestia e do aumento da concentração de renda, as forças contestadoras ficaram relativamente contidas com a forte repressão e a publicidade oficial do "milagre econômico", "Brasil, ame-o ou deixe-o", "Este é um país que vai pra frente" etc. O regime militar buscou a legitimação do poder não só na legalidade autoritária, mas também nos bons resultados econômicos, que começaram a minguar em meados de 1973, com a redução do índice de crescimento econômico, a alta da taxa de inflação e a crescente dívida externa. A classe média percebeu que o "bolo havia parado de crescer" e a opinião pública passou a se incomodar com a violência repressiva e as denúncias de violação de direitos humanos, que, apesar da censura prévia, chegava a ser noticiada nos meios de comunicação. A crise econômica que fragilizava a legitimação da ditadura militar e a própria insustentabilidade de um poder autoritário, que não deixava de carregar suas contradições internas e no bojo da sociedade, tornaram imperioso o processo de "distensão lenta, gradual e segura" e sempre (violentamente) controlado.

Em meio à forte repressão do governo Médici e ao processo de liberalização política do governo Geisel[311], as mulheres buscaram os meios possíveis de atuação coletiva, seja nos grupos de reflexão, seja nos clubes de mães. Destas experiências surgiram tanto os movimentos feministas, quanto os movimentos de mulheres.

Em princípio, movimentos de mulheres e movimentos feministas não são sinônimos, ainda que movimentos e organismos feministas nem sempre tenham adotado tal nomenclatura. Para além de diferenças de denominação, as pautas dos movimentos de mulheres eram bastante pragmáticas e não buscavam necessariamente nenhuma ruptura com o *status quo*, como explica Celi Pinto:

> Se não se pode tratar os movimentos de mulheres como algo totalmente dissociado do movimento feminista, deve-se reter de qualquer forma sua especificidade: foram movimentos organizados não para pôr em xeque a condição de opressão da mulher, como no caso do feminismo, mas para, a partir da própria condição de dona-de-casa, esposa e mãe, intervir no mundo público[312].

Neste sentido, relembra Eva Blay que, na década de 1970, situações cotidianas (demandas como vagas em escolas, creches, ações da polícia para tratar da violência doméstica etc.) impulsionavam as mulheres para se manifestar perante o poder local (municipal). Essas movimentações levaram à implantação gradativa de políticas públicas, além de servirem de experiência para as demandas democráticas que pouco depois emergiram. Os movimentos de mulheres muitas vezes tinham o simbolismo da mulher-mãe, como no caso das mães de presos políticos. As reivindicações eram, portanto, relacionadas com a forma tradicional de identificação social da mulher[313].

---

311 Apesar de ser conhecido pelo processo de distensão lenta e gradual, o governo de Geisel foi um período bastante violento. Basta lembrar os episódios das mortes de Vladimir Herzog (1975) e Manoel Fiel Filho (1976) no Destacamento de Operações de Informação – Centro de Operações de Defesa Interna (DOI-Codi).

312 PINTO, Celi R. J. **Uma história do feminismo no Brasil**. São Paulo: Perseu Abramo, 2003, p. 43.

313 BLAY, Eva A. Como as mulheres se construíram como agentes políticas e democráticas: o caso brasileiro. *In*: BLAY, Eva; AVELAR, Lúcia. **50 anos de feminismo**: Argentina, Brasil e Chile: A construção das mulheres como atores políticos e democráticos. São Paulo: EDUSP/Fapesp, 2017, p. 77.

Todavia, as mulheres nos movimentos de bairro tiveram a oportunidade de ocupar o espaço público, saindo do confinamento doméstico. Emergiu daí um novo sujeito coletivo, que ganhou autoestima, se conscientizou e se formou politicamente, ampliando seu horizonte de lutas (direitos, cidadania, contra a repressão). São bastante conhecidos os movimentos de mulheres pela anistia aos presos políticos e o retorno dos exilados[314].

A introdução de métodos contraceptivos orais nos anos 1960 e a consequente redução no número de filhos nas famílias brasileiras, combinadas com um aumento do nível da escolaridade e de participação feminina na PEA, contribuíram para que as mulheres da classe média brasileira também fossem liberadas para o espaço público na década de 1970. A presença feminina aumentou nas universidades, nos empregos formais e nas manifestações de rua. Além disso, a efervescência cultural de 1968 propiciou novos questionamentos sobre o mundo privado, o cotidiano e o padrão tradicional de valores nas relações familiares, sobretudo por seu caráter autoritário e patriarcal[315].

A Organização das Nações Unidas fixou o ano de 1975 como o Ano Internacional da Mulher e realizou a I Conferência Mundial da Mulher na Cidade do México, sob o lema "Igualdade, Desenvolvimento e Paz". O tema central foi a eliminação da discriminação da mulher e o seu avanço social. Participaram 133 delegações, 113 delas lideradas por mulheres. Foi aprovado o plano de ação para o decênio 1976-1985 e anunciada a Declaração que trazia princípios como igualdade entre homens e mulheres no tocante à dignidade e valor como seres humanos, às oportunidades, à responsabilidade na família e na sociedade, aos salários, à participação na vida social, econômica e política; proteção à maternidade; inviolabilidade do corpo humano e liberdade para contrair matrimônio, dentre outros[316].

---

314 BLAY, Eva A. Como as mulheres se construíram como agentes políticas e democráticas: o caso brasileiro. *In*: BLAY, Eva; AVELAR, Lúcia. **50 anos de feminismo**: Argentina, Brasil e Chile: A construção das mulheres como atores políticos e democráticos. São Paulo: EDUSP/Fapesp, 2017, pp. 76-77.

315 SARTI, Cynthia A. O feminismo brasileiro desde os anos 1970: revisitando uma trajetória. **Estudos feministas**, Florianópolis, v. 12, n. 2, maio-ago. 2004, p. 39.

316 UNITED NATIONS. Report of the World Conference of the International Women's Year. New York: UN, 1976. Disponível em: http://www.onumulheres.org.br/wp-content/uploads/2015/03/relatorio_conferencia_mexico.pdf. Acesso em: 07 set. 2019.

Além da importância no contexto mundial, a Conferência teve o efeito de incentivar a mulher brasileira a "ser protagonista de sua própria história, em que a luta por seus direitos específicos se fundia com as questões gerais"[317]. Lembrando que o período era de forte repressão a movimentos sociais, sob a égide da Lei de Segurança Nacional e do AI-5, foi importante contar com o apoio da ONU para colocar no debate público a condição das mulheres brasileiras, que passam a atuar como novo sujeito coletivo em diversas frentes. Para entender a ação das mulheres como sujeito coletivo e político nos anos 1970, o assunto foi dividido em alguns movimentos sociais e espaços de atuação, ressalvando que eles não foram necessariamente blocos apartados e desconexos entre si, pois, em muitos momentos, houve convergência e atuação conjunta.

Para fins desta pesquisa, foram selecionados os movimentos de mulheres contra a carestia e pela anistia, pois ambos tiveram grande repercussão nacional e influenciaram a mobilização pelo retorno da democracia. Sobre a atuação das mulheres dentro dos sindicatos, foram escolhidas as seguintes categorias: metalúrgicas de São Bernardo do Campo/SP, bancárias de São Paulo/SP, domésticas de Campinas/SP e rurais de Sertão Central/PE – estas duas últimas dizem respeito ao início de mobilizações de âmbito nacional. Estas categorias representam os três setores da economia – primário, secundário e terciário –, acrescidos do trabalho doméstico, que, desvinculado de finalidade lucrativa, é notoriamente ocupado por mulheres, dentre as quais se destacam as mulheres negras pobres. O movimento feminista dos anos 1970 foi o principal articulador da atuação das mulheres na ANC e os movimentos negro e de mulheres negras enriqueceram as discussões e as demandas, de modo a tornar aquilo que seria bastante avançado (pauta feminista), extensivo à grande parte da população brasileira.

3.1. CLUBE DE MÃES E MOVIMENTO CONTRA O CUSTO DE VIDA

Os movimentos de mulheres brasileiras durante a ditadura militar não surgiram de pautas ideológicas como a moral e a preservação da tradicional família, mas de demandas concretas como a carestia, a falta de escolas, os salários baixos, o desamparo das crianças. Nos clubes de mães nos bairros da zona sul de São Paulo, por exemplo, onde as mulheres encontravam espaço para aprenderem novas habilidades (bordado, tricô,

---

317 TELES, Maria Amélia A. **Breve história do feminismo no Brasil e outros ensaios**. São Paulo: Alameda, 2017, p. 95.

costura, culinária), havia também espaço para experimentarem convivência, união e coletividade. Inicialmente os clubes eram coordenados por senhoras ricas que vinham ensinar às mulheres nos bairros da periferia, mas elas foram convidadas pelos padres a deixar que as próprias mulheres periféricas se organizassem – o que hoje poderíamos pensar como uma atitude decolonizadora[318]. Com o apoio da Igreja, que desde o início dos anos 1970 incluía nas atividades de evangelização temas como libertação, estímulo à participação coletiva, luta pela justiça social, solidariedade e oposição entre a necessária dignidade do trabalhador e o individualismo amoral da sociabilidade capitalista, os clubes de mães se expandiram. O "novo" clube de mães se caracterizava pela "organização por elas mesmas"; pela constituição de uma coordenação de clubes de mães e pela valorização da luta contra a injustiça no lugar do assistencialismo caritativo[319]. Era uma auto-organização de base. Nestes espaços dialógicos, houve um processo de conscientização das mulheres, pois

> problemas que antes eram pensados como naturais e privados – a rotina doméstica, repetitiva e sem sentido; a obrigatoriedade de ficar em casa para cuidar dos filhos; a dependência diante do marido – passam a ser encarados como problemas sociais, que são compartidos por tantas outras e que podem ser alterados por novas práticas sociais[320].

A partir destas conversas, as mulheres da zona sul perceberam suas demandas comuns e passaram a organizar ações como reivindicações ao Poder Público (escola, creche, ponto de ônibus, posto de saúde etc.) e atividades comunitárias (mutirões para limpeza, para levantar centros comunitários, para cuidar de crianças)[321].

---

318 "O caráter fronteiriço do pensamento decolonial também aponta para seu caráter transdisciplinar: o projeto e a atitude decolonizadora leva o sujeito cognoscente que emerge da zona do não ser a alimentar-se do ativismo social, da criação artística e do conhecimento (em algum caso também da espiritualidade) em vias de revelar, desmantelar e superar a linha ontológica moderno-colonial". Para saber mais sobre atitude decolonial, ver: MALDONADO-TORRES, Nelson. Transdisciplinaridade e decolonialidade. **Soc. estado.**, Brasília, v. 31, n. 1, pp. 75-97, abr. 2016.

319 SADER, Eder. **Quando novos personagens entraram em cena**: experiências dos trabalhadores na Grande São Paulo 1970-1980. 2. ed. Rio de Janeiro: Paz e Terra, 1988, pp. 202-203.

320 SADER, Eder. **Quando novos personagens entraram em cena**: experiências dos trabalhadores na Grande São Paulo 1970-1980. 2. ed. Rio de Janeiro: Paz e Terra, 1988, p. 207.

321 SADER, Eder. **Quando novos personagens entraram em cena**: experiências dos trabalhadores na Grande São Paulo 1970-1980. 2. ed. Rio de Janeiro: Paz e

A coordenação dos clubes reunia mensalmente, pelo menos, uma representante de cada clube dos bairros da região da Estrada do M'Boi Mirim (Santa Margarida, Santa Teresa, Figueira Grande, Vila Remo e Jardim Nakamura, inicialmente) para trocar experiências, avaliar o trabalho feito e programar a sua expansão. Irma Passoni, antes de ser deputada constituinte em 1987-1988, acompanhou de perto o desenvolvimento dos clubes por meio da Pastoral Operária e atribuía a expansão do engajamento das mulheres ao método de trabalho que consistia em: a) realizar grandes encontros de reflexão, em que se discutiam o valor da mulher, sua participação como cidadã e a importância de cada uma lutar por seus direitos, além da teologia da libertação, na metodologia de Paulo Freire; b) promover atividades de lazer conjunto, congregando as famílias e tecendo identidades comunitárias; c) compartilhar lutas do dia a dia, como o aprendizado da cidadania[322].

O Movimento do Custo de Vida passou a ser assumido pelos clubes de mães, que promoveram a elaboração de uma lista para demonstrar a alta de preços de produtos da cesta básica e a defasagem do salário; redigiram uma carta solicitando às autoridades medidas contra a elevação do custo de vida; e passaram a colher assinaturas nos bairros em 1975. A campanha se estendeu, mobilizando além dos clubes de mães, comunidades de bases e associações de bairros, grupos de oposições sindicais, estudantes, parlamentares, militantes do MDB e grupos de esquerda. No dia 27 de agosto de 1978, cerca de 20 mil pessoas se reuniram na Praça da Sé, recolhendo os abaixo-assinados com o nome de 1.250.000 pessoas. Exigiam-se medidas de congelamento dos preços dos gêneros de primeira necessidade, aumentos reais de salários e reforma agrária. O governo militar, por sua vez, não reconheceu o movimento, não recebeu representantes e pretendeu desqualificar as assinaturas. Assim, não houve nenhuma resposta às reivindicações[323].

O efeito da mobilização, porém, não pode ser ignorado. A politização surgida nos clubes das mães decorreu de questões concretas do cotidiano. Para Eder Sader, as mulheres que rechaçavam falar em política apresentavam dois elementos: o medo da repressão política (muito real

---

Terra, 1988, p. 207.

322 SADER, Eder. **Quando novos personagens entraram em cena**: experiências dos trabalhadores na Grande São Paulo 1970-1980. 2. ed. Rio de Janeiro: Paz e Terra, 1988, p. 210.

323 TELES, Maria Amélia A. **Breve história do feminismo no Brasil e outros ensaios**. São Paulo: Alameda, 2017, p. 89.

na época) e a recusa de mediações políticas incompreensíveis. Neste movimento, as "coisas concretas", porém, referiam-se aos objetivos compreensíveis a todas e se contrapunham às razões políticas veiculadas por agentes públicos que elas haviam passado a desconfiar[324].

Era uma nova ideia de política. A consciência de direitos a partir da percepção das "privações da vida como injustiça no lugar de repetições naturais do cotidiano". A participação coletiva na luta contra estas injustiças constituiu um "movimento social contraposto ao clientelismo característico das relações tradicionais entre os agentes políticos e as camadas subalternas"[325].

O Movimento contra o Custo de Vida[326] ficou conhecido nacionalmente por ter sido o primeiro movimento popular e de massas após o AI-5: um canal de expressão, que catalisou vozes daqueles que lutavam por seus direitos à moradia, escola, transporte, reforma agrária e melhores salários e daqueles que estavam impedidos de se expressar politicamente em outros espaços[327].

3.2. MOVIMENTO FEMININO PELA ANISTIA

Ao lado dos movimentos feministas, havia aqueles que se reivindicavam não feministas, mas apenas femininos. O Movimento Feminino pela Anistia era um deles e um antecedente importante remonta ao ano de 1968, com a organização de mães de estudantes presos em Ibiúna/SP. Em 12 de outubro de 1968, foi realizado de forma clandestina o 30º Congresso da UNE, em Ibiúna, com a participação de mais de 900 delegados, dentre os quais 140 mulheres. Um evento deste porte

---

324 SADER, Eder. **Quando novos personagens entraram em cena**: experiências dos trabalhadores na Grande São Paulo 1970-1980. 2. ed. Rio de Janeiro: Paz e Terra, 1988, p. 221.

325 SADER, Eder. **Quando novos personagens entraram em cena**: experiências dos trabalhadores na Grande São Paulo 1970-1980. 2. ed. Rio de Janeiro: Paz e Terra, 1988, p. 222.

326 A alteração do nome do movimento para Movimento Contra a Carestia se deu em janeiro de 1979, ano em que se consolida a perda de hegemonia da Igreja Católica e a aglutinação de outras demandas: reforma agrária; anistia ampla, geral e irrestrita; convocação de uma Assembleia Constituinte. MONTEIRO, Thiago N. **Como pode um povo vivo viver nesta carestia**: o Movimento do Custo de Vida em São Paulo (1973-1982). São Paulo: Humanitas, 2017.

327 TELES, Maria Amélia A. **Breve história do feminismo no Brasil e outros ensaios**. São Paulo: Alameda, 2017, p. 89.

desafiou o controle e a repressão da época e, assim, a Força Pública e o DOPS invadiram o sítio onde se realizava o congresso e prenderam os estudantes[328]. Com a prisão de aproximadamente 1000 estudantes em Ibiúna, formou-se uma comissão de mães pela libertação de seus filhos. Com as crescentes prisões de opositores à ditadura, em especial depois de 1968, as mulheres, mães, esposas e companheiras passaram a ir às portas das prisões para exigir informações de seus filhos, filhas, maridos, companheiros. A figura da mãe provocava certo efeito emocional e, por vezes, retardava um pouco o início da tortura[329].

A Igreja Católica teve papel importante na proteção de presos políticos e na denúncia da violência de Estado. Em São Paulo, a Pastoral dos Direitos Humanos contava com 500 comunidades criadas nos 50 setores da Arquidiocese e disseminadas pelos grupos locais em paróquias, associações de moradores e fábricas. Com esta rede ampla, foi possível envolver a população no sentido de ganhar confiança na participação política e social, adquirir respeito próprio e preparo, além de descobrir lideranças próprias. Assim foi com os clubes de mães e o Movimento do Custo de Vida. A rede capilarizada permitiu também coletar provas da repressão para convencer outros bispos de que a tortura não era uma ocorrência isolada, mas um mecanismo sistemático de controle; criar um sistema de comunicação oral bastante eficaz, de modo que a notícia da prisão de uma pessoa em qualquer parte da Arquidiocese chegaria em algumas horas à cúpula da Igreja. A partir daí, a CNBB poderia redigir uma denúncia formal e oficial ou o bispo responsável poderia interceder a favor da vítima junto a alguma autoridade, valendo-se da influência de seu posto. Se estas duas tentativas fracassassem, a Igreja poderia convocar a solidariedade internacional, para proteger o preso de maiores perigos; ou informar a opinião pública pela imprensa ou, se inviável por causa da censura, por canais de comunicação alternativos. Com isso, buscava-se a desestruturação dos três principais componentes da cultura

---

328 RAMOS, Alana M. *et al.* Ditadura civil-militar no Brasil: o protagonismo das mulheres nos espaços políticos. *In*: MAIOR, Jorge L. S.; VIEIRA, Regina S. C. (org.). **Mulheres em luta**: a outra metade da história do direito do trabalho. São Paulo: LTr., 2017, p. 83.

329 BLAY, Eva A. Como as mulheres se construíram como agentes políticas e democráticas: o caso brasileiro. *In*: BLAY, Eva; AVELAR, Lúcia. **50 anos de feminismo**: Argentina, Brasil e Chile: a construção das mulheres como atores políticos e democráticos. São Paulo: EDUSP/Fapesp, 2017, p. 77.

do medo: o silêncio, o isolamento das vítimas de uma efetiva estrutura de ajuda e a descrença na eficácia de qualquer ação[330].

O movimento pela anistia iria aglutinar estes grupos e outros segmentos da sociedade brasileira e foi protagonizado por uma mulher: Therezinha Zerbini, fundadora e líder do Movimento Feminino pela Anistia (MFPA). Ela era assistente social e advogada, além de ser casada com o general Euryale de Jesus Zerbini, um dos quatro generais que se opuseram ao golpe de 1964, teve seus direitos políticos cassados e foi reformado. Por ter colaborado com Frei Tito para conseguir o sítio em Ibiúna, onde o Congresso da UNE foi realizado, Therezinha Zerbini foi presa por oito meses em 1970[331]. No ano de 1975, Ano Internacional da Mulher, Therezinha Zerbini, acompanhada por oito mulheres, na sua residência em São Paulo, lançou o seguinte manifesto:

> Manifesto da Mulher brasileira em Favor da Anistia
>
> Nós, mulheres brasileiras, assumimos nossas responsabilidades de cidadãs no quadro político nacional. Através da história, provamos o espírito solidário da mulher, fortalecendo aspirações de amor e justiça. Eis porque nós nos antepomos aos destinos da nação, que só cumprirá sua finalidade de paz se for concedida anistia ampla e geral a todos aqueles que foram atingidos pelos atos de exceção. Conclamamos todas as mulheres, no sentido de se unirem a este movimento, procurando o apoio de todos quantos se identifiquem com a ideia da necessidade da anistia, tendo em vista um dos objetivos nacionais: a união da nação[332].

Ana Duarte, pesquisadora da história de Therezinha Zerbini, explica que a configuração do movimento como feminino foi uma "estratégia de guerra". De acordo com o depoimento de Therezinha Zerbini, Ana Duarte conclui:

> Movimento feminino, fundado no Ano Internacional da Mulher, não incomodaria tanto o regime e ainda daria proteção à intervenção ou possibilidade de aparelhamento pelas lideranças de esquerda, eminentemente

---

330 ALVES, Maria H. M. **Estado e oposição no Brasil** (1964-1984). 3. ed. São Paulo: Vozes, 1985, pp. 201-203.

331 CONJUR. **Direitos Humanos**. Morre Therezinha Zerbini, fundadora do Movimento Feminino pela Anistia. 15 mar. 2015. Disponível em: https://www.conjur.com.br/2015-mar-15/morre-therezinha-zerbini-fundadora-movimento-feminino-anistia. Acesso em: 11 set. 2019.

332 ZERBINI, Therezinha Godoy. **Anistia**: semente da liberdade. São Paulo: Salesianas, 1979, p. 27 *apud* DUARTE, Ana Rita Fonteles. O movimento feminino pela anistia na luta contra a ditadura no Brasil: entrevista com Therezinha Zerbini. **Rev. Estud. Fem.**, Florianópolis, v. 27, n. 1, 2019.

masculinas, no período. Sozinhas, ou melhor, apartadas de quem sempre teve a palavra, elas podiam ficar mais à vontade para desenvolver atividade autônoma, ganhariam credibilidade por sua "neutralidade" e "ausência de objetivos políticos", prontas para argumentar, articular [...][333].

O MFPA teve forte adesão e se espalhou por todo país. A figura da mãe foi bastante utilizada para sensibilizar a população para aderir ao movimento e os próprios "gorilas", como eram chamados os militares naquela época. Ainda em 1975, já haviam sido coletadas 12 mil assinaturas, mais da metade no Rio Grande do Sul, cuja líder estadual era a socióloga e militante do MDB Lícia Peres[334]. O MFPA cresceu e deu origem ao Comitê Brasileiro pela Anistia em 1978, formado por advogados/as de presos/as políticos/as e com apoio da OAB e de outras 36 entidades na luta pela anistia ampla, geral e irrestrita. Foram realizados inúmeros encontros e passeatas em diversos estados e o Congresso Nacional pela Anistia, onde se promoveu a discussão final para a elaboração do projeto a ser encaminhado ao governo[335]. Maria Teles relata que durante o Congresso Nacional pela Anistia, uma comissão de mulheres sugeriu a atuação em reivindicações específicas da mulher:

- levantamento de todas as mulheres brasileiras atingidas pela repressão, lutando pelas liberdades democráticas;
- uma campanha em comemoração ao ano internacional da criança (1979), com a denúncia de todas as violências e arbitrariedades cometidas contra menores;
- denúncia dos problemas das crianças impossibilitadas de possuir registro de nacionalidade e as crianças atingidas, juntamente com os pais, pelos órgãos de repressão;
- uma campanha de assistência às presas políticas.

---

333 DUARTE, Ana Rita Fonteles. Therezinha Zerbini: protagonismo e ação política na luta das mulheres contra a ditadura. **Trabalho apresentado no XIII Encontro Nacional de História Oral. Universidade Federal do Rio Grande do Sul**. De 01 a 04 maio 2016, p. 12.

334 VARGAS, Mariluci C. O movimento feminino pela anistia como partida para a redemocratização brasileira. **Trabalho apresentado no IX Encontro Estadual de História**. Associação Nacional de História da Seção Rio Grande do Sul (ANPUH-RS), 2008, p. 8.

335 VARGAS, Mariluci C. O movimento feminino pela anistia como partida para a redemocratização brasileira. **Trabalho apresentado no IX Encontro Estadual de História**. Associação Nacional de História da Seção Rio Grande do Sul (ANPUH-RS), 2008, p. 7.

Com relação à brutalidade policial como forma de intimidação do povo, a comissão de mulheres propôs também a denúncia dos atos de repressão por meio de:

- levantamento de casos de violência nos locais de trabalho;
- divulgação de casos de violência sexual;
- levantamento de casos de mulheres que sofreram violência policial;
- levantamento de menores presos, torturados e mortos pela repressão[336].

Esta pauta tinha motivo de ser. As mulheres foram atuantes nas lutas contra a ditadura; participaram da luta armada e muitas foram assassinadas, sem que as famílias recebessem seus corpos. Muitas foram presas e torturadas. Algumas tiveram suas crianças sequestradas pelo DOI-Codi ou pariram seus filhos na prisão. "Mulheres foram estupradas nos porões da ditadura por agentes do Estado"[337]. A violência de gênero foi uma ferramenta do aparato repressivo, que também precisava ser enfrentada e não poderia ser ignorada.

Em 1979, foi promulgada a Lei n. 6.683, de 28 de agosto de 1979, concedendo a anistia nos seguintes termos: a) a quem cometeu crime político ou conexo, crime eleitoral; b) ou teve seus direitos políticos suspensos; c) ou servidores civis, militares, dirigentes sindicais punidos pelos atos institucionais e complementares; d) no período compreendido entre 02 de setembro de 1961 e 15 de agosto de 1979; e) exceto condenados por crimes de terrorismo, assalto, sequestro e atentado pessoal. A versão de que a redação da lei foi negociada entre militares e oposição é controvertida, bastando destacar que o grau de autonomia da vontade naquela situação é questionável, dada a frágil situação da oposição e os traumas dos "anos de chumbo".

Um conceito importante nesta lei é o de crimes conexos, que são "os crimes de qualquer natureza relacionados com crimes políticos ou praticados por motivação política", conforme o § 1º, do artigo 1º, da Lei da Anistia. Este foi o guarda-chuva de impunidade que cobriu agentes torturadores. Delimitada por um marco temporal e não abarcando todos os crimes, a anistia conquistada não era exatamente ampla, geral e irrestrita, ainda que tenha sido um passo importante para a volta à democracia.

---

336 TELES, Maria Amélia A. **Breve história do feminismo no Brasil e outros ensaios**. São Paulo: Alameda, 2017, p. 94.

337 TELES, Amelinha; LEITE, Rosalina S. C. **Da guerrilha à imprensa feminista**: a construção do feminismo pós-luta armada no Brasil (1975-1980). São Paulo: Intermeios, 2013, p. 57.

Sob outro prisma, a experiência de Therezinha Zerbini foi marcada pelo "processo de forjar-se em dirigente política e militante pela anistia, ampliando as funções de mãe, dona de casa e trabalhadora do serviço público", o que foi compartilhado por outras militantes do MFPA, muitas das quais ocuparam pela primeira vez o espaço público, assumindo protagonismo e autonomia que passam a ser valores exaltados pelas mulheres[338]. Apesar disso, Therezinha Zerbini ressaltava que o movimento não era feminista, mas um movimento de cidadania[339].

Assim, na esfera coletiva, as lutas gerais contra a carestia e a favor da anistia foram protagonizadas pelas mulheres, que conseguiram se organizar a despeito da forte repressão estatal. O papel de mãe e a ideologia da maternidade favoreceram inicialmente os movimentos de mulheres, pois o regime militar, ao que tudo indica, não se sentia ameaçado por elas. E foi a partir deste lugar social que elas reivindicaram melhores condições de vida e liberdade para os presos políticos, impulsionando importantes movimentos que inspiraram a luta pelo restabelecimento da democracia.

3.3. AS TRABALHADORAS NOS MOVIMENTOS SINDICAIS

As mobilizações de trabalhadores desafiaram a repressão e a vigilância da ditadura e, apesar das intervenções nos sindicatos, das perseguições de trabalhadores e sindicalistas e da desarticulação política, ganharam força por meio das oposições sindicais no final dos anos 1960. Questões internas, como arrocho salarial, desemprego, opressão, somadas ao movimento internacional de mudanças (as recentes revoluções chinesa e cubana, as lutas de libertação das colônias e o surgimento de guerrilhas na América Latina), serviam de forte motivação para a luta contra a ditadura. O movimento estudantil e a Igreja Católica apoiavam as manifestações de trabalhadores, que surgiam no interior das fábricas, por meio de grupos e comissões, com destaque para a importância da imprensa clandestina. Com a decretação do AI-5, no entanto, ficou praticamente inviável a oposição sindical e

---

338 DUARTE, Ana Rita Fonteles. Therezinha Zerbini: protagonismo e ação política na luta das mulheres contra a ditadura. **Trabalho apresentado no XIII Encontro Nacional de História Oral**. Universidade Federal do Rio Grande do Sul. De 01 a 04 maio 2016, p. 17.

339 DUARTE, Ana Rita Fonteles. O movimento feminino pela anistia na luta contra a ditadura no Brasil: entrevista com Therezinha Zerbini. **Rev. Estud. Fem.**, Florianópolis, v. 27, n. 1, 2019.

muitos trabalhadores militantes, quando não foram presos, tiveram que se deslocar para outras regiões ou sair do país. "As lutas operárias não deixaram de existir, mas o máximo que se conseguia fazer eram as chamadas operações-tartaruga, buscando-se, com a diminuição da produção, pressionar os patrões a conceder aumentos salariais"[340].

Na década de 1970, enquanto outros movimentos sociais foram se estruturando (contra o custo de vida, pela anistia, feministas, negros), as mulheres trabalhadoras não se sentiam totalmente contempladas pela reivindicação geral por maiores salários e melhores condições de trabalho, pois havia outras questões que lhe importavam, compondo uma agenda de lutas:

> igualdade salarial; igualdade de oportunidades no acesso ao mercado de trabalho, na ascensão e aprimoramento profissional – em torno da qual organizou e mobilizou as mulheres para defenderem essas bandeiras, às quais incorporaram também a denúncia da dupla jornada de trabalho; a exigência de creches nos locais de trabalho ou próximas às suas residências e a reivindicação de serviços públicos e equipamentos sociais de uso coletivo, tais como lavanderias e restaurantes comunitários, que facilitem as tarefas domésticas e a sua divisão com os homens[341].

Os sindicatos deixavam de lado ainda outras demandas específicas como assédio moral e sexual no trabalho[342] e discriminações contra a mulher casada e/ou gestante. Além disso, não havia espaço de participação das mulheres nos sindicatos e as reuniões marcadas para horário depois do expediente também eram de difícil participação para quem

---

340 MOMESSO, Luiz. Lutas e organização sindical em 68, apesar da ditadura. **Clio** – Série Revista de Pesquisa Histórica, n. 26-1, 2008, pp. 168-169.

341 ERUNDINA, Luiza. Os sindicatos na construção do papel político da mulher. *In*: INÁCIO, José Reginaldo (org.). **Sindicalismo no Brasil**: os primeiros 100 anos? Belo Horizonte: Crisálida, 2007, p. 120.

342 Nesta época, não se utilizava a expressão "assédio moral", muito embora a questão de gênero marcasse as violências no trabalho há muito tempo. É importante lembrar que os estudos específicos sobre assédio moral se iniciaram na década de 1980 com Heinz Leymann com o conceito de *mobbing* para descrever as formas de assédio dentro das organizações, muito embora as violências reiteradas no trabalho, como as experienciadas por trabalhadoras, sejam muito anteriores. A expressão "assédio moral" foi cunhada por Marie-France Hirigoyen no livro "Assédio Moral: a violência perversa no cotidiano", de 1998. A importância de se nomear a situação de assédio moral, assim como a interseccionalidade, é o de lançar luz sobre um problema concreto e possibilitar o aprofundamento da discussão.

enfrentava a dupla jornada, o que afastava ainda mais a pauta de reivindicações das necessidades e dos interesses das trabalhadoras.

3.3.1. SINDICATO DOS METALÚRGICOS DE SÃO BERNARDO DO CAMPO

Em um estudo pioneiro, Elisabeth Souza-Lobo pesquisou o trabalho das operárias do Sindicato de Metalúrgicos do ABC, no final dos anos 1970. Sua perspectiva de análise a partir das relações sociais de gênero permitiu-lhe concluir que "são sexuadas as relações de poder, de classe bem como os movimentos sociais"[343]. A pesquisadora atribuiu a entrada de novos grupos de mulheres, sobretudo como assalariadas do setor industrial, a quatro fatores principais:

1. à queda do salário real, que, após 1964, obrigou as mulheres a contribuir no orçamento familiar;
2. à criação de grande número de postos de trabalho na indústria em que se exigiam habilidade, destreza e minúcia, qualidades atribuídas à força de trabalho feminina;
3. à nova organização do trabalho, que, com uma maior decomposição das tarefas, permitiu a inserção de força de trabalho nova, não qualificada ou semiqualificada;
4. à crise a partir de 1973, que fomentou o empresariado a contratar mais mulheres e menores de 18 anos de ambos os sexos, cujo custo é menor[344].

Em sua pesquisa, Elisabeth Souza-Lobo constatou que não era a produtividade, a eficiência ou o nível de formação que determinavam a escala de salários, sobretudo entre operários não qualificados ou semiqualificados. Ao contrário, era o próprio salário que determinava a classificação do cargo, de modo que promoção significava aumento de salário, mas não necessariamente mudança significativa da natureza do trabalho efetuado. As grandes empresas automobilísticas no Brasil mantinham inúmeros níveis salariais (90, por exemplo), em contraposição com a matriz, que mantinha apenas três, ou seja, nas filiais havia uma grande desigualdade salarial entre os cargos do "chão da fábrica" e da administração, enquanto na matriz, isto não ocorria. Neste sistema, a pesquisadora identificou dois tipos de discriminação:

---

343 BLASS, Leila; HIRATA, Helena; SOARES, Vera. Prefácio à 2.ed. SOUZA-LOBO, Elisabeth. **A classe operária tem dois sexos**: trabalho, dominação e resistência. 2. ed. São Paulo: Fundação Perseu Abramo, 2011, pp. 16-17.

344 SOUZA-LOBO, Elisabeth. **A classe operária tem dois sexos**: trabalho, dominação e resistência. 2. ed. São Paulo: Fundação Perseu Abramo, 201, p. 29.

1. na mesma tarefa, as mulheres eram classificadas no nível salarial mais baixo possível. Enquanto homens eram contratados como operários de prensa, mulheres eram categorizadas como auxiliares de prensa, independentemente da produtividade;

2. a valorização de qualidades "masculinas" (força) em detrimento de qualidades "femininas" (destreza, precisão, habilidade, rapidez), independentemente da produtividade[345].

Além disso, as trabalhadoras sofriam maiores constrangimentos e humilhações, como controle de idas ao banheiro, assédio sexual e discriminação em razão da possibilidade de gravidez. Elisabeth Souza-Lobo identificou que, para manter as desigualdades de salário sem contestação por parte das trabalhadoras, o controle e a disciplina precisavam articular

> subordinação operária ao capital com subordinação sexista da mulher, de modo que a produção se estrutura sobre a base de uma divisão sexual e social do trabalho que atinge os salários, as promoções, a qualificação, a escala de funções e as formas de controle da mão de obra[346].

Elisabeth Souza-Lobo constatou que as mulheres na indústria apresentaram um notável crescimento na taxa de sindicalização, sobretudo após 1976, superando o crescimento da taxa de emprego. Nesta época, iniciou-se no âmbito do sindicato o debate sobre a oposição entre lutas gerais (da classe) e lutas específicas (das mulheres) e a necessidade de se estabelecer prioridades nas reivindicações, como foi nos partidos políticos de esquerda e nos movimentos de mulheres (com relação às pautas das mulheres negras).

De acordo com Elisabeth Souza-Lobo, no caso do sindicato dos metalúrgicos do ABC, tal situação ensejou por parte dos dirigentes sindicais (todos homens) a organização do 1º Congresso das Operárias da Metalurgia de São Bernardo, em janeiro de 1978, com a finalidade de estimular a participação das mulheres nas atividades sindicais, assembleias e congressos, mas não para ser um evento feminista. Além disso, buscou-se ouvir a base – no caso, as trabalhadoras – sobre um assunto que lhes dizia respeito: a legalização do trabalho noturno das mulheres. A tradição de consulta às bases é própria do sindicalismo em São Bernardo. Para Elisabeth Souza-Lobo, no entanto, no tratamento com as mulheres, havia nítida condução do debate por parte dos

---

345 SOUZA-LOBO, Elisabeth. **A classe operária tem dois sexos**: trabalho, dominação e resistência. 2. ed. São Paulo: Fundação Perseu Abramo, 2011, pp. 32-35.

346 SOUZA-LOBO, Elisabeth. **A classe operária tem dois sexos**: trabalho, dominação e resistência. 2. ed. São Paulo: Fundação Perseu Abramo, 2011, p. 37.

homens. No jornal sindical, a questão foi colocada assim: "A modificação da lei tem por objetivo intensificar a exploração da mulher aumentando sua jornada de trabalho, impondo-lhe tarefas prejudiciais a seu organismo, no exato momento em que os homens lutam pela melhoria das condições de trabalho e dos salários. Significa enviar as mulheres à fábrica e os homens ao lar, numa incrível inversão de papeis"; e referindo-se aos objetivos do Congresso, evocou-se a necessidade "de integrar as mulheres às lutas sindicais de toda categoria a fim de reforçar a luta dos homens"[347 e 348].

Das 800 trabalhadoras inscritas para o congresso apenas 300 puderam participar, pois houve boicote das empresas para que o evento não se realizasse, determinando a compensação do feriado do Carnaval no dia do congresso. As empresas continuaram a repressão com a dispensa posterior de diversas operárias participantes. Além desta dificuldade, a representação também foi problemática: apesar da presença de 300 mulheres, na mesa em que se dirigiam os trabalhos só havia homens. Apesar destes problemas, o evento foi emblemático. Elisabeth Souza-Lobo arrolou os problemas denunciados pelas mulheres no 1º Congresso:

a) a desigualdade entre os salários dos homens e das mulheres para um mesmo trabalho (a operária da metalurgia, em São Bernardo, recebia 60% a menos que seu homólogo masculino);

b) as más condições de trabalho e de higiene;

c) as punições frequentes;

d) o controle dos chefes sobre o uso dos banheiros;

e) a insuficiência dos meios de transporte;

f) as horas-extras obrigatórias e as ameaças de demissão para as que se recusavam a executá-las;

g) o constante aumento dos ritmos para aumentar a produção;

h) a falta de estabilidade no emprego (gravidez e casamento denunciados como os motivos mais frequentes para a demissão);

i) a existência de "médicos da produção", que receitam o mesmo remédio para todas as doenças;

j) os preconceitos raciais;

---

347 SOUZA-LOBO, Elisabeth. **A classe operária tem dois sexos**: trabalho, dominação e resistência. 2. ed. São Paulo: Fundação Perseu Abramo, 2011, pp. 42-43.

348 Elisabeth Souza-Lobo entende que estas afirmações são ambíguas e revelam um pensamento conservador na questão dos papéis tradicionais do homem na produção e da mulher na reprodução, além de expressar que apenas a luta sindical masculina é capaz de defender os interesses da categoria.

k) enfim, as famosas "cantadas" dos chefes, isto é, as provocações sexuais cotidianas[349].

Em relação ao trabalho noturno, as mulheres se pronunciaram no sentido de que o problema seria acumular com o trabalho doméstico quando chegassem em casa e deveriam dormir, o que não acontecia com os homens. E pediram por creches para as crianças para reduzir o tempo nas tarefas domésticas. Segundo Maria Teles, as metalúrgicas levantaram as seguintes bandeiras:

a) salário igual para trabalho igual;
b) acesso a cursos profissionalizantes e a cargos de chefia sem discriminação por sexo;
c) iguais oportunidades de trabalho;
d) contra o trabalho noturno;
e) contra o abuso de autoridade pela chefia, consequência da maior submissão da mulher;
f) contra o controle de tempo para ir ao banheiro;
g) pela criação de equipamentos públicos que permitissem a redução da dupla jornada de trabalho;
h) por creches e berçários nas fábricas;
i) por restaurantes coletivos;
j) pelo direito de amamentação durante o período de trabalho;
k) pela estabilidade e segurança para a mulher casada e gestante;
l) por melhor assistência médica;
m) por uma maior participação política e sindical;
n) pela criação de departamento feminino nos sindicatos[350].

O jornal sindical relatou: "o tema da discussão (o trabalho noturno) foi relegado a segundo plano devido às graves denúncias feitas pelas operárias". E finalizou a matéria de forma bastante sentimental, de certa forma desqualificando o engajamento e a autodeterminação das trabalhadoras: "As participantes, com seu jeito simples e ingênuo de ver as coisas, demonstraram seu desejo de se integrar à luta dos homens"[351].

---

349 SOUZA-LOBO, Elisabeth. **A classe operária tem dois sexos**: trabalho, dominação e resistência. 2. ed. São Paulo: Fundação Perseu Abramo, 2011, p. 44.

350 TELES, Maria Amélia A. **Breve história do feminismo no Brasil e outros ensaios**. São Paulo: Alameda, 2017, pp.115-116.

351 SOUZA-LOBO, Elisabeth. **A classe operária tem dois sexos**: trabalho, dominação e resistência. 2. ed. São Paulo: Fundação Perseu Abramo, 2011, p. 45.

De maneira mais crítica, o jornal Brasil Mulher (BM) problematizou o trabalho noturno na matéria "A noite da mulher é o lucro do patrão"[352]. O depoimento de uma trabalhadora revela que "não é trabalhando à noite que essa igualdade [em relação aos homens] vai ser conseguida, pelo contrário: isso só vai aumentar a exploração e a desigualdade". Diferentemente do jornal sindical, o BM afirma que as trabalhadoras no 1º Congresso da Mulher Metalúrgica tinham claramente se posicionado contra o projeto de lei que liberaria o trabalho noturno da mulher. A reportagem trazia diversas críticas à legislação vigente à época e ao projeto de lei. Apontava, por exemplo, o absurdo de se considerar trabalho noturno apenas aquele realizado das 22h às 5h, pois "só a loucura do lucro faria alguém dizer "boa tarde" às 22 horas". Faz um retrospecto da questão do trabalho noturno, demonstrando como a proibição do trabalho noturno para mulheres e crianças é uma reivindicação da classe operária em todo mundo. No Brasil, ela foi apenas parcialmente incorporada na CLT, o que foi modificado por solicitação de empresários, liberando, em 1969, o trabalho feminino na industrialização de produtos perecíveis e nos bancos e, em 1971, nos serviços de processamento de dados e nas indústrias de manufaturados de couro. As trabalhadoras metalúrgicas, no entanto, estavam em mobilização contra o novo projeto de lei. Elas estavam em contato com outros grupos como o de donas de casa e o MCV, coordenando abaixo-assinado contra o trabalho noturno. Reclamavam, todavia, que a direção desta luta estava nas mãos de homens, pois ainda não havia departamento feminino no sindicato. A reportagem encerra com a seguinte frase: "O trabalho noturno já é prejudicial à saúde e à vida social, política e cultural do homem e não deve ser estendido à mulher".

A proibição do trabalho noturno era pauta das trabalhadoras metalúrgicas, que, de fato, se posicionaram contra a sua liberação. No entanto, havia divergência quanto ao motivo: o que se desejava não era que as mulheres ficassem em casa à noite, garantindo a harmonia do lar, como defendiam os dirigentes do sindicato. Elas consideravam o trabalho noturno prejudicial à saúde e à vida social, política e cultural do homem e viam claramente que não havia contradição entre lutar por igualdade e não aceitar a precarização da condição de trabalho.

---

352 BRASIL MULHER. A noite da mulher é o lucro do patrão. **Jornal Brasil Mulher**, n. 12, maio 1978, pp. 10-11.

3.3.2. SINDICATO DOS BANCÁRIOS DE SÃO PAULO

A criação do departamento feminino nos sindicatos foi sempre bastante polêmica, pois os dirigentes sindicais entendiam que isso iria dividir os trabalhadores e preferiam manter o formato de assembleias, que contavam com a participação majoritária de homens. No Sindicato dos Bancários de São Paulo, porém, as mulheres já eram quase a metade da oposição[353] e esta forte presença parece ter contribuído, por exemplo, na assunção pelo sindicato da luta pela estabilidade da mulher casada e pela realização de eventos específicos para as bancárias.

O 1º Encontro da Mulher Bancária foi realizado em 21 de fevereiro de 1981, em São Paulo. O jornal Nosso trouxe as resoluções deste encontro, que trabalhou com três eixos: 1) mulher e trabalho; 2) mulher e sociedade e 3) participação política da mulher e organização. No tocante à relação "mulher e trabalho", foram extraídas as seguintes resoluções: luta por creche nos locais de trabalho, que atendam crianças até 6 anos de idade e com supervisão direta dos pais; contra a discriminação da mulher no trabalho; para trabalho igual, salário igual; estabilidade para a mulher gestante até 1 ano após a licença-maternidade. Sobre o tema "mulher e sociedade", houve debate sobre controle de natalidade *versus* planejamento familiar, deliberando-se contra o controle da natalidade imposto pelo governo; pelo direito do planejamento familiar consciente; pelo amplo esclarecimento e acesso aos métodos contraceptivos, acompanhados de assistência médica gratuita. Além disso, discutiu-se sobre direitos da mulher, fixando posição por alterações e ampliação das leis específicas da mulher existentes na CLT e no Código Civil, amplamente discutidas nas bases. Com relação à "participação política da mulher e organização", a resolução do encontro era pelo incentivo à participação das mulheres em todas as entidades, movimentos populares e democráticos e partidos políticos e à criação de Departamentos Femininos em todas as entidades sindicais[354].

O jornal Robô, uma publicação dos funcionários do Centro de Comunicações e Serviços do Banco do Brasil (CESEC), criou a coluna "mulher" em 1979, afirmando a necessidade de discutir a condição conflituosa da mulher trabalhadora "herdeira de um mundo em rápida

---

353 BRASIL MULHER. Por um 1º de Maio Operário. **Jornal Brasil Mulher**, n. 12, maio 1978, p. 9.

354 NOSSO. Resoluções do 1º Encontro. **Jornal Nosso**, ano 1, n. 5, São Paulo, fev.-mar., 1981, p. 6.

transição, que foi jogada no mercado de trabalho de um sistema desumano sem que antes houvesse uma mudança dentro de sua cabeça e dentro da estrutura dessa própria sociedade, que também não estava preparada para recebê-la". A coluna tratou logo na primeira publicação da questão da dupla jornada, maternidade, violência contra a mulher e expressou a preocupação com o julgamento de Doca Street pelo assassinato de Ângela Diniz ("Além de não ter quase que nenhuma segurança legal, a mulher ainda é acusada pela sua opção de viver como quiser"). É interessante notar que a necessidade de creches está em coluna apartada, em que se anuncia a Comissão Pró-Creche do Bebê[355]. "O Espelho" era o informativo aos funcionários do Banco do Brasil da agência central de São Paulo. O informativo n. 5 anunciava "CRECHE – UM ASSUNTO AINDA EM PAUTA", em agosto de 1980.

Bancárias e sindicalistas no início da década de 1980, Maria Aparecida Santos (Cidinha) e Maria Lúcia Matias (Lúcia Matias), entrevistadas em Santos/SP em maio de 2019, lembram que não havia muito espaço para tratar de questões das mulheres bancárias, mas a luta pelo auxílio creche foi encampada pelo sindicato. Relatam que uma pauta importante para as bancárias foi a realização de concurso interno para as promoções na carreira dentro do banco. A ascensão das mulheres era difícil para os cargos superiores, pois "caixa era homem, porque tinha que alimentar a família" e "a mulher sempre tinha que ser melhor para estar na chefia". Quando houve concurso interno para técnico de informática, contam que a maioria aprovada foi de mulheres, o que demonstrava que elas sofriam discriminação na progressão da carreira quando os critérios não eram objetivos. Explicam que o cargo de gerente era ocupado apenas por homens, o que mudou quando deixou de ser um cargo de poder para ser apenas "propaganda para captar clientes" e passou a ser ocupado também por mulheres de "boa aparência". Lúcia afirma ainda que o movimento sindical era masculino e Cidinha lembra que as mulheres ficavam em casa para os homens militarem. Mulheres com filhos poderiam até ser diretoras do sindicato, mas não conseguiam "virar a noite na militância". Havia assédio contra as mulheres no movimento sindical. Reconhecem que problemas como acidentes de trabalho (LER/DORT) e outras questões do cotidiano demandavam muito das dirigentes bancárias, que eram "bancárias porque representavam o banco e não as mulheres". Assim, a pauta das mulheres ficava adiada para um momento oportuno.

---

355 ROBÔ. Coluna mulher. **Jornal Robô**. n. 6. São Paulo, out. 1979, pp. 7-9.

Aos poucos, as questões das trabalhadoras bancárias foram aparecendo nas publicações de forma mais incisiva. Por exemplo, a objetificação das mulheres bancárias é denunciada na Folha Bancária:

> Os banqueiros usam as mulheres como mercadorias especiais para oferecer a seus clientes. Estamos nos *outdoors* com um sorriso convidativo: venha falar com a Moça Bradesco! As linhas de frente dos Bancos vêm sendo engrossadas por meninas bonitas, das quais é exigido o sorriso, a doçura e a simpatia. Temos que repudiar esse uso indevido do atributo feminino[356].

As denúncias de perseguição contra bancárias gestantes também ganham as páginas dos jornais. O relato do caso Margareth é emblemático: ao comunicar a gravidez, Margareth passou a sofrer pressão para que pedisse demissão ou fizesse um acordo. Para tanto, a empresa "SEU LAR APE" passou para a "tortura psicológica", obrigando-a a passar o expediente todo sentada num corredor próximo aos elevadores, "exposta às zombarias de todos", sem poder se levantar, falar com alguém ou telefonar. Maria Helena, funcionária do mesmo grupo econômico, sofreu aborto após ser "torturada" pela empresa. Jucileuda, com três meses de gravidez, foi transferida pelo Banco Mercantil do Brasil para um setor em que seria a única mulher cercada por 20 homens, com trabalho mais pesado e bem distante de onde trabalhava antes. Tudo isso para que aceitasse um acordo: "eles pagariam a ela todos os direitos e mais seis meses de gravidez". O advogado do Sindicato dos Bancários afirmou que era norma dos bancos demitir as gestantes, mas como a categoria havia conquistado a estabilidade, os bancos passaram a se valer de "meios ilegais e arbitrários" para forçar as grávidas a pedir demissão ou firmar acordo renunciando à estabilidade[357]. Assim, por mais que a garantia de emprego da gestante constasse nas convenções coletivas da categoria, na materialidade das relações sociais, o que as bancárias gestantes vivenciavam era discriminação e assédio.

3.3.3. MOVIMENTO DAS TRABALHADORAS DOMÉSTICAS

A repressão durante o Estado Novo fez com que o movimento das trabalhadoras domésticas, sob o formato de associação civil, fosse suspenso. Ele foi retomado na década de 1950. Laudelina de Campos

---

356 DIRETORIA. 8 de março: dia internacional da mulher. **Folha Bancária**, ano II, n. 664. São Paulo, 08 mar. 1983.

357 DIRETORIA. Outro caso de tortura: abortou no 2º mês. **Folha Bancária**, ano II, n. 728. São Paulo, 10 jun. 1983, p. 1.

Melo havia se mudado para Campinas/SP, onde teve muita dificuldade de encontrar emprego, pois os anúncios eram preconceituosos, deixando claro que as senhoras campineiras davam preferência para empregadas brancas. Laudelina Melo protestou contra estes anúncios perante o diretor do jornal Correio Popular[358] e, em seguida, estabeleceu contatos com os movimentos trabalhista e negro locais.

Com o apoio do Sindicato dos Trabalhadores da Indústria da Construção Imobiliária de Campinas, que lhe cedeu espaço físico, Laudelina Melo fundou a Associação Profissional Beneficente das Empregadas Domésticas de Campinas (APBEDC) em 1961, que atuou em diversas áreas: luta contra o preconceito racial, promoção de atividades culturais, intermediação de conflitos entre domésticas e patroas (na lacuna de competência da Justiça do Trabalho) e defesa de empregadas domésticas menores de idade (que chegavam a sofrer abuso sexual pelos patrões)[359].

O Sindicato dos Trabalhadores da Indústria da Construção Imobiliária de Campinas colaborou ainda na redação do estatuto da APBEDC e acolheu-a em debates e cursos de formação. Além disso, a APBEDC contava com a ligação com o movimento negro, a partir do Teatro Experimental do Negro (TEN), com o qual realizou atividades culturais como bailes, escolas de bailado para meninas brancas e negras e grupos teatrais e de dança. A partir da década de 1960, o movimento das trabalhadoras domésticas ganhou novo impulso com a atuação da Juventude Operária Católica (JOC), que, embora fosse voltada para a classe trabalhadora como um todo, ajudou a capilarizar as associações de trabalhadoras domésticas pelo país, para além do eixo Rio-São Paulo, realizando o Primeiro Encontro Nacional de Jovens Empregadas Domésticas no Rio de Janeiro, em 1960 e o Primeiro Congresso Regional em Recife, em 1961. A interpretação classista da JOC não impediu que se considerassem as condições materiais das trabalhadoras domésticas, que ainda lutavam por reconhecimento profissional e regulamentação, diferentemente de outras categorias, mas se afastava da percepção da questão racial, o que no sentir e no discurso das trabalhadoras domésticas nunca foi deixado de lado[360].

---

358 SCHUMAHER, Schuma; BRAZIL, Érico V. (org.). **Dicionário Mulheres do Brasil**: de 1500 até a atualidade. Rio de Janeiro: Jorge Zahar, 2000, p. 311.

359 SCHUMAHER, Schuma; BRAZIL, Érico V. (org.). **Dicionário Mulheres do Brasil**: de 1500 até a atualidade. Rio de Janeiro: Jorge Zahar, 2000, p. 311.

360 BERNARDINO-COSTA, Joaze. **Saberes subalternos e decolonialidade**: os sindicatos das trabalhadoras domésticas no Brasil. Brasília: UnB, 2015, pp. 64-67.

A APBEDC foi fechada juntamente com outros sindicatos em 1964, passando a atuar como entidade beneficente. Em 1967, Laudelina de Campos Melo levou ao Ministro do Trabalho Jarbas Passarinho uma pauta de reivindicações das trabalhadoras domésticas, como a regulamentação da profissão e o reconhecimento da associação como sindicato. "A resposta foi a de que faltava demonstração de união das trabalhadoras domésticas na forma de categoria, o que impulsionou ainda mais a campanha das domésticas por todo país"[361].

A APBEDC suspendeu as atividades em 1968 em razão de desentendimentos entre Laudelina Melo e sua vice-presidente, voltando a funcionar em 1979, apenas como grupo. A APBEDC foi reaberta apenas em 1982, sob a presidência de Anunciação Marquesa dos Santos Adão, e teve destaque na mobilização das trabalhadoras domésticas para atuação na ANC, participando das caravanas a Brasília. Colheu 47.000 assinaturas para o projeto de reconhecimento da categoria profissional e demais direitos trabalhistas[362].

Em São Paulo, foi realizado em 1968 o Primeiro Congresso Nacional das Trabalhadoras Domésticas. O Sindicato das Trabalhadoras Domésticas da Bahia surgiu na década de 1970, estabelecendo diálogo próximo ao movimento negro. Ambos os sindicatos (de Campinas e da Bahia) historicamente tinham vínculos com o movimento negro e a partir da década de 1980 passaram a ter com o movimento feminista[363].

Joaze Bernardino-Campos, em seu levantamento sobre a trajetória do movimento das trabalhadoras domésticas no Brasil, organiza as pautas dos 10 Congressos Nacionais de Trabalhadoras Domésticas[364], realizados entre 1968 e 2011, constatando que as discussões se colocavam, inicialmente, na chave da categoria classe. A partir do 5º Congresso, realizado em 1985 em Recife/PE, a categoria gênero passa a integrar o

---

361 RUSIG, Carla B.; FACUNDINI, Gabriel; RUZZI, Marina C. M. Lutas das trabalhadoras no período de 1930 a 1945 no Brasil. *In*: MAIOR, Jorge L. S.; VIEIRA, Regina S. C. (org.). **Mulheres em luta**: a outra metade da história do direito do trabalho. São Paulo: LTr., 2017, p. 16.

362 BERNARDINO-COSTA, Joaze. **Saberes subalternos e decolonialidade**: os sindicatos das trabalhadoras domésticas no Brasil. Brasília: UnB, 2015, pp. 89-91.

363 BERNARDINO-COSTA, Joaze. Decolonialidade e interseccionalidade emancipadora: A organização política das trabalhadoras domésticas no Brasil. **Revista Sociedade e Estado**. 30(1), 2015, pp. 157-158.

364 BERNARDINO-COSTA, Joaze. **Saberes subalternos e decolonialidade**: os sindicatos das trabalhadoras domésticas no Brasil. Brasília: UnB, 2015, pp.162-163.

debate. No congresso seguinte, realizado em Campinas em 1989, as categorias classe, gênero e raça passam a ser articuladas pelo movimento.

A luta pelo reconhecimento da categoria profissional, bem como de direitos trabalhistas, teve uma vitória quando foi promulgada a Lei n. 5.859/1972, sobre o direito da trabalhadora doméstica, mas constituindo ainda um estatuto com patamar inferior ao dos demais trabalhadores urbanos. No 2º Congresso, realizado em 1974 no Rio de Janeiro, concluiu-se pela insuficiência da proteção jurídica da Lei n. 5.859/1972; e no 3º Congresso (Belo Horizonte, 1978), pela baixa efetividade da lei em razão do desconhecimento da própria trabalhadora doméstica e da falta de compromissos dos empregadores. Neste Congresso, houve as seguintes reivindicações, equiparando a direitos já conquistados por outras categorias:

- jornada de trabalho de dez horas, incluindo o tempo à disposição;
- salário mínimo e 13º salário;
- contrato de experiência de 30 dias e aviso prévio;
- salário-família, descanso semanal, seguro contra acidentes;
- discussão dos litígios na Justiça do Trabalho;
- definição das atribuições, para que não sejam atribuídas tarefas que cabem à família;
- proteção ao menor de 14 e 18 anos;
- condição de higiene e segurança no trabalho;
- direito de não lidar com peso superior a 20 quilos;
- acréscimo salarial de 25% por serviço prestado à noite[365].

Chama atenção a demanda por definição das atribuições. Um dos reflexos da falta de reconhecimento econômico do trabalho doméstico remunerado é justamente a ausência de limites temporais – atualmente superada após a Emenda Constitucional n. 72/2013 – e de limites para as atribuições. É dizer que tudo o que precisa ser feito no ambiente doméstico (limpeza, organização, alimentação, cuidados etc.) – e que pode ser obtido gratuitamente pelo trabalho de mulheres da família – é passível de ser delegado à trabalhadora doméstica.

A falta de definição das atribuições leva à assunção de responsabilidades pela trabalhadora doméstica, "como se fosse da família", desca-

---

365 BERNARDINO-COSTA, Joaze. **Saberes subalternos e decolonialidade**: os sindicatos das trabalhadoras domésticas no Brasil. Brasília: UnB, 2015, pp.167-169.

racterizando o trabalho como se afeto fosse[366]. Neste sentido, o jornal BM noticiou o 3º Congresso e trouxe o seguinte depoimento do arcebispo Dom João de Resende Costa: "é uma beleza quando, numa casa, a patroa sabe que tem uma empregada cuidando de tudo, e quando a família da doméstica fica feliz, por ver sua parente bem empregada". Em seguida, o jornal faz a necessária crítica, o que nos remonta à condição de *outsider within*:

> Menos que uma trabalhadora, a empregada doméstica sofre uma falsa integração no lar, como um membro inferior do círculo familiar, ao qual se impõem as restrições habituais de ordem moral à liberdade pessoal. Ao mesmo tempo, ela tende a ser super-explorada, sem contar sequer com a proteção das leis do trabalho[367].

O depoimento de Odete, representante da Associação das Empregadas Domésticas do Rio de Janeiro, parece elucidar bem esta relação, ao afirmar que "a doméstica fica muito ligada à patroa" e precisa

> trabalhar por essa libertação, porque ela fica num mundo que não é dela, vivendo os problemas que *não são dela e esquece os próprios problemas, e de suas lutas, até de suas próprias famílias. Temos tido alguns problemas com pessoas que trabalham 10, 15 anos numa casa, são despedidas e ficam numa situação difícil, porque não têm para onde ir. Muitas vezes não têm nem carteira assinada, porque as patroas põem na cabeça delas* que elas fazem parte da família[368].

No 4º Congresso (Porto Alegre, 1981), foi abordada a questão da trabalhadora menor de 18 anos, concluindo que elas estavam expostas: "1) ao desrespeito no local de trabalho, à agressão moral, à humilhação e à desconsideração da profissão; 2) ao choque das desigualdades e de valores morais e religiosos; 3) à violência, ao desespero e à prostituição". Continuavam imperiosos o reconhecimento profissional da categoria e o direito à sindicalização. Foi deliberada uma campanha

---

366 Uma importante discussão sobre o cuidado (*care*) como trabalho é levantada dentro do Direito do Trabalho. Ver: VIEIRA, Regina Stela Corrêa. **Cuidado como trabalho**: uma interpelação do direito do trabalho a partir da perspectiva de gênero. 236 p. Orientador: Homero Batista Mateus da Silva. Tese. (Doutorado – Programa de Pós-Graduação em Direito, Área de Concentração Direito do Trabalho e da Seguridade Social), Faculdade de Direito, Universidade de São Paulo (USP), São Paulo, 2018.

367 BRASIL MULHER. Domésticas, reunidas pela terceira vez. **Jornal Brasil Mulher**, n. 14, ano 3, nov. 1978, p. 5.

368 BRASIL MULHER. Domésticas, reunidas pela terceira vez. **Jornal Brasil Mulher**, n. 14, ano 3, nov. 1978, p. 5.

que estimulasse as trabalhadoras domésticas a morarem em suas próprias residências, como forma de superar a crença de que faziam parte da família[369].

O 5º Congresso (Olinda, 1985) foi muito importante na história da mobilização da categoria e seu tema foi "O reconhecimento da profissão da empregada doméstica". As conclusões deste evento foram copiadas e distribuídas aos parlamentares para que contemplassem os direitos das trabalhadoras domésticas na Constituição Federal que estava por vir. O documento denunciou as discriminações jurídicas sofridas pela categoria e o descumprimento dos poucos direitos já positivados; revelou a questão de gênero ("A quase totalidade de nossa categoria é de mulheres e por isso, sofremos também toda a discriminação de mulher na nossa sociedade machista. A mulher é sempre vista como inferior e com menos capacidade"); relacionou o trabalho doméstico com o trabalho no campo ("se não houvesse tanta miséria no campo, haveria menos mulheres procurando trabalho nas grandes cidades e que a maioria das empregadas domésticas veio do campo e tem aí suas raízes") e se colocou a favor da reforma agrária, finalizando: "Somos milhões de empregadas domésticas. Basta de sofrimento e de esmagamento que vem da escravatura. Exigimos justiça pelo reconhecimento da nossa profissão, que nos coloquem em pé de igualdade com os outros trabalhadores"[370].

Os demais congressos se realizaram após a ANC e, considerando os limites desta pesquisa, não serão analisados. De todo modo, pode-se inferir que a história de luta das trabalhadoras domésticas expressa o que Bernardino-Costa chama de interseccionalidade emancipadora: ao se articular com os movimentos sindical, feminista e negro, os marcadores de diferença foram ressignificados para "gerar mobilização, solidariedade e ganhos democráticos, produzindo, em suma, projetos decoloniais de resistência e reexistência"[371].

---

[369] BERNARDINO-COSTA, Joaze. **Saberes subalternos e decolonialidade**: os sindicatos das trabalhadoras domésticas no Brasil. Brasília: UnB, 2015, pp. 172-173.

[370] BERNARDINO-COSTA, Joaze. **Saberes subalternos e decolonialidade**: os sindicatos das trabalhadoras domésticas no Brasil. Brasília: UnB, 2015, pp. 177-181.

[371] BERNARDINO-COSTA, Joaze. Decolonialidade e interseccionalidade emancipadora: a organização política das trabalhadoras domésticas no Brasil. **Revista Sociedade e Estado**. 30(1), 2015, p. 159.

3.3.4. MOVIMENTO DAS MULHERES TRABALHADORAS RURAIS

No contexto da abertura democrática, o movimento das mulheres rurais se articulou com outros sujeitos coletivos: a Igreja (por meio das CEBs), as "oposições sindicais" e o movimento feminista.

Carmem Deere[372] explica que nos anos 1970, as comunidades eclesiais de base (CEB) e a Comissão Pastoral da Terra fomentaram a discussão sobre injustiça social no meio rural por meio de grupos de mulheres. Estas reflexões levaram a duas reivindicações centrais: a incorporação das mulheres nos sindicatos rurais – uma vez que nos sindicatos ligados à Confederação Nacional dos Trabalhadores Rurais (CONTAG) apenas uma pessoa por família podia se filiar, geralmente o homem – e a extensão dos benefícios previdenciários (licença-maternidade e aposentadoria) para as trabalhadoras rurais.

As CEB propiciaram um espaço para a participação das mulheres do campo, "que estiveram quase sempre confinadas à esfera familiar e doméstica, do mundo público e do papel masculino, inserindo-as num espaço de discussão política e de problemas sociais"[373]. Como afirma Vilenia Aguiar, "a luta pelo direito à sindicalização e por direitos sociais, ao se constituir como eixo de lutas centrais para a organização e mobilização iniciais das mulheres rurais, chamou a atenção para sua invisibilidade, denunciou a sua discriminação e a desvalorização do seu trabalho"[374]. Em síntese, a atribuição do trabalho reprodutivo (e não remunerado) às mulheres rurais invisibilizava o trabalho exercido na esfera produtiva, que era considerado apenas uma ajuda ao homem da família, reconhecido como agricultor.

O patriarcalismo ficava evidente no cotidiano das camponesas. Os líderes sindicais da Paraíba, por exemplo, afirmavam que as mulheres não precisavam ser qualificadas como trabalhadoras rurais, pois, na condição de dependentes de seus maridos, já teriam seus benefícios garanti-

---

372 DEERE, Carmen D. Os direitos da mulher à terra e os movimentos sociais rurais na reforma agrária brasileira. **Rev. Estud. Fem.**, Florianópolis, v. 12, n. 1, pp. 175-204, abr. 2004.

373 AGUIAR, Vilenia V P. Mulheres Rurais, Movimento Social e Participação: reflexões a partir da Marcha das Margaridas. **Política & Sociedade**. Florianópolis: UFSC, 2016. p. 264.

374 AGUIAR, Vilenia V P. Mulheres Rurais, Movimento Social e Participação: reflexões a partir da Marcha das Margaridas. **Política & Sociedade**. Florianópolis: UFSC, 2016. p. 267.

dos. Ao desconsiderar a condição de trabalhadoras das mulheres rurais, os sindicatos buscavam justificar a exclusão delas do quadro de filiadas. Como os sindicatos eram a principal fonte de assistência no meio rural, as mulheres ficavam em grande desvantagem em relação aos homens, o que acontecia também com relação à aposentadoria, pois apenas uma pessoa por família se qualificava para receber tal benefício. Para fazer frente a esta assimetria, foi fundado em 1984 o Movimento das Mulheres Trabalhadoras Rurais (MMTR) em Sertão Central/PE.

Concomitantemente, em 1985, o Primeiro Encontro Estadual de Mulheres Trabalhadoras Rurais reuniu mais de 10 mil trabalhadoras rurais no Rio Grande do Sul. E foi do Rio Grande do Sul que surgiu no grupo das Margaridas – nome escolhido em homenagem à líder rural nordestina assassinada Margarida Alves[375] – a proposta de que "o título de propriedade distribuído pela reforma agrária fosse emitido em nome do casal, independentemente de seu estado civil legal", com o argumento de que "se a família é a base para a seleção dos beneficiários, então que os direitos da mulher chefe de família (viúvas, mulheres separadas, mães solteiras) à propriedade e aos benefícios da reforma agrária sejam reconhecidos"[376].

Foram promovidos encontros regionais de trabalhadoras rurais para o Primeiro Congresso Nacional de Mulheres Rurais, organizado pelo Ministério da Agricultura em 1986, em que discutia o reconhecimento das mulheres rurais como trabalhadoras e agricultoras, bem como a questão da propriedade da terra. O reconhecimento da condição de trabalhadora rural era necessário para que se tivesse acesso a direitos trabalhistas e previdenciários (licença-maternidade remunerada e aposentadoria). No congresso, deliberou-se

---

375 Margarida Alves foi Presidenta do Sindicato Rural de Alagoa Grande e líder dos trabalhadores rurais da Paraíba. Nascida em 1933, foi assassinada em uma emboscada em sua casa em 1983. Como líder sindical, ela lutou pelo reconhecimento do trabalho das camponesas, pelo direito à sindicalização e pelos direitos trabalhistas. Além disso, ela batalhou também pela participação organizada das mulheres camponesas e pelo desenvolvimento de ações pedagógicas que contribuíssem para a formação política dos(as) camponeses(as). FERREIRA, Ana Paula Romão de Souza. **A trajetória político-educativa de Margarida Maria Alves**: entre o velho e o novo sindicalismo rural. Tese (doutorado). Orientador: Charlton José dos Santos Machado. João Pessoa: UFPB, 2010.

376 DEERE, Carmen D. Os direitos da mulher à terra e os movimentos sociais rurais na reforma agrária brasileira. **Rev. Estud. Fem.**, Florianópolis, v. 12, n. 1, pp. 175-204, abr. 2004.

que houvesse igualdade no direito ao acesso e à propriedade da terra. Quando acontecer a reforma agrária, a terra deverá ser distribuída sem discriminação para homens e mulheres que queiram trabalhar nela, e que mulheres chefes de família –separadas e mães solteiras – não sejam excluídas[377].

A titulação da propriedade da terra para a mulher, juntamente com a questão trabalhista e previdenciária, foi levada ao CNDM e defendida de uma forma tocante em audiência pública por ocasião da ANC.

3.4. MOVIMENTO FEMINISTA NOS ANOS 1970

Os estudos acadêmicos sobre a condição da mulher no Brasil foram iniciados com o trabalho seminal *A mulher na sociedade de classes: mito e realidade,* de Heleieth Saffioti, fruto de sua tese de livre docência defendida em 1967. Tratava-se de um "voo solo" escrito dentro de incríveis condições: escrito em plena ditadura militar por uma acadêmica marxista declaradamente não feminista, cujo orientador Florestan Fernandes se recusou a orientá-la no doutorado, pois só a aceitaria na livre-docência e com prazo exíguo para defesa. Dentre as diversas contribuições para o feminismo e a sociologia brasileiros, Saffioti já adiantava o argumento interseccional na compreensão do trabalho.

> A utilização social de caracteres raciais, assim como sexuais, permite dar aos fenômenos de natureza econômica, tais como o posicionamento dos indivíduos no sistema produtivo de bens e serviços, uma aparência inibidora da percepção de sua essência. Neste sentido, a determinação *sexo,* enquanto determinação comum, serve às determinações essenciais de cada uma das configurações estruturais histórico-sociais, fornecendo-lhes cobertura, isto é, a aparência necessária sob a qual se escondem os verdadeiros mecanismos de operação de cada modo específico de produção. Conquanto seja o fator sexo um critério menos conveniente do que o fator raça para a conservação do domínio das camadas privilegiadas, constitui sempre um elemento pelo menos potencialmente discriminador e, portanto, estratificatório.[378]

O movimento feminista a que se refere este tópico é aquele que tinha como objetivo desafiar a condição de opressão feminina, portanto, o enfoque prioritário era a emancipação da mulher. O feminismo da chamada "segunda onda" surgido no Brasil durante o regime militar

---

377 DEERE, Carmen D. Os direitos da mulher à terra e os movimentos sociais rurais na reforma agrária brasileira. **Rev. Estud. Fem.**, Florianópolis, v. 12, n. 1, pp. 175-204, abr. 2004.

378 SAFIOTTI, Heleieth. **A mulher na sociedade de classes**: mito e realidade. 3.ed. São Paulo: Expressão Popular, 2013.

diferia daquele da primeira metade do século XX – a "primeira onda" –, marcado pelo movimento sufragista por direitos políticos. Havia, no entanto, aproximações: ambos lutavam por liberdades democráticas, pela anistia (cada qual em seu contexto histórico), contra a carestia e por igualdade salarial. O feminismo dos anos 1970 trouxe novas demandas e preocupações sobre o corpo feminino, a sexualidade, os direitos reprodutivos, todas as formas de opressão, de violência e de discriminação contra a mulher.

O movimento feminista ressurgiu nos anos 1970 nas camadas médias[379] da sociedade como oposição ao regime autoritário, "como consequência da resistência das mulheres à ditadura, depois da derrota das que acreditaram na luta armada e com o sentido de elaborar política e pessoalmente essa derrota"[380]. O grande vazio político, a derrota da esquerda na luta armada e a repressão sem limites do governo Médici deixavam todos com "a sensação de que havia muita coisa a ser feita, mas sem nenhuma possibilidade de ação"[381]. Foi nesta situação que surgiram os grupos de reflexão.

Há registros de que a partir de 1972 iniciaram-se os grupos de reflexão feminista, como "uma metodologia revolucionária de divulgação de ideias"[382], sob influência das experiências europeias e estadunidenses. Estes grupos eram formados apenas por mulheres, que se reuniam em lugares privados para discutir problemas específicos das mulheres e se contrapor ao machismo vigente. A cada reunião, cada integrante trazia uma nova participante até que se atingisse o número de 24 mulheres, quando seria formado um novo grupo, desenvolvendo o trabalho em rede. Os primeiros grupos surgiram em São Paulo, formados por mulheres intelectualizadas, que traziam livros e experiências sobre o feminismo em outros

---

379 "Segmento social no qual se situavam as mulheres que tiveram acesso à educação universitária e ao estilo de vida propiciado pela modernização excludente, que caracterizou o desenvolvimento social e econômico brasileiro a partir da década de 1950". SARTI, Cynthia A. O feminismo brasileiro desde os anos 1970: revisitando uma trajetória. **Estudos feministas**, Florianópolis, v. 12, n. 2, maio-ago. 2004, p. 39.

380 SARTI, Cynthia A. O feminismo brasileiro desde os anos 1970: revisitando uma trajetória. **Estudos feministas**, Florianópolis, v. 12, n. 2, maio-ago. 2004, p. 37.

381 PINTO, Celi R. J. **Uma história do feminismo no Brasil**. São Paulo: Perseu Abramo, 2003, p. 50.

382 PEDRO, Joana M. Corpo, prazer e trabalho. *In*: PINSKY, Carla; PEDRO, Joana M (org.). **Nova história das mulheres no Brasil**. São Paulo: Contexto, 2016, p. 241.

países. Muitas delas militavam em partidos políticos, fizeram resistência à ditadura ou tinham parentes nesta luta. Estes grupos também surgiram em outras cidades brasileiras, como no Rio de Janeiro, Florianópolis, Campinas e Vitória. Vários deles publicaram periódicos para divulgar suas ideias e atividades[383], como é o caso do Nós Mulheres[384] e Mulherio[385].

Dos debates travados nos grupos de reflexões, foi possível inferir a máxima já consagrada entre as feministas de que "o pessoal é político" na medida em que se demonstravam "as relações entre o público e o privado: ora o poder público interferia sobre o âmago privado, como o corpo da mulher – impedindo o aborto, por exemplo – ou se eximia quando havia a violência dentro de casa"[386]. Ademais, não era possível aguardar a transformação social para então falar para o companheiro que ele não podia bater na esposa em casa. O questionamento da divisão sexual do trabalho e do papel tradicional da mulher na família e na sociedade também não poderia mais esperar. Todavia, diante do cenário de intensa repressão, o feminismo de segunda geração no Brasil buscou conciliar a luta pelas liberdades democráticas com as lutas das

---

383 PEDRO, Joana M. Corpo, prazer e trabalho. *In*: PINSKY, Carla; PEDRO, Joana M (org.). **Nova história das mulheres no Brasil**. São Paulo: Contexto, 2016, pp. 241-246.

384 Nós Mulheres foi um jornal publicado em São Paulo pela Associação de Mulheres, entre 1976 e 1978, com oito edições. "Esse tabloide artesanal era instrumento de divulgação de assuntos não veiculados na imprensa oficial, expressando o pensamento feminista e político de uma época. Vigorando em um contexto político marcado pela censura, o jornal viu-se obrigado a inovar em termos de linguagem e de abordagem. Hoje, o Nós Mulheres é importante fonte histórica sobre o feminismo e suas questões". Informações retiradas do *site* Fundação Carlos Chagas. Disponível em: https://www.fcc.org.br/conteudosespeciais/nosmulheres/. Acesso em: 24 out. 2019.

385 Mulherio foi uma publicação bimestral editada em São Paulo, entre 1981 e 1988, promovida por pesquisadoras da Fundação Carlos Chagas. Uma iniciativa oportuna, pois preencheu o vazio deixado pela divisão do movimento feminista em São Paulo em 1981. Tratou de temas como: a extensão da licença-maternidade para os pais (o jornal foi precursor dessa ideia no Brasil), a democracia doméstica, a situação da mulher negra e a existência de um movimento de mulheres negras. TELES, Maria Amélia A. **Breve história do feminismo no Brasil e outros ensaios**. São Paulo: Alameda, 2017.

386 BLAY, Eva A. Como as mulheres se construíram como agentes políticas e democráticas: o caso brasileiro. *In*: BLAY, Eva; AVELAR, Lúcia. **50 anos de feminismo**: Argentina, Brasil e Chile: a construção das mulheres como atores políticos e democráticos. São Paulo: EDUSP/Fapesp, 2017, p. 82.

mulheres, pois todo espaço de expressão era necessariamente preenchido pela luta pró-democracia, pelo fim da censura e da repressão e pela anistia aos presos políticos e exilados.

Embora o feminismo no Brasil historicamente tenha se identificado com movimentos de esquerda, nestes movimentos em geral não havia espaço para a discussão de gênero. Abriu-se uma fenda entre os movimentos feministas e as mulheres de partidos de esquerda, pois estas mantinham o discurso de priorizar a luta de classes ou o combate ao autoritarismo, relegando questões feministas, como a condição da mulher na sociedade brasileira e a redistribuição do poder entre os sexos, a um segundo plano. Uma característica pode explicar esta cisão: muitas mulheres militantes de esquerda não se identificavam como sujeitas à discriminação. "Esse foi um lento aprendizado no Brasil para mulheres de esquerda: poderem se identificar como oprimidas sem pertencer ao proletariado"[387].

A escolha da ONU por proclamar o ano de 1975 como Ano Internacional da Mulher e eleger o período 1975-1985 como a Década da Mulher favoreceu que o debate sobre a condição de opressão da mulher aparecesse no cenário público. Sob o governo Geisel, que prometia uma distensão política lenta, gradual e segura, as mulheres passaram a se reunir publicamente.

No Rio de Janeiro, um grupo de mulheres com o apoio da ONU e da Associação Brasileira de Imprensa (ABI) realizou entre os dias 30 de junho e 06 de julho de 1975, a "Semana de Pesquisas sobre o Papel e o Comportamento da Mulher Brasileira", onde se discutiu "a situação jurídica da mulher, sua inserção no mercado de trabalho, a educação e os papéis sexuais, as representações do feminino nas artes e nos meios de comunicação, além de aspectos vinculados ao corpo feminino".[388] Um verdadeiro oásis no deserto da repressão e da censura.

Em seguida, o Centro da Mulher Brasileira (CMB) foi fundado com o apoio da ONU no Rio de Janeiro, em 08 de setembro de 1975, visando formar grupos para refletir sobre a condição da mulher na sociedade[389].

---

387 PINTO, Celi R J. **Uma história do feminismo no Brasil**. São Paulo: Perseu Abramo, 2003, p. 62.

388 SOIHET, Rachel. Encontros e desencontros no Centro da Mulher Brasileira (CMB) anos 1970-1980. **Revista Gênero**. Niterói, v. 7, n. 2, pp. 237-254, 1º sem. 2007, p. 240.

389 MARQUES, Ana M.; ZATTONI, Andreia M. Feminismo e resistência: 1975 – o Centro da Mulher Brasileira e a Revista Veja. **História Revista**. Goiânia, v.19, n.2, 2014, p.61. Disponível em: https://doi.org/10.5216/hr.v19i2. Acesso em: 11 set. 19.

As feministas ligadas ao CMB tinham a intenção de "conscientizar" as camadas populares. Houve muito medo para criar o centro em razão do cerceamento das liberdades democráticas, pois ainda estava em vigor o AI-5, embora em processo de distensão lenta e gradual.

A ONU respaldou também a realização do Encontro para o Diagnóstico da Mulher Paulista, em São Paulo, em outubro de 1975. Este encontro deu origem ao Centro de Desenvolvimento da Mulher, que atuava em assuntos como creches e "salário igual para o trabalho igual"[390]. Houve uma forte expansão dos movimentos feministas, que adentrou em associações profissionais, partidos, sindicatos. Como consequência, desenvolveu-se também a pesquisa acadêmica sobre a mulher, o que contribuiu posteriormente para a formulação de políticas públicas específicas como delegacias da mulher e atenção especializada para a saúde da mulher.

Ainda em 1975, em Londrina/PR, o jornal Brasil Mulher (BM) foi criado por Joana Lopes com o apoio, inclusive financeiro, do Movimento Feminino pela Anistia (MFPA) presidido por Therezinha Zerbini[391]. O BM surgiu como porta-voz do MFPA, mas não era apenas um jornal da anistia, pois trazia questões da pauta feminista. O BM refletiu o esforço do feminismo que, como parte de um processo histórico, pretendia se integrar à luta geral em diálogo com a sociedade.

> O feminismo assim compreendido é uma ciência e uma prática que nascem das experiências individuais das mulheres, quando reelaboradas num contexto coletivo de mulheres. [...] Significa uma construção social na qual as mulheres refletem sobre as relações desiguais entre elas e os homens no que se refere ao poder e ao mesmo tempo na desigualdade existente entre os próprios homens, ora por serem pobres, por serem negros ou não-brancos, ora por serem homossexuais[392].

---

390 TELES, Amelinha; LEITE, Rosalina S. C. **Da guerrilha à imprensa feminista**: a construção do feminismo pós-luta armada no Brasil (1975-1980). São Paulo: Intermeios, 2013, p. 53.

391 Posteriormente, o MFPA rompeu com o BM, por divergências quanto à pauta feminista. DUARTE, Ana Rita Fonteles. O Movimento Feminino pela Anistia na luta consta a ditadura no Brasil: entrevista com Therezinha Zerbini. **Rev. Estud. Fem.**, v. 27, n. 1, Florianópolis, 2019.

392 TELES, Amelinha; LEITE, Rosalina S. C. **Da guerrilha à imprensa feminista**: a construção do feminismo pós-luta armada no Brasil (1975-1980). São Paulo: Intermeios, 2013, p. 73.

O BM era voltado para o público das mulheres dos meios populares: operárias, mulheres da periferia, faveladas, mulheres do campo. As matérias sobre problemas do cotidiano eram uma constante no jornal: falta de saneamento básico, falta de creches, escolas e postos de saúde, a carestia, as condições de trabalho, os congressos de trabalhadoras. Era lido nos sindicatos, comunidades populares, clubes de mães, movimentos estudantis, universidades e público da imprensa alternativa. Sua pauta se afastava da conhecida imprensa feminina – "cuja lógica é a de ser um produto massivo, que divulga um protótipo de mulher liberada e erotizada, mas que vive em função do homem", desconstruindo estereótipos e convocando as mulheres para uma nova construção social[393].

O jornal BM foi também um importante veículo para denunciar as condições da mulher trabalhadora, como, por exemplo, na matéria "De Millus feito com amor?", que relatava a dura realidade naquela fábrica. Cerca de 90% da força de trabalho era feminina e a maior parte era constituída por menores entre 14 e 18 anos, no sistema de aprendizagem em convênio com o SESI. Estas adolescentes trabalhavam 10 horas por dia e ganhavam menos de um salário mínimo; ao final de dois anos, eram dispensadas para que outras fossem contratadas em seu lugar. Além disso, contratavam operárias "por experiência" por três meses, sem nenhum salário, e as dispensavam sem pagar nada. As operárias eram obrigadas a pagar pelas peças com defeito; recebiam salário por produção e quando estavam mais hábeis em uma tarefa eram mudadas de setor, garantindo que seus salários não fossem muito mais do que o mínimo. A alimentação fornecida era péssima e cara, além de provocar "dor de estômago". O atendimento médico era precário e a chefia não aceitava abonar a falta de quem fazia pré-natal, ainda que o atestado fosse fornecido pelo próprio INPS. Apesar de ter majoritariamente mulheres em seu quadro de funcionários, a De Millus não mantinha creche.

O estopim para a greve foi a "minuciosa revista" pessoal introduzida no fim do expediente. No segundo dia de revista, as operárias se revoltaram com a extensa fila para recuperar seus pertences e, reunidas em bloco, exigiram em voz alta o fim das arbitrariedades. Convocado o 16º Batalhão da PM do Rio de Janeiro, começou a forte repressão com 150 policiais, 19 viaturas e um carro-choque. Seis operárias foram presas e outras sete, hospitalizadas. Duas operárias grávidas foram agredidas e uma sofreu aborto. No dia seguinte, embora tenham sido dispensadas do

---

393 TELES, Amelinha; LEITE, Rosalina S. C. **Da guerrilha à imprensa feminista**: a construção do feminismo pós-luta armada no Brasil (1975-1980). São Paulo: Intermeios, 2013, p. 76.

trabalho às 9h, cerca de mil operárias permaneceram em frente à fábrica, protestando organizadamente em pequenas passeatas pela rua para denunciar as péssimas condições de trabalho. A empresa decidiu suspender a revista. A coragem e a força das mulheres derrubaram não só o mito da fragilidade feminina, mas também a revista obrigatória na De Millus[394].

Além das publicações com forte preocupação social, as mulheres que contribuíam no BM atuaram em outras frentes, como na organização do I Encontro da Mulher Paulista em 1979. Contando com a participação de cerca de 900 mulheres, foram abordados os seguintes assuntos:

a. creches financiadas pelo Estado e empresas, próximas aos locais de moradia e trabalho;

b. equiparação salarial e igualdade de oportunidades profissionais para as mulheres;

c. direito a método contraceptivo seguro e assistência à saúde;

d. direito da mulher a optar por ter ou não filhos[395].

Apesar da livre discussão durante o encontro, ao final, houve manifestação do autoritarismo de algumas militantes, que, sem consulta às demais participantes, suprimiram algumas resoluções do documento final, como a descriminalização do aborto. No II Congresso da Mulher Paulista em 1980, algumas integrantes tentaram vetar a participação do grupo organizado de lésbicas e inibir a fala das mulheres negras[396]. Se nos espaços organizados da esquerda (partidos políticos e sindicatos) havia uma restrição à questão da mulher, dentro do movimento feminista também surgia restrição a demandas tidas como específicas (da mulher negra e da mulher lésbica)[397]. A despeito disso, após dois dias de discussão acalorada, o resultado foi bastante profícuo com o estabelecimento da seguinte pauta:

---

394 BRASIL MULHER. De Millus feito com amor? **Jornal Brasil Mulher**, n. 14, ano 3, nov. 1978, p. 3.

395 TELES, Amelinha; LEITE, Rosalina S. C. **Da guerrilha à imprensa feminista**: a construção do feminismo pós-luta armada no Brasil (1975-1980). São Paulo: Intermeios, 2013, p. 283.

396 OLIVEIRA, Júlia G. S. Dos encontros à União: a formação da União de Mulheres de São Paulo. **CLIO** – Revista de Pesquisa Histórica, n. 31, p. 2.

397 Convergindo com esta constatação, os textos de Lélia Gonzalez e Luiza Bairros registraram as resistências encontradas no chamado feminismo hegemônico. Este trabalhava com um conceito universal de mulher, ou seja, a mulher branca escolarizada de classe média, desconsiderando, e muitas vezes, rejeitando demandas de mulheres negras ou lésbicas.

- continuidade da luta por creches, financiadas pelo Estado e pelas empresas;
- pelo acesso à instrução profissional da mulher, em todos os níveis;
- contra o impedimento de a mulher ingressar em todos os cursos do Senai (Serviço Nacional de Aprendizagem Industrial);
- por salário igual para trabalho igual e pela carteira de trabalho assinada;
- pela extensão da CLT (Consolidação das Leis do Trabalho) às empregadas domésticas e aos serviços prestados em domicílio;
- - contra a discriminação da mãe solteira e da mãe gestante;
- pela abolição do controle de gestação pelas empresas;
- pela extensão da licença-maternidade para 4 semanas antes e 12 semanas após o parto;
- pelo atendimento materno infantil e valorização do atendimento pré-natal;
- contra a discriminação racial;
- organização de uma campanha de denúncia contra o conteúdo discriminatório da mulher em programas e anúncios de TV e rádio;
- educação sexual nas escolas e proposta de introdução de uma educação não sexista;
- organização de campanhas contra violência sexual, com esclarecimento sobre os direitos da mulher;
- divulgação e esclarecimento dos métodos anticoncepcionais e o funcionamento do corpo da mulher;
- realização de fóruns de debates e campanhas de denúncia sobre as condições em que são realizados os abortos;
- repúdio a todas as formas de controle de natalidade impostas pelo governo[398].

À pauta de reivindicações concretas, muitas delas relacionadas à questão da reprodução social, somaram-se as questões sobre corpo e sexualidade, a representatividade e a participação das mulheres nos movimentos e nos partidos políticos. O retorno das exiladas após a anistia de 1979 trouxe novos aportes ao movimento feminista, sobretudo a partir da experiência europeia. "Além disso, a própria experiência de vida no exterior, com uma organização doméstica distinta dos tradicionais padrões patriarcais da sociedade brasileira, repercutiu decisivamente tanto em sua vida pessoal quanto em sua atuação política [das exiladas]"[399].

---

398 TELES, Amelinha; LEITE, Rosalina S. C. **Da guerrilha à imprensa feminista**: a construção do feminismo pós-luta armada no Brasil (1975-1980). São Paulo: Intermeios, 2013, p. 284.

399 SARTI, Cynthia A. O feminismo brasileiro desde os anos 1970: revisitando uma trajetória. **Estudos feministas**, Florianópolis, v. 12, n. 2, maio-ago. 2004, p. 41.

Quando o CMB foi organizar o I Encontro Nacional de Mulheres, programado para 1979, novas sócias que haviam voltado do exílio perceberam a dificuldade de propor assuntos como aborto, contracepção, sexualidade e violência contra a mulher. Muitas mulheres se opuseram, houve muita discussão (e articulação), mas, ao final, com a adesão de várias fundadoras do CMB, conseguiram incluir estes temas no encontro[400]. Em abril de 1979, uma parte das integrantes, insatisfeita com o controle exercido por militantes do PCB dentro do CMB, se separou para fundar o Coletivo de Mulheres[401].

Apesar da resistência inicial de se incluir o tema da violência contra a mulher, posteriormente o CMB passou a priorizar esta luta, desde os casos de assédio sexual[402] até os casos de "assassinato em legítima defesa da honra", estupros e espancamentos. A atuação das mulheres no caso do assassinato de Ângela Diniz por Doca Street contribuiu para trazer ao debate público a questão. "O julgamento de Doca expressava claramente a maneira pela qual a sociedade brasileira resolvia as relações de poder entre os sexos: o masculino poderia impunemente assassinar uma mulher que não correspondesse ao seu papel tradicional". Contra esta mentalidade, 52 entidades feministas se reuniram em Cabo Frio, onde ele seria julgado, com faixas: "Quem ama não mata", "Abaixo a farsa da legítima defesa de honra" etc. A condenação do réu em seu segundo julgamento foi uma vitória das feministas e, com o processo de abertura política no final dos anos 1970, questões como a violência de gênero, antes encobertas para não prejudicar a luta pela democratização, já poderiam ser enfrentadas[403].

Em 1981, na disputa pela coordenação dos trabalhos do III Congresso da Mulher Paulista houve forte confronto entre o que

---

400 SOIHET, Rachel. Encontros e desencontros no Centro da Mulher Brasileira (CMB) anos 1970-1980. **Revista Gênero**. Niterói, v. 7, n. 2, pp. 237-254, 1º sem. 2007, pp. 245-248.

401 PEDRO, Joana M. Corpo, prazer e trabalho. *In*: PINSKY, Carla; PEDRO, Joana M (org.). **Nova história das mulheres no Brasil**. São Paulo: Contexto, 2016, p. 247.

402 O caso emblemático da recepcionista do Jornal do Brasil que denunciou um editor que a bolinara e foi dispensada ao denunciá-lo às instâncias superiores do jornal. As sete colegas de trabalho que lhe prestaram solidariedade também foram dispensadas.

403 SOIHET, Rachel. Encontros e desencontros no Centro da Mulher Brasileira (CMB) anos 1970-1980. **Revista Gênero**. Niterói, v. 7, n. 2, pp. 237-254, 1º sem. 2007, pp. 250-252.

Carlos Castro chamou de linha moderada (ou reformista) e linha revolucionária. A primeira linha, majoritária, priorizava aquilo que considerava problemas específicos do sexo feminino, enquanto a segunda preconizava a atuação das mulheres nos sindicatos de trabalhadores e nas comunidades de bairros, "com vistas a preparar o terreno para a revolução popular". A controvérsia foi tão intensa que foram realizados dois Congressos paralelos: a ala reformista se reuniu na Pontifícia Universidade Católica de São Paulo (PUC-SP) e a revolucionária, no estádio do Pacaembu, em São Paulo[404].

Esta cisão em São Paulo repercutiu nas organizações de mulheres em outros Estados. Segundo Maria Teles, "marcas profundas ficaram nas ativistas". Ela afirma que a interferência de partidos políticos de esquerda (os únicos presentes no movimento feminista) foi determinante na divisão do movimento paulista, pois as militantes dos partidos disputaram "a hegemonia do movimento, sem respeitar a dinâmica, a organização, o funcionamento e as decisões do conjunto das mulheres". Além disso, os partidos de esquerda revolucionária não aceitavam bandeiras específicas das mulheres, como o direito de a mulher decidir sobre seu próprio corpo, por entenderem a proposta como burguesa e individualista[405]. Sobre a contínua controvérsia sobre a prioridade que se devia dar à questão de classe em detrimento da questão da opressão das mulheres, o jornal Nós Mulheres se posicionou no sentido de que a transformação das estruturas econômicas e sociais não teria como consequência imediata a emancipação das mulheres:

> Uma coisa parece clara e a História é quem se encarrega de nos mostrar: a transformação das estruturas econômicas e sociais não é suficiente para libertação de homens e mulheres. Se ela é, sem dúvida, a condição necessária de qualquer revolução, ela, por si só, não garante a transformação de todos os níveis da existência humana. [...] Alguns dirão que para aqueles que sentem fome e frio, a questão econômica é a única premente. Concordamos. No entanto, isso não invalida o argumento de que **a batalha deve ser travada em todos os campos**. Seria negar o grande desafio que nos é colocado: a transformação da sociedade envolve mudanças profundas no pensamento, na arte, nas relações afetivas sexuais entre homens e mulheres. O feminismo aparece dentro dessa nova concepção de política[406] (grifei).

---

404 CASTRO, Carlos R. S. **O princípio da isonomia e a igualdade da mulher no direito constitucional**. São Paulo: Forense, 1983, pp. 185-186.

405 TELES, Maria Amélia A. **Breve história do feminismo no Brasil e outros ensaios**. São Paulo: Alameda, 2017, p. 116.

406 NÓS MULHERES. Editorial. **Jornal Nós Mulheres**, n. 8, jun.-jul. 1978, p. 2.

Joana Pedro explica que os partidos políticos e determinados grupos de esquerda tentaram cooptar e aparelhar o movimento feminista e as ramificações autônomas dos movimentos de mulheres, inclusive enviando as militantes dos partidos para os grupos de mulheres para fazer proselitismo. Essas missões, porém, tiveram dois efeitos "colaterais": muitas das militantes partidárias enviadas acabaram se tornando efetivamente feministas e a presença das mulheres de esquerda suscitou a incorporação da questão de classe social à pauta do feminismo brasileiro, que passou a dar atenção à mulher trabalhadora e incorporou as lutas pela participação das mulheres nos sindicatos, pelos direitos das empregadas domésticas, pela saúde e segurança das mulheres no trabalho e contra o assédio sexual no trabalho[407].

Para além das dificuldades por causa da ditadura militar e das tentativas de cooptação pela esquerda, as feministas tiveram ainda que lidar com o forte antifeminismo – preconceito contra o feminismo – presente na sociedade brasileira nos anos 1970 e 1980, o que levava à ausência de referências explícitas ao feminismo nos títulos de periódicos que veiculavam suas ideias[408]. Em razão do preconceito, o termo feminismo tinha uma conotação pejorativa e estereotipada, como sendo uma luta de mulheres masculinizadas, feias, lésbicas, mal-amadas, ressentidas e anti-homens, criticada por homens e mulheres, da direita ou da esquerda.

> Para a direita era um movimento imoral, portanto perigoso. Para a esquerda, reformismo burguês, e para muitos homens e mulheres, independentemente de sua ideologia, feminismo tinha uma conotação antifeminina. A imagem do feminismo *versus* feminino repercutiu inclusive internamente ao movimento, dividindo seus grupos com denominações excludentes[409].

A despeito destas dificuldades, o movimento feminista ganhou força paulatinamente. Avançando no campo político, as feministas passaram a ocupar espaços institucionais – como os conselhos da condição da mulher – e cargos eletivos, o que foi fundamental para que determinadas reivindicações e discussões aparecessem na Assembleia Nacional Constituinte, que viria a ocorrer alguns anos depois.

---

407 PEDRO, Joana M. Corpo, prazer e trabalho. *In*: PINSKY, Carla; PEDRO, Joana M (org.). **Nova história das mulheres no Brasil**. São Paulo: Contexto, 2016, pp. 252-254.

408 PEDRO, Joana M. Corpo, prazer e trabalho. *In*: PINSKY, Carla; PEDRO, Joana M (org.). **Nova história das mulheres no Brasil**. São Paulo: Contexto, 2016, p. 249.

409 SARTI, Cynthia A. O feminismo brasileiro desde os anos 1970: revisitando uma trajetória. **Estudos feministas**, Florianópolis, v. 12, n. 2, maio-ago. 2004, p. 40.

3.5. MOVIMENTO DE MULHERES NEGRAS

A trajetória de Lélia Gonzalez coincide com a história do movimento de mulheres negras no Brasil, que surgiu a partir do movimento feminista – chamado hegemônico – e do movimento negro. Não desconsidero as inúmeras mulheres negras que militaram em defesa da liberdade e por direitos anteriormente, seja em atuação individual, seja em outras organizações – como no caso das associações de trabalhadoras domésticas, formadas em grande parte por mulheres negras. Contudo, o que se considera aqui como movimento social é a ação coletiva que se funda com "identidades diversas; mostra a pluralidade de opressões e projetos na trama social visível apenas através destas identidades; sinaliza para a recodificação dos lugares, do tempo e do sentido da política e das próprias noções de conflito, igualdade, participação e coletividade"[410]. Não se trata, portanto, de bloco monolítico de características rígidas e imutáveis, podendo até contar com certa diversidade dentro do grupo.

Lélia Gonzalez reconhecia a importância do feminismo como teoria e prática ao apresentar questões sobre o "novo jeito de ser mulher" e estimular a formação de grupos e redes, desempenhando um papel fundamental nas lutas e conquistas[411]. Todavia, a perspectiva a partir da classe média branca não favorecia às protagonistas do feminismo hegemônico a compreensão de que, no cenário nacional pós-1964, o "milagre econômico" brasileiro não beneficiou as massas, em que se inclui um grande contingente de pessoas negras. Ao contrário, os resultados que tiveram foram o empobrecimento, em virtude da política de arrocho salarial; e o desemprego, por causa do fechamento das pequenas empresas e do desaparecimento das pequenas propriedades rurais, diante da entrada agressiva do capital estrangeiro na economia brasileira, seja na indústria (grandes indústrias), seja no campo (latifúndios). A força de trabalho não qualificada, composta majoritariamente por trabalhadores negros, foi escoada na construção civil (de grandes obras e muitas vidas anônimas ceifadas) e na prestação de serviços (limpeza urbana, serviços domésticos, segurança, correios,

---

410 PAOLI, Maria C. As ciências sociais, os movimentos sociais e a questão de gênero. **Novos Estudos Cebrap**. São Paulo, n. 31, out. 1991.

411 GONZALEZ, Lélia. Por um feminismo afrolatinoamericano (1988). *In*: GONZALEZ, Lélia. **Primavera para as rosas negras**: Lélia Gonzalez em primeira pessoa... Diáspora Africana: Filhos da África, 2018, p. 308.

transportes urbanos etc.). O êxodo rural e a correspondente urbanização tiveram como impacto o aumento do número de favelas nas grandes cidades, ao que Lélia Gonzalez propôs uma reinterpretação da teoria do lugar natural de Aristóteles: o lugar natural do grupo branco dominante são moradias amplas, em belos bairros e com diversos tipos de policiamento; enquanto o lugar natural do grupo negro é a favela, o cortiço, as invasões e os conjuntos habitacionais, em verdadeira divisão racial do espaço[412].

As críticas tecidas por Lélia Gonzalez em face do feminismo hegemônico foram apresentadas no Capítulo 1, das quais retomo a necessidade de se reconhecer o lugar de privilégio das mulheres brancas, que foram liberadas do trabalho doméstico desenvolvido por mulheres negras, a partir do qual tiveram vantagem em termos de acesso à educação e ao mercado de trabalho; e o conceito universalizante da mulher, baseado na mulher branca de classe média, que invisibilizava a mulher negra e suas demandas. Estes problemas não são apenas teóricos, mas também de ordem prática, pois influenciavam a atuação do movimento. Ademais, havia questões tão relevantes que não bastavam aparecer como pautas específicas, como no caso de discriminação racial. Esta não deveria ser um problema apenas das mulheres negras, mas sim de todas e todos, conforme as palavras de Sueli Carneiro:

> O primeiro efeito de tal discurso é de colonização, ou seja, as portadoras de problemáticas distintas tendem a ajustar suas complexidades ao campo explicativo fornecido por essa hipotética identidade feminina. As dificuldades de tal ajuste têm resultado ora em adequação e crítica, ora em oposição radical, ora em demarcação de especialidade no interior desses discursos que funcionam como elementos "aperfeiçoadores" do mesmo que, tal como as cartas de programas dos partidos políticos, constituem-se em subtemas das questões gerais do Movimento Feminista: a mulher negra, a mulher indígena, a mulher lésbica etc. Ora, ao falar de mulheres negras e de discriminação racial, não se está falando de nenhuma minoria, ou subtema. [...] Portanto, dada a importância numérica da população feminina descendente de negros, bem como dos problemas decorrentes do racismo que atinge tal contingente feminino, a variável cor deveria se introduzir necessariamente como componente indispensável na configuração efetiva do Movimento Feminista[413].

---

412 GONZALEZ, Lélia. O movimento negro na última década (1982). *In*: GONZALEZ, Lélia. **Primavera para as rosas negras**: Lélia Gonzalez em primeira pessoa... Diáspora Africana: Filhos da África, 2018, pp. 143-145.

413 CARNEIRO, Sueli. Mulher negra (1985). **Escritos de uma vida**. São Paulo: Pólen Livros, 2019, pp. 48-49.

Diante da necessidade de ter suas demandas reconhecidas, tudo indica que o movimento de mulheres negras surgiu dentro do movimento negro carioca existente antes do Movimento Negro Unificado (MNU)[414], que Lélia Gonzalez ajudou a fundar. As mulheres negras já sentiam a necessidade de se encontrar antes da realização das reuniões com todos, para discutir suas questões separadamente, sobre o que Lélia Gonzalez registrou a contrariedade dos companheiros homens:

> É claro que pintou machismo e paternalismo, mas também solidariedade e entendimento. O atraso de alguns manifestou-se num tipo de moralismo calvinista e machista, que caracterizava o quanto se sentiam ameaçados pela capacidade e sensibilidade das companheiras mais brilhantes; em seus comentários, falavam de mal-amadas e coisas que tais (baixaria mesmo). Desnecessário dizer que suas esposas ou companheiras nunca participaram de tais reuniões, na medida em que ficavam em casa cuidando das crianças, da casa etc., o que é sintomático[415].

O movimento negro no período republicano é dividido em três períodos: entre o final do século XIX e os anos 1930, quando a organização se dava por meio de agremiações – como a Frente Negra Brasileira (FNB) – e publicação de jornais; nos anos 1940/1950, por meio do teatro – em especial o Teatro Experimental do Negro, dirigido por Abdias do Nascimento –, da imprensa, de eventos "acadêmicos" e ações no sentido de sensibilizar a elite branca para as condições da população negra no país; a partir dos anos 1970, quando se articularam grupos de estudos, manifestações públicas, comitês de base e um movimento nacional, além das formas anteriores (agremiações, imprensa etc.)[416].

No chamado Movimento Negro Contemporâneo (pós-1970), a música teve papel importante no fortalecimento da identidade negra com destaque para a fundação do bloco afro Ilê Aiyê em Salvador em 1974 e a difusão da *soul music* iniciada no Rio de Janeiro. Cantores famosos como James Brown, Toni Tornado e Tim Maia eram símbolos culturais do *black power*, enquanto as figuras dos líderes da luta antirracista

---

414 BAIRROS, Luiza. Lembrando Lélia Gonzalez (1935-1994). **Afro-Ásia**. n. 23. Salvador, 2000, p. 2.

415 GONZALEZ, Lélia. O movimento negro na última década. *In*: GONZALEZ, Lélia; HASENBALG, Carlos. **Lugar de negro**. Rio de Janeiro: Marco Zero, 1982, pp. 34-35.

416 SANTOS, Natália N. S. **A voz e a palavra do movimento negro na Assembleia Nacional Constituinte** (1987/1988): um estudo das demandas por direitos. Orientadora: Marta Rodriguez de Assis Machado. Dissertação (Mestrado). Escola de Direito de São Paulo da Fundação Getúlio Vargas, 2015, pp. 41-42.

estadunidense Malcolm X e Martin Luther King e os Panteras Negras reforçavam a simbologia da ação política negra.[417]

Os espaços dos bailes *black* na década de 1970 eram importantes para o lazer da juventude negra e, ao mesmo tempo, para a resistência cultural e a consciência política. Isso não passou despercebido pelo SNI, que mantinha observadores naqueles espaços. Importante lembrar que a Lei de Segurança Nacional era interpretada de forma a coibir os movimentos sociais, de forma que a luta antidiscriminatória era tipificada no artigo 39, VI, do Decreto-Lei n. 898, de 29 de setembro de 1968, pois manifestar-se contra o racismo era considerado "incitá-lo": "Artigo 39. Incitar: [...] VI – Ao ódio ou à discriminação racial: Pena: reclusão, de 10 a 20 anos".

Se a posição oficial era a de que no Brasil vigorava a democracia racial, o aparato repressor parecia pensar de forma diversa, considerando o racismo um assunto subversivo. Assim, ao invés de o Estado combater a discriminação racial, criminalizava o seu combate. Neste sentido, a historiadora Raquel Barreto levantou nos fichários do Departamento de Ordem Política e Social (DOPS) do Rio de Janeiro que as informações sobre Lélia Gonzalez apareceram pela primeira vez em 1972, para verificação de possível envolvimento em "recrutamento de adeptos à doutrina marxista" na Universidade Gama Filho, onde era professora de filosofia. As referências a Lélia Gonzalez voltaram em 1978, relacionando-a ao movimento negro. Neste período, ela foi acompanhada de perto e teve algumas de suas palestras sobre as relações raciais no Brasil gravadas e transcritas nos relatórios[418].

A participação no movimento negro favoreceu um amadurecimento das mulheres negras em termos de ação coletiva, o que as levou a marcar posição no encontro de mulheres "Semana de Pesquisas sobre

---

417 Em outra perspectiva, Lélia Gonzalez criticava a apropriação das escolas de samba e do carnaval pelo regime militar, que reconhecia a importância das formas organizativas da comunidade negra para difundir ideias como os efeitos da "revolução" de 1964, exaltados pela Beija Flor em seu primeiro desfile no primeiro grupo. GONZALEZ, Lélia. O movimento negro na última década (1982). *In:* GONZALEZ, Lélia. **Primavera para as rosas negras**: Lélia Gonzalez em primeira pessoa... Diáspora Africana: Filhos da África, 2018, pp. 153-154.

418 BARRETO, Raquel de Andrade. **"Enegrecendo o feminismo" ou "Feminizando a raça"**: narrativas de libertação em Angela Davis e Lélia Gonzales. Dissertação (Mestrado). Orientador: Marco Antonio Villela Pamplona. Rio de Janeiro: PUC-Rio, Departamento de História, 2005, p. 24.

o Papel e o Comportamento da Mulher Brasileira", promovido entre os dias 30 de junho e 06 de julho de 1975 pela ONU e ABI, no Rio de Janeiro. No dia 02 de julho de 1975, um grupo de jovens mulheres negras entregou um documento que abordava o tratamento dispendido à mulher negra brasileira:

> O destino da mulher negra no continente americano, assim como de todas as suas irmãs da mesma raça, tem sido, desde a sua chegada, ser uma coisa, um objeto de produção ou de reprodução sexual. Assim, a mulher negra brasileira recebeu uma herança cruel: ser não apenas o objeto de produção (assim como o homem negro também o era), mas, mais ainda, ser um objeto de prazer para os colonizadores. O fruto dessa covarde procriação é o que agora é aclamado como o único produto nacional que não pode ser exportado: a mulher mulata brasileira. Mas se a qualidade deste "produto" é tida como alta, o tratamento que ela recebe é extremamente degradante, sujo e desrespeitoso[419].

Outras organizações surgiram nos anos 1970 para discutir a situação dos negros na sociedade brasileira. No Rio de Janeiro, a partir da Universidade Cândido Mendes, foram criados: Sociedade de Intercâmbio Brasil-África (SINBA), Instituto de Pesquisas de Culturas Negras (IPCN) e Centro de Estudos Afro-Asiáticos (CEAA), grupos nos quais Lélia Gonzalez atuou, com destaque para o IPCN[420]. Estes grupos integraram, com outras associações cariocas e clubes negros, o Movimento Negro Unificado Contra a Discriminação Racial (MNUCDR), fundado em São Paulo em 18 de junho de 1978, e posteriormente renomeado como Movimento Negro Unificado (MNU).

No dia 07 de julho de 1978, foi organizado o primeiro ato público do MNU em resposta à morte sob tortura do jovem negro Robson da Luz, detido acusado de furtar frutas em uma feira em Guaianazes, zona leste de São Paulo; à morte pela polícia militar do operário negro Newton Lourenço, no bairro da Lapa; e ao impedimento de quatro jovens atletas negros de adentrar no Clube de Regatas Tietê. Em frente às escadarias do Theatro Municipal de São Paulo, mais de duas mil pessoas protestaram contra a violência e a discriminação racial.

---

419 Lélia Gonzalez registrou que da convivência com estas irmãs negras é que despertou em si a consciência da "própria especificidade". GONZALEZ, Lélia. O movimento negro na última década. *In*: GONZALEZ, Lélia; HASENBALG, Carlos. **Lugar de negro**. Rio de Janeiro: Marco Zero, 1982, pp. 35-36.

420 RATTS, Alex; RIOS, Flavia. **Lélia Gonzalez**. São Paulo: Selo Negro Edições, 2010, p. 82.

O advento do MNU foi acompanhado por uma série de formulações: estatuto, carta de princípios[421], regimento etc. As primeiras ações do MNU foram no sentido de se adotar o voto racial[422]; denunciar os casos de violência policial – com a interessante tese de Lélia Gonzalez defendida junto ao Comitê Brasileiro pela Anistia, de que "o negro brasileiro também é prisioneiro político, na medida em que é colocado sob suspeita e preso pelo simples fato de ser negro" –; promover manifestações em praça pública – como o "enterro" da Lei Afonso Arinos[423],

---

421 CARTA DE PRINCÍPIOS. Nós, membros da população negra brasileira – entendendo como negro todo aquele que possui na cor da pele, no rosto ou nos cabelos, sinais característicos dessa raça –, reunidos em Assembleia Nacional, CONVENCIDOS da existência de: discriminação racial; marginalização racial, política, econômica, social e cultural do povo negro; péssimas condições de vida; desemprego; subemprego; discriminação na admissão em empregos e perseguição racial no trabalho; condições sub humanas de vida dos presídios; permanente repressão, perseguição e violência policial; exploração sexual, econômica, social da mulher negra; abandono e mal tratamento dos menores, negros em sua maioria; colonização, descaracterização, esmagamento e comercialização de nossa cultura; mito da democracia racial. *RESOLVEMOS juntar nossas* forças e lutar por: defesa do povo negro em todos os aspectos políticos, econômicos, sociais e culturais através da conquista de maiores oportunidades de emprego; melhor assistência à saúde, à educação e à habitação; reavaliação da cultura negra e combate sistemático à sua comercialização, folclorização e distorção; extinção de todas as formas de perseguição, exploração, repressão e violência a que somos submetidos; liberdade de organização e de expressão do povo negro. E CONSIDERANDO ENFIM QUE: nossa luta de libertação deve ser somente dirigida por nós; queremos uma nova sociedade onde todos realmente participem; como não estamos isolados do restante da sociedade brasileira. NOS SOLIDARIZAMOS: a) com toda e qualquer luta reivindicativa dos setores populares da sociedade brasileira que vise a real conquista de seus direitos políticos, econômicos e sociais; b) com a luta internacional contra o racismo. POR UMA AUTÊNTICA DEMOCRACIA RACIAL! PELA LIBERTAÇÃO DO POVO NEGRO!

422 "Este último [voto racial] significava o estabelecimento de uma plataforma das exigências da comunidade negra, primeiramente apresentadas aos candidatos negros e, caso não a encampassem (o que acabou ocorrendo), aos candidatos progressistas da oposição, em seguida, para que a divulgassem durante a campanha e buscassem efetivá-la durante o mandato". GONZALEZ, Lélia. O movimento negro unificado contra a discriminação racial (MNU). *In*: GONZALEZ, Lélia; HASENBALG, Carlos. **Lugar de negro**. Rio de Janeiro: Marco Zero, 1982, p. 53.

423 O movimento negro tinha muitas críticas à Lei 1.390, de 3 de julho de 1951, conhecida como Lei Afonso Arinos, que, embora tivesse o mérito de ser a primeira lei que combatesse a discriminação racial, na prática, não produzia efeito. Isso porque a prática de ato resultante de preconceito de raça ou cor constituía contravenção penal e não crime. Assim, a igualdade racial era vista como um bem jurídico

em São Paulo, e passeatas por ocasião do 20 de novembro[424] –; e iniciar trabalhos junto à comunidade negra[425].

Importante destacar que, enquanto o movimento negro se desenvolvia nos setores das classes médias negras, o movimento de favelas se organizou a partir do subproletariado urbano em associações de moradores. O movimento de favelas trazia reivindicações para dar conta de necessidades do cotidiano, tais como: habitação, saneamento básico, transporte, educação, saúde, e pauta específica como o título de propriedade do solo urbano que elas ocupam. O diálogo entre o movimento negro e o de favelas foi enriquecedor para ambos os grupos, que contavam com presença significativa de mulheres negras[426].

No I Congresso do MNU, foi levantada a condição das mulheres negras. Houve "denúncia do branqueamento do homem negro, em termos de casamento" e foram discutidos problemas relativos à educação das crianças negras, ao controle de natalidade, à participação da mulher negra na luta contra o racismo e à situação da mulher negra trabalhadora doméstica "no quadro da reprodução do racismo (inclusive por parte de muitas militantes brancas do movimento de mulheres)"[427].

Durante o Encontro Nacional da Mulher, realizado no Rio de Janeiro em março de 1979, Lélia Gonzalez notou a resistência das participantes quando se começou a falar do racismo e suas práticas em termos de mulheres negras. Das discussões, extraiu um duplo sintoma: o "atraso político", incluindo de grupos mais progressistas, e a necessidade de

---

menos importante do que a propriedade, por exemplo. Ademais, apenas a prática em determinados ambientes públicos seria punível, deixando a maior parte das agressões sem qualquer consequência.

424 O movimento negro não comemora o dia 13 de maio de 1888, data da assinatura da Lei Áurea, como o marco da libertação do povo diaspórico, e sim o dia 20 de novembro de 1695, data da morte de Zumbi dos Palmares, marco da resistência negra contra a escravização.

425 GONZALEZ, Lélia. O movimento negro unificado contra a discriminação racial (MNU). *In*: GONZALEZ, Lélia; HASENBALG, Carlos. **Lugar de negro**. Rio de Janeiro: Marco Zero, 1982, p. 60.

426 GONZALEZ, Lélia. Mulher negra (1983). *In*: GONZALEZ, Lélia. **Primavera para as rosas negras**: Lélia Gonzalez em primeira pessoa… Diáspora Africana: Filhos da África, 2018, p. 274.

427 GONZALEZ, Lélia. O movimento negro unificado contra a discriminação racial (MNU). *In*: GONZALEZ, Lélia; HASENBALG, Carlos. **Lugar de negro**. Rio de Janeiro: Marco Zero, 1982, p. 63.

as feministas brancas negarem o racismo para ocultar a exploração da mulher negra pela mulher branca. No Primeiro Congresso da Mulher Fluminense realizado no ano seguinte, todavia, as mulheres negras, já organizadas nos grupos Luiza Mahin e Aqualtune, conseguiram aprovar todas as propostas por unanimidade na plenária, demonstrando a mudança na perspectiva feminista com relação à questão racial[428].

Em 1985, Lélia Gonzalez registrou que apesar de remanescerem práticas sexistas no interior no MNU, as mulheres e os companheiros homossexuais conquistaram o direito de discutir suas necessidades em congressos. "E isto, num momento em que as esquerdas titubeavam sobre 'tais questões', receosas de que viessem a "dividir a luta do operariado"[429]. Assim, o espaço dialógico dentro do MNU parecia estar mais preparado para acolher demandas e falas de outras minorias, em um exercício democrático.

No entanto, a relação do movimento feminista com as mulheres negras encontrava desafios nas questões de raça e de classe, como no caso da escolha de uma mulher para representar o movimento de mulheres no comício das Diretas Já no Rio de Janeiro, em que uma militante feminista branca se insurgiu contra a indicação de uma mulher negra favelada[430]. As mulheres negras dos movimentos feminista, negro e de favelas passaram a se apoiar e a atuar conjuntamente. Neste contexto, a então vereadora carioca "mulher negra e favelada" – tal como ela preferia ser apresentada – Benedita da Silva promoveu o I Encontro de Mulheres de Favelas e Periferias em julho de 1983. Além disso, o período coincide com a criação do Nzinga Coletivo de Mulheres Negras, em 16 de junho de 1983, na sede da Associação de Moradores do Morro dos Cabritos, Rio de Janeiro, unindo mulheres dos movimentos negro e de favelas, dentre as quais cito Lélia Gonzalez

---

428 GONZALEZ, Lélia. A mulher negra na sociedade brasileira: uma abordagem político-econômica (1979). *In*: GONZALEZ, Lélia. **Primavera para as rosas negras**: Lélia Gonzalez em primeira pessoa… Diáspora Africana: Filhos da África, 2018, p. 48.

429 GONZALEZ, Lélia. Mulher negra (1983). *In*: GONZALEZ, Lélia. **Primavera para as rosas negras**: Lélia Gonzalez em primeira pessoa… Diáspora Africana: Filhos da África, 2018, p. 277.

430 GONZALEZ, Lélia. Mulher negra (1983). *In*: GONZALEZ, Lélia. **Primavera para as rosas negras**: Lélia Gonzalez em primeira pessoa… Diáspora Africana: Filhos da África, 2018, p. 278.

e Jurema Batista[431], com o apoio de Benedita da Silva. O objetivo do coletivo era trabalhar com mulheres negras de baixa renda, o que foi determinante para a escolha do espaço onde seriam desenvolvidas suas atividades. A experiência do Nzinga foi bem-sucedida em aproximar os movimentos sociais negro e feministas das bases populares nas camadas menos favorecidas da sociedade, reunindo mulheres de diferentes posições sociais e diversas experiências de formação associativa[432]. O coletivo publicou o NZINGA Informativo entre 1985 e 1989[433].

Flávia Rios observa que, a partir de 1986, houve um aumento significativo de grupos de mulheres negras por todo país, ganhando identidade própria, ainda que se valessem de estruturas organizativas dos movimentos feministas e negros. A intersecção entre a questão de gênero e a racial, ou seja, a identidade da mulher negra, inovava o repertório discursivo do período[434]. Neste sentido, a produção textual de Lélia Gonzalez nos ajuda a ter uma dimensão dos impactos destas discriminações contra a mulher negra.

> Ser negra e mulher no Brasil, repetimos, é ser objeto de **tripla discriminação**, uma vez que os estereótipos gerados pelo racismo e pelo sexismo a colocam no mais baixo nível de opressão. Enquanto seu **homem é objeto da perseguição, repressão e violência policiais** (para o cidadão negro brasileiro, desemprego é sinônimo de vadiagem; é assim que pensa e age a polícia brasileira), ela se volta para a prestação de serviços domésticos junto às famílias de classes média e alta da formação social brasileira. Enquanto **empregada doméstica**, ela sofre um reforço quanto à **internalização da diferença, da subordinação e da "inferioridade"** que lhe seriam peculiares. É tudo isto acrescido pelos problemas da dupla jornada que ela, mais do que ninguém, tem de enfrentar.[435] (grifei)

---

431 GONZALEZ, Lélia. Mulher negra (1983). *In*: GONZALEZ, Lélia. **Primavera para as rosas negras**: Lélia Gonzalez em primeira pessoa... Diáspora Africana: Filhos da África, 2018, p. 279.

432 RATTS, Alex; RIOS, Flavia. **Lélia Gonzalez**. São Paulo: Selo Negro Edições, 2010, p. 98.

433 FREITAS, Viviane G. Mulheres Negras e família: o debate na imprensa feminista brasileira. **Revista Feminismos**. V. 6, n.1. Salvador: UFBA, 2018.

434 RIOS, Flavia. A cidadania imaginada pelas mulheres afro-brasileiras. *In*: BLAY, Eva; AVELAR, Lúcia. **50 anos de feminismo**: Argentina, Brasil e Chile: a construção das mulheres como atores políticos e democráticos. São Paulo: EDUSP/Fapesp, 2017, pp. 239-240.

435 GONZALEZ, Lélia. A mulher negra na sociedade brasileira: uma abordagem político-econômica (1979). *In*: GONZALEZ, Lélia. **Primavera para as rosas negras**:

A atuação de mulheres negras, tais como Lélia Gonzalez, Sueli Carneiro[436] e Beatriz Nascimento[437] nas universidades também foi expressiva, uma ponte importante para inserção nos círculos acadêmicos e políticos. Além disso, as mulheres negras colaboraram ativamente em espaços institucionais, como no Conselho Estadual da Condição Feminina, em São Paulo, (CECFSP), criado em 1983, no governo de André Franco Montoro. A participação de mulheres negras neste conselho foi uma vitória da mobilização de ativistas negras, pois apenas mulheres brancas haviam sido inicialmente indicadas. As mulheres que se mobilizaram nesta luta fundaram em 1984 o Coletivo de Mulheres Negras de São Paulo[438]. Na primeira gestão do CECFSP[439], Sueli Carneiro e Thereza Santos produziram uma publicação em que apresentavam a situação das mulheres negras no estado de São Paulo, demonstrando as disparidades em termos de grau de escolaridade e inserção no mercado de trabalho a partir do recorte racial dentro do segmento feminino. Foi o primeiro trabalho institucional com a perspectiva interseccional no Brasil e que concluiu, em 1985, pela "existência de uma divisão racial e sexual do trabalho que acentua desníveis sociais no âmbito da estrutura socioeconômica e cultural do país"[440], cuja reversão dependeria de

---

Lélia Gonzalez em primeira pessoa... Diáspora Africana: Filhos da África, 2018, pp. 44-45.

436 Sueli Carneiro, filósofa e ativista negra, foi fundadora do Geledés – Instituto da Mulher Negra em São Paulo no ano de 1988 e integrou o Conselho Nacional dos Direitos da Mulher (CNDM), por ocasião da ANC, ao lado de Lélia Gonzalez.

437 Maria Beatriz Nascimento foi historiadora, poeta, militante do Movimento Negro Contemporâneo e produziu o documentário Orí. Assassinada em 1995, deixou uma importante produção textual sobre a história do Brasil a partir da perspectiva negra.

438 RODRIGUES, Cristiano. Feminismo negro e interseccionalidade: práxis política e a consolidação de um pensamento sociopolítico para além das margens. **Feminismos em rede**, 2019.

439 A primeira presidenta do Conselho Estadual da Condição Feminina em São Paulo foi Zuleika Alambert, que havia retornado ao Brasil após a anistia em 1979. SCHUMAHER, Schuma; BRAZIL, Érico V. (org.). **Dicionário Mulheres do Brasil**: de 1500 até a atualidade. Rio de Janeiro: Jorge Zahar, 2000, p. 534.

440 CARNEIRO, Sueli. Mulher negra (1985). **Escritos de uma vida**. São Paulo: Pólen Livros, 2019, p. 56.

[...] um **esforço educacional** centrado na população negra; da instauração de **medidas legislativas e punitivas** no combate à discriminação racial em todas as suas manifestações, e em especial, no mercado de trabalho; do **combate sistemático aos estereótipos negativos** veiculados sobre os negros nos meios de comunicação de massa, nos livros didáticos etc.[441] (grifei)

A questão do trabalho da população negra deve enfrentar a discriminação racial, tanto no acesso aos recursos materiais (educação, por exemplo) quanto na dimensão cultural dos estereótipos negativos. Neste sentido, o Coletivo de Mulheres Negras de São Paulo, em documento de março de 1985, proclamou:

> Nós mulheres negras representamos a maior violência que uma sociedade machista e racista tende a perpetuar..., por isso lutamos pelos direitos da mulher, que para nós significa antes de tudo o direito e respeito à diferença... por isso lutamos também pela Constituinte, confiantes de que a igualdade entre os sexos e o reconhecimento da equivalência racial realizam os anseios de todas nós por uma sociedade democrática, que só pode ser consolidada através do pleno exercício dos direitos civis.
>
> Portanto, acreditamos que a conquista da **equiparação entre os sexos e entre as raças**, aliados à criação de formas democráticas de **convivência social e racial**, são as condições necessárias para se atingir a **pacificação social**, que para nós significa, entre outras coisas, a **supressão da violência policial** contra a população negra, **o fim do desemprego** que nos atinge em trágica escala e a garantia de **participação igualitária nos bens e valores produzidos socialmente**[442]. (grifei)

Na inserção das mulheres negras no mercado de trabalho, para além das condições materiais de nível de qualificação e de educação formal, há ainda o reflexo da estética branca, disfarçada na exigência de "boa aparência" para os postos de trabalho feminino, o que indica "a reserva de parcela do mercado de trabalho para as mulheres brancas". Sueli Carneiro ressalta ainda que "a conjugação das discriminações de raça, sexo e classe implica em tríplice militância, visto que nenhuma solução efetiva para os problemas que nos atingem pode advir da alienação de qualquer desses três fatores"[443].

---

441 CARNEIRO, Sueli. Mulher negra (1985). **Escritos de uma vida**. São Paulo: Pólen Livros, 2019, p. 58.

442 CARNEIRO, Sueli. Mulher negra (1985). **Escritos de uma vida**. São Paulo: Pólen Livros, 2019, pp. 58-59.

443 CARNEIRO, Sueli. Mulher negra (1985). **Escritos de uma vida**. São Paulo: Pólen Livros, 2019, p. 55.

As mulheres negras problematizaram a distância entre a igualdade jurídica e a desigualdade material nas relações sociais, além da simultaneidade entre as demandas por redistribuição e reconhecimento, ou seja, o quanto a injustiça socioeconômica tem correlação com a injustiça cultural ou simbólica. Pensar a condição da mulher negra no raciocínio de Nancy Fraser[444] permite sistematizar que a injustiça tem dimensão econômica, pois gênero e raça estruturam a divisão do trabalho e atribuem às mulheres negras os postos mais precarizados e, muitas vezes, coincidentes com o trabalho doméstico, o que gera demanda por redistribuição. Concorrentemente a injustiça cultural, no sentido da construção autorizada de normas que privilegiam a masculinidade e a branquitude, se expressa na forma de vantagens de alguns/algumas em detrimento de marginalização de outras, como no caso da estética e dos estereótipos, acarretando demanda por reconhecimento.

Para ir adiante com tais demandas, na década de 1980, as mulheres negras não só se organizaram em coletivos próprios ou atuaram no meio acadêmico, como também avançaram em espaços no plano institucional, inclusive na ANC.

3.6. PRINCIPAIS REIVINDICAÇÕES DAS MULHERES NO PERÍODO 1970-1980

Neste capítulo, apresentei diversas mobilizações das mulheres a partir da década de 1970. Na esfera coletiva, as lutas gerais contra a carestia e a favor da anistia foram protagonizadas pelas mulheres. As primeiras reivindicações comunitárias correspondiam às necessidades nos bairros da periferia, ligadas diretamente à reprodução social – tais como escola, creche, ponto de ônibus, posto de saúde –, que posteriormente se unificaram no movimento contra a carestia de abrangência nacional. Já as reivindicações de informações e a libertação de parentes presos levadas a efeito pelas próprias famílias foram agregadas ao clamor por liberdade de pensamento e expressão e contra a violência do aparato repressivo, dando início ao movimento nacional pela anistia, prenúncio do movimento pela redemocratização e pelas Diretas Já. Para os fins desta pesquisa, que trata da atuação das trabalhadoras na conformação dos direitos sociais na ANC, o recorte de análise das pautas é o da mulher no trabalho: quais seriam as reivindicações específicas para esta questão.

---

444 FRASER, Nancy. From redistribution to recognition? Dilemmas of justice in a 'postsocialist' age. *In*: S. Seidman; J. Alexander. (org.). **The new social theory reader**. Londres: Routledge, 2001, pp. 285-293.

Dentro dos sindicatos dos metalúrgicos na região do ABC paulista, as trabalhadoras buscaram participar dos debates, trazendo suas reivindicações para a pauta, ainda que os companheiros não desistissem de estar à frente das discussões, até mesmo falando por elas, como no caso do trabalho noturno feminino. As trabalhadoras metalúrgicas reivindicavam melhorias nas condições de trabalho (incluindo higiene e saúde) e nos transportes; denunciavam punições frequentes, aumento do ritmo do trabalho, imposição de horas extras e preconceito racial, além de problemas "femininos", como desigualdade salarial entre homens e mulheres, controle para o uso dos banheiros, discriminação contra mulheres gestantes e casadas, assédio moral e sexual; pleiteavam creches e berçários nas fábricas, direito de amamentar no trabalho, restaurantes coletivos, estabilidade para mulher casada e gestante e criação de departamento feminino nos sindicatos.

As trabalhadoras bancárias também demandavam por creche, estabilidade da gestante, igualdade salarial e maior participação feminina em todas as entidades. É interessante a pauta referente ao planejamento familiar: que era direito do casal, cabendo ao Estado garantir a informação e o acesso aos métodos contraceptivos acompanhados de assistência médica gratuita, mas não o controle da natalidade. As bancárias reivindicavam ainda o incentivo para a participação das mulheres em todas as entidades. Criticaram a objetificação da mulher bancária, com a "boa aparência" como critério para ocupar cargo de gerência.

As trabalhadoras domésticas deram continuidade à luta pelo reconhecimento da categoria profissional e do respectivo sindicato e pela isonomia de direitos trabalhistas: limitação de jornada, salário mínimo, 13º salário, descanso semanal remunerado e direito de ação perante a Justiça do Trabalho, dentre outros. Problematizaram também o mascaramento da relação de trabalho com a suposta relação de afeto ("como se fosse da família"), o que confundia e iludia as trabalhadoras de modo a desencorajá-las a exigir seus direitos. Elas se preocupavam com o trabalho doméstico para mulheres com menos de 18 anos, dada sua vulnerabilidade à violência moral e sexual. As trabalhadoras domésticas correlacionavam a condição de seu trabalho às questões de gênero e raça e queriam luta ao lado de toda a classe trabalhadora.

As trabalhadoras rurais queriam o reconhecimento de sua condição de trabalhadora, a extensão dos direitos previdenciários e o direito à posse e propriedade da terra, em igualdade de condições com os homens.

As feministas tinham uma extensa pauta de reivindicações. Muitas delas diziam respeito à mulher no mercado de trabalho e coincidiam com demandas das trabalhadoras (creches, aperfeiçoamento profissional etc.). Preocupavam-se também com a discriminação no trabalho exercida contra a trabalhadora casada, mãe ou gestante e contra a trabalhadora negra. Outra vertente de pretensões dizia respeito à condição da mulher na sociedade brasileira e ao corpo feminino, como a representatividade das mulheres nos espaços públicos e de poder; o combate contra a discriminação e a violência contra a mulher, seja por campanhas de conscientização veiculadas pelos meios de comunicação, seja pela educação sexual e não sexista nas escolas; o direito sobre o corpo da mulher, com a promoção do debate sobre métodos anticoncepcionais e o aborto, além do repúdio às formas de controle de natalidade estatal.

As mulheres negras agregaram o enfrentamento da questão racial às lutas das feministas e da questão da mulher às lutas antirracistas. A interseccionalidade, antes de ser um conceito, é uma experiência pela qual as mulheres negras se forjam na vida cotidiana e dentro dos movimentos negro e feminista. A pauta resultante desta imbricação de opressões aglutinava questões estruturais sobre o trabalho doméstico, o direito de moradia, o acesso à educação e à saúde públicas, ao lado de questões como a violência policial contra a população negra e a valorização da cultura amefricana. Além disso, a discriminação contra a mulher negra é denunciada pela desigualdade de oportunidades quando se anuncia vaga de emprego para mulher com "boa aparência", assim como os reflexos dos estereótipos.

A análise conjunta das pautas de reivindicações das mulheres na condição de trabalhadoras aponta para uma possibilidade de sistematização da seguinte maneira:

1. igualdade: de salário e oportunidades entre homens e mulheres, de estatuto jurídico (trabalhista e previdenciário) entre trabalhadoras domésticas e rurais e demais trabalhadoras;
2. não discriminação: contra mulher, mulher gestante, mulher casada (incluindo a titularidade da terra e a sindicalização da trabalhadora rural), mulher mãe e mulher negra;
3. não violência de gênero: violência sexual no trabalho, assédio moral e sexual e violência doméstica;
4. melhores condições de trabalho para homens e mulheres: higiene e segurança, transporte, proibição do controle de tempo para

ir ao banheiro, limitação do ritmo de trabalho, não prorrogação da jornada de trabalho, proibição do trabalho noturno;

5. direitos reprodutivos, proteção da maternidade e saúde da mulher trabalhadora: não controle da gestação por parte das empresas, acesso a métodos contraceptivos e assistência médica gratuita;

6. demandas para a reprodução social e para a redução dos impactos da divisão sexual do trabalho para as mulheres: creches, refeitórios e lavanderias;

7. promoção da educação e cultura: direitos da mulher, corpo feminino, história e cultura amefricana, qualificação profissional;

8. participação feminina nos espaços públicos e de poder, incluindo sindicatos.

Por que, a partir de agora, assumirei que se trata de pauta das trabalhadoras? Com relação às metalúrgicas, bancárias, domésticas e rurais, não há dúvidas. As mulheres do movimento contra a carestia e as mulheres negras, ainda que muitas delas não exercessem trabalho remunerado, integravam a classe trabalhadora como classe social. As mulheres do movimento pela anistia não traziam especificamente demandas sociais, mas, sobretudo, demandas de liberdades democráticas. Assim, embora tenham contribuído de forma extremamente relevante para a democratização, não há a transposição de suas reivindicações específicas para este rol, pois, de certa maneira, com o advento da lei da anistia, o MFPA exauriu sua mobilização. No tocante ao movimento feminista, fortemente marcado pela participação de mulheres brancas de classe média, foram selecionadas as reivindicações que diziam respeito à questão do trabalho e da reprodução social. Por fim, estes eixos nortearão a pesquisa documental nos anais da constituinte, objeto do próximo capítulo.

4. MULHERES, POLÍTICA E CONSTITUINTE: REPRESENTATIVIDADE E PARTICIPAÇÃO

É importante reconhecer e celebrar essas vitórias. Não como recordação nostálgica e sim como exemplo de um longo e árduo trabalho que pode contribuir para estratégias de atuação em momento de nossa história política em que se fecha o ciclo de afirmação de direitos, se desbaratam políticas públicas e se substitui a utopia pelo desencanto.

Jacqueline Pitanguy

Os percursos das mulheres na política partidária na esfera federal, desde as fissuras no cenário de restrita liberdade de expressão (anos 1970), passando pela reconstrução do espaço político como um lugar de disputa entre iguais, até a Assembleia Nacional Constituinte de 1987-1988 são o objeto de estudo neste capítulo. De início, pode-se afirmar que, apesar dos avanços a partir dos anos 1950, em termos de diminuição da desigualdade de gênero na educação e na participação na PEA, a presença das mulheres nos espaços de poder se manteve bastante reduzida no período em análise, remanescendo o hiato de gênero em amplo favor dos homens.

Em 1975, havia apenas uma representante feminina na Câmara Federal do Brasil – na época, constituída de 326 membros, o que representava 0,31% do total. No conjunto das Assembleias Legislativas com 900 membros em 1975, havia apenas onze mulheres eleitas (representando 1,2% do total)[445], a despeito de o Brasil ter ratificado a Convenção sobre os Direitos Políticos da Mulher da ONU em 1963, que assegurava a igualdade de condições de votar e de elegibilidade entre homens e mulheres, bem como o direito de ocupar postos públicos e exercer funções públicas.

---

445 ALVES, José E. D. *et al*. Meio século de feminismo e o empoderamento das mulheres no contexto das transformações sociodemográficas do Brasil. *In*: **50 anos de feminismo**: Argentina, Brasil e Chile – a construção das mulheres como atores políticos e democráticos. São Paulo: EDUSP/Fapesp, 2017, p. 47.

A baixa participação feminina na política partidária que remanesce até a atualidade[446] não deve ser atribuída a uma possível discriminação do eleitorado, como se ele fosse propenso a não votar em mulheres. Para Alves *et al.*, este problema está relacionado às práticas misóginas dentro dos partidos políticos, que, controlados por homens, distribuem os principais cargos, os espaços públicos de poder, os recursos financeiros, o processo de escolha das candidaturas e a distribuição do tempo de propaganda gratuita sem observar uma "lei de cotas" adequada. Além disso, considerando a manutenção da divisão sexual do trabalho, "[...] em grande parte, por conta das tarefas reprodutivas da vida social (cuidados da casa, das crianças, dos idosos, incapacitados etc.), as mulheres não progridem verticalmente nas carreiras e, em geral, ficam fora das instâncias mais elevadas do poder"[447].

Em 1974, depois de cinco anos sem nenhuma mulher atuando no Congresso Nacional, uma vez que todas as que estavam em plena legislatura em 1969 tiveram seus mandatos cassados após o AI-5, elegeu-se a deputada federal Lygia Maria Lessa Bastos (ARENA/RJ), a única mulher brasileira a exercer mandato legislativo em todos os níveis – municipal, estadual e federal, conforme veremos adiante. Lygia Bastos teve fundamental atuação como relatora no importante processo de conhecimento das condições da mulher na sociedade brasileira, a Comissão Parlamentar Mista de Inquérito (CPMI) da mulher, em que foram levantadas diversas questões que retornariam ao debate na ANC.

4.1. CPMI SOBRE A MULHER (1977)

Instaurada no Congresso Nacional para examinar "a situação da mulher em todos os tipos de atividades – social, político, trabalhista, legal etc.", foi um poderoso instrumento para denunciar as diferentes formas de discriminação de que era alvo a mulher nos campos social,

---

446 Até o ano de 2017, o Brasil apresentava uma das maiores desigualdades de gênero na política parlamentar do mundo, ocupando 154ª posição do total de 194 países, no ranking de percentual de mulheres no Parlamento, organizado pela Inter-Parliamentary Union (IPU). INTER-PARLIAMENTARY UNION. UN WOMEN. **Women in Politics: 2017**. Disponível em: https://ipu.org/resources/publications/infographics/2017-03/women-in-politics-2017 . Acesso em 11 jul 2018.

447 ALVES, José E. D. *et al*. Meio século de feminismo e o empoderamento das mulheres no contexto das transformações sociodemográficas do Brasil. *In*: **50 anos de feminismo**: Argentina, Brasil e Chile – a construção das mulheres como atores políticos e democráticos. São Paulo: EDUSP/Fapesp, 2017, pp. 49-52.

político, trabalhista, legal etc. O relatório[448] abrangeu os seguintes tópicos, elencados em suas "Considerações Gerais": lutas e conquistas da mulher brasileira; leis protecionistas do trabalho feminino; mulher fora do lar; planejamento familiar; aborto; mulher como adorno ou objeto sexual; CLT; ação parlamentar e creches. Para o objetivo desta pesquisa, foram escolhidos trechos concernentes ao trabalho feminino, legislação e creches[449].

No relatório, constou que estudos apresentados pelo Ministério do Trabalho, SENAI e SENAC em 1976 apontavam que as normas protetivas do trabalho feminino eram um fator negativo à ascensão profissional da mulher, tais como a limitação da jornada em 48 horas semanais e a proibição para o trabalho noturno ou em condições insalubres ou perigosas. Estes estudos sugeriram que as normas protetivas fossem estendidas a todos os trabalhadores, ou eliminadas para todos, em prol da igualdade jurídica entre homens e mulheres. Considerando a dupla jornada das mulheres brasileiras e a ineficiência do Estado em prover serviços públicos de qualidade (creches, pré-escolas e estabelecimentos de ensino com horários integrais), a relatora ressalvou:

> No entanto, não podemos, nesta CPI, aplaudir o trabalho noturno indiscriminado da mulher brasileira se reconhecemos, em termos candentes, a inexistência da atuação oficial no sentido de oferecer a essas trabalhadoras, especialmente às casadas com filhos, as condições mínimas necessárias que supram, junto aos filhos, os seus períodos de ausência ativa, enquanto descansam da jornada noturna de trabalho. A mulher, portanto, deve ser liberada para o trabalho noturno da sua conveniência, embora resguardada no seu direito de não trabalhar à noite se assim não o quiser (p. 1254).

A relatora opinou pela manutenção da aposentadoria da mulher aos 30 anos de trabalho, discordando daqueles que alegaram ser necessária a alteração para 35 anos para a promoção da igualdade jurídica

---

448 BRASIL. Senado Federal. **CPI da Mulher**. Disponível em: http://www2.senado. leg.br/bdsf/handle/id/84968. Acesso em: 19 jul. 2019.

449 A baixa representatividade feminina no parlamento e na CPMI pode justificar algumas partes complicadas do ponto de vista dos estudos de gênero, como a abordagem essencialista dos papeis de homens e de mulheres, como, por exemplo, nos trechos seguintes: "cumprindo cada qual [homem e mulher] a sua relevante missão, bastante diferenciada em termos emocionais e psíquicos, cujo objetivo é o da felicidade comunitária" (p. 1271) ou "Como é acentuado o desinteresse da mulher brasileira pela vida partidária, a proporção da sua presença nos Diretórios, em face da presença maciça dos homens, é deveras reduzida". No entanto, em geral, o resultado da CPMI foi bem progressista para sua época.

com o homem, pois seria injusto retirar direitos conquistados, uma vez que a jornada dupla de trabalho não tinha sido materialmente alterada e nada indicava que o seria em breve. Além disso, ainda que fosse resolvida esta desigualdade, a dupla jornada já trabalhada não tivera nenhum recolhimento previdenciário até então, embora tenha contribuído materialmente para o desenvolvimento nacional.

> Mesmo que, por hipótese, a igualdade jurídica e social da mulher fosse assegurada a partir do término dos trabalhos desta CPI, estar-se-ia cometendo uma iniquidade se se negasse às velhas gerações, constituídas por aquelas mulheres que não tiveram assegurados seus direitos constitucionais, o benefício compensatório da aposentadoria aos trinta anos.
>
> E mais: não temos a menor dúvida em reivindicar, igualmente, a aposentadoria da mulher aos vinte e cinco anos de trabalho, mesmo que com proventos proporcionais ao tempo de serviço.
>
> Desde que recolhemos a jornada dupla de trabalho imposta à trabalhadora – notadamente àquela que integra as categorias econômicas e sociais de menor nível – debitamos ao Estado e à Previdência Social o dever indeclinável de ampará-la nos termos tidos como compatíveis com o desenvolvimento nacional.
>
> Somos, pois, pela aposentadoria beneficiada da mulher (p. 1255).

O relatório constou também os reflexos do poder marital instituído pelo Código Civil de 1916 na CLT, embora o Estatuto da Mulher Casada tivesse resolvido algumas das discriminações legais. O dispositivo sobre a autorização da mulher casada para o trabalho já havia sido revogado no Código Civil, mas permaneceu no corpo da CLT, o que gerava "incompreensões". Outro problema levantado foi a exigência no artigo 380, da CLT, de "atestado de bons antecedentes fornecido pela autoridade competente" e "atestado de capacidade física e mental, passado por médico oficial" nos casos excepcionais em que o trabalho noturno da mulher era permitido. "Tais exigências, bem entendido, são feitas somente à mulher, não ao trabalhador homem. Não se justifica, na legislação trabalhista, tal tipo de discriminação" (p. 1.264).

Sobre as principais ocupações das mulheres brasileiras, concluiu-se que as três, pela ordem quantitativa – empregadas domésticas, trabalhadoras rurais e professoras primárias –, eram as que, concentrando o maior contingente feminino, faziam-se mais desassistidas pelo Poder Público. Não havia nenhuma justificativa de natureza ética para que as duas primeiras categorias profissionais não tivessem a proteção da Consolidação das Leis do Trabalho e da Previdência Social nos mesmos moldes a que se vinculam os trabalhadores das "empresas organizadas"; e que as professoras primárias não tivessem o necessário reconhecimento pelo que têm feito pela nação, por meio de salários condignos e atraentes (p. 1271).

A questão das creches teve destaque no relatório, que contou com a colaboração do Centro da Mulher Brasileira (CMB) para a análise do problema. A legislação brasileira já fazia referência à creche próxima ao local de trabalho da mãe, como questão de saúde pública, desde o Decreto n. 16.300, de 31 de dezembro de 1923, vinte anos antes da própria CLT, com extenso histórico posterior de normas legais sobre o assunto. A relatora concluiu que a lei podia garantir o direito à creche, mas ainda faltava execução concreta de tal direito:

> Num País já acumulado e abarrotado de legislações múltiplas, complexas e não raro conflitantes, não haveria de faltar as que, em teoria, já "solucionaram" a problemática das creches. No entanto, nenhuma das leis, decretos ou portarias funcionou à falta de aplicação. A providência é acioná-las, suprimir-lhes as falhas, aprimorá-las e entregá-las, quanto à execução, à responsabilidade de um único órgão com poderes de coerção. [...]
>
> Permitimo-nos recordar; nesta oportunidade, que, no antigo Rio de Janeiro, em cuja Assembleia Legislativa tínhamos assento, logramos a aprovação e a sanção de um Projeto, hoje Lei, que se propunha à criação de creches para as trabalhadoras do meu Estado. Tal esforço legislativo foi inútil, pois o Estado, descumprindo impunemente o mandamento legal, jamais lhe deu execução, através do expediente de não liberar as dotações necessárias para um empreendimento do maior alcance social (p. 1268).

Entretanto, a recomendação da CPMI é intrigante: reconheceu-se a importância da creche pública, que não deve contar com trabalho de funcionário público, mas de assistentes voluntárias, sob a fiscalização e a ajuda modesta do Estado, como no sistema de creches na Suécia (!). Parece uma concepção dissociada das necessidades das mulheres trabalhadoras, além de contraditória com o reconhecimento da dupla jornada pela própria CPMI. Fato é que até hoje o direito à creche está longe de se efetivar para grande parte da população.

A CPMI sobre a mulher examinou uma ampla gama de assuntos como educação, saúde, trabalho, família, maternidade etc. e teve fundamental importância por trazer para o espaço da política temas antes reservados à esfera privada, preparando terreno para o aprofundamento do debate que se seguiu nos anos posteriores.

Em meio às reuniões da CPMI das mulheres, realizadas entre março e outubro de 1977, o governo Geisel decretou o recesso do Congresso Nacional e lançou o chamado "Pacote de Abril", que continha medidas autoritárias baseadas no AI-5. A derrota da ARENA para o MDB nas eleições de 1974 para o Senado e para a Câmara dos Deputados desafiou medidas de contenção pelo regime militar, como, por exemplo, a previsão de eleições indiretas para um terço dos senadores (conhecidos como "senadores biônicos") e para governadores estaduais, além da extensão do mandato do Presidente da República de cinco para seis anos.

O "Pacote de Abril" teve como reação um reforço no clamor por um processo de abertura democrática. Importa lembrar que o MFPA se espalhava por todo o país desde 1975 e em 1978 convolou-se no Comitê Brasileiro pela Anistia, agregando o apoio da OAB, ABI e da Igreja Católica, na campanha pela anistia ampla, geral e irrestrita. Nesta sequência, em 1978, teve início o ciclo das grandes greves dos metalúrgicos do ABC paulista, demonstrando o movimento trabalhista sua força no cenário político, que foi severamente reprimida em 1979. De acordo com Maria Alves, os limites da "abertura política" eram aqueles que não ameaçavam o modelo econômico, pois a pressão popular que partisse de setores não pertencentes à elite ensejava forte reação do aparato repressivo. "Quanto mais organizada a iniciativa, e tanto maior o apoio que recebe da população, tanto mais será tratada como uma ameaça a ser eliminada. [...] Tropas militares ocuparam as cidades afetadas pela greve, inclusive parte da Grande São Paulo"[450]. Apesar disso e da intervenção nos sindicatos, nos anos seguintes, seguiram as greves e as negociações. Importantes conquistas se deram no tocante à liberdade, à democracia na organização sindical e em relação a melhores condições de trabalho. Paralelamente, nas eleições gerais em 1978, em que pese nenhuma mulher ter sido eleita para cargos de Governador e Senador, a participação feminina no Poder Legislativo Federal aumentou para quatro deputadas federais.

4.2. DEPUTADAS FEDERAIS ELEITAS EM 1978

Como consequência da intensificação dos movimentos feminista e de mulheres no Brasil e da expansão da pauta de reivindicações das mulheres na década de 1970, a presença feminina foi gradativamente aumentando nas eleições de 1978, 1982 e 1986. Algumas candidatas já contavam com prestígio próprio, decorrente de desempenho profissional ou da militância política e não entraram na política apenas por

---

450 ALVES, Maria H. M. **Estado e oposição no Brasil** (1964-1984). 3. ed. São Paulo: Vozes, 1985, p. 261.

seus laços familiares. O levantamento sobre biografias das deputadas e senadoras abaixo relacionadas foi de Fanny Tabak[451].

Em 1978, foram eleitas quatro deputadas: Lygia Maria Lessa Bastos (ARENA/RJ), Cristina Tavares Correia (MDB/PE), Júnia Marise Azeredo Coutinho (MDB/MG) e Lúcia Daltro de Viveiros (MDB/PA).

Lygia Bastos sempre esteve voltada aos interesses de setores femininos, em especial, das professoras primárias do Rio de Janeiro, sua base eleitoral. Durante sua carreira política que perdurou 37 anos, encaminhou vários projetos nas áreas educacional, urbanismo, previdência social e trabalho, com alguns projetos de lei aprovados. Pronunciou-se ainda sobre planejamento familiar, divórcio, tóxicos, aposentadoria para o funcionalismo e para o magistério: após 25 anos de serviço para as mulheres e após 30 anos para homens. Quando se lançou como candidata a vereadora do Rio de Janeiro em 1946, acreditava que tinha a mesma capacidade que o homem para a vida política e que provaria isso colaborando na solução dos problemas da cidade. Enfrentou diversas barreiras, bastando lembrar que, na década de 1940, muitas carreiras ainda eram vedadas às mulheres. Ela sentiu a dificuldade em atuar no Congresso Nacional entre 1975 e 1983, período histórico marcado pela redução das prerrogativas dos parlamentares, cuja iniciativa estava rigidamente cerceada, vendo-se impossibilitada de encaminhar proposições de maior alcance social. Sempre tratou da questão da condição jurídica da mulher e propôs diversas alterações para promover a igualdade, das quais se destacou o projeto de lei para proibição de subvenções do Governo para entidades que não permitissem o acesso da mulher, como era o caso da Academia Brasileira de Letras. Lygia revelou as diferentes formas de discriminação contra a mulher, como, por exemplo, mulheres não serem indicadas para a presidência de comissões de maior importância na casa legislativa. Por fim, Lygia participou intensamente da Comissão Parlamentar Mista de Inquérito (CPMI) sobre a condição da mulher em 1977, como relatora.

Cristina Tavares Correia atuou em prol da causa feminista, com importantes projetos de emenda constitucional ou de lei nas áreas de administração pública, trabalho e previdência social, além de participar da Comissão Especial para revisão do Código Civil. Defendeu a aposentadoria da funcionária pública e da mulher trabalhadora aos 25 anos de serviço com proventos integrais; a proibição de trabalhador não sindicalizado para os trabalhos eventuais de capatazia nos postos organizados; a

---

451 TABAK, Fanny. **A mulher brasileira no Congresso Nacional**. Brasília: Centro de Documentação e Informação, 1989.

extinção do contrato de experiência; a instituição de creches para filhos de servidores da Câmara dos Deputados; a instituição de seguro-desemprego e a criação do Instituto Nacional do Trabalho, dentre outras iniciativas de projeto de lei, mas nenhum foi aprovado.

Júnia Marise foi a deputada federal mais votada em Belo Horizonte; entrou bem cedo na carreira política como vereadora, aos 19 anos, além de ter participado do movimento estudantil. Sua pauta priorizava as áreas de educação, previdência social e os problemas das mulheres trabalhadoras. Propôs gratificação natalina (13º salário) para o magistério; aposentadoria especial para professores aos 25 anos de serviço (o que foi aprovado apenas para as mulheres professoras); aposentadoria para mulher trabalhadora aos 25 anos de serviço, com proventos proporcionais; extensão do direito à creche às funcionárias públicas e a equiparação do trabalho da dona de casa com o trabalho autônomo para fins previdenciários. Nenhuma das suas propostas foi aprovada.

Lúcia Viveiros quebrou tabus: passou a frequentar o plenário de calças compridas, em 1979, e foi a primeira mulher eleita para compor a Mesa Diretora da Câmara dos Deputados, em 1981. O que hoje parece até caricato teve grande repercussão na época. Lúcia Viveiros defendeu a criação do Ministério da Mulher e da Criança; denunciou a discriminação contra a mulher brasileira; trabalhou a questão da creche nos conjuntos habitacionais; reivindicou igualdade de direitos e maior participação da mulher, propondo: a direção da sociedade conjugal em comum acordo pelo marido e pela mulher e a igualdade de direitos para estabelecer o domicílio e a representação legal. Também propôs a aposentadoria para mulher trabalhadora aos 25 anos de serviço, com proventos proporcionais e a criação de creche na Câmara de Deputados. Partiu dela a proposta de que a ausência ao trabalho da trabalhadora por motivo de doença de filho com até quatro anos não fosse considerada falta ao serviço nem ensejasse desconto. Denunciou a violência contra a mulher e o desmatamento indiscriminado da Amazônia, com ênfase na defesa da ecologia e da melhor utilização dos recursos naturais, como a flora medicinal.

Em 1978 elegeram-se como suplentes ao cargo de senadora brasileira: Eunice Michiles (ARENA/AM), Laélia Angra de Alcântara (MDB/AC), Maria Shirley Donato (MDB/SC) e Dulce Salles Cunha Braga (PDS/SP). Eunice Michiles assumiu o mandato em 1980 em razão do falecimento do senador João Bosco. Sua grande bandeira era o planejamento familiar, sustentando que o Estado deveria difundir informação sobre métodos anticoncepcionais e garantir à população carente acesso aos meios de controle de natalidade. Promoveu encontros de mulheres parlamentares e organizações femininas para discutir o aborto. Laélia Angra de Alcântara completou o mandato do senador Adalberto Sena a partir de janeiro de 1982 e seus pronunciamentos contra o racismo tiveram ampla repercussão. Maria Shirley substituiu o titular durante uma licença-saúde e afirmou em seu discurso de posse que se considerava uma intérprete das Marias camponesas, operárias, comerciárias e professoras, e que era a favor de "uma transformação da sociedade em que homem e mulher se completem e se deem apoio mútuo".

Com base no levantamento realizado por Fanny Tabak, é possível perceber que as mulheres que se elegeram deputadas federais em 1978 tinham compromisso com a promoção da igualdade jurídica das mulheres e, sobretudo, com a melhoria de sua condição social. A despeito de não ter resultado em leis aprovadas nessa legislatura, a atuação das mulheres parlamentares foi essencial para trazer para o espaço público estas questões, o que certamente abriu o caminho para os debates posteriores na ANC.

4.3. MULHERES ELEITAS DURANTE O PROCESSO DE ABERTURA POLÍTICA

Com a abertura política, a reformulação do sistema partidário possibilitou a criação de novos partidos políticos, num gradual afastamento do regime autoritário imposto pelo golpe militar de 1964. Assim, foram fundados a partir de 1979: Partido Democrático Trabalhista (PDT), Partido Trabalhista Brasileiro (PTB), Partido dos Trabalhadores (PT), Partido Democrático Social (PDS) e Partido do Movimento Democrático Brasileiro (PMDB). Todos participaram das eleições de 1982, o que representou mais um passo na redemocratização, pois seria a primeira eleição direta para o governo estadual após 1964.

De um grupo de reflexão em São Paulo, que passou a se encontrar no Teatro Ruth Escobar, formou-se a Frente de Mulheres Feministas (FMF), ponto de referência para pessoas preocupadas com a reconquista da democracia e ampliação dos direitos políticos e também lócus em que minorias oprimidas encontravam apoio – como no caso de prostitutas e homossexuais[452]. Da FMF, algumas participantes foram para o PMDB e outras para o PT, mas havia uma programação supra-

---

452 BLAY, Eva A. Como as mulheres se construíram como agentes políticas e democráticas: o caso brasileiro. *In*: BLAY, Eva; AVELAR, Lúcia. **50 anos de feminismo**:

partidária formulada por grupos de feministas que se reuniram em 1981 em bairros, praças e encontros. Além disso, muitas destas mulheres apareciam nos meios de comunicação para tratar de assuntos importantes para o feminismo: condições igualitárias de trabalho e remuneração, mudanças no Código Civil, direitos reprodutivos, violência doméstica, abuso sexual etc. Eva Blay registrou a importância de publicizar estes temas na mídia: "Temas antes proibidos na mídia eram escancarados, o machismo reagia fortemente, as feministas eram ridicularizadas. Literalmente "dávamos a cara a bater". Mas os temas, uma vez expostos, perdiam o caráter de segredo e ressoavam na mídia e na sociedade"[453].

Segundo Fanny Tabak, nas eleições de 1982, foram registrados 5.549 candidatos para os cargos de governador, senador, deputado federal e estadual, dos quais apenas 218 eram mulheres. Não foram eleitas governadoras nem senadoras. Das 58 candidatas ao cargo de deputada federal, oito se elegeram. Pelo PMDB, se reelegeram Cristina Tavares (PE) e Júnia Marise (MG) e foi eleita Mirthes Bevilacqua (ES). O PDS, partido governista e sucessor da ARENA, elegeu Rita Furtado (RO) e reelegeu Lúcia Viveiros (PA). Em São Paulo, o PT elegeu Bete Mendes e Irma Passoni e o PTB elegeu Ivete Vargas.

Em 1982, iniciou-se uma maciça campanha em prol da convocação de uma ANC para se concretizar a transição política para uma nova ordem democrática. Nesta sequência, uma ampla mobilização para a realização de eleições diretas para Presidente da República (Campanha das Diretas Já) passou a ser liderada pelos partidos de oposição ao regime ditatorial e pela sociedade civil. Uma das maiores mobilizações de massa da história brasileira levou multidões às ruas para "denunciar a ilegitimidade de um governo estabelecido pela força"[454], mas a PEC n. 05/1983 (Emenda Dante de Oliveira) foi derrotada na Câmara dos Deputados em 25 de abril de 1984, frustrando o anseio por eleições diretas para Presidente da República.

Argentina, Brasil e Chile: a construção das mulheres como atores políticos e democráticos. São Paulo: EDUSP/Fapesp, 2017, p. 85.

453 BLAY, Eva A. Como as mulheres se construíram como agentes políticas e democráticas: o caso brasileiro. *In*: BLAY, Eva; AVELAR, Lúcia. **50 anos de feminismo**: Argentina, Brasil e Chile: A construção das mulheres como atores políticos e democráticos. São Paulo: EDUSP/Fapesp, 2017, p. 86.

454 CARDOSO, Rodrigo M. **A participação popular na Constituinte de 1987-1988**. Rio de Janeiro: Lumen Juris, 2017, p. 16.

Apesar desta derrota na Casa Legislativa, a Campanha das Diretas Já influenciou a formação da Aliança Democrática, com apoio de dissidentes do governo à candidatura de Tancredo Neves (PMDB) – e a candidatura de José Sarney (ex-ARENA) para seu vice-presidente. Tancredo Neves venceu a disputa presidencial no Colégio Eleitoral, em 15 de janeiro de 1985, e deixou claro em seu discurso que convocaria uma ANC, cumprindo um de seus compromissos de campanha. A luta dos movimentos sociais (Movimentos Pró-Participação Popular na Constituinte) passou a ser pela ANC exclusiva, ou seja, eleita especificamente para elaborar o novo texto constitucional, sem nenhum texto-base.

Infelizmente, Tancredo Neves não tomou posse em 15 de março por motivos de saúde. José Sarney, o Vice-Presidente eleito, assumiu o cargo em seu lugar. Com o falecimento de Tancredo Neves, José Sarney ocupou o cargo de Presidente da República e enviou ao Congresso Nacional, em 28 de junho de 1985, uma proposta de convocação de uma ANC da seguinte maneira: todos os membros do Congresso Nacional se reuniriam unicameralmente em ANC livre e soberana em 31 de janeiro de 1987, o que contrariava o desejo de ANC exclusiva. Além disso, José Sarney instituiu uma comissão liderada por Afonso Arinos de Melo Franco – a "Comissão de Notáveis" – para elaborar um anteprojeto de Constituição. Estes dois pontos foram bastante criticados pela sociedade civil, pela Igreja e por juristas, que exigiam uma ANC livre, soberana, exclusiva e ilimitada. Todavia, em 27 de novembro de 1985, foi aprovada a EC n. 26, prevendo a instalação da Constituinte Congressual em 01 de fevereiro de 1987, contrariando as reivindicações dos movimentos sociais, o que foi interpretado como uma tentativa de conter a participação popular na elaboração da nova Constituição.

> De todo modo, a partir de então as Comunidades Eclesiais de Base, os Plenários Pró-Participação Popular na Constituinte, dentre outros movimentos sociais e sindicais, intensificaram e difundiram em todo o país um longo e profundo aprendizado sobre a democracia participativa em "assembleias populares", encarregadas de levar as propostas populares aos representantes eleitos e fiscalizá-los [...][455]

Assim, se, por um lado, as iniciativas dos grupos conservadores no sentido de controlar a velocidade e a intensidade da redemocratização eram bem-sucedidas; por outro lado, elas geravam como reação uma vontade maior da sociedade civil em se engajar na reconstrução de

---

455 CARDOSO, Rodrigo M. **A participação popular na Constituinte de 1987-1988**. Rio de Janeiro: Lumen Juris, 2017, p. 22.

um Estado Democrático de Direito, com ampla participação popular nas franjas do sistema jurídico-político. Nesta esteira, aumentou a participação feminina no Poder Legislativo, pois, nas eleições de 1986, foram eleitas 26 deputadas federais provenientes de 16 unidades da Federação e distribuídas em nove partidos políticos: PMDB (11 deputadas); PFL (seis); PT e PDS (duas cada); PDT, PSB, PSC, PTB, PCdoB (uma cada). Assim, PMDB e PFL, que formavam a Aliança Democrática e a base governista, representavam dois terços da chamada Bancada Feminina da ANC, que será mais profundamente analisada a seguir.

4.4. PRESENÇA FEMININA NA ASSEMBLEIA NACIONAL CONSTITUINTE (ANC)

O clamor pela reconstitucionalização democrática se deu desde a própria instauração do regime autoritário em 1964, formalizado na Constituição de 1967 e na Emenda Constitucional n. 1/1969 e as mulheres atuaram em todas as esferas. Como busquei demonstrar no capítulo anterior, a atuação dos movimentos de mulheres foi parte bastante significativa no processo de redemocratização, partindo de iniciativas nas periferias, nos espaços privados (grupos de reflexão), nos locais de trabalho e sindicatos, nos movimentos organizados. A ideia de uma Assembleia Nacional Constituinte (ANC) livre e soberana na década de 1970 foi a principal bandeira do único partido oposicionista ao regime militar e não clandestino à época, o Movimento Democrático Brasileiro (MDB).

No entanto, a baixa representatividade das mulheres nos espaços de poder, decorrente de uma histórica exclusão da esfera pública[456], refletiu diretamente na composição dos Poderes da República. Nas eleições de 1986, os 23 Estados, o Distrito Federal e os dois territórios que compunham a Federação elegeram 536 constituintes, 487 para a Câmara dos Deputados e 49 para o Senado Federal. Foi um fato absolutamente inédito na história política do País: 26 mulheres foram eleitas para compor a Constituinte – todas para a Câmara dos Deputados, nenhuma para o Senado Federal. A legislatura anterior, eleita em 1982,

---

456 Basta lembrar que, relegadas ao espaço doméstico (esfera privada), as mulheres tiveram que lutar por reconhecimento da cidadania civil (capacidade jurídica ampla) e política (direito ao voto) e ainda pelo direito à educação e ao trabalho remunerado, no período dos últimos cem anos.

contou com apenas oito deputadas federais. Os 23 senadores eleitos[457] nas eleições gerais de 1982, cujos mandatos remanesceriam até 1990, integraram a ANC, apesar de forte oposição.

As 26 deputadas federais daquele que ficou logo conhecido como o *Lobby do Batom* elegeram-se por 15 Estados e pelo Distrito Federal. Elas constituíam, naquele momento, apenas 4,85% do total de parlamentares do Congresso Nacional. Assim, ainda que tenha sido a maior participação feminina no Congresso Nacional até então, a representação parlamentar das mulheres ficou muito aquém de seu percentual na sociedade[458].

Apesar de formarem um grupo pequeno, não havia entre as 26 deputadas uma homogeneidade de pensamento, mas sim diversas visões de mundo, com diferentes experiências de vida. Além disso, a heterogeneidade partidária das deputadas constituintes eleitas por partidos considerados de direita (PSC, PFL, PDS e PTB), do Centrão (PMDB) e de esquerda (PCdoB, PDT e PT)[459] indica que não é possível afirmar que houve uma bancada feminista na ANC, pois o movimento feminista brasileiro é historicamente relacionado aos partidos de esquerda. Houve sim a Bancada Feminina.

É preciso lembrar que a atuação feminina na ANC não se restringiu às parlamentares constituintes. Organizações feministas e de mulheres propuseram emendas populares, participaram ativamente das caravanas e manifestações, além das audiências públicas. No entanto, há que

---

457 Rondônia foi convertida no 23º Estado Membro em 1981 e, por isso, elegeu três dentre os 25 senadores nas eleições gerais de 1982. No entanto, apenas o mais votado (Odair Soares Rodrigues) teve mandato comum de oito anos à época. Os demais tiveram mandato apenas até 1986, quando se submeteram a novo pleito.

458 Este é um problema até a atualidade. Segundo dados da União Interparlamentar (IPU), em janeiro de 2017, o Brasil ocupava a 154ª posição no *ranking* mundial – que contou com 194 países – de representação parlamentar das mulheres, contando com 10,7% de cadeiras na Câmara de Deputados (55 mulheres do total de 513 deputados) e 14,8% das cadeiras no Senado Federal (12 mulheres do total de 81 senadores). INTER-PARLIAMENTARY UNION UN WOMEN. **Women in Politics**: 2017. Disponível em: https://ipu.org/resources/publications/infographics/2017-03/women-in-politics-2017. Acesso em: 11 jul. 2018.

459 Os partidos de esquerda PCB, PCdoB, PDT, PSB, PT e, a partir de junho de 1988, PSDB, em aliança com a liderança do PMDB na ANC, formaram o bloco autodenominado "progressista". O bloco "conservador", que era majoritário e formado pelo PDS, PFL, PL, PDC, PTB e a fração conservadora do PMDB, a partir de novembro de 1987 adotou a autodenominação de "Centrão". PILATTI, Adriano. **A Constituinte de 1987-1988**: progressistas, conservadores, ordem econômica e regras do jogo. 2. ed. Rio de Janeiro: Lumen Juris, 2016, pp. 3-4.

se considerar que a ideia de democracia no Brasil está muito vinculada à democracia representativa e os movimentos sociais foram reprimidos pelo próprio Estado autoritário por muito tempo. A mobilização da sociedade, sobretudo das mulheres, em torno do debate constituinte foi resultado de uma conjuntura política que tentava se desvincular do estado de exceção para permitir a participação popular na construção de um novo Estado e ordenamento jurídico.

O projeto "Diga Gente e Projeto de Constituição" distribuiu cinco milhões de formulários para envio de sugestões nas agências dos Correios de todo Brasil. Foram apresentadas 72.719 sugestões por esta via, entre março de 1986 e julho de 1987[460]. Além disso, o artigo 24 do Regimento Interno da ANC (RIANC) permitiu a apresentação de emendas populares ao projeto de Constituição, desde que as propostas fossem subscritas por, no mínimo, 30 mil eleitores, em listas organizadas por, no mínimo, 3 entidades associativas. A mobilização dos movimentos sociais resultou em mais de 12 milhões de assinaturas, em 122 emendas populares apresentadas à Comissão de Sistematização, parte final do processo constituinte.

Portanto, houve dois tipos de atuação feminina na ANC: o primeiro se deu a partir de mandatos parlamentares; o segundo, por meio do exercício da participação direta das cidadãs, ainda que organizadas em alguma espécie de coletivo. Este tipo de ação política direta constitui-se geralmente em pressão organizada, própria dos movimentos sociais e conhecida como *advocacy*[461]. A organização das mulheres para atuar no processo constituinte antecedeu a própria instauração da ANC e o Conselho Nacional dos Direitos da Mulher teve papel primordial na promoção da participação das mulheres e na defesa de seus interesses.

---

460 CARDOSO, Rodrigo M. **A participação popular na Constituinte de 1987-1988**. Rio de Janeiro: Lumen Juris, 2017, p. 23.

461 Termo proveniente da palavra *advocare* do idioma latim, que significa ajudar alguém que está em necessidade. Para além da ideia de advocacia, que, na língua portuguesa, se refere à atividade de natureza legal ou jurídica, *advocacy* está relacionada à defesa ou argumentação em favor de uma causa, uma demanda ou uma posição, "denotando iniciativas de incidência ou pressão política, de promoção e defesa de uma causa e/ou interesse, e de articulações mobilizadas por organizações da sociedade civil com o objetivo de dar maior visibilidade a determinadas temáticas ou questões no debate público e influenciar políticas visando à transformação da sociedade". LIBARDONI, Marlene. Fundamentos teóricos e visão estratégica da *advocacy*. Disponível em: http://www.anpad.org.br/admin/pdf/APS-A1916.pdf. Acesso em: 21 jun. 2019.

4.4.1. CONSELHO NACIONAL DOS DIREITOS DA MULHER (CNDM)

O Conselho Nacional dos Direitos da Mulher foi criado pela Lei n. 7.353/1985, um órgão federal com autonomia administrativa e orçamento próprio, que respondia diretamente ao Presidente da República. A criação de conselhos como instrumentos de participação popular integrou o processo de redemocratização, trazendo a sociedade civil para constituir a nova estrutura do Estado em formação. Assim, a criação do CNDM ocorreu em continuidade ao surgimento de espaços institucionais após as eleições gerais de 1982 como o Conselho dos Direitos da Mulher, sob o governo de Tancredo Neves em Minas Gerais e o Conselho Estadual da Condição Feminina de São Paulo, sob o governo de Franco Montoro. É certo que não havia unanimidade no movimento feminista sobre a institucionalização da agenda dos direitos humanos e da igualdade das mulheres, pois muitas delas viam com desconfiança a criação de um órgão para estas pautas no âmbito da Administração Pública Federal, que ainda funcionava sob estruturas autoritárias. Por isso, elas acreditavam haver o risco de cooptação[462] e de perda de autonomia do movimento.

O que se pode dizer é que as articulações das mulheres nos governos estaduais favoreceram a criação das primeiras delegacias especiais de atendimento à mulher (DEAM) em São Paulo em 1985, buscando uma resposta à questão da violência contra a mulher. "Essa foi uma política pública bem-sucedida que, em primeiro lugar, atendia a uma demanda das feministas, ou seja, a criação de um espaço na polícia no qual o ambiente não fosse hostil à mulher agredida"[463]. Ainda que não tenha sido solucionado o problema da violência contra a mulher, foi importante a criação das DEAM para aprimorar a forma de tratamento desta questão, que até então era socialmente invisível, pois ficava relegada ao âmbito privado.

A grande participação na campanha pelas Diretas Já de mulheres organizadas em movimentos, associações e sindicatos também problematizou a necessidade de se promover políticas públicas voltadas para a chamada condição feminina. Para tanto, passou a ser importante para

---

462 PITANGUY, Jacqueline. A carta das mulheres brasileiras aos constituintes: memórias para o futuro. *In*: BERTOLIN, Patrícia Tuma Martins *et al.* (org.). **Carta das mulheres brasileiras aos constituintes**: 30 anos depois. São Paulo: Autonomia Literária, 2018, s/p.

463 PINTO, Celi R. J. **Uma história do feminismo no Brasil**. São Paulo: Perseu Abramo, 2003, p. 82.

parte do movimento de mulheres[464] trazer para a institucionalidade a defesa das causas por meio da criação de um órgão de âmbito nacional, sobretudo para se preparar para a iminente ANC. Foram promovidos grandes debates a respeito da conveniência da participação das mulheres feministas no âmbito institucional, culminando no VII Encontro Nacional Feminista, realizado em Belo Horizonte, em abril de 1985, onde se deliberou por enviar uma proposta para a criação do CNDM, consubstanciada na Carta de BH[465]:

> – criação do CNDM mediante projeto de lei, como forma de garantir ampla participação da sociedade civil e das mulheres;
> – atribuição de dotação orçamentária própria;
> – identificação do órgão com a luta contra a discriminação e opressão da mulher;
> – qualquer parlamentar que venha a ocupar cargo no Conselho deve licenciar-se de seu mandato;
> – viabilização da participação do movimento de mulheres na elaboração, execução e acompanhamento das políticas oficiais;
> – o Conselho deve expressar as reivindicações do movimento de mulheres sem pretender representá-lo ou substituí-lo.

A forma como se daria a criação do CNDM foi debatida em Belo Horizonte. A proposta inicial apresentada no VII Encontro era a criação do CNDM por meio de um decreto-lei, o que muitas feministas entendiam como processo antidemocrático[466]. O decreto-lei era ato do Poder Executivo, normalmente relacionado a uma exorbitância do poder, com invasão da competência legislativa. De fato, inicialmente foi constituída uma comissão especial para tratar das questões femininas pelo Decreto n. 91.227, de 6/5/1985, para depois, em agosto de 1985, ser criado o CNDM por meio de lei. Um espaço institucional que visava possibilitar a participação das mulheres não poderia ter "vício de origem"; deveria ser criado por lei. Se fosse para ser institucionalizada a luta, que fosse pela via mais próxima da democracia.

---

464 Dentre elas destaco a atriz, empresária cultural, política e feminista Ruth Escobar.

465 SCHUMAHER, Maria Aparecida; VARGAS, Elizabeth. Lugar no governo: álibi ou conquista? **Revista Estudos Feministas**, Florianópolis, n. 2, nov. 1993, p. 355.

466 PIMENTA, Fabrícia Faleiros. **Políticas feministas e os feminismos na política**: o Conselho Nacional dos Direitos da Mulher (1985-2005). Tese (Doutorado). História. Universidade de Brasília. Orientação: Profa. Dra. Cristina M. T. Stevens. Brasília, 2010. Disponível em: http://repositorio.unb.br/handle/10482/8424. Acesso em: 21 jun. 2019.

No ano anterior (1984), Tancredo Neves já havia recebido um grupo de mulheres ativistas e apoiadoras de sua candidatura à Presidência da República, dentre as quais Ruth Escobar, com quem ele se comprometeu formalmente a lutar pela criação de um órgão federal para orientar o Poder Executivo em relação às políticas públicas para as mulheres, caso viesse a ser eleito[467]. Após o falecimento de Tancredo Neves, em 21 de abril, o Presidente empossado José Sarney cumpriu o acordo firmado com as mulheres organizadas, encaminhando ao Congresso Nacional o projeto de lei que, após a tramitação ordinária, deu origem à Lei n. 7.353/1985.

Criado o CNDM com a finalidade de "promover em âmbito nacional, políticas que visem a eliminar a discriminação da mulher, assegurando-lhe condições de liberdade e de igualdade de direitos, além de sua plena participação nas atividades políticas, econômicas e culturais do País", conforme o artigo 1º da referida lei, é no seu Regimento Interno que se pode verificar o efetivo espaço destinado aos movimentos sociais, veiculado pelo Decreto n. 96.985, de 30/9/1985[468]. De acordo com este Decreto, as deliberações do CNDM são tomadas pelo Conselho Deliberativo, composto pela Presidenta, 17 integrantes e três suplentes, todas designadas pelo Presidente da República (artigo 2º). Em consonância com o artigo 6º, a composição deste conselho terá assegurada:

> [...] a participação de grupos autônomos de defesa dos direitos da mulher, dos movimentos femininos, das associações de caráter civil, da comunidade acadêmica vinculada ao estudo da condição feminina, dentre outros setores interessados nos direitos da mulher, indicadas por listas tríplices.
>
> § 1º Entende-se por movimentos femininos as organizações ou grupos de mulheres cuja razão de associação seja a luta em prol dos direitos da mulher.
>
> § 2º Serão escolhidas, dentre as pessoas indicadas por movimentos femininos, seis integrantes do Conselho Deliberativo e uma suplente.

Ruth Escobar foi nomeada a primeira Presidenta, mas ficou no cargo por apenas seis meses, deixando-o para se candidatar ao cargo de deputada federal. Em seguida, foi nomeada para o cargo a sociólo-

---

467 PITANGUY, Jacqueline. A carta das mulheres brasileiras aos constituintes: memórias para o futuro. *In*: BERTOLIN, Patrícia Tuma Martins *et al.* (org.). **Carta das mulheres brasileiras aos constituintes**: 30 anos depois. São Paulo: Autonomia Literária, 2018, s/p.

468 Revogado pelo Decreto n. 4.773, de 7/7/2003, que, por sua vez, foi revogado pelo Decreto n. 6.412, de 25/3/2008. A menção expressa sobre a participação de movimentos femininos foi retirada em 2003.

ga Jacqueline Pitanguy, que esteve à frente do CNDM durante todo o processo constituinte. A pedagoga e militante feminista Schuma Schumaher se recorda dos seguintes nomes da primeira composição do conselho: Ana Liege, Ana Maria Wilhein, Celina Albano, Comba Marques Porto, Gilda Cabral, Guacira Cesar, Iaris Cortes, Jacqueline Pitanguy, Lélia Gonzalez, Madalena Brandão, Marlene Libardoni, Maria Luiza Heilborn, Marilena Chiarelli, Malô Simões, Nair Guedes, Nilce Gomes de Souza, Ruth Escobar, Silvia Caetano, Schuma Schumaher, Sueli Carneiro, Zuleide Teixeira e Tania Fusco[469].

O CNDM lançou a campanha MULHER E CONSTITUINTE, com os lemas "Constituinte prá valer tem que ter palavra de mulher" e "Constituinte sem mulher fica pela metade", mobilizando as mulheres de todo território nacional para discutir quais seriam as reivindicações a serem encampadas na ANC. A campanha foi lançada em 26 de novembro de 1985 e tinha como metas:

> I – Lançar oficialmente a campanha nos estados, com a realização de seminários, palestras, debates sobre a Mulher e a Constituinte, em conjunto com o movimento de mulheres;
>
> II – Realizar um 'Encontro Nacional' para aprovação da 'Carta das Mulheres à Assembleia Nacional Constituinte', prevista para o primeiro semestre de 1986;
>
> III – Desencadear uma campanha nacional de coleta de assinaturas em favor das reivindicações das mulheres, com vistas a auferir adesões ao documento resultante dos diversos diálogos a serem realizados nos diversos estados;
>
> IV – Produzir amplo material de campanha (cartazes, livretos e filme para a TV);
>
> V – Acompanhar os Trabalhos na Assembleia Constituinte, mediante monitoramento e participação ativa e diária, na ANC, com o auxílio dos movimentos de mulheres[470].

---

469 SCHUMAHER, Schuma. O *lobby* do batom, para dar o nosso tom: a Constituição Federal e os avanços no âmbito da família e da saúde. *In*: MELLO, Adriana Ramos (org.). **Anais de Seminários 30 Anos da Carta das Mulheres aos Constituintes**. Rio de Janeiro: EMERJ, 2018, p. 66. Disponível em: http://www.emerj.tjrj.jus.br/publicacoes/anais_de_seminarios_da_emerj/edicoes/volume1_2018/anais_de_seminarios_da_emerj_volume1_2018.pdf. Acesso em: 29 jun. 2019.

470 Documento intitulado "Programa Geral de Campanha aprovado pelo CNDM em 1985" *apud* SILVA, Salete Maria da. **A carta que elas escreveram**: a participação das mulheres no processo de elaboração da Constituição Federal de 1988. Tese (Doutorado). Programa de Pós-Graduação em Estudos Interdisciplinares sobre

Mulheres de todo país enviaram centenas de sugestões e propostas por carta, fax e telegramas ao CNDM. Além da análise feita pelo grupo de trabalho para checar se as propostas coadunavam com o ideário constitucional, o material foi também objeto de análise de um grupo de advogadas que, trabalhando voluntária e gratuitamente com a Comissão de Legislação do CNDM, deu forma legal a essas demandas. Jacqueline Pitanguy, socióloga e cientista social que teve atuação central na CNDM durante a ANC destaca a importância dos encontros para discutir as propostas para nortear a *advocacy*:

> Instrumento fundamental para o trabalho de *advocacy* foi também a realização, em Brasília, de grandes encontros nacionais e de conferências e seminários, para definir propostas no âmbito da saúde da mulher, dos direitos da mulher trabalhadora, da violência doméstica, da educação e da creche, da mulher rural, da mulher negra [...][471]

Mais de 1000 mulheres foram ao Encontro Nacional Mulher e Constituinte realizado em Brasília no dia 26 de agosto de 1986 para deliberar sobre os resultados das inúmeras reuniões promovidas por todo Brasil, entre 1985 e 1986, compilados na "Carta da Mulher Brasileira aos Constituintes" (copiada no Anexo I), que, nas palavras de Silvia Pimentel, jurista e acadêmica feminista, é "marco histórico da práxis política da mulher"[472]. Foram abordadas as demandas femininas e as questões sociais e políticas relacionadas a estas, distribuídas em 12 grupos de trabalho temáticos: violência, família e direito civil,

---

Mulheres, Gênero e Feminismo. Universidade Federal da Bahia. Orientadora Profa. Dra. Ana Alice Alcântara Costa. Salvador, 2011, p. 136.

[471] PITANGUY, Jacqueline. Celebrando os 30 anos da Carta das Mulheres Brasileiras aos Constituintes. *In*: MELLO, Adriana Ramos (org.). **Anais de Seminários 30 Anos da Carta das Mulheres aos Constituintes**. Rio de Janeiro: EMERJ, 2018, p. 48. Disponível em: http://www.emerj.tjrj.jus.br/publicacoes/anais_de_seminarios_da_emerj/edicoes/volume1_2018/anais_de_seminarios_da_emerj_volume1_2018.pdf. Acesso em: 29 jun. 2019.

[472] PIMENTEL, Silvia. Trinta anos da Carta das Mulheres aos Constituintes: a trajetória dos direitos das mulheres na Constituinte. Um depoimento feminista, entusiasmado e "cúmplice". *In*: MELLO, Adriana Ramos (org.). **Anais de Seminários 30 Anos da Carta das Mulheres aos Constituintes**. Rio de Janeiro: EMERJ, 2018. Disponível em: http://www.emerj.tjrj.jus.br/publicacoes/anais_de_seminarios_da_emerj/edicoes/volume1_2018/anais_de_seminarios_da_emerj_volume1_2018.pdf. Acesso em: 29 jun. 2019.

educação, questões nacionais e internacionais, discriminação racial[473], cultura, terceira idade, saúde, trabalho no campo, participação política, direito à creche e trabalho nos centros urbanos.

> O processo constituinte, para as mulheres brasileiras, começou muito antes da instalação da Constituinte em si, haja vista que, no caso destas, a construção de seus direitos e, com estes, a conquista da cidadania, não foi algo que se articulou exclusiva e formalmente no âmbito do poder institucional, mas se deu como uma construção social e histórica, de caráter feminista, paulatinamente tecida, ora silenciosa, ora ruidosamente, nas esferas públicas e privadas do país[474].

A Carta foi entregue em março de 1987 ao Deputado Ulisses Guimarães, Presidente do Congresso Nacional e às Assembleias Legislativas de todos os Estados membros, dando início ao trabalho de articulação estratégica das mulheres trabalhadoras de diversas categorias em parceria com a Bancada Feminina na Câmara e no Senado. As integrantes do CNDM não apenas organizaram eventos para coletar as propostas, mas também atuaram intensamente na ANC, no trabalho de convencimento dos constituintes acerca dos itens da pauta escolhida coletivamente, sobretudo em falas nas sessões das subcomissões, comissões e plenário, algumas das quais serão analisadas neste estudo.

4.4.1.1. AS DEMANDAS DAS TRABALHADORAS NA CARTA DAS MULHERES BRASILEIRAS À ASSEMBLEIA CONSTITUINTE

A Carta das Mulheres Brasileiras à Assembleia Constituinte é um documento extenso com a compilação das propostas discutidas nos diversos encontros promovidos pelo CNDM na Campanha Mulher e Constituinte[475]. O documento é dividido em duas partes: I) princípios

---

473 Coordenado por Benedita da Silva, este grupo de trabalho contou com palestras de Lélia Gonzalez, Leila Linhares e Vera Lúcia Santana de Araújo. RATTS, Alex; RIOS, Flavia. **Lélia Gonzalez**. São Paulo: Selo Negro Edições, 2010. p. 107.

474 SILVA, Salete Maria da. **A carta que elas escreveram**: a participação das mulheres no processo de elaboração da Constituição Federal de 1988. Tese (Doutorado). Programa de Pós-Graduação em Estudos Interdisciplinares sobre Mulheres, Gênero e Feminismo. Universidade Federal da Bahia. Orientadora Profa. Dra. Ana Alice Alcântara Costa. Salvador, 2011, p. 195.

475 Esta importante Carta está transcrita no Anexo I. Fotocópia do documento original está disponível em: https://www2.camara.leg.br/atividade-legislativa/legislacao/Constituicoes_Brasileiras/constituicao-cidada/a-constituinte-e-as-mulheres/arquivos/Constituinte%201987-1988-Carta%20das%20Mulheres%20aos%20Constituintes.pdf. Acesso em: 17 fev. 2020.

gerais e II) reivindicações específicas, esta, subdividida em seis assuntos: família, trabalho, saúde, educação e cultura, violência e questões nacionais e internacionais.

Na análise da Carta a partir da compilação das pautas das mulheres em relação ao trabalho – apresentada no item 3.6 Principais reivindicações das mulheres no período 1970-1980 – a primeira e principal temática é a igualdade jurídica, que permeia todos os assuntos das reivindicações específicas. No entanto, para fins deste estudo, foi enfatizada a perspectiva dos direitos sociais.

O primeiro ponto comum entre as pautas e a Carta foi a titularidade da terra, abordado no assunto "Família" ("Acesso da mulher rural à titularidade de terras em planos de Reforma Agrária, qualquer que seja seu estado civil)", uma demanda específica das trabalhadoras rurais, assim como a própria reforma agrária, contemplada nas "Questões nacionais e internacionais". Aparentemente uma questão de direito civil, mas, na prática, o acesso à titularidade da terra fazia toda diferença na esfera do trabalho das camponesas.

A igualdade salarial ("Salário igual para trabalho igual") foi o primeiro item das reivindicações específicas no assunto "Trabalho", seguida pelo correspondente à igualdade de oportunidade ("Igualdade no acesso ao mercado de trabalho e na ascensão profissional"). A igualdade de direitos para trabalhadoras domésticas e rurais foi reivindicada expressamente: "Extensão dos direitos trabalhistas e previdenciários, de forma plena, às empregadas domésticas e às trabalhadoras rurais". A despeito de ser uma proposta de redação bastante simplificada, seu alcance foi colocado em xeque diversas vezes posteriormente, pois o grau desta igualdade jurídica variará tanto nas propostas da Bancada Feminina, quanto nas fases do processo constituinte.

A igualdade na dimensão material, que não só impõe a igualdade aos iguais, mas também o tratamento desigual aos desiguais na medida da sua desigualdade, apareceu como fundamento para a garantia de emprego da mulher gestante e do direito à creche para filhos de mulheres e homens trabalhadores. A pauta do movimento trabalhista (centrais sindicais, grandes sindicatos e associações) trazia a exigência não só do retorno da estabilidade perdida durante a ditadura militar, mas de uma estabilidade mais abrangente, para todos os trabalhadores, sem condicionamentos. Todavia, foi fundamental as trabalhadoras terem reivindicado a garantia de emprego para a gestante, que frequentemente sofria dispensa discriminatória durante a gestação, mesmo após a alteração legislativa em 1973, quando o empregador deixou de ter a obrigação de arcar com os salários durante a licença-maternidade[476]. Esta especificação da garantia de emprego para a gestante foi essencial porque, conforme será inferido no próximo capítulo, sua defesa tinha argumentos diferenciados e, ao ser realizada separadamente da estabilidade geral, foi bem-sucedida na ANC.

A creche para filhos de trabalhadoras e trabalhadores era uma demanda mais avançada na Carta do que nas pautas das trabalhadoras dos sindicatos analisados, que, em regra, somente pleiteavam a disponibilização efetiva de creche, nos termos da CLT, ou seja, vinculada ao requisito de ter 30 empregadas na empresa. As feministas traziam novas leituras sobre as questões cotidianas e conseguiram aproveitar o espaço dialógico com as trabalhadoras para mostrar que a responsabilidade sobre o cuidado das crianças era de ambos, mãe e pai, assim como era também dever do Estado prover creches e não apenas do empregador. Assim, a reivindicação visava garantir o direito à creche no local do trabalho e moradia para as crianças de 0 a 6 anos, filhos de mulheres e homens trabalhadores. Da mesma maneira, houve a demanda por licença-maternidade e licença-paternidade, que foi encaminhada pelas mulheres na ANC, uma vez que os próprios homens tinham dificuldade em entender o porquê de se licenciarem do trabalho em razão de nascimento de filho. Neste sentido, na Carta havia também a reivindicação do reconhecimento da maternidade e paternidade como valores sociais fundamentais, no assunto "Família", e da função social da maternidade e da paternidade, cabendo ao Estado prover educação, creche, alimentação e segurança das crianças, no assunto "Saúde".

Há outras demandas no assunto "Trabalho", mas chama a atenção que, embora existam reivindicações gerais – como a proteção à velhice –, não foram trazidas outras questões importantes para as trabalhadoras, como a violência sexual no trabalho, incluindo o assédio, e as condições de trabalho, como higiene e segurança, controle de tempo para ir ao banheiro, ritmo do trabalho e jornada de trabalho, dentre outras.

---

476 A licença-maternidade surgiu no Brasil na Constituição de 1934, mas o pagamento dos salários durante o afastamento ficou a cargo do empregador até 1973, quando passou a ser custeado pela Previdência Social. Entretanto, a desoneração das empresas não fez com que a discriminação contra as gestantes cessasse, inclusive contra as bancárias, que haviam conquistado a garantia de emprego por norma coletiva.

No assunto "Saúde" foram abarcadas as demandas referentes à saúde da mulher – independentemente da função reprodutiva – e aos direitos reprodutivos, incluindo a proibição de testes de métodos anticoncepcionais sem a autorização e o conhecimento das pessoas, a proibição de controle de natalidade pelo Estado, a quem caberia fornecer métodos anticoncepcionais e orientar sobre seu uso. O acesso à saúde era postulado pelos movimentos feminista e negro, como parte essencial da questão da saúde da mulher. É preciso lembrar que, até 1988, em termos jurídicos, não havia um sistema público de saúde universal, mas apenas o acesso por meio do antigo Instituto Nacional de Previdência Social (INPS), ou seja, reservado a trabalhadoras e trabalhadores inscritos no sistema de previdência pública[477], o que representava a exclusão de grande parte da população (desempregados e trabalhadores informais, por exemplo).

A promoção de uma sociedade mais igualitária, sem discriminação de qualquer espécie, foi abordada no assunto "Educação e Cultura", que previa ao Estado prover o ensino público universal e gratuito, estimulando a "imagem social da mulher, como trabalhadora, mãe e cidadã responsável pelos destinos da nação, em igualdade de condições com o homem, independentemente da origem étnico-racial". Outro destaque foi a demanda pela inclusão da história da África e da cultura afro-brasileira como parte do currículo obrigatório, um anseio do movimento negro e das mulheres negras. A qualificação profissional foi vindicada como uma garantia para a mulher rural e urbana.

---

477 "Órgão criado pelo Decreto n. 72, de 21 de novembro de 1966 [...]. Entre as diretrizes adotadas pelo INPS destacou-se desde o início uma política de assistência médica com prioridade para a contratação de serviços de terceiros, em detrimento dos serviços médicos próprios da previdência social. O argumento para tal orientação era a crise financeira com que se defrontavam há anos os antigos institutos de aposentadoria. O funcionamento dessa política de privilegiar a da empresa privada obedeceu a três mecanismos básicos: 1) o financiamento de hospitais privados, 2) o credenciamento de hospitais para a compra de serviços pelo INPS e 3) o convênio com empresas, através do qual o INPS lhes devolvia parte de sua contribuição previdenciária desde que elas assumissem os encargos de assistência médica a seus empregados. As consequências da política de articulação da previdência com o setor privado manifestaram-se numa série de distorções no sistema de assistência médica. Paralelamente a uma quase paralisação na expansão da rede hospitalar própria do INPS, o atendimento ambulatorial se desenvolveu. As atividades hospitalares, mais lucrativas, foram assim reservadas ao setor privado". ABREU, Alzira A. Instituto Nacional de Previdência Social (INPS). Disponível em: http://www.fgv.br/cpdoc/acervo/dicionarios/verbete-tematico/instituto-nacional-de-previdencia-social-inps. Acesso em: 23 nov. 2019.

A violência doméstica, preocupação surgida não só nos registros das feministas, mas também das bancárias, foi contemplada no assunto "Violência", mas este não especificou as violências no trabalho, referindo-se apenas à "violência fora do lar". Vale ressaltar que a violência sexual foi abordada com enfoque maior na criminalização das condutas e na retirada das normas que tratavam a violência sexual de forma mais amena, como a diferenciação entre estupro e atentado violento ao pudor, a concepção de crimes contra os costumes e a expressão "mulher honesta", que abriu o espaço para a construção da teoria machista da "legítima defesa da honra". Esta era a posição prevalecente no movimento de mulheres, muito embora houvesse o entendimento pelas mulheres negras de que o foco na criminalização representava um problema para os companheiros negros, que ficavam mais sujeitos ao encarceramento.

Por fim, importa mencionar também que a Carta trouxe o tema do direito de greve para todas as categorias como uma reivindicação no assunto "Questões nacionais e internacionais". Apesar desta relevante questão não ter sido encontrada como pauta específica das mulheres nos movimentos e sindicatos analisados no capítulo anterior, não causa surpresa ele ter sido pautado pelas mulheres organizadas para o processo constituinte. O direito de greve foi um dos que mais foram cerceados durante a ditadura militar. Além disso, não é demais ressaltar que a mobilização da classe trabalhadora nas greves e os movimentos contra a carestia e pela anistia foram importantes na luta pela redemocratização, de maneira que o exercício do direito de greve, como expressão da própria democracia, deveria ser garantido no novo ordenamento jurídico.

4.4.2. AS PARLAMENTARES CONSTITUINTES E O *LOBBY DO BATOM* (LB)

As informações que apresentarei neste tópico sobre as parlamentares constituintes foram, num primeiro momento, colhidas diretamente em arquivos da Câmara dos Deputados e do Senado Federal[478]. Em seguida, foram consultadas duas publicações essenciais para levan-

---

478 Dados compilados das fontes: CÂMARA DOS DEPUTADOS. **Bancada Feminina**. Disponível em: http://www2.camara.leg.br/atividade-legislativa/legislacao/Constituicoes_Brasileiras/constituicao-cidada/constituintes/copy_of_index.html. Acesso em: 01 jul. 2018; SOUZA, Marcius F. B. A participação das mulheres na elaboração da Constituição de 1988. Disponível em: https://www12.senado.leg.br/publicacoes/estudos-legislativos/tipos-de-estudos/outras-publicacoes/volume-i--constituicao-de-1988/principios-e-direitos-fundamentais-a-participacao-das-mulheres-na-elaboracao-da-constituicao-de-1988. Acesso em: 01 jul. 2018.

tar o perfil das parlamentares constituintes, com títulos semelhantes: "Quem é quem na constituinte", de Leôncio Rodrigues[479], e "Quem foi quem na constituinte", organizada pelo DIAP[480]. A pesquisa de Leôncio Rodrigues visa analisar a distribuição das forças partidárias na ANC, o perfil social dos deputados federais e suas posições políticas no interior dos partidos. Relevante ressaltar que a pesquisa se limitou aos deputados federais constituintes, sem alcançar senadores, o que não prejudicou nossa coleta de dados, já que não houve senadora constituinte, mas apenas deputadas. A pesquisa se deu em 1987, portanto, durante o processo constituinte, do qual o pesquisador manteve uma interessante perspectiva exógena. A entrevista incluía uma autodefinição pelo entrevistado como sendo de esquerda, direita ou centro.

A publicação do DIAP, por sua vez, tem um objetivo claro: registrar a atuação dos constituintes em relação às seguintes temáticas: o sistema de governo, a soberania da economia nacional, a democracia participativa, a organização sindical, as liberdades democráticas, a reforma agrária e, sobretudo, os direitos sociais dos trabalhadores. A "pauta" do DIAP revela as principais preocupações do movimento sindical e reforça a ideia de que trabalhadores e trabalhadoras queriam a transformação da sociedade, para além de direitos para si. Além disso, o próprio DIAP teve forte atuação técnica durante o processo constituinte, contribuindo com propostas, documentos, análises, quadros comparativos, além de participação na tribuna livre. Destaca-se a proposta unitária aprovada por sindicalistas, constituintes e advogados sindicais, apresentada pelo DIAP na primeira reunião da Subcomissão dos Direitos dos Trabalhadores e que foi convertida em emenda popular (PE 00066-1), encampada pelo próprio DIAP em conjunto com o Comando Geral dos Trabalhadores (CGT) e a Central Única dos Trabalhadores (CUT).

Na análise realizada pelo DIAP, foram atribuídas notas aos constituintes, de acordo com as votações em primeiro e segundo turnos sobre as matérias trabalhistas: estabilidade, 40 horas, turno de seis horas, salário mínimo, prescrição, férias, piso salarial, direito de greve, aviso prévio proporcional e no mínimo de 30 dias, comissão de fábrica, es-

---

479 RODRIGUES, Leôncio Martins. **Quem é quem na constituinte**. Uma análise sócio-política dos partidos e deputados. São Paulo: OESP-Maltese, 1987.

480 DEPARTAMENTO INTERSINDICAL DE ASSESSORIA PARLAMENTAR (DIAP). **Quem foi quem na constituinte**: nas questões de interesse dos trabalhadores. São Paulo: Cortez-Oboré, 1988.

tabilidade do dirigente sindical, sindicato como substituto processual, autoaplicabilidade dos direitos sociais.

Foi adotada a ordem alfabética dos Estados membros para organizar a apresentação das integrantes da Bancada Feminina, cujas informações dizem respeito à época das publicações consultadas (1987 e 1988).

Pelo Acre, a deputada MARIA LÚCIA (Maria Lúcia Mello de Araújo), em seu segundo mandato teve 6.973 votos pelo PMDB. Nascida em 17/4/1935, paraibana, viúva do primeiro governador eleito no Acre em 1962, Augusto de Araújo, cassado em 1964. Foi professora primária e Presidente da Fundação do Bem-Estar do Menor (1983-1986). Achava mais adequada para o país uma economia na qual as estatais e o Estado constituíssem o setor principal, sem, contudo, suprimir a economia de mercado. Avaliava negativamente o papel das multinacionais na economia brasileira. Concordava com a reforma agrária. Designou-se como parte do centro[481]. Apresentou 11 emendas e teve 2 aprovadas. Membro da Subcomissão da Família, do Menor e do Idoso e da Comissão da Família, Educação, Cultura e Esportes, da Ciência e Tecnologia e da Comunicação. Com média final (DIAP): 5,5; votou ora contra, ora a favor, dos direitos dos trabalhadores. Embora signatária de propostas do Centrão, votou diversamente em questões como nacionalidade do subsolo, defesa da empresa nacional e reforma agrária[482].

A deputada pelo PMDB RAQUEL CAPIBERIBE (Raquel Capiberibe da Silva) foi considerada a mais progressista na bancada do Amapá. Nascida em 14/12/1939, amapaense, casada, professora, servidora pública e orientadora pedagógica. Em seu primeiro mandato, foi eleita com 4.798 votos. Vice-prefeita e Prefeita Interina de Macapá (1986), eleita pelo PMDB, foi do PTB. Defendia um sistema econômico com participação equilibrada das empresas estatais e privadas nacionais e sem a participação do capital estrangeiro cuja presença no País avaliava negativamente. Para o setor rural, defendia uma reforma agrária radical. Incluiu-se entre as forças políticas de centro[483]. Na ANC voltou-se para as conquistas democráticas e sociais. Parlamentarista, teve papel importante na votação

---

481 RODRIGUES, Leôncio Martins. **Quem é quem na constituinte**. Uma análise sócio-política dos partidos e deputados. São Paulo: OESP-Maltese, 1987, p. 167.

482 DEPARTAMENTO Intersindical de Assessoria Parlamentar (DIAP). **Quem foi quem na constituinte**: nas questões de interesse dos trabalhadores. São Paulo: Cortez-Oboré, 1988, p. 53.

483 RODRIGUES, Leôncio Martins. **Quem é quem na constituinte**. Uma análise sócio-política dos partidos e deputados. São Paulo: OESP-Maltese, 1987, p. 366.

dos direitos dos trabalhadores e dos instrumentos de participação popular, com média final (DIAP): 6,75[484]. Apresentou 133 emendas e teve 44 aprovadas. Membro da Subcomissão da Política Agrícola e Fundiária e da Reforma Agrária e da Comissão da Ordem Econômica.

No Amazonas, houve três deputadas constituintes. Pelo PSB, BETH AZIZE (Elizabeth Azize) foi eleita para seu primeiro mandato com 17.325 votos. Nascida em 11/1/1940, amazonense, solteira. Jornalista e advogada, foi procuradora jurídica de Manaus (1971-1976). Para ela, as estatais e o Estado deveriam constituir o setor principal sem eliminar a participação da economia de mercado; o capital estrangeiro e as multinacionais deveriam ser limitados aos setores em que o capital nacional não conseguisse atuar; uma reforma agrária radical seria necessária para mudar a estrutura da propriedade rural brasileira. Considerou-se de centro-esquerda[485]. Com média final (DIAP): 10 foi identificada em consonância com movimentos populares e sindicais na ANC. "Defendeu a estatização dos bancos, a proteção à empresa nacional, a nacionalização do subsolo, o tabelamento dos juros e o sistema parlamentarista de governo. Disse sim à licença-paternidade, ao direito de iniciativa popular e votou a favor da reforma agrária".[486] Apresentou 43 emendas e teve 12 aprovadas. Membro da Subcomissão de Princípios Gerais, Intervenção do Estado, Regime da Propriedade do Subsolo e da Atividade Econômica e da Comissão da Ordem Econômica.

EUNICE MICHILES (Eunice Mafalda Michiles), deputada em primeiro mandato pelo PFL, eleita com 24.003 votos. Foi Senadora (1983-87) e Secretária de Trabalho e Serviços Sociais de José Lindoso (1979). Foi da ARENA e PDS. Nascida em 10/7/1929, paulista, divorciada, cinco filhos, comerciante e professora. Entendia que o melhor seria uma distribuição equitativa de responsabilidade entre empresas estatais e privadas; o capital estrangeiro e as multinacionais deviam ter ação limitada a alguns setores; a reforma agrária devia se limitar às propriedades não produtivas,

---

484 DEPARTAMENTO Intersindical de Assessoria Parlamentar (DIAP). **Quem foi quem na constituinte**: nas questões de interesse dos trabalhadores. São Paulo: Cortez-Oboré, 1988, p. 77.

485 RODRIGUES, Leôncio Martins. **Quem é quem na constituinte**. Uma análise sócio-política dos partidos e deputados. São Paulo: OESP-Maltese, 1987, p. 170.

486 DEPARTAMENTO Intersindical de Assessoria Parlamentar (DIAP). **Quem foi quem na constituinte**: nas questões de interesse dos trabalhadores. São Paulo: Cortez-Oboré, 1988, p. 82.

incluindo-se entre políticos de centro[487]. Votou contra a participação da sociedade na elaboração de leis, contra o direito de sindicalização para o servidor público e contra a reforma agrária. Sua atuação foi nitidamente conservadora, com média final (DIAP): 1,5[488]. Apresentou 193 emendas e teve 54 aprovadas. Membro da Subcomissão da Família, do Menor e do Idoso e da Comissão da Família, Educação, Cultura e Esportes, da Ciência e Tecnologia da Comunicação.

SADIE HAUACHE (Sadie Rodrigues Hauache), deputada pelo PFL eleita para o primeiro mandato com 16.813 votos, era nascida em 1/2/1932, amazonense, casada, cinco filhos, empresária do setor de comunicações e jornalista. Foi do PDS. Rodrigues relata que a entrevistada "Discorda das classificações políticas em termos de direita e esquerda e não quis emitir sua opinião sobre o capital estrangeiro e a reforma agrária nos termos em que a questão foi colocada"[489]. Conservadora, votou contra a reforma agrária, a proteção da empresa nacional e o tabelamento dos juros, defendendo uma economia de mercado pura, sem qualquer intervenção do Estado, com média final (DIAP): 1,0[490]. Apresentou 132 emendas e teve 51 aprovadas. Membro da Subcomissão da Defesa do Estado, da Sociedade e de sua Segurança e da Comissão da Organização Eleitoral, Partidária e Garantias das Instituições.

Na Bahia, ABIGAIL FEITOSA (Maria Abigail Freitas Feitosa) foi deputada eleita pelo PMDB para seu primeiro mandato com 34.838 votos. Nascida em 17/4/1933, cearense, um filho, médica. "Defende um sistema econômico totalmente estatizado com a substituição das multinacionais por empresas nacionais. É favorável também a uma reforma agrária profunda, destinada a eliminar as injustiças sociais do campo brasileiro". Declarou-se feminista militante e política de esquerda radi-

---

487 RODRIGUES, Leôncio Martins. **Quem é quem na constituinte**. Uma análise sócio-política dos partidos e deputados. São Paulo: OESP-Maltese, 1987, p. 171.

488 DEPARTAMENTO Intersindical de Assessoria Parlamentar (DIAP). **Quem foi quem na constituinte**: nas questões de interesse dos trabalhadores. São Paulo: Cortez-Oboré, 1988, p. 85.

489 RODRIGUES, Leôncio Martins. **Quem é quem na constituinte**. Uma análise sócio-política dos partidos e deputados. São Paulo: OESP-Maltese, 1987, p. 172.

490 DEPARTAMENTO Intersindical de Assessoria Parlamentar (DIAP). **Quem foi quem na constituinte**: nas questões de interesse dos trabalhadores. São Paulo: Cortez-Oboré, 1988, p. 90.

cal[491]. Priorizou o "resgate da enorme dívida social de nosso País para com os trabalhadores". Parlamentarista, votou a favor do voto aos 16 anos, lutou por instrumentos de participação popular no texto constitucional, com média final (DIAP): 10,0[492]. Apresentou 166 emendas e teve 29 aprovadas. Membro da Comissão de Sistematização.

LÍDICE DA MATA (Lídice da Mata e Souza), deputada eleita pelo PCdoB para o primeiro mandato com 36.466 votos. Nascida em 12/3/1956, baiana, casada, um filho, economista. Foi Presidente do Diretório Central dos Estudantes da UFBA, vereadora em Salvador pelo PMDB e liderou a bancada na Câmara Municipal. "É a favor de um sistema econômico totalmente estatizado. Em sua opinião, as multinacionais devem ser eliminadas da economia nacional. Considera necessária uma reforma agrária radical capaz de mudar a estrutura fundiária e corrigir injustiças sociais". Definiu-se como de esquerda radical[493]. Teve papel importante na defesa das teses feministas, sindicais e populares. Parlamentarista, apresentou emendas para restringir o papel dos militares no Estado, favorável ao voto aos 16 anos e à nacionalização do subsolo, com média final (DIAP): 9,5[494]. Apresentou 196 emendas e teve 32 aprovadas. Membro da Subcomissão do Sistema Eleitoral e Partidos Políticos e da Comissão da Organização Eleitoral, Partidária e Garantias e Garantias das Instituições.

No Ceará, elegeu-se pelo PDT a deputada MOEMA SÃO THIAGO (Moema Correia São Thiago) para o primeiro mandato com 83.341 votos. Nascida em 3/4/1948, mineira, solteira, socióloga e advogada trabalhista, foi líder estudantil no CE na década de 1960, exilou-se em 1970, passando por Chile, Cuba, Portugal, dentre outros países, e voltou ao Brasil em 1979. Preconizava um sistema econômico com distribuição equitativa de responsabilidade entre empresas estatais e privadas; que o capital estrangeiro e as multinacionais deviam ter

---

491 RODRIGUES, Leôncio Martins. **Quem é quem na constituinte**. Uma análise sócio-política dos partidos e deputados. São Paulo: OESP-Maltese, 1987, p. 230.

492 DEPARTAMENTO Intersindical de Assessoria Parlamentar (DIAP). **Quem foi quem na constituinte**: nas questões de interesse dos trabalhadores. São Paulo: Cortez-Oboré, 1988, p. 92.

493 RODRIGUES, Leôncio Martins. **Quem é quem na constituinte**. Uma análise sócio-política dos partidos e deputados. São Paulo: OESP-Maltese, 1987, p. 238.

494 DEPARTAMENTO Intersindical de Assessoria Parlamentar (DIAP). **Quem foi quem na constituinte**: nas questões de interesse dos trabalhadores. São Paulo: Cortez-Oboré, 1988, p. 119.

ação limitada a setores em que o capital nacional não tenha condições de atuar e que a reforma agrária devia se limitar às propriedades improdutivas; incluiu-se entre políticos de centro-esquerda[495]. Votou a favor da participação popular no processo legislativo, do voto aos 16 anos, da proteção da empresa nacional, da nacionalização do subsolo, da reforma agrária. Parlamentarista, votou contra o mandato de cinco anos para Sarney, com média final (DIAP): 10[496]. Apresentou 98 emendas e teve 30 aprovadas. Membro da Subcomissão de Garantia da Constituição, Reformas e Emendas e da Comissão da Organização Eleitoral, Partidária e Garantias das Instituições.

No Distrito Federal, foram eleitas duas deputadas distritais. MÁRCIA KUBITSCHEK, pelo PMDB, para o primeiro mandato com 22.746 votos. Nascida em 22/10/1943, mineira, filha do ex-presidente Juscelino, casada, três filhos, foi chefe do escritório da Embratur em Nova York (1985), jornalista. Foi do PSD e do MDB. Achava que o sistema econômico mais adequado seria o que permitisse equilíbrio entre participação do Estado e de empresas privadas, incluídas as multinacionais. Considerava necessária a reforma agrária nas propriedades não produtivas. Posicionou-se como centro[497]. Ajudou a fundar o Centrão. Votou contra o mandado de segurança coletivo, absteve-se no direito de greve para servidor público e fugiu do Plenário na votação da reforma agrária. Disse não à nacionalização do subsolo e sim à proteção da empresa nacional, com média final (DIAP): 3,75[498]. Apresentou 42 emendas e teve 17 aprovadas. Membro da Subcomissão da Educação, Cultura e Esportes e da Comissão da Família, Educação, Cultura e Esportes, da Ciência e Tecnologia e da Comunicação.

MARIA DE LOURDES ABADIA (Maria de Lourdes Abadia Bastos) foi eleita pelo PFL para o primeiro mandato com 46.016 votos. Nascida em 14/8/1944, goiana, desquitada, professora e assistente social. Diretora exe-

---

495 RODRIGUES, Leôncio Martins. **Quem é quem na constituinte**. Uma análise sócio-política dos partidos e deputados. São Paulo: OESP-Maltese, 1987, p. 199.

496 DEPARTAMENTO Intersindical de Assessoria Parlamentar (DIAP). **Quem foi quem na constituinte**: nas questões de interesse dos trabalhadores. São Paulo: Cortez-Oboré, 1988, p. 156.

497 RODRIGUES, Leôncio Martins. **Quem é quem na constituinte**. Uma análise sócio-política dos partidos e deputados. São Paulo: OESP-Maltese, 1987, p. 322.

498 DEPARTAMENTO Intersindical de Assessoria Parlamentar (DIAP). **Quem foi quem na constituinte**: nas questões de interesse dos trabalhadores. São Paulo: Cortez-Oboré, 1988, p. 168.

cutiva da Fundação de Serviço Social do DF (1985-86), foi administradora regional de Ceilândia (1975-85). Defendia reforma agrária radical para corrigir injustiças sociais, convivência entre capital estatal e iniciativa privada, restrição para o capital estrangeiro e para multinacionais para setores não ocupados pelo capital nacional. Considerou-se de esquerda moderada[499]. Votou a favor dos pedidos dos movimentos populares e sindicais, defendeu a proteção da empresa nacional, a nacionalização do subsolo, o tabelamento dos juros e a reforma agrária. Parlamentarista, filiou-se ao PSDB, com média final (DIAP): 9,25[500]. Apresentou 70 emendas e teve 21 aprovadas. 2ª Vice-Presidenta da Subcomissão da Saúde, Seguridade e do Meio-Ambiente e membro da Comissão da Ordem Social.

Duas constituintes representaram o Estado de Espírito Santo. RITA CAMATA (Rita de Cássia Paste Camata) elegeu-se deputada pelo PMDB para o primeiro mandato com 136.031 votos (maior votação em seu Estado). Nascida em 1/1/1961, capixaba, casada com o ex-governador de seu Estado (Gérson Camata), uma filha. Jornalista, só passou a atuar na política depois de casada. Para ela, o capital estrangeiro e as multinacionais deviam atuar apenas nos setores em que o capital nacional não tenha condições de se instalar; era favorável à reforma agrária radical capaz de mudar a estrutura fundiária. Definiu-se como de centro-esquerda[501]. Contrária à legalização do aborto, defendeu com empenho a licença-maternidade de 120 dias. É favorável a que as verbas públicas se destinem somente às escolas públicas. Votou a favor da proteção da empresa nacional, da nacionalização do subsolo, da participação popular e do direito ao voto aos 16 anos, com média final (DIAP): 8,25[502]. Apresentou 218 emendas e teve 66 aprovadas. Membro da Subcomissão da Família, do Menor e do Idoso e da Comissão da Família, Educação, Cultura e Esportes, da Ciência e Tecnologia e da Comunicação.

---

499 RODRIGUES, Leôncio Martins. **Quem é quem na constituinte**. Uma análise sócio-política dos partidos e deputados. São Paulo: OESP-Maltese, 1987, p. 323.

500 DEPARTAMENTO Intersindical de Assessoria Parlamentar (DIAP). **Quem foi quem na constituinte**: nas questões de interesse dos trabalhadores. São Paulo: Cortez-Oboré, 1988, p. 169.

501 RODRIGUES, Leôncio Martins. **Quem é quem na constituinte**. Uma análise sócio-política dos partidos e deputados. São Paulo: OESP-Maltese, 1987, p. 247.

502 DEPARTAMENTO Intersindical de Assessoria Parlamentar (DIAP). **Quem foi quem na constituinte**: nas questões de interesse dos trabalhadores. São Paulo: Cortez-Oboré, 1988, p. 184.

ROSE DE FREITAS (Rose Rosilda de Freitas), eleita pelo PMDB para seu primeiro mandato com 36.132 votos, era nascida em 23/1/1949, mineira, divorciada, dois filhos, professora, radialista e agrimensora. Foi a única deputada estadual eleita em 1982 no Espírito Santo. Também preferia um sistema econômico com equilíbrio entre empresas estatais e privadas, limitando a atuação do capital estrangeiro a setores que o nacional não pode ocupar, além de uma reforma agrária radical. Participou da campanha da anistia e era considerada feminista. Considerou-se de centro-esquerda[503]. Parlamentarista nacionalista, defendeu propostas dos movimentos sindicais e populares até a fase de sistematização. "Por problemas de saúde em sua família, esteve ausente em votações importantes. Com 100% dos votos favoráveis aos trabalhadores, disse sim à participação popular e ao direito de voto aos 16 anos. Votou a favor do tabelamento dos juros". Com média final (DIAP): 7,25[504], apresentou 87 emendas e teve 13 aprovadas. Membro da Subcomissão do Sistema Financeiro e da Comissão do Sistema Tributário, Orçamento e Finanças.

Pelo Estado de Goiás, LÚCIA VÂNIA (Lúcia Vânia Abrão Costa) eleita pelo PMDB para seu primeiro mandato com 84.688 votos. Nascida em 15/10/1944, goiana, três filhos, jornalista e professora, era casada com o senador pelo PMDB e ex-governador pela Arena, Irapuan Costa Junior. Contou com o apoio de seu pai, Abdalla Abrão, grande empresário do setor de estocagem. Defendia um sistema econômico com equilíbrio entre empresas estatais e privadas, limitando a atuação do capital estrangeiro a setores que o nacional não pode ocupar, e uma reforma agrária nas propriedades improdutivas. Classificou-se como de centro[505]. Segundo o DIAP, teve aparente independência do marido nas questões sociais e populares, votando com o Centrão no plano econômico (não à proteção da empresa nacional, à nacionalização do subsolo e ao tabelamento dos juros). Parlamentarista, votou a favor do direito de voto aos 16 anos e

---

503 RODRIGUES, Leôncio Martins. **Quem é quem na constituinte**. Uma análise sócio-política dos partidos e deputados. São Paulo: OESP-Maltese, 1987, p. 247.

504 DEPARTAMENTO Intersindical de Assessoria Parlamentar (DIAP). **Quem foi quem na constituinte**: nas questões de interesse dos trabalhadores. São Paulo: Cortez-Oboré, 1988, p. 185.

505 RODRIGUES, Leôncio Martins. **Quem é quem na constituinte**. Uma análise sócio-política dos partidos e deputados. São Paulo: OESP-Maltese, 1987, p. 316.

contra a reforma agrária, com média final (DIAP): 3,25[506]. Apresentou 143 emendas e teve 48 aprovadas. Membro da Subcomissão dos Direitos e Garantias Individuais e membro da Comissão da Soberania e dos Direitos e Garantias do Homem e da Mulher.

Na Paraíba, LÚCIA BRAGA (Antônia Lúcia Navarro Braga) elegeu-se pelo PFL para o primeiro mandato com 92.324 votos. Nascida em 13/12/1934, paraibana, assistente social, casada com o ex-governador Wilson Braga, tinha dois filhos. Foi Presidenta da Fundação Social do Trabalho (órgão estadual). Para ela, as empresas estatais e o Estado deviam constituir o principal setor da economia brasileira, sem eliminar a economia de mercado; e as empresas multinacionais deveriam ser substituídas por empresas nacionais. A reforma agrária radical era necessária para alterar a estrutura fundiária brasileira. Definiu-se como de centro-esquerda[507]. Na ANC teve postura nacionalista, dizendo sim à proteção da empresa nacional e à nacionalização do subsolo. Votou a favor da participação popular no processo legislativo, do direito de voto aos 16 anos, do presidencialismo e contra o mandato de cinco anos de Sarney. Votou a favor da reforma agrária, com média final do DIAP: 4,75, abstendo-se na votação de todos os direitos trabalhistas avaliados no segundo turno[508]. Apresentou 117 emendas e teve 32 aprovadas. Foi a 1ª Vice-Presidenta da Subcomissão dos Direitos e Garantias Individuais e membro da Comissão da Soberania e dos Direitos e Garantias do Homem e da Mulher.

Em Pernambuco, CRISTINA TAVARES (Maria Cristina de Lima Tavares Correia) foi eleita pelo PMDB para o terceiro mandato com 40.618 votos. Nascida em 10/06/1936, pernambucana, solteira, professora e jornalista, foi do MDB e vice-líder do PMDB em 1982. Defendia uma reforma agrária radical; que o capital privado e as estatais deveriam repartir as responsabilidades no desenvolvimento econômico brasileiro e que as empresas multinacionais deveriam ingressar apenas nos setores em que o capital nacional não pudesse atuar. Definiu-se como

---

506 DEPARTAMENTO Intersindical de Assessoria Parlamentar (DIAP). **Quem foi quem na constituinte**: nas questões de interesse dos trabalhadores. São Paulo: Cortez-Oboré, 1988, p. 200.

507 RODRIGUES, Leôncio Martins. **Quem é quem na constituinte**. Uma análise sócio-política dos partidos e deputados. São Paulo: OESP-Maltese, 1987, p. 209.

508 DEPARTAMENTO Intersindical de Assessoria Parlamentar (DIAP). **Quem foi quem na constituinte**: nas questões de interesse dos trabalhadores. São Paulo: Cortez-Oboré, 1988, p. 354.

de centro-esquerda[509]. Na ANC, destacou-se pela defesa dos interesses nacionais, notadamente na área de informática. Atuou também na defesa de instrumentos de participação popular e na democratização dos meios de comunicação social. Parlamentarista, votou pelo mandato de quatro anos para Sarney e pela reforma agrária. Ficou doente durante quase todo o segundo turno, mas obteve 10 como média final do DIAP. Filiou-se ao PSDB[510]. Apresentou 227 emendas e teve 95 aprovadas. Relatora da Subcomissão da Ciência e Tecnologia e da Comunicação, e membro da Comissão da Família, Educação, Cultura e Esportes, da Ciência e Tecnologia da Comunicação e da Comissão de Sistematização.

No Piauí, MYRIAM PORTELLA (Myriam Nogueira Portella Nunes) elegeu-se pelo PDS com 27.490 votos para seu primeiro mandato. Advogada, nascida em 15/12/1932, fluminense, casada com o ex-governador Lucídio Portella, trabalhou no TRT de Piauí (1965-1985). Ex-presidenta da Comissão de Assistência Comunitária no governo de seu esposo. Julgava que a participação do Estado na economia deveria ser a menor possível e que o capital estrangeiro não deveria entrar onde a iniciativa das empresas nacionais não consegue penetrar. A reforma agrária deve se limitar às terras improdutivas e alterar a estrutura fundiária para corrigir injustiças sociais. Classificou-se como de centro-esquerda[511]. Foi autora de proposta de participação popular no processo legislativo. Parlamentarista, votou a favor do direito de voto aos 16 anos, do direito de sindicalização do servidor público, da reforma agrária e da nacionalização do subsolo e contra os cinco anos de mandato para José Sarney. Com média final do DIAP 8,75, sua atuação foi considerada uma surpresa positiva[512]. Apresentou 174 emendas e teve 53 aprovadas. Membro da Subcomissão da Questão Urbana e Transporte e da Comissão da Ordem Econômica.

---

509 RODRIGUES, Leôncio Martins. **Quem é quem na constituinte**. Uma análise sócio-política dos partidos e deputados. São Paulo: OESP-Maltese, 1987, p. 211.

510 DEPARTAMENTO Intersindical de Assessoria Parlamentar (DIAP). **Quem foi quem na constituinte**: nas questões de interesse dos trabalhadores. São Paulo: Cortez-Oboré, 1988, p. 394.

511 RODRIGUES, Leôncio Martins. **Quem é quem na constituinte**. Uma análise sócio-política dos partidos e deputados. São Paulo: OESP-Maltese, 1987, p. 192.

512 DEPARTAMENTO Intersindical de Assessoria Parlamentar (DIAP). **Quem foi quem na constituinte**: nas questões de interesse dos trabalhadores. São Paulo: Cortez-Oboré, 1988, p. 435.

No Rio Grande do Norte, WILMA MAIA (Wilma Maria de Faria Maia) elegeu-se pelo PDS para seu primeiro mandato com 143.583 votos. Professora universitária, nascida em 17/02/1945, potiguar, casada com o senador Lavoisier Maia Sobrinho, tinha quatro filhos. Foi Secretária do Trabalho e Bem-Estar Social, Presidenta da Fundação Estadual do Trabalho e Ação Comunitária e Presidenta do Conselho Estadual de Menores. Considerava melhor um sistema em que as empresas estatais e o Estado formassem o setor principal, sem eliminar as empresas privadas. Para ela, na medida do possível, o capital estrangeiro deveria ser substituído por empresas brasileiras; e a reforma agrária não deveria atingir propriedades produtivas. Considerou-se de centro[513]. Na ANC fez defesa intransigente dos direitos sociais dos trabalhadores e da aposentadoria para as donas de casa. Votou a favor da participação popular no processo legislativo, do direito de voto aos 16 anos, do direito de sindicalização do servidor público, da proteção da empresa nacional, da nacionalização do solo, da reforma agrária e contra o mandato de cinco anos para Sarney. Obteve média final do DIAP: 9,75[514]. Apresentou 82 emendas e teve 26 aprovadas. Membro da Subcomissão dos Direitos dos Trabalhadores e Servidores Públicos e da Comissão da Ordem Social.

O Estado do Rio de Janeiro elegeu três deputadas constituintes. ANNA MARIA RATTES (Anna Maria Martins Scorzelli Rattes), eleita pelo PMDB para o primeiro mandato com 54.710 votos era fluminense, nascida em 16/06/1939, casada com o ex-prefeito de Petrópolis Paulo Rattes, e tinha três filhos. Foi Secretária Municipal de Apoio Comunitário de Petrópolis na gestão de Paulo Rattes. Para ela, as estatais e o Estado deveriam constituir o setor principal sem eliminar a participação da economia de mercado; o capital estrangeiro e as multinacionais deveriam ser limitados dos setores em que o capital nacional não conseguisse atuar; uma reforma agrária radical seria necessária para mudar a estrutura da propriedade rural brasileira. Considerou-se de centro-esquerda[515]. Na ANC, destacou-se pela defesa das propostas sociais, democráticas e populares. Votou a favor da participação popular no processo legislativo, do direito

---

513 RODRIGUES, Leôncio Martins. **Quem é quem na constituinte**. Uma análise sócio-política dos partidos e deputados. São Paulo: OESP-Maltese, 1987, p. 204.

514 DEPARTAMENTO Intersindical de Assessoria Parlamentar (DIAP). **Quem foi quem na constituinte**: nas questões de interesse dos trabalhadores. São Paulo: Cortez-Oboré, 1988, p. 450.

515 RODRIGUES, Leôncio Martins. **Quem é quem na constituinte**. Uma análise sócio-política dos partidos e deputados. São Paulo: OESP-Maltese, 1987, pp. 252-253.

de voto aos 16 anos, do parlamentarismo e contra o mandato de cinco anos de Sarney. Votou a favor da reforma agrária e da nacionalização das reservas minerais. Filiou-se ao PSDB. Com média final do DIAP: 8,25[516]. Apresentou 468 emendas e teve 120 aprovadas. Foi a 2ª Vice-Presidenta da Comissão da Soberania e dos Direitos e Garantias do Homem e da Mulher e membro da Subcomissão dos Direitos Políticos, dos Direitos Coletivos e Garantias.

BENEDITA DA SILVA (Benedita Souza da Silva) elegeu-se pelo PT para seu primeiro mandato com 27.460 votos com o *slogan* "mulher, negra e favelada". Nascida em 26/4/1942, fluminense, casada, seis filhos, professora e assistente social, foi do MDB. Pregava um sistema econômico socialista, "sem explorador nem explorado", com controle sobre o mercado para que todos "passem a ter mais pão na mesa", com maior poder da população sobre o Estado. Defendia a substituição do capital estrangeiro e das empresas multinacionais por empresas nacionais e que a reforma agrária radical era necessária para alterar a estrutura fundiária brasileira e corrigir injustiças sociais. Definiu-se como de esquerda moderada[517]. Na ANC, assumiu as demandas dos movimentos sindicais e populares, com destaque para os direitos das minorias, combatendo a discriminação racial. Votou a favor da participação popular no processo legislativo, do direito de voto aos 16 anos, do presidencialismo e contra o mandato de cinco anos de Sarney. Votou a favor da reforma agrária, com média final do DIAP: 10,0[518]. Apresentou 93 emendas e teve 25 aprovadas. Atuou como membro da Subcomissão dos Negros, Populações Indígenas, Deficientes e Minorias e da Comissão da Ordem Social e foi Suplente da Mesa da Assembleia Constituinte.

SANDRA CAVALCANTI (Sandra Martins Cavalcanti) foi a deputada do PFL do Rio com mais votos (137.595) para o primeiro mandato e a única parlamentar mulher a não participar declaradamente da Bancada Feminina. Paraense, nascida em 30/8/1929, solteira, professora, havia sido da UDN, ARENA e PTB. Foi vereadora no antigo Distrito Federal (1954-1960), de-

---

516 DEPARTAMENTO Intersindical de Assessoria Parlamentar (DIAP). **Quem foi quem na constituinte**: nas questões de interesse dos trabalhadores. São Paulo: Cortez-Oboré, 1988, p. 493.

517 RODRIGUES, Leôncio Martins. **Quem é quem na constituinte**. Uma análise sócio-política dos partidos e deputados. São Paulo: OESP-Maltese, 1987, p. 254.

518 DEPARTAMENTO Intersindical de Assessoria Parlamentar (DIAP). **Quem foi quem na constituinte**: nas questões de interesse dos trabalhadores. São Paulo: Cortez-Oboré, 1988, p. 496.

putada estadual (1960-1962, 1974-1978), Secretária de Serviços Sociais (1962-1964). Fundou o BNH e foi sua primeira Presidenta (1964-1965). Preferia um sistema econômico com equilíbrio entre empresas estatais e privadas, limitando a atuação do capital estrangeiro a setores que o nacional não pode ocupar, além de uma reforma agrária restrita a terras não produtivas. Definiu-se como de centro[519]. Atuante na ANC, votou a favor da participação popular no processo legislativo, do voto aos 16 anos e contra o mandato de cinco anos para Sarney. Absteve-se com relação à nacionalização do subsolo e foi favorável à reforma agrária no primeiro turno e contrária, no segundo. Parlamentarista, votou a favor do direito de sindicalização do servidor público, mas ficou com média final (DIAP): 2,5, pois se absteve de grande parte das votações sobre direitos sociais, votando contra a estabilidade, a jornada de 40 horas e a prescrição de cinco anos[520]. Apresentou 214 emendas, teve 64 delas aprovadas e atuou como membro da Comissão de Sistematização.

Rondônia teve duas deputadas constituintes. RAQUEL CÂNDIDO (Raquel Cândido e Silva), eleita pelo PFL para o primeiro mandato com 12.734 votos, era nascida em 17/6/1951, rondoniense, casada. Foi vereadora em Porto Velho pelo PMDB, destacando-se pela luta a favor de moradia para a população pobre. Não respondeu à entrevista de Leôncio Rodrigues[521]. Votou a favor da participação popular no processo legislativo, do direito de voto aos 16 anos, do presidencialismo e contra o mandato de cinco anos de José Sarney. Votou a favor da nacionalização das reservas minerais e da proteção da empresa nacional. Teve média final do DIAP: 7,75[522]. Professora e técnica em saúde, apresentou 75 emendas e teve 23 aprovadas. Foi membro da Subcomissão de Princípios Gerais, Intervenção do Estado, Regime da Propriedade do subsolo e da Atividade Econômica e da Comissão da Ordem Econômica.

---

519 RODRIGUES, Leôncio Martins. **Quem é quem na constituinte**. Uma análise sócio-política dos partidos e deputados. São Paulo: OESP-Maltese, 1987, pp. 265-266.

520 DEPARTAMENTO Intersindical de Assessoria Parlamentar (DIAP). **Quem foi quem na constituinte**: nas questões de interesse dos trabalhadores. São Paulo: Cortez-Oboré, 1988, p. 532.

521 RODRIGUES, Leôncio Martins. **Quem é quem na constituinte**. Uma análise sócio-política dos partidos e deputados. São Paulo: OESP-Maltese, 1987, p. 175.

522 DEPARTAMENTO Intersindical de Assessoria Parlamentar (DIAP). **Quem foi quem na constituinte**: nas questões de interesse dos trabalhadores. São Paulo: Cortez-Oboré, 1988, p. 546.

RITA FURTADO (Rita Isabel Gomes Furtado) foi eleita pelo PFL com 32.223 votos para o segundo mandato, era fluminense, casada e tinha duas filhas. Foi Superintendente das Emissoras de Rádio da Amazônia, Radiobrás. Foi do PDS. Defendia a intervenção estatal mínima na economia. Avaliava positivamente o capital estrangeiro no Brasil e era favorável a medidas para atrair novos investimentos externos. Aceitava uma reforma agrária em propriedades não produtivas. Considerou-se de centro[523]. Na ANC, o DIAP não encontrou um único voto da deputada em favor dos trabalhadores ou dos movimentos populares e sociais. Fundadora do Centrão, votou contra a participação popular no processo legislativo e a reforma agrária. Defensora do capital estrangeiro, votou contra a nacionalização das reservas minerais e a proteção da empresa nacional, com média final do DIAP: zero[524]. Apresentou 66 emendas e teve 19 aprovadas. Foi membro da Subcomissão da Ciência e Tecnologia e da Comunicação e da Comissão da Família, Educação, Cultura e Esportes, da Ciência e Tecnologia e da Comunicação.

MARLUCE PINTO foi eleita em Roraima pelo PTB com 2.376 votos para seu primeiro mandato. Cearense, nascida em 3/6/1938, casada com o então deputado Ottomar Pinto, tinha uma filha. Empresária industrial, defendia um sistema econômico com participação equilibrada das empresas estatais e privadas nacionais e sem a concorrência das multinacionais. Para o setor rural, defendia uma reforma agrária nas propriedades improdutivas. Incluiu-se entre as forças políticas de centro[525]. Na ANC votou majoritariamente com o Centrão. Votou contra a proteção da empresa nacional, mas a favor da nacionalização das reservas minerais. Apoiou a participação popular no processo legislativo e foi favorável ao mandato de cinco anos de José Sarney. Votou contra a reforma agrária, com média final do DIAP: 4,0[526]. Apresentou 53

---

523 RODRIGUES, Leôncio Martins. **Quem é quem na constituinte**. Uma análise sócio-política dos partidos e deputados. São Paulo: OESP-Maltese, 1987, p. 175.

524 DEPARTAMENTO Intersindical de Assessoria Parlamentar (DIAP). **Quem foi quem na constituinte**: nas questões de interesse dos trabalhadores. São Paulo: Cortez-Oboré, 1988, p. 547.

525 RODRIGUES, Leôncio Martins. **Quem é quem na constituinte**. Uma análise sócio-política dos partidos e deputados. São Paulo: OESP-Maltese, 1987, p. 367.

526 DEPARTAMENTO Intersindical de Assessoria Parlamentar (DIAP). **Quem foi quem na constituinte**: nas questões de interesse dos trabalhadores. São Paulo: Cortez-Oboré, 1988, p. 551.

emendas e teve 16 aprovadas. Foi membro da Subcomissão da União, Distrito Federal e Territórios e da Comissão da Organização do Estado.

Por fim, o Estado de São Paulo se fez representar na ANC por três deputadas. BETE MENDES (Elizabete Mendes de Oliveira) foi eleita pelo PMDB com 58.019 votos para seu segundo mandato. Nascida em 11/5/1949, paulista, atriz, foi deputada federal eleita em 1982 pelo PT. Licenciou-se do mandato de Deputada Federal Constituinte em 15 de março de 1987, para exercer o cargo de Secretária da Cultura do Estado de São Paulo, no governo de Orestes Quércia. Considerava-se de esquerda moderada[527] e não tem média aferida pelo DIAP[528], pois não participou dos trabalhos na ANC.

DIRCE TUTU QUADROS (Dirce Maria do Valle Quadros) elegeu-se pelo PSC com 34.228 votos. Nascida em 28/12/1943, paulista, casada, seis filhos, era filha do ex-Presidente da República, e então Prefeito de São Paulo, Jânio Quadros. Defendia a economia de mercado com intervenção mínima do Estado e a presença de empresas multinacionais e do capital estrangeiro. Aceitava a reforma agrária em terras não produtivas e considerou-se de centro[529]. Votou a favor da participação popular no processo legislativo, do direito de voto aos 16 anos, do parlamentarismo e contra o mandato de cinco anos de José Sarney. Votou a favor da reforma agrária e da proteção da empresa nacional. Filiou-se ao PSDB. Votou a favor das propostas dos trabalhadores, com média final do DIAP: 10,0[530]. Bióloga e pesquisadora, apresentou 56 emendas e teve 9 aprovadas. Foi membro da Subcomissão dos Direitos e Garantias Individuais e da Comissão da Soberania e dos Direitos e Garantias do Homem e da Mulher.

IRMA PASSONI (Irma Rossetto Passoni) foi eleita pelo PT para seu segundo mandato com 22.166 votos. Catarinense, nascida em 5/4/1943, casada, dois filhos, professora, foi deputada estadual em 1978 pelo

---

527 RODRIGUES, Leôncio Martins. **Quem é quem na constituinte**. Uma análise sócio-política dos partidos e deputados. São Paulo: OESP-Maltese, 1987, p. 292.

528 DEPARTAMENTO Intersindical de Assessoria Parlamentar (DIAP). **Quem foi quem na constituinte**: nas questões de interesse dos trabalhadores. São Paulo: Cortez-Oboré, 1988, p. 587.

529 RODRIGUES, Leôncio Martins. **Quem é quem na constituinte**. Uma análise sócio-política dos partidos e deputados. São Paulo: OESP-Maltese, 1987, p. 295.

530 DEPARTAMENTO Intersindical de Assessoria Parlamentar (DIAP). **Quem foi quem na constituinte**: nas questões de interesse dos trabalhadores. São Paulo: Cortez-Oboré, 1988, p. 593.

MDB e deputada federal em 1982 pelo PT. Ligada às Comunidades Eclesiais de Base, foi bastante atuante na região de Santo Amaro, zona sul de São Paulo, onde liderou o Movimento contra a Carestia. Defendia um regime econômico cujos serviços básicos fossem garantidos pelo Estado, ocupando-se a iniciativa privada do restante. Considerava as empresas multinacionais prejudiciais para o país e desejava uma reforma agrária capaz de mudar a estrutura da propriedade rural brasileira. Definiu-se como de esquerda[531]. Na ANC, foi defensora intransigente da reforma agrária. Votou favoravelmente à participação popular no processo legislativo, do direito de voto aos 16 anos, do presidencialismo e contra o mandato de cinco anos de Sarney. Votou a favor da reforma agrária e da nacionalização das reservas minerais. Defendeu o direito de sindicalização do servidor público, com média final do DIAP: 10,0[532]. Apresentou 226 emendas e teve 71 aprovadas. Foi membro da Subcomissão da Política Agrícola e Fundiária e da Reforma Agrária e da Comissão da Ordem Econômica.

Das breves notas biográficas é possível verificar que várias deputadas tinham relação de parentesco com algum político mais experiente, em geral, esposo ou pai. É o caso de Rita Camata, Wilma Maia, Dirce Tutu Quadros, Márcia Kubitschek, Lúcia Vânia, Myriam Portella, Maria Lúcia, Lúcia Braga e Anna Maria Rattes. Outras deputadas, porém, tinham experiência na atuação política ou em movimentos sociais, dentre as quais: Irma Passoni, Cristina Tavares, Sandra Cavalcanti, Bete Mendes, Benedita da Silva, Maria de Lourdes Abadia, Lídice da Mata, Moema São Thiago, Rose de Freitas e Beth Azize. Eunice Michiles e Rita Furtado já tinham experiência no Congresso Nacional. É de se observar ainda a pequena participação das deputadas constituintes nos cargos de direção nas comissões e subcomissões.

Importante ressaltar que, em termos de atuação na ANC, a legenda partidária das deputadas não determinava necessariamente posição delas em relação aos assuntos pesquisados, como é possível se inferir a partir da questão agrária. Muitas das que defendiam a reforma agrária, seja radical ou capaz de alterar a estrutura fundiária, seja aquela que

---

531 RODRIGUES, Leôncio Martins. **Quem é quem na constituinte**. Uma análise sócio-política dos partidos e deputados. São Paulo: OESP-Maltese, 1987, p. 300.

532 DEPARTAMENTO Intersindical de Assessoria Parlamentar (DIAP). **Quem foi quem na constituinte**: nas questões de interesse dos trabalhadores. São Paulo: Cortez-Oboré, 1988, p. 610.

atingisse apenas terras improdutivas, integravam partidos que aceitavam a reforma agrária menos radical ou nenhuma reforma.

Para facilitar a identificação das deputadas constituintes, elaborei a uma tabela, com os seguintes campos: nome (em ordem alfabética), partido/UF, autodefinição, DIAP, participação, propostas, aprovações, eficiência. A autodefinição é a resposta que cada parlamentar deu à entrevista de Leôncio Rodrigues sobre sua posição numa escala política que iria da direita radical à esquerda radical[533].

A coluna DIAP traz a nota atribuída pela instituição, considerando a média obtida nos dois turnos de votação na Comissão de Sistematização, conforme os pesos fixados para as seguintes matérias[534]:

1º Turno						
Estabilidade	sim	1,5	abstenção	0,5	não	0
40 horas	sim	1,5	abstenção	0,0	não	0
Turno de seis horas	sim	1,5	abstenção	0,0	não	0
Salário mínimo	sim	1,0	abstenção	0,0	não	0
Prescrição	sim	1,0	abstenção	0,0	não	0
Férias	sim	1,0	abstenção	0,0	não	0
Piso salarial	sim	1,0	abstenção	0,0	não	0
Greve	sim	0,5	abstenção	0,0	não	0
Aviso prévio 30 dias	sim	0,5	abstenção	0,0	não	0
Comissão de fábrica	sim	0,5	abstenção	0,0	não	0

Fonte: DIAP

2º Turno				
Estabilidade	sim	1,0	abstenção ou não	0,0
40 horas	sim	1,0	abstenção ou não	0,0
Turno de seis horas	sim	1,0	abstenção ou não	0,0
Direito de greve	sim	1,0	abstenção ou não	0,0

---

533 RODRIGUES, Leôncio Martins. **Quem é quem na constituinte**. Uma análise sócio-política dos partidos e deputados. São Paulo: OESP-Maltese, 1987, p. 159.

534 DEPARTAMENTO Intersindical de Assessoria Parlamentar (DIAP). **Quem foi quem na constituinte**: nas questões de interesse dos trabalhadores. São Paulo: Cortez-Oboré, 1988, pp. 29-30.

Estabilidade do dirigente sindical	sim	1,0	abstenção ou não	0,0
Sindicato como substituto processual	sim	1,0	abstenção ou não	0,0
Trab/participação órgãos seus interesses	sim	1,0	abstenção ou não	0,0
Aviso prévio proporcional	sim	1,0	abstenção ou não	0,0
Autoaplicabilidade dos direitos sociais	sim	1,0	abstenção ou não	0,0

Fonte: DIAP

A coluna Participação traz a informação se a deputada foi ou não membro de alguma subcomissão (número romano seguido de letra) ou comissão (número romano) temática, da Comissão de Sistematização ("Sist") ou da Mesa da ANC ("Mesa"). Utilizei a divisão oficial da ANC em oito comissões, cada qual com três subcomissões temáticas, que corresponderam às fases A a H do processo constituinte[535]:

I – Comissão da Soberania e dos Direitos e Garantias do Homem e da Mulher
a – Subcomissão da Nacionalidade, da Soberania e das Relações Internacionais
b – Subcomissão dos Direitos Políticos, dos Direitos Coletivos e das Garantias
c – Subcomissão dos Direitos e Garantias Individuais

II – Comissão da Organização do Estado
a – Subcomissão da União, Distrito Federal e Territórios
b – Subcomissão dos Estados
c – Subcomissão dos Municípios e Regiões

III – Comissão da Organização dos Poderes e Sistema de Governo
a – Subcomissão do Poder Legislativo
b – Subcomissão do Poder Executivo
c – Subcomissão do Poder Judiciário e do Ministério Público

IV – Comissão da Organização Eleitoral, Partidária e Garantia das Instituições
a – Subcomissão do Sistema Eleitoral e Partidos Políticos
b – Subcomissão de Defesa do Estado, da Sociedade e de sua Segurança
c – Subcomissão de Garantia da Constituição, Reformas e Emendas

V – Comissão do Sistema Tributário, Orçamento e Finanças
a – Subcomissão de Tributos, Participação e Distribuição das Receitas

---

535 PORTAL DA CONSTITUIÇÃO CIDADÃ. Disponível em: https://www2.camara.leg.br/atividade-legislativa/legislacao/Constituicoes_Brasileiras/constituicao-cidada/o-processo-constituinte/lista-de-comissoes-e-subcomissoes. Acesso em: 10 dez. 2019.

b – Subcomissão de Orçamento e Fiscalização Financeira

c – Subcomissão do Sistema Financeiro

VI – Comissão da Ordem Econômica

a – Subcomissão de Princípios Gerais, Intervenção do Estado, Regime da Propriedade do Subsolo e da Atividade Econômica

b – Subcomissão da Questão Urbana e Transporte

c – Subcomissão da Política Agrícola e Fundiária e da Reforma Agrária

VII – Comissão da Ordem Social

a – Subcomissão dos Direitos dos Trabalhadores e Servidores Públicos

b – Subcomissão de Saúde, Seguridade e do Meio Ambiente

c – Subcomissão dos Negros, Populações Indígenas, Pessoas Deficientes e Minorias

VIII – Comissão da Família, da Educação, Cultura e Esportes, da Ciência e Tecnologia e da Comunicação

a – Subcomissão da Educação, Cultura e Esportes

b – Subcomissão da Ciência e Tecnologia e da Comunicação

c – Subcomissão da Família, do Menor e do Idoso

Algumas parlamentares ocuparam lugares na mesa como 1ª Vice-Presidenta ("1VP"), 2ª Vice-Presidenta ("2VP") ou Relatora (R). Todas as participações que constam na tabela se deram em cargos titulares, com exceção do cargo de Suplente (S) na Mesa da ANC, ocupado por Benedita da Silva. Vale ressaltar que as discussões nas subcomissões e comissões temáticas corresponderam às fases de A a H do processo constituinte e antecederam à Comissão de Sistematização, que reuniu a discussão de todos os anteprojetos temáticos nas fases I até P[536].

A coluna Propostas informa o número de propostas enviadas por cada deputada e a coluna Aprovadas indica o número de propostas aprovadas. A coluna Eficiência revela o percentual de propostas aprovadas de cada uma.

---

536 O processo constituinte foi dividido em 22 fases, de A a Y. Não houve fase D. PORTAL DA CONSTITUIÇÃO CIDADÃ. Disponível em: https://www2.camara.leg.br/atividade-legislativa/legislacao/Constituicoes_Brasileiras/constituicao-cidada/o-processo-constituinte/o-processo-constituinte. Acesso em: 10 dez. 2019.

Quadro 3 – Composição da Bancada Feminina na ANC

	Nome	Partido/UF	Autodefinição	DIAP	Participação	Propostas	Aprovadas	Eficiência
1	Abigail Feitosa	PMDB/BA	esquerda radical	10,00	Sist	166	29	17%
2	Anna Maria Rattes	PMDB/RJ	centro-esquerda	8,25	Ib e I (2VP)	468	120	26%
3	Benedita da Silva	PT/RJ	esquerda moderada	10,00	VII-c, VII e Mesa (S)	93	25	27%
4	Bete Mendes	PMDB/SP	esquerda moderada	–	–	–	–	–
5	Beth Azize	PSB/AM	centro-esquerda	10,00	VI-a e VI	43	12	28%
6	Cristina Tavares	PMDB/PE	centro-esquerda	10,00	VIII-B (R) e Sist	227	95	42%
7	Dirce Tutu Quadros	PSC/SP	centro	10,00	I-c e I	56	9	16%
8	Eunice Michiles	PFL/AM	centro	1,50	VIII-c e VIII	193	54	28%
9	Irma Passoni	PT/SP	esquerda	10,00	VI-c e VI	226	71	31%
10	Lídice da Mata	PCdoB/BA	esquerda radical	9,50	IV-a e IV	196	32	16%
11	Lúcia Braga	PFL/PB	centro-esquerda	4,75	I-c (1VP) e I	117	32	27%
12	Lúcia Vânia	PMDB/GO	centro	3,25	I-c e I	143	48	34%
13	Márcia Kubitschek	PMDB/DF	centro	3,75	VIII-a e VIII	42	17	40%
14	Maria de Lourdes Abadia	PFL/DF	esquerda moderada	9,25	VII-b (2VP) e VII	70	21	30%
15	Maria Lúcia	PMDB/AC	centro	5,50	, –	11	2	18%
16	Marluce Pinto	PTB/RR	centro	4,00	II-a e II	53	16	30%
17	Moema São Thiago	PDT/CE	centro-esquerda	10,00	IV-c e IV	98	30	31%
18	Myriam Portella	PDS/PI	centro-esquerda	8,75	VI-b e VI	174	53	30%
19	Raquel Cândido	PMDB/RO	–	7,75	VI-a e VI	75	23	31%
20	Raquel Capiberibe	PMDB/AP	centro	6,75	VI-a	133	44	33%
21	Rita Camata	PMDB/ES	centro-esquerda	8,25	VIII-c e VIII	218	66	30%
22	Rita Furtado	PFL/RO	centro	0,00	VIII-B e VIII	66	19	29%
23	Rose de Freitas	PMDB/ES	centro-esquerda	7,25	V-c e V	87	13	15%
24	Sadie Hauache	PFL/AM	–	1,00	IV-c e IV	132	51	39%
25	Sandra Cavlacanti	PFL/RJ	centro	2,50	Sist	214	64	30%
26	Wilma Maia	PSD/RN	centro	9,75	VII-a e VII	82	26	32%

Fonte: Elaboração própria com base na compilação dos dados consultados em: RODRIGUES, Leôncio Martins. **Quem é quem na constituinte**. Uma análise sócio-política dos partidos e deputados. São Paulo: OESP-Maltese, 1987; DEPARTAMENTO Intersindical de Assessoria Parlamentar (DIAP). **Quem foi quem na constituinte**: nas questões de interesse dos trabalhadores. São Paulo: Cortez-Oboré, 1988.

De acordo com o campo autodefinição, a BF se considerava majoritariamente de centro (38,5%) e centro-esquerda (31%). O espectro mais à esquerda correspondia a 23% e nenhuma integrante se declarou de direita, embora duas deputadas tenham deixado de responder à pergunta. Não há relação direta entre a autodefinição com a sigla partidária, uma vez que o PDS e o PFL, que somavam oito deputadas constituintes, eram sucessores da ARENA, portanto, relacionados com a direita conservadora, assim como o PSC e o PTB. A autodefinição mais voltada para a esquerda também não resultava necessariamente uma nota mais alta pelo DIAP, pois há deputadas (de número de ordem 3, 5, 6 e 17) que se definiram como centro-esquerda e receberam nota 10, ou seja, votaram favoravelmente à pauta das trabalhadoras e trabalhadores. Contudo, há forte correlação entre a autodefinição como centro e as notas do DIAP mais baixas (número de ordem 8, 12, 22 e 25).

Considerando o critério DIAP, metade da BF poderia ser considerada bastante alinhada com a classe trabalhadora, pois 13 deputadas tiveram notas superiores a 8,0 (número de ordem 1, 2, 3, 5, 6, 7, 9, 10, 17, 18, 21 e 26).

Interessante perceber que o PMDB abarcava um espectro amplo na autodefinição, desde o centro (número de ordem 12, 13, 15, 20) até a esquerda radical (1), mas a maioria se posicionava entre os extremos, como centro-esquerda (número de ordem 2, 6, 21 e 23) ou esquerda moderada (número de ordem 4). Além disso, chama a atenção o fato de duas deputadas do PFL se identificarem como centro-esquerda (número de ordem 11) ou esquerda moderada (número de ordem 14). Uma delas (número de ordem 14) se destaca pela nota DIAP (9,25), desempenho mais condizente com a esquerda, enquanto a outra (número de ordem 11) ficou com nota 4,75, muito próxima do grupo de centro.

Com relação à participação, apenas a Comissão da Organização dos Poderes e Sistema de Governo (III) não contou com uma integrante mulher. Com exceção de Bete Mendes, que se licenciou do cargo, apenas uma deputada não integrou nenhuma comissão (número de ordem 15). Nenhuma deputada presidiu uma subcomissão ou comissão, mas houve uma relatora (Cristina Tavares), que se destacou não só por ter sido a segunda que mais apresentou propostas, mas, sobretudo, em razão do maior índice de propostas aprovadas (42%). Em números absolutos, Anna Maria Rattes foi quem mais propôs (468 propostas) e teve mais propostas aprovadas (120). Três deputadas integraram a Comissão de Sistematização (1, 6 e 25) e apenas Benedita da Silva integrou a Mesa da ANC, ainda que na condição de suplente.

A despeito de diferenças partidárias ou ideológicas, houve um grande esforço por parte das mulheres constituintes para formarem a Bancada Feminina, que, atuando em parceira com o CNDM, ficou conhecida como *Lobby do Batom*. Houve, porém, quem não aderisse à bancada, como foi o caso da deputada Sandra Cavalcanti. As deputadas conseguiram escolher uma pauta comum e apresentaram diversas emendas sobre direitos das mulheres, contemplando praticamente todas as reivindicações do movimento feminista. Esta tomada de posição se deu por três motivos, segundo Celi Pinto[537]: primeiro, os movimentos de mulheres já haviam apresentado algumas Emendas Populares sobre o direito da mulher; segundo, a coordenação do CNDM junto aos movimentos de mulheres para atuação perante os e principalmente as constituintes; terceiro, como as mulheres eram uma exígua minoria na Câmara de Deputados, espaço privilegiadamente masculino e machista, cresceu entre elas uma forte identidade e solidariedade.

Foram muitos os desafios das deputadas constituintes, a começar pela discriminação. Há alguma controvérsia sobre se a expressão *Lobby do Batom* teria surgido nos corredores do Congresso, enquanto as mulheres organizadas passavam, ou se teria sido criação da imprensa. Chamar a Bancada Feminina de *Lobby do Batom* tinha conotação duplamente negativa. Embora a concepção original de *lobby* seja neutra – representação de interesses junto aos agentes públicos –, o termo é vulgarmente relacionado à troca de favores ou meios escusos para interferir no poder público. A menção ao batom parece enfatizar a atuação da Bancada Feminina como algo não relevante, apenas superficial e fútil. Se num primeiro momento o apelido visava desestabilizar as mulheres que despontavam como grupo organizado, sabiamente elas se apropriaram do termo e passaram a utilizá-lo como uma marca, no sentido de representação simbólica de sua luta na ANC. Imprimiram adesivos de batom e distribuíram, ganhando visibilidade para a Bancada Feminina e para as mulheres organizadas em *advocacy* como ator político naquele momento histórico.

A tentativa de desqualificação das constituintes no aspecto do fazer política ocorria por meio de objetificação de seus corpos, ressaltando a questão da aparência física feminina, como se elas estivessem naquele cenário apenas por uma disputa de atenções pela beleza e não por suas

---

537 PINTO, Celi R. J. Mulher e política no Brasil: os impasses do feminismo, enquanto movimento social, face às regras do jogo da democracia representativa. **Estudos Feministas**, ano 2, 2º sem. 1994, pp. 256-270.

ideias. A união entre as mulheres constituintes e a articulação de suas ações foi a maneira encontrada para mostrar a todos parlamentares e ao Brasil que estava em construção que o espaço político também era delas.

> A imprensa nos tratava como "musas" da Constituinte, chamando-nos por "a mais jovem", a mulher que tinha o adorno mais bonito, a que tirava o sapato. O foco era muitas vezes nos sapatos que as mulheres constituintes usavam, sua elegância, a idade, a mais bonita, enfim, foi com muita unidade e articulação política que nós conseguimos nos impor pelas ideias e pela participação[538].

A ausência de banheiro feminino no plenário do Congresso Nacional é recorrentemente citada pelas deputadas constituintes em entrevistas e palestras. Lídice da Mata relata que a luta pelo banheiro feminino era necessária para que se compreendesse que a presença das mulheres não era apenas de "enfeite", mas que seria permanente naquela estrutura de poder e que as mulheres precisavam enfrentar estereótipos para se afirmarem como agentes políticas. A ausência de banheiro feminino simbolizava o não lugar da mulher na política brasileira, que constituía desde sua origem um espaço de poder masculino, elitista e racista. Esta supremacia, que já era desafiada, a partir da redemocratização, passou a sê-lo, ainda com mais vigor naquele momento, por mulheres e outros grupos marginalizados: negros, indígenas e trabalhadores, que participaram ativamente dos debates, defendendo suas reivindicações.

Em que pesem os esforços empreendidos pela mídia conservadora para desqualificar a participação feminina pelo *Lobby do Batom*, a pesquisa do DIAP revela que as mulheres constituintes foram bastante atuantes, acima da média do total de parlamentares constituintes, surpreendendo a quem esperava que sua atuação ficasse restringida pelo papel de "esposa de fulano" ou "filha de sicrano", pois a Bancada Feminina apresentou maior assiduidade, menor índice de abstenção e melhor média de emendas apresentadas e aprovadas. Para estar naquele ambiente masculino e machista, como em outros espaços públicos e de poder, as mulheres não podiam se dar ao luxo da mediocridade.

O principal exemplo da articulação entre as parlamentares da Bancada Feminina foi a apresentação de um documento que consubstanciava suas propostas para os grandes temas nacionais, disponível como Anexo II (Propostas à Assembleia Nacional Constituinte), que serão analisadas no próximo tópico.

---

538 Em entrevista que me foi concedida pela então Senadora Lídice da Mata, em agosto de 2018.

4.4.2.1. AS DEMANDAS DAS TRABALHADORAS ENCAMPADAS PELAS PROPOSTAS DO *LOBBY DO BATOM* PARA A ANC

O documento "Propostas à Assembleia Nacional Constituinte" (anexo II) foi a base da atuação das parlamentares da Bancada Feminina, que levaram estas propostas aos debates nas subcomissões temáticas, defendendo-as como ponto de consenso do grupo, portanto, desde a Fase A do processo constituinte. Passo a analisá-las na perspectiva das trabalhadoras e em cotejo com a Carta das Mulheres (anexo I).

As propostas do *Lobby do Batom* foram bastante progressistas, sobretudo no que tange à igualdade de gênero e racial. É interessante notar que os direitos sociais compõem mais da metade das formulações da Bancada Feminina, ainda que as quatro parlamentares de partidos considerados de esquerda (PCdoB, PDT e PT) fossem a reduzida minoria. A ideia de democracia com justiça social, da qual os direitos sociais seriam parte integrante, era muito bem-recebida entre progressistas e parte do Centrão e o contraponto discursivo ocorria com bastante cautela pelos conservadores. Assim, considerando que 11 parlamentares do *Lobby do Batom* eram de partidos considerados de direita (PSC, PFL, PDS e PTB), a presença significativa de propostas que envolviam direitos sociais pode ter sido resultado do trabalho de convencimento dos movimentos sociais feministas e negro e dos movimentos trabalhistas (centrais, sindicatos e associações), assim como da própria participação popular que demonstrava o anseio por mais direitos.

Sob a perspectiva das trabalhadoras, a igualdade apareceu desde as propostas para os dispositivos "Dos Direitos e Garantias", proibindo a discriminação – "em razão de nascimento, raça, cor, sexo, estado civil, trabalho rural ou urbano, religião, convicções políticas ou filosóficas, deficiência física ou mental e qualquer particularidade ou condição".

Como proposta para os dispositivos "Da Ordem Econômica", um dispositivo condensou o debate feminista sobre o trabalho doméstico não remunerado, que, apesar de não ter aparecido expressamente como pauta das trabalhadoras, atingiria grande parte das mulheres: "Considera-se atividade econômica atípica aquela realizada no recesso do lar". Por muito tempo, o trabalho doméstico não remunerado, uma realidade bastante concreta no cotidiano feminino, foi invisibilizado inclusive em termos de estatísticas[539], o que não mudou muito

---

539 Os dados estatísticos não reconheciam o trabalho doméstico não remunerado como atividade econômica, conforme observamos no seguinte trecho: "O aumento

na perspectiva do Direito até os dias de hoje. Por isso, é importante apontar que o reconhecimento do trabalho realizado gratuitamente no ambiente doméstico como atividade econômica atípica foi pautado na ANC, pois silêncios no ordenamento jurídico nem sempre significam a ausência de demanda e de debates, mas apenas a tese vencedora na disputa legislativa ou, neste caso, constituinte. A invisibilidade do trabalho doméstico não remunerado, frequentemente relegado à esfera sentimental ("feito por amor"), tem como consequência a própria desvalorização do trabalho doméstico remunerado[540] ("por que garantir direitos ao trabalho que pode ser obtido gratuitamente?").

As propostas para os dispositivos "Da Ordem Social" trataram da justiça social, regida por dois princípios: a função social da maternidade e da paternidade e a igualdade jurídica entre trabalhador urbano e rural. Estes princípios desafiam a divisão sexual do trabalho, reforçando a ideia de corresponsabilidade de pai e mãe pelo cuidado dos filhos, e a divisão espacial do trabalho, que mantinha forte correlação com o marcador social de raça, pois trabalhadores rurais, em grande parte amefricanos, permaneciam em piores condições de trabalho[541] em

---

da participação feminina na população economicamente ativa (PEA) é explicado em parte porque em 1992, o IBGE passa a incluir autoconsumo, produção familiar e outras atividades até então não consideradas trabalho e realizadas predominantemente por mulheres. Isso resulta em uma maior visibilidade do trabalho feminino, embora ainda não considere o trabalho doméstico das donas de casa, que ainda é pensado como inatividade econômica. Cabe uma observação: o trabalho doméstico não remunerado só deixa de ser pensado como inatividade econômica em 2001, quando foi introduzida a seguinte pergunta na Pesquisa Nacional por Amostra de Domicílios (PNAD): "quantas horas dedicava normalmente por semana aos afazeres domésticos?" PEREIRA, Flávia M. G. *et al*. A condição da mulher trabalhadora entre os governos Collor e FHC. *In*: SOUTO MAIOR, Jorge L.; VIEIRA, Regina S. C. (org.). **Mulheres em luta**: a outra metade da história do direito do trabalho. São Paulo: LTr., 2017, p. 71.

540 Além da origem na nossa sociabilidade colonial escravocrata e dos consequentes estereótipos que recaem sobre a mulher negra, já abordados neste trabalho.

541 "Temos, portanto, uma polarização em termos de distribuição racial, que deverá ser devidamente reforçada e reinterpretada em termos do modo de produção que se estabelecerá hegemonicamente. Note-se que a existência de um Brasil subdesenvolvido, que concentra a maior parte da população de cor, de um lado; e de um Brasil desenvolvido, que concentra a maior parte da população branca, de outro, não é algo que esteja desarticulado de toda uma política oficial que, em meados do século passado até 1930, estimulou o processo de imigração europeia, destinada a solucionar o problema da mão de obra do Sudeste". GONZALEZ, Lélia. Cultura, et-

relação aos urbanos. Outro ponto relevante é que a polarização entre trabalho urbano e rural se dá a partir de uma visão mais masculina sobre o trabalho por dois motivos essenciais: primeiro, tanto o trabalho urbano quanto o trabalho rural são pensados a partir do modelo do trabalhador homem branco ou homem negro – tanto é verdade que as mulheres rurais tinham dificuldades em serem reconhecidas como trabalhadoras –; segundo, esta dicotomia entre urbano e rural, pretensamente universal, ignora o trabalho doméstico, que, por sua vez, ao não se encaixar em nenhum dos dois tipos, fica invisibilizado como se fosse um não lugar na esfera do trabalho.

As propostas para os dispositivos "Dos Direitos dos Trabalhadores" inovaram em relação à Carta das Mulheres, mas também fizeram um movimento de retração. A igualdade é mais bem elaborada, buscando coibir todas as formas de discriminação "de salário para um mesmo trabalho e de critério de admissão, promoção e dispensa por motivo de raça, cor, sexo, religião, opinião política, nacionalidade, idade, estado civil, origem, deficiência física ou condição social". A proposta sobre creche foi dividida entre obrigação para o empregador e para o Estado. Ao empregador incumbiria fornecer creche para filhos de trabalhadores de até um ano de idade. Sem prejuízo desta obrigação, competiria ao Estado fornecer creche para crianças de até seis anos de idade, conforme proposta de redação "Das tutelas especiais". A mulher gestante, porém, teve reduzido seu pedido quanto à estabilidade, uma vez que nesta proposta ficou limitada a 60 dias após o parto, o que não parece compatível com o próprio prazo da licença-maternidade. Foram introduzidas as demandas gerais por: "Não incidência da prescrição no curso do contrato"; maior participação dos trabalhadores na gestão da empresa, com participação nos lucros ou no faturamento e representação em comissões internas; "Garantia e segurança no emprego, proibidas as despedidas sem justo motivo". A mudança mais significativa, todavia, pode ter sido um silêncio: a ausência de proposta pela Bancada Feminina, ao menos no que se refere ao documento em questão, sobre direitos trabalhistas para o trabalho doméstico assalariado, o que não coaduna com as discussões promovidas pelo CNDM, que levaram à formulação de proposta expressa sobre a igualdade jurídica para as trabalhadoras domésticas. A omissão neste documento, porém,

---

nicidade e trabalho: efeitos linguísticos e políticos da exploração da mulher (1979). *In*: GONZALEZ, Lélia. **Primavera para as rosas negras**: Lélia Gonzalez em primeira pessoa… Diáspora Africana: Filhos da África, 2018, p. 48.

não significou omissão durante o processo constituinte, em especial por obra da deputada constituinte Benedita da Silva.

Com relação às propostas para os dispositivos "Da Seguridade Social", vale pontuar que não houve um campo destacado para este assunto na Carta das Mulheres (anexo I). As propostas formuladas (anexo II) pelo *Lobby do Batom* indicam um amadurecimento sobre a questão, pois o documento trazia a ideia de que a seguridade social seria universal, no sentido de ser direito para todos; abrangeria a proteção à maternidade e às gestantes, assim como a aposentadoria às donas de casa; asseguraria direitos previdenciários para trabalhadores rurais e domésticos[542], além de assistência médica e psicológica à mulher vítima de violências sexuais.

Na temática "Da Saúde", as demandas permaneceram relacionadas à saúde da mulher e aos direitos reprodutivos, cabendo ao Estado, por exemplo, "assegurar o acesso à educação, à informação e aos métodos adequados à regulação da fertilidade, respeitadas as convicções éticas e religiosas individuais". O argumento da liberdade religiosa e de pensamento como limite para o Estado não interferir na fertilidade, reforçando a autonomia da mulher, apareceu de maneira mais abstrata, tangenciando o assunto tão controvertido do aborto e evitando as expressões "método contraceptivo" e "controle de natalidade".

A redação da proposta "Da educação e cultura" mantinha a demanda por educação universal, pública e gratuita, mas elaborava melhor o rol de princípios para reger a educação, dentre os quais cito: igualdade entre homem e mulher, repúdio ao racismo e discriminações, respeito aos valores do trabalho, pluralismo cultural do povo brasileiro.

No itinerário percorrido até este ponto, há o seguinte: as pautas de movimentos de mulheres, feminista, negro e de determinados segmentos trabalhistas dos anos 1970 e início dos anos 1980 foram compiladas e comparadas com a Carta das Mulheres Brasileiras à Assembleia Constituinte, de 1986, ou seja, às vésperas do início do processo constituinte. Iniciada a ANC, a Bancada Feminina elaborou um rol de propostas, documento este que comparei com a Carta e o levantamento anterior das demandas. A partir deste arcabouço de demandas, passarei a analisar os debates travados na Comissão da Ordem Social e

---

542 Direitos previdenciários expressamente previstos para trabalhadoras rurais e domésticas afastariam a interpretação de que os direitos trabalhistas iguais para trabalhadores urbanos e rurais já abarcariam a ideia do trabalho doméstico. Remanescia a necessidade de afirmar expressamente tal igualdade jurídica.

em suas subcomissões. Esta primeira etapa do processo constituinte foi a que permitiu maior participação popular nas audiências públicas, em que foram ouvidos especialistas em diversos temas. Diante do vasto material documental sobre a ANC, o enfoque desta pesquisa se voltará para as questões trazidas até este ponto. Para isso, trabalharei com as atas das reuniões, disponíveis no Diário da Assembleia Nacional Constituinte, publicação acessível pelos *sites* da Câmara dos Deputados e do Senado Federal.

5. MULHERES E CONSTITUCIONALIZAÇÃO DE DIREITOS SOCIAIS

E o risco que assumimos aqui é o do ato de falar com todas as implicações.
Exatamente porque temos sido falados, infantilizados (infans é aquele que não tem
fala própria, é a criança que fala na terceira pessoa, porque falada pelos adultos),
que neste trabalho assumimos nossa própria fala.
Ou seja, o lixo vai falar e numa boa.

Lélia Gonzalez

Após o percurso histórico, social, político e jurídico desenvolvido até aqui, analisarei os debates travados na Comissão da Ordem Social e em suas subcomissões, priorizando e destacando os pontos que se conectam com as demandas das mulheres, conforme apurado no Capítulo 4. Para tanto, algumas noções sobre o funcionamento do processo constituinte de 1987-1988 são úteis. A Emenda Constitucional n. 26, de 27 de novembro de 1985, definiu que a ANC teria uma composição congressual-unicameral, contando com os membros da Câmara de Deputados e do Senado Federal, que seriam igualados na condição de constituintes, com poderes extraordinários para deliberar em conjunto sob a regra "um representante, um voto". Todos os 487 deputados e 49 senadores foram eleitos em 1986, mas 23 outros senadores, eleitos em 1982, ainda estavam cumprindo seus mandatos quando a ANC foi instalada em 1º de fevereiro de 1987. A primeira sessão da ANC foi presidida pelo ministro-presidente do Supremo Tribunal Federal, José Moreira Alves, que não admitiu nenhuma questão de ordem. A participação dos senadores eleitos em 1982, então, foi impugnada na 2ª sessão da ANC, no dia 2 de fevereiro, quando foi amplamente debatida e majoritariamente aprovada, totalizando 559 constituintes, assim como a eleição de Ulysses Guimarães (PMDB) para presidente da ANC. O Regimento Interno da ANC (RIANC) somente foi aprovado em 19 de março. Até a sua aprovação, observou-se um regimento provisório. Estas disputas iniciais evidenciaram os grupos chamados de "progressistas" e "conservadores", que se enfrentariam em inúmeras oportunidades durante o processo constituinte.

De acordo com Adriano Pilatti, o RIANC estabeleceu um "procedimento complexo e descentralizado para a elaboração constitucional", com destaque para alguns aspectos:

– o fluxograma com quatro fases de decisão e organograma com 34 foros de deliberação, todos submetidos ao quórum de maioria absoluta para matéria constitucional, que favorecia o surgimento de contradições e a multiplicação de manobras regimentais;

– a extensão da agenda temática expressamente prevista para as subcomissões e comissões, que favorecia a adoção do modelo constitucional preferido pelos partidos de esquerda;

– o conjunto de 132 cargos de presidentes, vice-presidentes e relatores das subcomissões e comissões, além dos oito cargos de vice-presidentes, secretários e suplentes da Mesa, cujo preenchimento foi objeto de complexas negociações, e cujo exercício conferiria a seus titulares maior visibilidade e poder de atuação [...][543]

Foram inúmeras disputas, desde os procedimentos a serem adotados até os cargos a serem preenchidos, logo na etapa preliminar. Pelo RIANC, o processo constituinte foi dividido em etapas e fases, da seguinte forma[544]:

---

543 PILATTI, Adriano. **A Constituinte de 1987-1988**: progressistas, conservadores, ordem econômica e regras do jogo. 2. ed. Rio de Janeiro: Lumen Juris, 2016, pp. 51-52.

544 Não houve fase D. OLIVEIRA, Mauro Márcio. **Portal da Constituição Cidadã**. Disponível em: https://www2.camara.leg.br/atividade-legislativa/legislacao/Constituicoes_Brasileiras/constituicao-cidada/o-processo-constituinte/o-processo-constituinte. Acesso em: 25 nov. 2019.

Etapas	Fases
1. Preliminar	Definição do Regimento Interno da ANC Sugestões: Cidadãos, Constituintes e Entidades
2. Subcomissões Temáticas	A: Anteprojeto do Relator B: Emenda ao Anteprojeto do Relator C: Anteprojeto da Subcomissão
3. Comissões Temáticas	E: Emenda ao Anteprojeto da Subcomissão na Comissão F: Substitutivo do Relator G: Emenda ao Substitutivo H: Anteprojeto da Comissão
4. Comissão de Sistematização	I: Anteprojeto de Constituição J/K: Emendas de Mérito e de Adequação ao Anteprojeto L: Projeto de Constituição M: Emendas (1P) de Plenário e Populares N: Substitutivo 1 do Relator O: Emenda (ES) ao Substitutivo 1 P: Substitutivo 2 do Relator
5. Plenário	Q: Projeto A (início 1º turno) R: Ato das Disposições Transitórias S: Emenda (2P) de Plenário e Emendas do Centrão T: Projeto B (fim do 1º; início 2º turno) U: Emenda (2T) ao Projeto B V: Projeto C (fim 2º turno)
6. Comissão de Redação	W: Proposta exclusivamente de redação X: Projeto D – redação final
7. Epílogo	Y: Promulgação

No tocante ao perfil político-ideológico dos integrantes da ANC, o jornal Folha de S. Paulo realizou uma pesquisa, divulgada em 22 de março de 1987, com os parlamentares constituintes, para que cada um deles se autodefinisse ideologicamente, desde a extrema direita até a extrema esquerda. Eis o resultado[545]:

Extrema direita	–
Direita	1%
Centro-direita	5%
Centro	36%
Centro-esquerda	40%
Esquerda	13%
Extrema esquerda	1%
Não responderam	2%
Outras respostas	2%

---

545 RODRIGUES, Leôncio Martins. **Quem é quem na constituinte**. Uma análise sócio-política dos partidos e deputados. São Paulo: OESP-Maltese, 1987, p. 99.

A autodefinição dos parlamentares divergiu das classificações de analistas da política brasileira, que apresentaram percentuais maiores para a direita[546]. Pela autodefinição dos constituintes, o Brasil seria praticamente um país sem direita. Isto não parecia corresponder com o percentual de empresários urbanos, rurais e com atividades diversificadas que compunham o Congresso Nacional em 1987 (32%)[547], além do número de parlamentares filiados aos partidos que sucederam a antiga ARENA: 118 (PFL) e 33 (PDS). Leôncio Rodrigues, analisando as discrepâncias, sugeriu que naquele contexto, "a etiqueta direita é menos valorizada do que a esquerda" e alertou que a predominância ideológica de esquerda não implicava uma prática política de esquerda nem a predominância das classes populares ou operárias[548].

Para Rodrigo Cardoso, a composição da ANC era claramente desfavorável aos interesses populares, o que teria levado os movimentos sociais e a ala progressista da ANC à luta para garantir a participação popular na elaboração da nova Constituição, com a profícua aprovação de importantes mecanismos participativos: "a realização de audiências públicas no âmbito das subcomissões, a possibilidade de apresentação de sugestões e emendas populares ao Projeto de Constituição, inclusive com a possibilidade de defesa destas em plenário por um dos signatários"[549], possibilitando a maior expressão de participação popular de toda história constitucional brasileira.

Como os debates e as audiências públicas se deram antes nas subcomissões (etapa 2, fases A, B e C), a análise começará pelas subcomissões e depois avançará para a comissão (etapa 3, fases E, F, G e H). Tendo em vista o escopo desta pesquisa, a análise documental se res-

---

546 Para o jornal Folha de S. Paulo, a composição da ANC era: direita – 12%, centro-direita – 24%, centro – 32%, centro-esquerda – 23%, esquerda – 9%. RODRIGUES, Leôncio Martins. **Quem é quem na constituinte**. Uma análise sócio-política dos partidos e deputados. São Paulo: OESP-Maltese, 1987, p. 98.

547 Outros grupos ocupacionais: profissionais liberais e/ou intelectuais – 50%, funcionários públicos e tecnocratas – 12%, profissionais manuais ou de nível médio – 3%, outras ocupações – 3%. RODRIGUES, Leôncio Martins. **Quem é quem na constituinte**. Uma análise sócio-política dos partidos e deputados. São Paulo: OESP-Maltese, 1987, p. 86.

548 RODRIGUES, Leôncio Martins. **Quem é quem na constituinte**. Uma análise sócio-política dos partidos e deputados. São Paulo: OESP-Maltese, 1987, pp. 100-101.

549 CARDOSO, Rodrigo M. **A participação popular na Constituinte de 1987-1988**. Rio de Janeiro: Lumen Juris, 2017, p. 66.

tringirá às atas das reuniões realizadas pela Comissão da Ordem Social (Comissão VII) e por suas subcomissões: Subcomissão dos Direitos dos Trabalhadores e Servidores Públicos (VII-a), Subcomissão de Saúde, Seguridade e do Meio Ambiente (VII-b) e Subcomissão dos Negros, Populações Indígenas, Pessoas Deficientes e Minorias (VII-c), materializadas em 1.062 laudas de documentos digitalizados cada qual com aproximadamente 9.000 caracteres[550]. As matérias discutidas foram as mais diversas, mas foram selecionadas e analisadas aquelas que melhor correspondiam aos limites desta pesquisa[551].

5.1. SUBCOMISSÃO DOS DIREITOS DOS TRABALHADORES E SERVIDORES PÚBLICOS (VII-A)

A subcomissão VII-a pode ser considerada a mais importante para nossa pesquisa por causa de sua matéria: direitos dos trabalhadores e servidores públicos. Esta subcomissão se reuniu 25 vezes, realizou 11 sessões de audiências públicas, em que foram ouvidas 29 pessoas. A mesa diretora foi composta por: Presidente Geraldo Campos (PMDB-DF); 1º Vice-Presidente Osmar Leitão (PFL-RJ); 2º Vice-Presidente Edmilson Valentim[552] (PCdoB-RJ) e Relator Mario Lima (PMDB-BA).

---

550 Apenas para se ter um parâmetro, esta lauda contém aproximadamente 3.000 caracteres. Assim, os registros das etapas 2 e 3 da ANC corresponderam a aproximadamente um documento de 3.000 laudas como esta.

551 Os registros das audiências públicas e das reuniões nas subcomissões foram consultados por meio de arquivos eletrônicos do Senado Federal. Todavia, nas três subcomissões foi detectada a mesma falha: o conteúdo da página 307 foi trocado pelo da página 207, que foi repetido. Assim, não foram analisados os conteúdos das páginas 307 dos arquivos de cada uma das três subcomissões.

552 Além de compor a chamada Bancada Negra, o constituinte era o mais jovem parlamentar na ANC. Parlamentares da bancada negra: Edimilson Valentim – PT/RJ: Titular (2º Vice-Presidente) na Subcomissão dos Direitos dos Trabalhadores e Servidores Públicos – Comissão da Ordem Social; Carlos Alberto Caó – PDT/RJ: Titular na Subcomissão da Ciência e Tecnologia e da Comunicação/Comissão da Família, da Educação, Cultura e Esportes, da Ciência e Tecnologia e da Comunicação; Benedita da Silva – PT/RJ: Titular na Subcomissão dos Negros, Populações Indígenas, Pessoas Deficientes e Minorias – Comissão da Ordem Social; Paulo Paim – PT/RS: Titular na Subcomissão dos Direitos dos Trabalhadores e Servidores Públicos – Comissão da Ordem Social. SANTOS, Natália N. S. **A voz e a palavra do movimento negro na Assembleia Nacional Constituinte (1987/1988): um estudo das demandas por direitos.** Orientadora: Marta Rodriguez

A primeira reunião, em 7 de abril de 1987, foi dedicada à eleição dos integrantes da mesa diretora. Na segunda reunião, em 9 de abril, foi definido o calendário das sessões, que se realizariam ordinariamente, de segunda à quinta-feira, à noite. Além disso, discutiu-se a inclusão da constituinte Wilma Maia, o que elevaria o número de membros da subcomissão e alteraria o quórum de votação. Na terceira reunião, em 21 de abril, foram incluídos como membros titulares: Roberto Balestra, João da Mata e Wilma Maia, elevando de 21 para 24 o número de componentes da subcomissão VII-a. Nesta mesma reunião não se atingiu o quórum para deliberação, pois apenas dez constituintes estavam presentes. Apesar disso, fixaram-se os critérios sobre quem seria ouvido nas audiências públicas. A preferência seria por representante de entidade da sociedade civil de caráter nacional, o que não excluiria a possibilidade de ser ouvido também representante de entidade de realidade *sui generis*, como, por exemplo, a dos trabalhadores rurais da região do Araguaia, por ser uma área de conflitos. A partir destes critérios, na quarta reunião, em 22 de abril, foram aprovadas as 24 entidades[553] que seriam convidadas para participar das audiências pú-

---

de Assis Machado. Dissertação (Mestrado). Escola de Direito de São Paulo da Fundação Getúlio Vargas, 2015, p. 205.

553 Na quarta reunião ordinária foi aprovada a listagem daqueles que seriam ouvidos nas audiências públicas: três centrais de trabalhadores, Central Única dos Trabalhadores – CUT; Central Geral dos Trabalhadores – CGT; e União Sindical Independente – USI; três intersindicais: Departamento Intersindical de Estatística e Estudos SocioEconômicos – DIEESE; Departamento Intersindical de Assessoria Parlamentar – DIAP; e Departamento Intersindical de Estudos e Pesquisas de Saúde e dos Ambientes de Trabalho – DIESAT; nove confederações: Confederação Nacional dos Trabalhadores na Agricultura; Confederação Nacional dos Trabalhadores no Comércio; Confederação Nacional dos Trabalhadores na Indústria; Confederação Nacional dos Profissionais Liberais; Confederação Nacional dos Trabalhadores em Comunicações e Publicidade; Confederação Nacional dos Trabalhadores em Empresas de Crédito; Confederação Nacional dos Trabalhadores nos Transportes Marítimos, Aéreo e Fluvial; Confederação Nacional dos Trabalhadores nos Estabelecimentos de Educação e Cultura; Confederação dos Servidores Públicos do Brasil; Confederação Nacional dos Trabalhadores nos Transportes Terrestres; e Confederação Nacional dos Trabalhadores Aposentados; dois Ministros de Estado: do Trabalho: Almir Pazzianotto; e da Administração: Aluízio Alves; e mais: Associação Nacional de Ensino Superior – ANDES; Federação das Associações de Servidores das Universidades Brasileiras – FASUBRA; Confederação de Professores do Brasil (1º e 2º Graus) – CPB; Federação Nacional dos Previdenciários – FENASP; União Brasileira de Informática Pública – UBIP; e uma representante da mulher trabalhadora.

blicas que se concentrariam no exíguo período entre 23 de abril e 7 de maio de 1987, o que gerou o desafio de limitar o número de pessoas a serem ouvidas, assim como o tempo de exposição. Houve uma proposta para que fosse convidada uma confederação patronal, em princípio, rejeitada. Para a maioria presente, a exiguidade do tempo e os escopos da subcomissão justificavam a rejeição da proposta.

Nas quinta e sexta reuniões, realizadas em 22 e 23 de abril, respectivamente, houve debates entre os constituintes sobre a lei e o direito de greve, a estabilidade, a locação de mão de obra, dentre outros assuntos, como a greve na Companhia Siderúrgica Nacional, cujas negociações foram acompanhadas pelo constituinte designado para tanto, Edmilson Valentim. Vale ressaltar a abordagem da constituinte Wilma Maia, que destacou a garantia de emprego da trabalhadora gestante da questão geral da estabilidade e apresentou a proposta da BF, pelo reconhecimento tanto da função social da maternidade quanto da paternidade, para enfrentar o problema da discriminação contra a mulher:

> [...] o reconhecimento da função social da maternidade e da paternidade evitará, com isso, práticas discriminatórias correntes que alijam a mulher do mercado de trabalho. Na hora em que a paternidade também for considerada como valor social fundamental, a mulher passa a ser menos discriminada, e, com isso, também, não mais alijada do mercado de trabalho.

Foi uma abordagem muito conectada com o pensamento feminista, pois, além de defender a garantia de emprego da trabalhadora gestante – o que era certamente necessário, mas não suficiente – a constituinte apresentou a ideia de que a responsabilidade pelo cuidado das crianças é igual entre pai e mãe, algo bastante inovador nos debates do período. No argumento de Wilma Maia, era na atribuição desigual de responsabilidade pelo cuidado que residia a discriminação da mulher no mercado de trabalho.

Na sétima reunião, iniciaram-se as audiências públicas em 23 de abril de 1987. O representante do Departamento Intersindical de Assessoria Parlamentar (DIAP) Ulisses Riedel de Resende foi convidado para palestrar sobre a lei de greve, mas deu um amplo panorama sobre as relações de trabalho sem, contudo, abordar demandas específicas das trabalhadoras. Antônio Pereira Magaldi, presidente da União Sindical Independente (USI), tinha como assunto principal o salário mínimo. É interessante observar que a terceirização foi abordada em ambas as exposições, embora sob outra nomenclatura: locação ou intermediação de mão de obra[554]. Cabe frisar que tanto o DIAP quanto a USI defenderam abertamente a proibição da intermediação de mão de obra, como neste trecho da fala de Antônio Magaldi, da USI.

> A União Sindical Independente espera que a próxima Constituição proíba expressamente a locação da mão de obra por terceiros, uma vez que esse sistema que se prolifera pelo Brasil vem prejudicando sensivelmente humildes trabalhadores, que se veem em condições quase de escravos, sendo vendido o seu trabalho a outra empresa, que faz do sistema verdadeira exploração.

Na época, já havia um significativo contingente de mulheres contratadas por meio de empresa interposta na área de limpeza e conservação, porém, não foi encontrada nenhuma demanda particular sobre a terceirização nas pautas dos movimentos de mulheres e trabalhistas pesquisados no Capítulo 4. No entanto, não é possível concluir que a terceirização não tivesse sido problematizada na ANC, especialmente porque as emendas ofertadas pelos movimentos sociais e pelas centrais sindicais[555] traziam propostas para sua proibição. O tema esteve presente nas audiências públicas, pois havia uma grande preocupação do movimento sindical e de parlamentares constituintes sobre a locação de mão de obra. Pela análise dos debates e de fases posteriores da ANC, é possível afirmar que, apesar de nada constar no texto da Constituição Federal de 1988, a luta pela constitucionalização da proibição da terceirização foi longa e, ao final, duplamente perdida: tanto no sentido da derrota na ANC quanto no do decorrente apagamento dos debates.

A constituinte Wilma Maia interpelou os representantes do DIAP e da USI sobre as propostas para a "proteção da mulher trabalhadora", ao que pela USI foi reconhecida a dificuldade de elaboração das propostas, pois as mulheres eram minoria no movimento sindical. Com base em consulta feita às trabalhadoras, a USI teria decidido formular proposta de licença remunerada da gestante sem constar prazo e de ampliação do direito à creche para abranger a escola maternal, sem

---

554 Estas expressões serão utilizadas por observar o jargão da época, muito embora, não as considere as mais adequadas. Terceirização foi um termo cunhado na década de 1990, apesar de ser uma prática no Brasil desde a década de 1960. Sobre terceirização no Brasil, v. MAEDA, Patrícia. **A era dos zero direitos**: trabalho decente, terceirização e contrato zero-hora. São Paulo: LTr, 2017.

555 As emendas populares foram propostas posteriormente na fase M, perante a Comissão de Sistematização, embora o teor delas tenha sido referido desde a fase A, nos debates nas Subcomissões temáticas. A CUT, o MST e a Comissão Pastoral da Terra subscreveram a emenda popular PE 00054-7 1P20717-7 e o DIAP, o CGT e a CUT, a emenda popular PE 00066-1 1P20746-1.

abordar o aleitamento. O texto da proposta geral seria colocado à disposição da constituinte para eventual aprimoramento antes de encaminhá-la à ANC. Com relação ao DIAP, que nada expôs sobre o trabalho da mulher, a constituinte enfatizou a existência de uma proposta das mulheres constituintes:

> Gostaria de dizer ao nobre Presidente do DIAP, que nós temos inclusive uma proposta das mulheres constituintes a respeito da proteção à maternidade, e com relação também ao aleitamento e das creches. Agora, nós sabemos, hoje, que a lei inclusive protege, no caso, a mulher com relação à gravidez. Mas essa lei é totalmente burlada porque a mulher, quando engravida, ela já sabe que após aquele tempo determinado de cento e vinte dias que ela tem de direito ao descanso remunerado, ela é despedida.

Pelo DIAP, Ulisses Resende apenas agradeceu: "nós estávamos procurando um aprimoramento, nesse ponto"[556]. Na oitava reunião, em 27 de abril de 1987, foram ouvidos Milton Seligman, representante

---

556 Na emenda popular encampada pelo DIAP, não houve nada a respeito do trabalho doméstico, mas constou dentre outras propostas: "Artigo – A Constituição assegura aos trabalhadores em geral e aos servidores públicos civis, federais, estaduais e municipais, independente de lei, os seguintes direitos, além de outros que visem à melhoria de sua condição social. XII – licença remunerada da gestante, antes e depois do parto, ou no caso de interrupção da gravidez; pelo prazo total de 180 dias; XIII – estabilidade desde a admissão no emprego, salvo o cometimento de falta grave comprovada judicialmente e contratos a termo; XVIII – proibição de diferença de salário por trabalho igual, qualquer que seja o regime jurídico do prestador, inclusive nos casos de substituiçou ou sucessão do trabalhador, bem como proibição de diferença de critérios de admissão e promoção, por motivo de raça, cor, sexo, religião, opinião política, militância sindical, nacionalidade, idade, estado civil, origem, deficiência física, condição social ou outros motivos discriminatórios; XXII – proibição de locação de mão-de-obra e de contratação de trabalhadores avulsos ou temporários para a execução de trabalho de natureza permanente ou sazonal; XXVII – garantia de manutenção de creche e escola maternal pelos empregadores, para os filhos e dependentes menores de seus empregados; e pelo estado no caso dos trabalhadores rurais autônomos; XXVIII – previdência social nos casos de doença, velhice, invalidez, maternidade, morte, reclusão, desaparecimento, seguro-desemprego e seguro contra acidentes de trabalho, mediante contribuição da União do empregador e do empregado; inclusive para os trabalhadores rurais autônomos; XXIX – aposentadoria, com renumeração igual à da atividade, garantido o reajustamento para preservação de seu valor real; a) com 30 (trinta) anos de trabalho, para o homem; b) com 25 (vinte e cinco) para a mulher; c) com tempo inferior ao das alíneas acima, pelo exercício de trabalho noturno, de revezamento penoso, insalubre ou perigoso; XXX – aposentadoria por idade aos trabalhadores rurais autônomos, sendo: a) aos 55 anos de idade para os homens; b) aos 50 anos de idade para as mulheres".

da União Brasileira de Informática Pública, sobre a influência da informática em relação aos direitos dos trabalhadores; e Alceu Porto Carrero, presidente da Confederação Nacional dos Trabalhadores em Comunicação e Publicidade, sobre direitos dos trabalhadores, que aderiu à proposta já formulada pelo DIAP. Embora os debates tenham sido ricos, não houve nenhuma fala relevante para as mulheres trabalhadoras especificamente. O destaque foi o requerimento da constituinte Raquel Capiberibe, suplente na subcomissão, para a oitiva da Confederação Nacional dos Pescadores, o que foi aprovado. Como veremos adiante, a condição da mulher pescadora foi um ponto importante na ANC para demonstrar o quanto o Direito e o Estado brasileiro discriminavam o trabalho da mulher.

A nona reunião foi dedicada a debates entre os constituintes sobre salários, jornada de trabalho e locação de mão de obra, o que reforça o entendimento de que este tema – a locação de mão de obra – era de alta relevância para o direito social, dado seu alastramento no mercado de trabalho ou nas palavras do constituinte Juarez Antunes: "Até aqui dentro mesmo do Congresso essa prática é useira e vezeira, a locação de mão de obra, o aluguel de homens intermediários, as meninas do cafezinho, limpeza, manutenção, etc.". Vale pontuar que era claro para o constituinte o caráter objetificante dos trabalhadores e das trabalhadoras contratados por empresa interposta, como se fosse um "aluguel".

Na 12ª reunião, em 29 de abril, José Eduardo de Moura Reis, presidente da Confederação Nacional dos Pescadores, havia trazido uma questão bastante específica da mulher pescadora – a Marinha brasileira proibia por meio de portaria o trabalho da mulher como pescadora –, o que causou forte reação dos constituintes, que desconheciam tal discriminação operacionalizada por meio de norma jurídica e aparato estatal.

> No Norte e Nordeste é muito comum encontrarmos mulheres pescadoras. Inclusive, há uma companheira presente, que é presidente de colônia. Só que a Marinha não reconhece como pescadora, ela proíbe, por uma simples portaria, que mulher não pode ser pescadora. Ora, a mulher é que tem de decidir o que quer. A Sudepe dá uma carteira que não assegura o direito de sair ao mar. **Então a mulher está trabalhando lá fora, a fiscalização chega, multa o barco, prende, toma a carteira, é um bafafá danado.** Achamos que o direito de opção tem que ser livre e respeitado. Se a mulher quer ser pescadora, que seja, porque há um grande número de mulheres pescadoras. (grifei)

O constituinte Célio de Castro propôs que a subcomissão se manifestasse perante o Ministro da Marinha pela revogação da portaria. A constituinte Wilma Maia aderiu à proposta e sugeriu que parlamentares e pescadoras fossem à Presidência da República para tratar da revogação da portaria, "que discrimina a mulher, ainda na época de hoje". E, por fim, o constituinte Célio de Castro trouxe a informação de que a portaria estava baseada em um Decreto-lei de 1923, cujo teor não teria sido recepcionado pela Constituição de 1934. A proposta de encaminhamento ao Ministério da Marinha foi aprovada na sessão seguinte. A atuação dos constituintes nesta subcomissão alcançava também as demandas urgentes da sociedade, para além da concepção do novo ordenamento jurídico constitucional.

A 13ª reunião, em 30 de abril, contou com a palestra do Ministro do Trabalho Almir Pazzianotto para tratar do tema "direito do trabalho". Segundo ele, embora houvesse norma constitucional sobre a proibição de discriminação em termos de salário e admissão, a desigualdade entre os sexos remanescia, mas as mulheres já a estariam combatendo. O Ministro, porém, nada disse sobre o papel do Estado na promoção da igualdade nem sobre propostas, sugestões ou possibilidades a respeito desta questão. Da mesma maneira, o Ministro da Administração Aluízio Alves, que tratou da reforma administrativa na 14ª reunião, em 4 de maio, nada mencionou sobre o trabalho da funcionária pública ou das mulheres contratadas por meio de empresas interpostas pela Administração Pública. As mulheres trabalhadoras (da iniciativa privada ou do serviço público) não receberam nenhuma proposta para o texto constitucional por parte do governo.

Na 15ª reunião, em 5 de maio, o constituinte Edmilson Valentim, no debate sobre segurança e medicina do trabalho, apresentou proposta em que se previa "especial proteção" para mulheres e menores de 18 anos, "nos locais de trabalho insalubres ou realizados em circunstâncias perigosas". Em seguida, alegando que "a proteção ao trabalho estende à questão da gestante", o constituinte trouxe a proposta da licença-maternidade em conjunto com a garantia de emprego: "A gestante terá descanso remunerado antes e depois do parto, sem prejuízo do emprego e do salário integral", sem qualquer estipulação de prazo, o que contrastou com a proposta da BF, que trazia um prazo mínimo (desde o início da gravidez até sessenta dias após o parto). E, por fim, apresentou proposta de proibição de trabalho da mulher, nos seguintes termos: "Não será permitido o trabalho de mulher e menor de 18 anos em indústria com nível de insalubridade que ponha em risco sua saúde, bem como qualquer trabalho a menores de 14 anos". Nesta linha de raciocínio, o que era uma "especial proteção" significava uma proibição, numa espécie de tutela estatal sobre os relativamente incapazes (como se referia no Código Civil), o que se revelou uma forma de discriminação, quando colocada nestes termos. Não há evidências de que a proposta levada a efeito pelo constituinte tenha sido discutida anteriormente com a BF, que, aliás, em consonância com os movimentos pesquisados no capítulo 4, não tinha formulação naquele sentido. Proposta diversa foi defendida pelo constituinte Paulo Paim, no sentido de proibir o trabalho insalubre para homens e mulheres, pois todos deveriam ter a saúde protegida. Nesta reunião ainda foi ouvida a representante das trabalhadoras domésticas, Lenira de Carvalho, cuja fala e os debates decorrentes dela serão analisados em tópico próprio, em razão da relevância do objeto.

Na 16ª reunião, em 5 de maio, a maior contribuição para a pauta das trabalhadoras foi a fala do representante da Associação Nacional dos Docentes do Ensino Superior, Osvaldo de Oliveira Maciel, que trouxe uma plataforma de reivindicações econômicas, políticas e sociais elaborada "ao longo de muitos anos de luta e resistência dos trabalhadores contra a ditadura e o regime militar". Dentre os pedidos, havia: creches públicas, licença-maternidade, jornada de 40h, estabilidade trabalhista, aposentadoria com vencimentos integrais, seguro-desemprego e participação dos trabalhadores nos conselhos de gestão de fundos vinculados ao trabalho, incluindo a Previdência Social. Defendeu ainda o direito à educação pública, gratuita, livre e democrática; "o direito do trabalhador a fruir dos frutos do conhecimento científico e da produção tecnológica moderna"; direito ao lazer, especialmente com a família; "direito dos trabalhadores de gozarem e usufruírem dos bens culturais que a nossa sociedade tão ricamente oferece, mas somente uma minoria pode pagar ou pode ter os serviços restritos que o Estado ainda oferece". É interessante notar que os assuntos dentro da Comissão da Ordem Social não foram rigidamente separados e as falas e argumentos foram sempre recebidos pelos constituintes. Nesta reunião, foram abordadas questões muito caras para as trabalhadoras: saúde pública, educação pública, pré-escola pública, universidade pública e idade mínima para o trabalho. O representante da Confederação Nacional dos Trabalhadores nos Transportes Marítimo, Aéreo e Fluvial, Aluízio Ribeiro, convidado para falar sobre o tema organização sindical, se posicionou contrariamente ao decreto do "menor assistido", que previa o trabalho dos 12 aos 18 anos, "que deveria estar estudando, praticando esporte, que deveria estar num convívio maior no seu lar, na verdade está tirando emprego do seu irmão maior de 18 anos, talvez do seu pai, do seu tio".

A forma de o Estado garantir que crianças e adolescentes se desenvolvam adequadamente é por meio da educação, da saúde, da alimentação, da moradia e do lazer. Submetê-los ao trabalho precarizado, como denunciou o palestrante ("Pelo decreto essas crianças nessa faixa de idade irão receber a metade do salário mínimo, sem vínculo empregatício, sem direito à Previdência Social"), não parece ser uma saída que vise ao seu melhor desenvolvimento, mas apenas ao interesse do capital. O trabalho para menores de 18 anos é um debate antigo em que pouco avançamos nos últimos anos. Ao contrário. É cada vez mais predominante o discurso sobre as benesses do emprego com menos direitos para os adolescentes no Brasil ao lado da sempre invocada falta de qualificação profissional, como se a juventude (pobre) e a educação tivessem como escopos apenas a formação de força de trabalho e não de seres humanos completos, com direito à cultura, ao convívio social, à prática de esportes e ao lazer.

Na 17ª reunião da subcomissão, em 6 de maio, foram discutidos os assuntos: atividade pesqueira e garantias adicionais do trabalhador. José Ubirajara C. Souza Timm, ex-presidente da Superintendência de Desenvolvimento da Pesca (Sudepe), retomou o assunto da discriminação da mulher pescadora. Ele esclareceu que a atividade artesanal da mulher pescadora já era reconhecida, incluindo as marisqueiras, que só na Bahia eram mais de 5 mil, mas não a da pescadora profissional embarcada, admitindo que "ainda se discrimina contra a mulher para ocupar tripulações de barcos pesqueiros". Problematizou as dificuldades dos pescadores em geral, sua invisibilidade social, as violências que partem do Estado e as gradativas restrições de acesso ao mar em razão dos empreendimentos imobiliários. A atividade econômica era bastante precarizada, mas a condição da pescadora ainda era mais difícil.

Beatriz Azeredo, assessora técnica da SEPLAN, do Ministério do Planejamento, discorreu sobre as garantias adicionais em termos de proteção contra o desemprego, como estabilidade, FGTS e seguro desemprego. Uma de suas constatações foi a de que os trabalhadores com baixos salários e alta rotatividade sacavam muito pouco dinheiro do FGTS quando eram dispensados, reconhecendo que "a garantia que foi oferecida com a instituição do FGTS em troca da estabilidade não existe" e apenas para uma minoria o saldo do FGTS servia como uma "entrada para compra da casa própria". Afirmou ainda que o seguro desemprego, da forma como era regulamentado na época, ao exigir 35 meses de contribuição à Previdência Social no período de quatro anos, excluía 53% dos desempregados. Com relação ao PIS-PASEP, ela relembrou os objetivos estabelecidos quando de sua instituição na década de 1970 – dar efetividade ao preceito constitucional de participação do trabalhador nos lucros das empresas e instituir um mecanismo de formação de patrimônio individual para o trabalhador – para dizer que, na prática, não atendia a nenhum deles. Em suma, Beatriz Azeredo defendeu que, do ponto de vista do governo, toda a sociedade sustentava os dois sistemas (FGTS e PIS-PASEP), na forma de uma poupança compulsória, sem representar qualquer benefício ao trabalhador. Nesta esteira, trouxe como propostas: um seguro desemprego abrangente para todos os trabalhadores e que garantisse uma renda compatível com a renda anterior com a extinção do FGTS e do PIS-PASEP; e a penalização financeira das empresas que não observassem determinado padrão de rotatividade de força de trabalho. Em suma, o que o Ministério do Planejamento propunha era extinguir o FGTS sem o retorno da garantia da estabilidade. Em reação à proposta, houve manifestações de constituintes em defesa da estabilidade no emprego, direito que parecia ser um consenso na subcomissão.

A 18ª reunião, em 06 de maio, foi muito importante. As palestras dos representantes do Departamento Intersindical de Estatística e Estudos Socioeconômicos (DIEESE) e do Departamento Intersindical dos Estudos e Pesquisa de Saúde e dos Ambientes de Trabalho (DIESAT) abordaram com profundidade os temas: redução da jornada de trabalho, representação dos trabalhadores nos locais de trabalho, garantia de emprego (DIEESE) e saúde e condições de trabalho no Brasil (DIESAT). Para além disso, esta reunião tinha como pauta a condição da mulher trabalhadora, sobre o que três mulheres discorreram, duas na condição de representantes. Diante da relevância das falas para este estudo, elas serão analisadas em apartado.

As audiências públicas se estenderam até a 20ª reunião. A partir da 21ª, o debate entre constituintes passou a tratar do anteprojeto do relator e das emendas apresentadas por integrantes da subcomissão. Na 24ª reunião, houve uma importante discussão em torno da licença gestante. O constituinte Vivaldo Barbosa apresentou uma emenda para aumentar para 180 dias a proposta do anteprojeto do relator, que previa: "Licença remunerada da gestante, antes e depois do parto, por período não inferior a 120 dias". Esta proposta de alteração ofertada naquele momento não foi discutida com a BF, que se preocupava com o impacto negativo do aumento da licença-maternidade, prevista em lei por 90 dias, e que, por isso, havia convencido o relator Mário Lima a propor 120 dias e não um prazo maior.

Uma licença mais longa para a mãe sempre foi algo teoricamente benéfico, mas as mulheres sabiam que isso significaria naquele momento uma reação de mais discriminação contra a trabalhadora, uma maior dificuldade na inserção no mercado de trabalho e na promoção na carreira. Além disso, a proposta da BF era a de que fosse reconhecida a função social da maternidade e da paternidade, repartindo a responsabilidade pelo cuidado das crianças entre pai e mãe. Esta era uma ideia de vanguarda e vários constituintes não a compreendiam muito bem. O discurso do constituinte Vivaldo Barbosa evidenciou a falta de compreensão do ponto de vista situado (ou do lugar de fala) das mulheres constituintes e trabalhadoras, arrogando para si a melhor decisão sobre o tema: "Não podemos aceitar essa argumentação, mesmo que os setores estejam organizados, que os Movimentos de Mulheres estejam sensíveis a isto, nós temos que enxergar mais longe, temos que ver a política pública mais adiante". A justificativa do constituinte para a proposta, que ia de encontro à posição da BF, era essencializante e naturalizante do papel da mulher:

> **Não há dúvida de que a vida, por milênios, já nos ensinou que a mãe é quem melhor tem condições de propiciar assistência psicológica, material, afetiva à criança.** A criança, no seu primeiro ano de vida, se não receber adequadamente essa assistência material do leite materno, da assistência materna, o carinho materno, a alimentação preparada com cuidado, que só a mãe insubstituivelmente tem condições de preparar, sem dúvida nenhuma, essa criança será um trabalhador deficiente depois, será um trabalhador com menos energia, com menos inteligência, com menos criatividade no seu trabalho.

A constituinte Wilma Maia explicou o motivo do prazo de 120 dias: a BF tinha a proposta inicial de 180 dias, caso não houvesse estabilidade no emprego. Como as discussões indicavam que a estabilidade seria aprovada – o que infelizmente não se confirmou –, as mulheres entenderam que 120 dias seriam suficientes e, mais do que isso, poderia acarretar discriminação na admissão. A proposta de 180 dias foi rejeitada por unanimidade.

O texto do anteprojeto aprovado pela subcomissão teve pouca alteração em relação ao texto inicial do relator. De modo geral, os principais pontos levantados dos debates nesta subcomissão foram: a condição da mulher trabalhadora urbana, rural e doméstica; a discriminação contra a mulher pescadora; a garantia de emprego e a licença remunerada da mulher gestante; o dilema entre a proteção e a discriminação da mulher trabalhadora (trabalho noturno ou em condições insalubres ou perigosas). A subcomissão VII-a foi bastante comprometida com os direitos dos trabalhadores e foi o ponto máximo em termos de avanço social. Se fôssemos representar graficamente, a partir de então, a curva da positivação dos direitos sociais foi descendente nas demais fases da ANC. Em seguida, analiso as principais contribuições das representantes das trabalhadoras nos debates desta subcomissão.

5.1.1. LENIRA DE CARVALHO, REPRESENTANTE DAS TRABALHADORAS DOMÉSTICAS

As lutas das trabalhadoras domésticas vêm de longe e foram abordadas nos capítulos 2, 3 e 4. A primeira questão que se levanta é o que explica o fato de o trabalho doméstico remunerado, presente no mercado de trabalho brasileiro desde os seus primórdios, ter sido regulamentado como um contrato de trabalho com estatuto especial[557] apenas em 1972[558], já que não foi abarcado pela norma geral da CLT?

De um lado, esta desigualdade jurídica se justificaria no papel da mulher no trabalho doméstico e de cuidado, pois ela seguiria a tendência "natural" de cuidar da família e do lar (afinal, se esse papel é visto como natural e biológico da mulher, por que haveria necessidade de se garantir direitos?). De outro lado, a subalternização resultante de ideologias racistas também justificaria o trabalho doméstico remunerado, pois "as mulheres negras realizariam o trabalho remunerado de limpeza porque essa ocupação estaria de acordo com suas habili-

---

557 O estatuto significou basicamente os direitos à anotação do contrato de trabalho na CTPS, a vinte dias úteis de férias remuneradas e a contribuir para Previdência Social (Lei n. 5.859/1972).

558 Como exposto no capítulo 2, houve instrumentos legais anteriores que tratavam da locação de serviço doméstico, como o Decreto-lei n. 3.708, de 27 de fevereiro de 1941, mas a norma mais emblemática da exclusão do trabalho doméstico do âmbito do direito trabalhista comum está até hoje na própria CLT, no artigo 7º, *caput*, item "a": "Os preceitos constantes da presente Consolidação salvo quando forem cada caso, expressamente determinado em contrário, não se aplicam: a) aos empregados domésticos, assim considerados, de um modo geral, os que prestam serviços de natureza não-econômica à pessoa ou à família, no âmbito residencial destas".

dades enquanto mulheres negras"[559]. Assim, as variáveis classe social, gênero e raça se entrecruzam e dão sentido para a falta de direitos das trabalhadoras domésticas. A composição histórica e majoritariamente branca cis-hetero-patriarcal do Poder Legislativo também contribuiu para que a carga desigual produzida pela divisão sexual do trabalho e a precariedade no exercício do trabalho doméstico remunerado não tivessem sido prioridades na agenda política, dado que os parlamentares estão no patamar daqueles que menos exercem trabalho doméstico, seja por serem homens, seja por serem patrões[560].

Neste sentido, Joaze Bernardino-Costa afirma: "A colonialidade do poder se manifesta explicitamente na vida das trabalhadoras domésticas por meio de um não reconhecimento jurídico-trabalhista da categoria e, também, pela forte associação do serviço doméstico ao trabalho escravo"[561]. Se o trabalho doméstico estava associado ao trabalho escravo, este era associado à população negra, sobre a qual pesavam os preconceitos e a discriminação. Não é possível ignorar que, de acordo com a Lei n. 5.859/1972, no ato de admissão, a trabalhadora doméstica deveria apresentar atestado de boa conduta e atestado de saúde, sendo este último a critério do empregador. O atestado de boa conduta tinha relação com a forma como as trabalhadoras domésticas eram vistas pelo Estado. "O serviço doméstico era mencionado nas leis sanitárias e penais com o intuito de proteger a sociedade contra as trabalhadoras domésticas, percebidas explicitamente como ameaças em potencial às famílias empregadoras". Portanto, o trabalho doméstico remunerado se trata de um trabalho não só generificado e racializado, mas também discriminado. Estes elementos se revelaram nas falas nos debates durante a ANC.

A primeira vez que apareceu o assunto "trabalho doméstico" nos debates da subcomissão VII-a foi na 10ª reunião, em 28 de abril. José Augusto de Carvalho, da Confederação Nacional dos Profissionais Liberais, fez uma grande defesa da igualdade de tratamento e da não discriminação entre trabalhadores dos mais diversos ramos de trabalho, a primeira defesa da igualdade de direitos trabalhistas para traba-

---

559 BIROLI, Flávia. **Gênero e desigualdades**: limites da democracia no Brasil. São Paulo: Boitempo, 2018, pp. 42-43.

560 BIROLI, Flávia. **Gênero e desigualdades**: limites da democracia no Brasil. São Paulo: Boitempo, 2018, pp. 45.

561 BERNARDINO-COSTA, Joaze. **Saberes subalternos e decolonialidade**: os sindicatos das trabalhadoras domésticas no Brasil. Brasília: UnB, 2015, p. 61.

lhadora doméstica, rurais e servidores públicos por um regime jurídico único de todos, incluindo os profissionais liberais[562].

Se a 15ª reunião tinha como pauta o debate entre os constituintes sobre proteção, segurança e higiene do trabalho, cogestão e organização sindical, a visita da caravana das trabalhadoras domésticas tornou tal reunião um dia memorável na ANC. Lenira de Carvalho, fundadora da Associação das Empregadas Domésticas da Área Metropolitana do Recife, foi designada para representar as trabalhadoras domésticas na ocasião. Não houve convite por parte da subcomissão VII-a para que uma representante das trabalhadoras domésticas fizesse exposição em audiência pública – a categoria não estava no rol das entidades convidadas –, no entanto, a visita da caravana foi muito bem-recebida. A constituinte Benedita da Silva, que não integrava a subcomissão VII-a, anunciou a comitiva das trabalhadoras domésticas ao presidente da subcomissão, que deferiu assento e voz à representante da comitiva na reunião, e ao presidente da ANC, Ulysses Guimarães, que foi à sessão para receber a carta de reivindicações elaborada por representantes de 23 associações de trabalhadoras domésticas de nove Estados brasileiros, reunidas em Nova Iguaçu/RJ, nos dias 18 e 19 de abril de 1987.

Lenira de Carvalho falou brevemente, mas de forma contundente. Iniciou sua exposição afirmando que os poucos constituintes presentes estavam lá como representantes do povo e ressaltando a cidadania das trabalhadoras domésticas ("também votamos") e a falta de reconhecimento do trabalho doméstico no Brasil. "Trabalhamos e fazemos parte deste País, muito embora não queiram reconhecer o nosso trabalho, porque não rendemos e não produzimos. Mas, estamos conscientes de que produzimos e produzimos muito". Lenira de Carvalho lembrou ainda que as domésticas constituíam um contingente de 3 milhões de trabalhadoras e que não se poderia falar em democracia se a nova Constituição não reconhecesse os direitos das domésticas, que, aliás, serviam "aos deputados, senadores, ao presidente e a todas as pessoas". Ela discorreu sobre a dificuldade de as trabalhadoras se fazerem presentes naquele dia em Brasília: "Viemos do Nordeste, três dias de viagem, passando fome e com todas as dificulda-

---

562 "Por que a empregada doméstica não tem uma série de direitos que o trabalhador urbano tem? Por que o trabalhador rural não tem uma série de direitos que o trabalhador urbano tem? Porque, quando nós, que somos trabalhadores urbanos, dependemos do próprio trabalho doméstico e do próprio trabalho rural. Se nós queremos ter, na nossa casa, alguém fazendo tarefas que nos eximam de executá-las, **temos que dar à pessoa o tratamento exatamente igual àquele pelo qual nós lutamos** e pleiteamos nas nossas empresas. Essa é a nossa grande bandeira" (grifei).

des, mas, porque confiamos, primeiro, na nossa luta e, depois, em Vossas Excelências, estamos certas disto". Por fim, recordou que a luta das domésticas era ao lado dos demais trabalhadores, encerrando com a leitura do seguinte documento, assinado por representantes das 23 associações, que recebeu o número de sugestão S10195-8[563]:

> Nova Iguaçu, 18 e 19 de abril de 1987.
>
> Exmos. Srs. Drs. Deputados Federais e Senadores Constituintes:
>
> Nós, Trabalhadoras Empregadas Domésticas, somos a categoria mais numerosa de mulheres que trabalham neste país, cerca de 1/4 (um quarto) da mão de obra feminina, segundo os dados do V Congresso Nacional de Empregadas Domésticas de Janeiro de 1985.
>
> Fala-se muito que os trabalhadores empregados domésticos não produzem lucro, como se fosse algo que se expressasse, apenas e tão-somente, em forma monetária. Nós produzimos saúde, limpeza, boa alimentação e segurança para milhões de pessoas. Nós, que sem ter acesso à instrução e à cultura, em muitos e muitos casos, garantimos a educação dos filhos dos patrões.
>
> Queremos ser reconhecidos como categoria profissional de trabalhadores empregados domésticos e termos direito de sindicalização, com autonomia sindical.
>
> Reivindicamos o salário mínimo nacional real, jornada de 40 (quarenta) horas semanais, descanso semanal remunerado, 13º salário, estabilidade após 10 (dez) anos no emprego ou FGTS (Fundo de Garantia do Tempo de Serviço), e demais direitos trabalhistas consolidados. Extensão, de forma plena, aos trabalhadores empregados domésticos, dos direitos previdenciários consolidados.
>
> Proibição da exploração do trabalho do menor como pretexto da criação e educação. Que o menor seja respeitado em sua integridade física, moral e mental.
>
> *"Entendemos que toda pessoa que exerce trabalho remunerado e vive desse trabalho é trabalhador, e, consequentemente, está submetido às leis trabalhistas e previdenciárias consolidadas".*
>
> Como cidadãs e cidadãos que somos, uma vez que exercemos o direito da cidadania, através do voto direto, queremos nossos direitos assegurados na nova Constituição.

A carta enfatizou a importância do trabalho doméstico e de cuidado para toda a sociedade ("produzimos saúde, limpeza, boa alimentação e segurança para milhões de pessoas"; "garantimos a educação dos filhos dos patrões"), a despeito da desvalorização social. As antigas demandas por reconhecimento da categoria profissional para fins de criação de sindicato e pela equiparação de direitos com os demais trabalhadores remanesciam e não encontraram resistência na subcomissão VII-a. Os constituintes que se manifestaram em seguida foram unânimes nas

---

563 LACERDA, Ana B. C. C. *et al.* **A voz do cidadão na constituinte**. Brasília: Câmara dos Deputados. Brasília: Câmara, 2018, p. 99.

declarações sobre a importância do trabalho doméstico e consideravam as demandas "aparentemente simples". O constituinte Osvaldo Bender lançou a sugestão pelo reconhecimento da categoria profissional. A exposição de Lenira de Carvalho foi elogiada pelo constituinte Santinho Furtado, que anunciou já ter um projeto "pensando nas donas de casa e nas empregadas domésticas, aposentando-as e dando todo o direito à mulher de filiar-se à Previdência Social, mesmo as mulheres que não tivessem nenhum vínculo com a Previdência Social".

O constituinte Mansueto de Lavor reconheceu a precariedade do trabalho doméstico, assim como a sua "valiosa contribuição", "muito importante para o equilíbrio e a formação da família". Deu testemunho da importância de Miralva, empregada doméstica, em sua vida, dizendo que "já não considero sequer uma doméstica, ela pertence à família e, mais do que isso, é para mim uma assessora em política econômica e até em política nacional", misturando o trabalho com o afeto familiar. Pertencer à família significaria fazer parte dela? Adriana Oliveira, precisamente, analisa o discurso do constituinte:

> A importância da empregada "para o equilíbrio e a formação da família" era simbólica, pois caso a esposa não as realizasse, deveria haver a presença de outra mulher para cobrir aquelas atividades. Nesses termos, pode-se constatar que a saída das mulheres a partir da classe média para o mercado de trabalho dependia dessa outra presença, uma vez que aquelas funções não haviam sido negociadas. A empregada doméstica garantia esses cuidados e evitava conflito. O fato de se considerar uma empregada doméstica como membro da família demonstrava o vício dessa relação, pois na condição de membro da família, ela não precisaria de direitos referentes ao seu trabalho, como restrição da jornada de trabalho, salário mínimo, décimo terceiro. Por outro lado, ser considerada como membro da família não fazia com que ela tivesse direitos referentes às relações familiares, como o direito sucessório ou a prestação de alimentos[564].

O constituinte Edmilson Valentim foi além de elogios e homenagens e se comprometeu: "Queremos dizer às companheiras presentes que, se depender desta subcomissão, os seus direitos estarão consignados da maneira e da forma que interessam às empregadas domésticas do nosso País". Lembrou, porém, o longo percurso a ser percorrido e conclamou as companheiras a continuar o trabalho de sensibilização dos constituintes nas próximas fases da ANC.

---

564 OLIVEIRA, Adriana V. **Constituição e direitos das mulheres**: uma análise dos estereótipos de gênero na Assembleia Constituinte e suas consequências no texto constitucional. Curitiba: Juruá, 2015, pp. 291-292.

O relator da subcomissão Mario Lima, ao exaltar a importância de Maria, a empregada doméstica que trabalhava em sua residência, reforçou a noção problemática que confunde trabalho com afeto de "membro da família", mas defendeu expressamente: "É importante que esses direitos não fiquem na base do coração, do reconhecimento, que isso seja lei para aquelas pessoas que não tenham essa formação cristã, essa sensibilidade, que a cumpram, não por sentimento, mas por obrigação". A respeito do discurso de Mario Lima, Adriana Oliveira completou:

> Em seu discurso ele ainda assumia que a sua empregada era fundamental para que ele pudesse exercer a sua função na esfera pública. Nesses termos, para que ele desempenhasse seu trabalho no mundo público de forma eficiente, precisava contar com uma presença feminina gerindo seu espaço doméstico também de forma eficiente, ou empregada, ou esposa, ou então, ambas[565].

A fala do constituinte Domingos Leonelli se destacou por relatar problemas concretos de parte das trabalhadoras domésticas no Nordeste, que eram tratadas "como escravas, vivendo em senzalas, comendo restos de comida e até usadas sexualmente na primeira fase, na puberdade, dos seus filhos" e por reforçar a necessidade de mobilização nas outras fases da ANC, pois "nesta subcomissão, a grande maioria, se não a totalidade, dos constituintes é realmente solidária aos interesses dos trabalhadores, inclusive trabalhadoras domésticas. Porém, não creio que isso possa acontecer nas outras fases".

O Presidente da ANC Ulysses Guimarães, que compareceu para receber pessoalmente a sugestão S10195-8, também se pronunciou sobre a visita das trabalhadoras domésticas, como expressão da participação popular na ANC, e sobre a relevância de suas demandas. O constituinte Domingos Leonelli demonstrou conhecer a questão do trabalho doméstico quando retomou a palavra, enfrentando o tema do valor econômico do trabalho doméstico:

> Creio, Sr. Presidente, somente conseguiremos escrever as reivindicações aqui colocadas – jornada de 40 horas, o que significa 8 horas por dia, fora sábados e domingos, descanso semanal remunerado, 13º salário, estabilidade e demais direitos trabalhistas – só conseguiremos colocar isso na própria Constituição, se compreendermos, se a Constituinte, como um todo, compreender o **trabalho doméstico, não apenas das empregadas, mas das donas de casa, que são empregadas nas suas casas, quando não têm empregadas; compreender o trabalho doméstico como valor econômico** que se agrega ao

---

565 OLIVEIRA, Adriana V. **Constituição e direitos das mulheres**: uma análise dos estereótipos de gênero na Assembleia Constituinte e suas consequências no texto constitucional. Curitiba: Juruá, 2015, p. 293.

> processo produtivo, quando forem incorporadas à compreensão econômica e a Constituição, ao raciocínio de informar a legislação econômica, o trabalho doméstico como um trabalho, como um elemento da produção. (grifei)

O constituinte propôs pensar o trabalho como uma relação social mais abrangente que o trabalho assalariado, desafiando o conceito de divisão sexual do trabalho, que se rege por dois princípios desenvolvidos por Danièle Kergoat[566]: o da separação (trabalhos de homens e trabalhos de mulheres) e o da hierarquia (trabalhos de homens são os mais valorizados socialmente), segundo o qual, histórica e culturalmente, aos homens compete o trabalho na esfera pública e produtiva, valorizado social e economicamente, e à mulher, o trabalho na esfera privada e reprodutiva, invisibilizado socialmente, podendo ser ou não remunerado. Reconhecer o valor econômico do trabalho doméstico subvertia a esta divisão hierarquizada.

> Não consigo ver, Sr. Presidente, diferença entre o trabalho de um banqueiro que pega dinheiro de um lugar e passa para outro, onde é que ele é mais produtivo do que a fabricação da comida que alimenta o cidadão que trabalha.
>
> A argumentação de que o trabalho doméstico não produz riqueza, não reproduz valor econômico, ela, se levada à última instância, eliminaria toda a categoria de serviços e toda a atividade terciária, também, como do processo econômico produtivo, o qual não está aqui. O processo de circulação de riqueza inclui, deverá incluir o trabalho doméstico.
>
> Não conseguiremos escrever isto na Constituição, se esse conceito básico não for apreendido, inclusive, colocando na Constituição que **o trabalho doméstico, é um trabalho que diz respeito à produção a ao processo econômico**, como um todo.

O reconhecimento do trabalho doméstico como parte do processo econômico ainda hoje é uma das lutas do movimento feminista, que argumenta que o trabalho reprodutivo contribui para o sistema capitalista, ao reproduzir com baixo custo a força de trabalho e ao exercer de forma gratuita parte do trabalho necessário à manutenção da economia capitalista[567]. O constituinte Domingos Leonelli estabeleceu a relação

---

566 KERGOAT, Danièle. Relações sociais e divisão do trabalho entre os sexos. In: KERGOAT, Danièle. **Lutar, dizem elas...** Recife: SOS Corpo, 2018.

567 "Em verdade, há uma pessoa engajada na produção *stricto sensu* – o homem – cuja remuneração não cobre senão uma parcela de seu trabalho (trabalho necessário), apropriando-se o capitalista da outra parcela sob a forma de mais-valia (trabalho excedente). Portanto, através do trabalho do homem, o capital explora diretamente este e indiretamente a mulher, na medida em que esta trabalha para criar as condições da produção diária e da reprodução da forma de trabalho, sem a qual

entre os marcadores sociais de diferenças (classe, gênero e raça), a história do trabalhador escravizado e as relações de trabalho doméstico no Brasil, demonstrando um conhecimento diferenciado sobre o tema.

> Gostaria de entender que, além dessas reivindicações específicas, difíceis de serem transformadas em lei, muito mais difícil ainda de serem levadas à prática, num País pobre e miserável, onde o trabalho doméstico ainda é, em muitas regiões, **um resquício da escravidão**, ainda com as mucamas que se transformaram em empregadas domésticas, onde a relação de patrão/empregado não se dá com o mínimo de formalidade e é substituída por essa **mistificação paternalista da integração familiar.** (grifei)

O constituinte Max Rosenmann ressaltou que o grande número de trabalhadoras domésticas no Brasil e a imprescindibilidade do trabalho delas eram fortes argumentos para o reconhecimento do trabalho doméstico e da categoria profissional. Estabeleceu ainda um interessante nexo entre o trabalho doméstico e a locação de mão de obra, como expressões de um trabalho feminino precarizado, e foi ovacionado:

> Esta Subcomissão é importante dizer que, por unanimidade – acredito – já se manifestou, dias atrás, contrária, proibindo a utilização de empresas de serviço, para locação de mão de obra que tem sido também uma fonte exploradora do trabalhador. Porque, quando a empregada doméstica deseja sair do emprego, de uma residência onde atua com a sua atividade e busca o mercado de trabalho, através da sua especialidade profissional, cai nas garras, cai nas malhas, cai nas teias dessas empresas locadoras de serviço (Palmas) que tanto têm explorado estas senhoras trabalhadoras!

A constituinte Benedita da Silva indubitavelmente era quem melhor conhecia a condição da trabalhadora doméstica. Em entrevista concedida em 22 de maio de 2018, a então deputada relatou que, como menina nascida na favela, o trabalho doméstico foi para ela uma realidade desde criança, quando acompanhava sua tia na casa onde trabalhava como doméstica e era destacada para "ir levar o cachorro na rua, jogar lixo fora, ajudar a limpar o chão", sem nada receber. "E aqueles horários de trabalho eram incompatíveis com horário da escola, com a força física; às vezes se carregava uma criança muito mais alimentada e mais forte do que você." Depois de adulta, compreendeu que "a empregada tinha um universo de não circulação pela casa"; "Se você era

---

não seria possível desenvolver-se historicamente o modo de produção capitalista. O capital remunera parcialmente um trabalhador e dispõe de dois em tempo integral. Evidentemente, este processo é vantajoso para o capital, mas apresenta consequências extremamente deletérias para as mulheres". SAFIOTTI, Heleieth. **Mulher brasileira**: opressão e exploração. Rio de Janeiro: Achiamé, 1984, p. 51.

cozinheira, seu espaço era a cozinha, a varanda e aquele quartinho; eu não trataria assim alguém da minha família, nem amiga, quanto mais alguém da família"; "Ficava trabalhando ali anos e anos a fio e com a história de 'você é da família'". A partir de sua experiência de vida, Benedita da Silva entendia as dificuldades enfrentadas pelas mulheres, negras, pobres, faveladas, que tinham que deixar os filhos trancados em casa para conseguir o que comer e eram acusadas de "desalmadas"; que eram chamadas de "parte da família" por seus patrões mas, quando ficavam doentes, eram devolvidas para suas famílias, de quem ela nunca pode cuidar antes, pois estava trabalhando para o bem-estar e o conforto de outros lares. Contou que, quando foi eleita para seu primeiro mandato como vereadora do Rio de Janeiro, passou a atuar em defesa delas: "trabalhei muito essa questão da organização da trabalhadora doméstica e trabalhei a questão do quarto da empregada, do elevador, que preto, pobre e empregada só passavam pelos fundos, e então eu vim fazendo e sempre trabalhando com elas para se organizarem". A respeito da ANC, Benedita afirmou que queria a aprovação de um único artigo, equiparando os direitos das trabalhadoras domésticas aos dos demais trabalhadores, mas sabia que isso era muito difícil.

A primeira fala da constituinte Benedita da Silva sobre as trabalhadoras domésticas se deu na 15ª reunião, durante os debates após a explanação de Lenira de Carvalho. Seu argumento inicial foi o reconhecimento do trabalho das mulheres na economia brasileira.

> Sabemos que a ordem social e, exatamente, na ordem social que nós temos, como base dessas estruturas todas montadas até hoje, que fizeram com que o mercado de trabalho e, principalmente, o mercado de trabalho onde comportam as mulheres, tenha sido marginalizado. Esqueceram-se de que, na verdade, quando vamos discutir na ordem econômica, não podemos deixar de lado a **força de trabalho da mulher**, que não se constitui apenas em maioria agora, mas foi e é **sustentáculo da economia deste País** (grifei).

As trabalhadoras domésticas e as donas de casa eram exploradas por uma sociedade que lhes cobrava um trabalho incondicional de amor, de afeto, em que tinham que dar o melhor de si em prol dos outros, correspondendo a um estereótipo de feminilidade. Elas contribuíam para toda a sociedade, garantindo a reprodução social, porém, a valorização de seu trabalho era inversamente proporcional à sua importância. Era necessário derrubar barreiras, inclusive culturais, para superar a invisibilidade das trabalhadoras domésticas e das donas de casa e conquistar direitos e valorização social.

E nós, mulheres, nós mães-pretas, nós babás, nós mulheres maravilhosas, enfim, donas de casa, avós, amigas, companheiras, não tivemos até agora o direito que pudesse reconhecer toda essa contribuição e até afetiva que temos dado a essa sociedade. E neste sentido, eu penso que fiquei prejudicada na medida em que o Constituinte Leonelli colocou um percentual muito alto da visão que nós temos, hoje, a nível da nossa mão de obra e como somos exploradas, e exploradas até nos nossos sentimentos, na medida em que eles, em determinado momento, até por uma razão cultural, nos impedem de avançar na luta, porque ficamos com sentimento de culpa de que não estamos contribuindo para que possa a civilização ser mais humana.

Neste trecho, Benedita da Silva chamou a atenção para a ausência de diferença ontológica entre a trabalhadora doméstica e o trabalhador no restaurante ou na realização de eventos: todos faziam bolinhos. Todavia, tinham pacotes diferenciados de direitos.

E aí, nesta luta, tenho um testemunho pessoal, como empregada doméstica e hoje na Assembleia Nacional Constituinte: apenas com meus labores, consegui passar de empregada doméstica, sem todo o direito do que é comum a um trabalhador nessa área, quando faz no restaurante os seus bolinhos, quando nas manifestações políticas até serve o grande banquete, mas tem a garantia do seu 13º salário, enfim, o direito a suas férias; e nós somos levadas, ainda, a ser afetivas, boas, dedicadas, numa dupla jornada de trabalho, porque, além disso, somos também chefes na família.

A luta por reconhecimento do trabalho doméstico era antiga, assim como a necessidade dele para a sociedade. Benedita da Silva enfatizou o fato de que os parlamentares que a antecederam contaram com o trabalho de mulheres em seus lares, quer fosse exercido gratuitamente por esposa ou filha, quer fosse por uma empregada doméstica. Entretanto, muitos deles ainda não haviam dado resposta ao pedido de reconhecimento daquela profissão imprescindível e aquele era o momento histórico para isso.

E é árduo para nós chegarmos aqui agora, no Congresso Nacional, e saber que estamos, anos a fio, neste Congresso com projeto que pudesse atingir à sensibilidade daqueles que nos antecederam, que têm em suas casas as empregadas mais dedicadas, que têm em seu lar a esposa mais dedicada, a sua filha mais dedicada, não foram sensíveis no momento em que estávamos pedindo o reconhecimento da profissionalização das empregadas domésticas com todos os direitos que nós temos. Não tivemos resposta até então. Quando o Constituinte Leonelli coloca que, na verdade, não se está fazendo aqui nada de novo. Nós estamos aproveitando o momento constitucional, porque temos, agora, a plena convicção de que, se não for agora, não o será jamais e aí, esta Subcomissão tem a responsabilidade de fazer valer o nosso direito.

Na linha do que Lenira de Carvalho expôs, Benedita da Silva apontou que os constituintes presentes se beneficiavam de trabalho de mulheres, fossem elas empregadas domésticas ou donas de casa. A ANC era o momento para o reconhecimento profissional do trabalho doméstico, responsabilidade que era da subcomissão VII-a e luta de todas e todos[568].

> Esta luta é uma luta do homem e da mulher, para que esses sentimentos que foram aqui expressos e que nós consideramos que eles realmente existem possam estar escritos na Constituição, como direito e garantia do homem e da mulher no seu mercado de trabalho.

A 15ª reunião foi emocionante por causa da participação de Lenira de Carvalho, que sensibilizou a subcomissão para a condição da trabalhadora doméstica. Chama a atenção o fato de que não houve contraposição por parte de nenhum constituinte às solicitações das trabalhadoras domésticas. O futuro parecia ser promissor para elas, mas, hoje sabemos, ainda havia um longo caminho a trilhar.

5.1.2. ANTÔNIA DA CRUZ SILVA, REPRESENTANTE DA MULHER TRABALHADORA RURAL

O depoimento de Antônia da Cruz Silva, na qualidade de representante das trabalhadoras rurais, foi comovente e iniciou revelando seu lugar de fala: "Estou representando as mulheres trabalhadoras do brejo paraibano, sou agricultora e tenho as mãos calejadas, mas me falta casa, me falta terra e me falta pão". Narrou a vida difícil das mulheres camponesas. "Somos nós as mulheres que enfrentamos as duras jornadas na nossa vida, temos uma jornada redobrada dos nossos companheiros".

A dupla jornada era também uma realidade no campo e, o que é pior, invisibilizava o trabalho da mulher na produção. "Nunca passamos de domésticas, quando não fazemos só esse serviço de doméstica. Além

---

568 Em entrevista concedida em 2018, Benedita da Silva relembrou a luta deste período: "Até que chegou o momento da Assembleia Nacional Constituinte, então foi exatamente ali que começamos a tratar da lei, de regulamentação do trabalho da doméstica. Não conseguimos muita coisa, porque foi muito difícil primeiro introduzir esse artigo. Eu na verdade queria um artigo somente: "às trabalhadoras domésticas, todos os direitos dos demais trabalhadores", mas isso não ia ser. Tivemos uma discussão em que se dizia "não, a doméstica trabalha na casa, ela come, dorme na casa"; "nós não somos uma empresa para pagar imposto", olha, uma loucura, então fomos trabalhando aquilo que deu, pelo menos na Constituição Brasileira nós demos os primeiros passos e 20 anos depois nós fomos regulamentar para que ela pudesse verdadeiramente ter os mesmos direitos dos demais trabalhadores".

do serviço doméstico, nós fazemos muitas outras coisas e não temos valor por ser mulher".

Por não ter o trabalho produtivo reconhecido, seja pela família, seja pelo sindicato, seja pelo Estado, a mulher camponesa sofria várias dimensões da discriminação. "Começamos a trabalhar tão cedo, mais ou menos aos 7 anos e, quando chegamos na idade avançada, não temos nenhuma segurança, não temos quem nos defenda". Basta lembrar que a filiação no sindicato era apenas em nome do trabalhador rural, ignorando a condição da trabalhadora, o que lhe retirava a possibilidade de atuar no sindicato, de ter acesso à assistência dele e à condição de beneficiária da Previdência Social. Condizente com a divisão sexual do trabalho, apenas o chefe da casa recebia salário, tinha acesso à previdência social e podia se filiar ao sindicato, embora houvesse uma conjugação da força de trabalho da mulher e de filhas e filhos para os resultados da unidade rural.

No tocante ao trabalho reprodutivo, Antônia Silva lembrou: "A gente vê que este mundo é composto por um povão. E este povão, nós mulheres somos mais da metade desse povo e mãe da outra metade. E por que não se dá valor a essas mulheres?". Na economia familiar, a imprescindibilidade da reprodução humana era ainda mais evidente, pois filhos e filhas de trabalhadores rurais os auxiliavam e sucederiam no trabalho na pequena propriedade rural.

Além da questão da mulher camponesa, Antônia Silva trouxe ainda a situação daqueles que viviam em área de conflitos, mencionando "No Farelo de Cima, Município de Araruna, Estado da Paraíba é onde se arrasta um conflito por mais de dois anos, é tanta pressão, tanta ameaça que o povo sofre, que as mulheres sofrem com aqueles filhos, aqueles companheiros"[569].

Para camponesas e camponeses, a terra é essencial, como Antônia Silva frisou: "É da terra que vivemos, e da terra que tiramos o nosso alimento e para o sustento dos nossos filhos, não temos nenhuma profissão, só sabemos é rasgar a terra e tirar dela o milho, o feijão, a mandioca etc.". Todavia, a violência na disputa se fazia presente por

---

[569] O registro na ata da reunião constou o nome do local como sendo Farelo de Cima. Todavia, a grafia correta é Varelo de Cima. A história deste conflito fundiário foi registrada com o seguinte desfecho: em fevereiro de 1988, a fazenda Varelo de Cima foi adquirida pelo Estado, por meio da Fundap, e as 17 famílias foram assentadas em 18 lotes, sendo um comunitário. MOREIRA, Emília. **Por um pedaço de chão**. Vol. II. João Pessoa: Universitária, 1997. pp. 596-600.

ação de indivíduos ("tiraram a cerca, para que o gado invadisse as suas roças e eles ficassem sem nada") e pela ameaça do Estado ("No dia 27 passado, o oficial trouxe um despacho de despejo para aquele povo, dizendo que eles tinham 15 dias para se retirarem. E, se no final dos 15 dias ainda estivessem lá, a polícia chegaria para retirá-los"). Além do confronto e da fome, Antônia ressaltou que as mulheres sofriam ainda mais nesses conflitos. "São elas que ficam na frente, vão tanger o gado de dentro do roçado, o proprietário aponta arma para elas, dispara, faz todo o tipo de ameaça, diz palavrão, é uma coisa fora do comum. Só por serem mulheres são tão desrespeitadas".

As reivindicações levadas por Antônia Silva foram claras e concretas: "que a mulher seja reconhecida, como trabalhadora nas suas diferentes atividades em casa ou fora de casa"; "a mulher trabalhadora rural tenha direito a sua aposentadoria independente do marido e que a aposentadoria da mulher trabalhadora, em casa ou no campo, seja com 45 anos de idade e que corresponda pelo menos a um salário mínimo"; "que a titulação da terra seja feita no nome do casal, marido e mulher"; "que a mulher, chefe de família, receba a titulação da terra em seu nome", pois era comum o marido morrer ou fugir da luta no campo, deixando mulher e filhos, sem o título daquela terra onde viviam. Exigiu também o acompanhamento das mulheres pelos maridos nos hospitais e maternidades, especialmente para o parto, revelando a situação de desamparo da mulher camponesa. "Lá elas são mal atendidas, não têm quem fale por elas. A mulher do campo, na área de saúde, não tem nada. Se vai ao médico, não sabe nem como chegar lá". Este tipo de desarrimo é reflexo daquilo que era o isolamento no espaço doméstico dentro da propriedade rural combinado com o descaso como as camponesas eram vistas pela sociedade e por seus cônjuges.

A constituinte Wilma Maia complementou os pedidos de Antônia Silva para incluir a necessidade de apoio técnico e creditício na questão da titulação da terra para as camponesas do Nordeste, pois as secas e as enchentes da região exigiam investimentos em irrigação. "O sofrimento lá é duplo porque, além de ser discriminada como mulher, é discriminada também como agricultora".

A camponesa tinha dificuldades maiores para participar do sindicato, pois não era reconhecida como trabalhadora rural. A filiação era destinada apenas ao chefe da casa e as mulheres enfrentavam muita discriminação, como no desafio para integrar o Sindicato dos Trabalhadores Rurais, na Paraíba relatado por Antônia Silva:

Enfrentei uma grande luta e um machismo medonho. Não queriam que a mulher participasse, porque já era dependente do marido etc. Havia mil desculpas. Falavam que iria aumentar as despesas, e mesmo assim, eu insistia. **Existia um medo, uma coisa contra as mulheres.** Vejam só como era a discriminação: as mulheres não precisam frequentar o sindicato, seus maridos já o frequentam, vocês são muito teimosas. Foi uma luta grande para conseguirmos chegar onde queríamos. Nós não tivemos, por parte dos companheiros, nenhum apoio. Não foi realmente fácil. É uma barreira muito grande. Queríamos avançar, mas assim mesmo, havia quem não quisesse. Hoje, nós temos que pisar firme. Já chega! Já basta de tanta humilhação! **Felizmente, somos gente.** (grifei)

A manifestação de Antônia Silva foi importante para revelar as dificuldades enfrentadas por mulheres no campo, que, além da precariedade no sertão nordestino e do perigo em área de conflito, situações mais específicas da palestrante, enfrentavam problemas comuns no território nacional: a falta de reconhecimento da condição de trabalhadora e a decorrente ausência de direitos, o não valor do trabalho na economia familiar e a discriminação para se filiar aos sindicatos.

5.1.3. MARIA ELIZETE DE SOUZA FIGUEIREDO, REPRESENTANTE DA MULHER TRABALHADORA

Maria Elizete de Souza Figueiredo, Diretora do Sindicato dos Trabalhadores nas Indústrias de Fiação e Tecelagem de Salvador, Simões Filho e Camaçari, falou na 18ª reunião como representante da mulher trabalhadora. Iniciou sua exposição conclamando pelas mudanças legislativas necessárias para eliminar a desigualdade contra as mulheres e "os instrumentos abusivos contra a liberdade do cidadão", caminho para a verdadeira democracia. Ressaltou que as mulheres compunham 34% da força de trabalho[570] no Brasil, o que tenderia a aumentar, pois "cada vez mais, a mulher trabalhadora descobre a importância do seu papel no processo produtivo", além de muitas mulheres "trabalharem pela necessidade de garantir o seu sustento e de sua família".

Maria Figueiredo defendeu que "o trabalho é um fator de grande importância na luta pela emancipação da mulher", embora ela sofresse discriminações, agravadas pelos "problemas sociais oriundos do regime militar, como o analfabetismo e a falta de profissionalização", que

---

570 Este percentual presumiu a força de trabalho como sendo apenas a força de trabalho assalariado, uma vez que incluídos o trabalho doméstico e o trabalho rural não remunerados, a participação feminina alcançaria outra porcentagem.

levavam as mulheres a empregos com salários mais baixos, precários ou ao trabalho doméstico. Sobre o trabalho doméstico, destacou que a maioria das mulheres neste setor recebia cerca de 60% do salário mínimo, além de ter direitos reduzidos, como os 20 dias de férias, as jornadas estafantes e os intervalos de descanso reduzidos[571]. Levantou ainda a discriminação contra a trabalhadora em razão da maternidade e do estado civil, pois ter filho ou ser casada eram condições que obstavam o acesso a postos de trabalho ou que representavam o risco de perder o emprego[572].

Outra forma de discriminação é a exigência de "boa aparência", que atinge mais a mulher trabalhadora negra, o que "a leva a optar por trabalhos manuais, que são os de mais baixa remuneração, a exemplo da ocupação rural, onde apenas cerca de 7% têm carteira assinada". Na economia familiar, o trabalho da mulher sequer é reconhecido por lei; na relação de emprego rural, o salário da mulher é inferior ao do homem, além de sofrer discriminação por estar gestante e não ter atendimento médico adequado[573]. Maria Figueiredo demonstrou um amplo conhecimento sobre a condição de trabalho da mulher brasileira.

Segundo ela, se a trabalhadora superasse a discriminação na admissão, passaria a enfrentar outros desafios. A falta de creches, em descumprimento ao disposto no artigo 389 da CLT, ou a baixa qualidade

---

571 "Às vezes, até constitui um bloqueio para que ela consiga um determinado emprego; neste caso, a saída é optar por biscates, por um emprego doméstico, ganhando pouco mais da metade do salário mínimo. Não é isso que a lei prevê, mas, infelizmente, os dados apontam que as empregadas domésticas, na grande maioria, ganham pouco mais do salário mínimo, 60,2%, gozando férias remuneradas de apenas 20 dias e benefícios de previdência social e assistência médica condicionada à sua qualidade de contribuinte da Previdência Social. Além disso, a mulher, empregada doméstica, é submetida a jornadas estafantes que, na maioria dos casos, não permite sequer o descanso de 8 horas, que é previsto em lei, e tem apenas um domingo de folga no mês".

572 "Existem empresas, e aqui vai uma denúncia, que chegam ao absurdo de exigir das operárias que apresentem mensalmente os seus absorventes higiênicos por época da menstruação, como forma de verificar se elas estão grávidas. Isto se dá porque os patrões não encaram a maternidade como um fator social, mas como ônus para as empresas."

573 "Se a trabalhadora rural está grávida é a primeira a ser demitida, sem falar que não tem direito à indenização, ao salário-maternidade. Se adoece, é assistida como indigente, porque não tem assegurado o direito à consulta gratuita com especialista, não tem assegurado o direito a exame de laboratório".

delas deixavam a mulher em situação de "não ter segurança, não confiar em deixar seus filhos nessas creches", pelo que Maria Figueiredo clamou por creches adequadamente "aparelhadas". Sobre as creches, a constituinte Lídice da Mata, embora não integrasse a subcomissão VII-a, pronunciou-se na mesma reunião, correlacionando o direito à creche à integração da mulher no mercado de trabalho e alegando que a legislação era insuficiente, sobretudo porque a multa imposta à empresa que não cumprisse a lei era irrisória, de modo que ser multado era mais vantajoso do que manter uma creche. Concordou com a necessidade de a creche ser um local seguro para as crianças e sinalizou a possibilidade de convênios entre empresas para que garantam a disponibilização de creches, como direito de trabalhadoras e de trabalhadores, conforme constou nas propostas do DIAP e da USI. "Mas, sem dúvida nenhuma, os trabalhadores, homem ou mulher, devem ter direito a garantir esse acesso de educação ao seu filho, porque entendemos que a creche é uma extensão da função de educação que o Estado e a empresa devem garantir".

Maria Figueiredo trouxe um rol de reivindicações elaborado no Congresso Nacional da Mulher Trabalhadora, realizado em janeiro de 1987, que contou com a participação de aproximadamente 5.400 trabalhadoras, representando cerca de 1.200 entidades. Elas exigiam: garantia de trabalho para todas as mulheres, independentemente do seu estado civil, idade, raça e cor, do número de filhos e estado de gravidez; punição a qualquer forma de discriminação à mulher; garantia de salário igual para trabalho igual, com registro em carteira da verdadeira função exercida pela mulher; maior facilidade de acesso das mulheres aos cursos profissionalizantes em todos os setores do mercado de trabalho; garantia de maior fiscalização com a participação dos sindicatos no cumprimento da legislação pelas empresas; garantia de todos os direitos trabalhistas a todas as trabalhadoras, inclusive empregadas domésticas e trabalhadoras rurais, independentemente de raça, idade e estado civil; ampliação dos poderes da CIPA e comissões de fábricas com a participação das mulheres no controle e fiscalização das comissões de trabalho e das discriminações sofridas pelas mulheres; garantia do acesso das mulheres aos cursos profissionalizantes, em todos os setores do mercado de trabalho, com igual oportunidade de ascensão profissional, promoção a cargos ou funções mais elevadas; reconhecimento do Estado à maternidade e à paternidade como funções sociais[574], incluindo a gravidez, o parto, o aleitamento e a responsabilidade pela socialização das crianças, garantindo os seguintes pontos:

1) licença à maternidade, antes e após o parto, sem prejuízo de emprego e salário, pelo período mínimo de três meses;

2) estabilidade no emprego durante a gravidez e pelo período mínimo de 12 meses após o parto;

3) proteção especial às mulheres durante a gravidez, nos tipos de trabalho comprovadamente prejudiciais a sua saúde e à do nascituro, com remanejamento da função, quando for necessário e com garantia do mesmo salário;

4) berçários e creches nos locais e proximidades para as crianças de zero a três anos e 11 meses, no mínimo, e em dois períodos diários, pelo menos, para aleitamento durante o horário de trabalho;

5) licença à paternidade durante o período natal e pós-natal, pelo período pré-natal e no mínimo 12 meses após o parto;

6) extensão desses benefícios para ambos os sexos, homens e mulheres no momento da adoção;

7) extensão dos direitos previdenciários das trabalhadoras urbanas às trabalhadoras rurais, tais como: auxílio natalidade, salário maternidade, auxílio doença e aposentadoria.

É intrigante a contradição entre as propostas dos itens 1 e 5, pois a licença- paternidade teria prazo muito superior à maternidade. Segundo Adriana Oliveira, era importante a proteção do trabalhador em virtude da paternidade como forma de reduzir o preconceito contra as mulheres no mercado de trabalho, o que as trabalhadoras e as feministas já haviam compreendido. "Além de diminuir o preconceito contra mulheres, a concessão de licença ao homem alteraria o entendimento de que a licença-maternidade era um direito da mãe, passando tal licença a ser tratada como um direito da criança".

Uma interpretação possível para esta suposta incongruência (licença-paternidade por período superior à licença-maternidade) é que a expressão *licença-paternidade* utilizada neste debate tinha como sentido o que atualmente compreende-se como sendo a *licença parental*, modalidade de afastamento remunerado do trabalho em virtude de nascimento de criança, que pode ser compartilhado entre pai e mãe, após o período da licença maternidade. Reforça esta interpretação de que se tratava de licença parental a fala da constituinte Lídice da Mata, que frisou a responsabilidade do pai no cuidado dos filhos, "Afinal, o

---

574 Esta reivindicação, trazida por uma sindicalista, demonstra o aprofundamento da reflexão por parte das trabalhadoras sobre a divisão sexual do trabalho.

filho não é só da mulher, mas também do homem". Ela defendeu a *licença-paternidade* para período maior que apenas o dia reservado para o pai registrar o nascimento do filho, de forma que pudesse auxiliar a mãe nos primeiros dias após o parto. A licença, na sua proposta, seria optativa, ou para homem ou para mulher. Em seguida, a constituinte Wilma Maia renovou a proposta de reconhecimento da *função social da maternidade e da paternidade*, pois, com esta última, pretendia-se "diminuir muito o problema da estabilidade, da rotatividade em relação à mulher grávida". Assim, os argumentos sobre a responsabilidade conjunta de pai e mãe sobre os cuidados da prole foram debatidos na ANC.

Sobre a participação da mulher na atividade sindical, em sintonia com o levantamento realizado no item 4.6, Maria Figueiredo afirmou que, a despeito dos avanços no mercado de trabalho, a mulher ainda pouco participava nos sindicatos em razão da dupla jornada, pois tinha os afazeres domésticos para enfrentar após o expediente e os companheiros não davam o apoio necessário para que elas comparecessem às reuniões, cuidando dos filhos. A ausência das trabalhadoras nos sindicatos implicava um distanciamento entre suas demandas e a atuação da entidade. Com relação ao acesso da mulher no mercado de trabalho, Maria Figueiredo trouxe um exemplo de discriminação por parte das empresas, sobre a situação que conhecemos como *teto de vidro* – que estabelece uma barreira invisível que limita a ascensão profissional das mulheres: o anúncio no jornal para cargo de direção em determinada empresa já informava que um dos requisitos era ser homem.

Em seguida, a diretora do Sindicato dos Metalúrgicos de São Paulo, Nair Goulart, não foi convidada como expositora, mas teve a oportunidade de falar sobre o direito à igualdade. "Queremos ser reconhecidas como trabalhadoras, não queremos um texto paternalista, não queremos proteção, queremos o direito de dispor da nossa força de trabalho com igualdade de salários, na competição do mercado de trabalho." Ela sintetizou muito bem os anseios das trabalhadoras.

A participação destas três mulheres foi essencial para revelar a situação das trabalhadoras nas diversas situações, colaborando para que os integrantes da subcomissão VII-a tivessem outras perspectivas, que não apenas do masculino, do branco, do urbano ou da elite, sobre o tema.

5.1.4. ANTEPROJETO DA SUBCOMISSÃO VII-A[575]

O anteprojeto da subcomissão VII-a deu resposta às maiores demandas da classe trabalhadora, apontando para a construção de uma sociedade menos desigual baseada na justiça social. O artigo 1º enunciava os princípios que a regeriam: justa remuneração do trabalho; emprego como direito fundamental; trabalho como dever social; existência digna; igualdade de oportunidade; direito à moradia adequada; universalidade da seguridade social e usufruto do bem-estar social; função social da maternidade e paternidade; valor fundamental da família; proteção eficaz à infância, à adolescência e à velhice; respeito e proteção social às minorias; acesso à educação, saúde, descanso e lazer; igualdade jurídica entre trabalhadores urbanos, rurais, domésticos e servidores públicos; direito de organização, associação e sindicalização; participação popular na Administração; além de garantir a prestação jurisdicional para exigir do Estado o cumprimento destes preceitos.

Em seguida, no artigo 2º, estava positivada a norma mais avançada e importante sobre a igualdade jurídica entre trabalhadores:

> São assegurados aos trabalhadores urbanos, rurais e domésticos e aos servidores públicos civis, federais, estaduais e municipais, e a todos os demais, independentemente de lei, os seguintes direitos, além de outros que visem à melhoria de sua condição social: [...]

Esta redação apenas não contemplou a demanda do movimento de mulheres de se explicitar que eram destinatários deste artigo "os trabalhadores e as trabalhadoras", sobretudo em razão das discriminações conhecidas contra as camponesas, mas, pelo teor das discussões, não há dúvidas de que o masculino neutro "trabalhadores" tinha a intenção de abarcar tanto homens quanto mulheres. A importância deste trecho, no entanto, está em declarar a igualdade jurídica das trabalhadoras domésticas com os demais trabalhadores, *independentemente de lei,* ou seja, com aplicação imediata. Esta fase se caracteriza, portanto, pela **igualdade expressa** de direitos das trabalhadoras domésticas com trabalhadores de outras categorias.

O rol de direitos que seguia a este importante enunciado foi bastante detalhista, revelando um cuidado em se aproveitar a oportunidade para passar a limpo toda a opressão e injustiça social sofridas pela

---

575 Documento referente à etapa 2 (Subcomissões Temáticas), fase C (Anteprojeto da Subcomissão). Disponível em: https://www.camara.leg.br/internet/constitui-cao20anos/DocumentosAvulsos/vol-191.pdf. Acesso em: 9 fev. 20.

classe trabalhadora, em especial a partir de 1964, para a retomada dos direitos retirados de forma autoritária – como no caso da estabilidade –, mas também com avanços coerentes com uma sociedade que se redemocratizava – como a cogestão.

A igualdade de direitos era reforçada com a proibição de distinção de direitos por trabalho manual, técnico ou intelectual, quanto à condição de trabalhador ou entre os profissionais respectivos e a proibição de locação e sublocação de mão de obra e de contratação de trabalhadores avulsos ou temporários para a execução de trabalho de natureza permanente ou sazonal.

O salário mínimo passaria a se destinar a satisfazer às necessidades normais dos trabalhadores e de suas famílias[576]. Os reajustes de salário, remuneração, pensões e proventos de aposentadoria passariam a ser automáticos e mensais pela variação do índice do custo de vida. Não haveria tributação como renda sobre remuneração, salários, proventos de aposentadoria e pensões até o limite de 20 salários mínimos.

A proteção contra a desigualdade salarial seria ampla, pois era proibida a diferença de salário por trabalho igual[577] e o salário seria irredutível, independentemente do vínculo ou do regime jurídico.

A proteção contra o desemprego seria abrangente. A estabilidade retornaria ao ordenamento jurídico e seria ampla: desde a admissão no emprego, salvo se houvesse falta grave comprovada judicialmente, facultado o contrato de experiência de 90 dias. A estabilidade se firmaria novamente, sem prejuízo da manutenção do FGTS, que poderia ser levantado pelo trabalhador em qualquer caso de rescisão do contrato de trabalho e não apenas na dispensa imotivada. Ao desempregado involuntário ainda estaria garantido o seguro desemprego. De forma coerente, a prescrição não incidiria no curso do contrato de trabalho até 2 anos da sua cessação.

A admissão e a promoção não poderiam se dar de forma diferenciada por motivo de raça, cor, sexo, religião, opinião política, militância sindical, nacionalidade, idade, estado civil, origem, deficiência física,

---

576 Este conceito (salário para prover necessidades da família do trabalhador), embora intuitivo, não era o positivado em lei, como exposto no capítulo 2, de modo que o cálculo do salário mínimo considerava apenas as necessidades da pessoa do trabalhador, o que serviu como um nivelamento abaixo da subsistência, desde o início, e uma forma de contenção nos reajustes posteriores.

577 A alteração da expressão "trabalho de igual valor" para "trabalho igual" seria uma maneira de superar a ambiguidade da CLT.

condição social ou outros motivos discriminatórios. No entanto, seria exigida uma proporção mínima de 9/10 (nove décimos) de empregados brasileiros, salvo nos casos de microempresas e nas de cunho estritamente familiar.

A trabalhadora gestante gozaria de licença remunerada, antes e depois do parto, por período não inferior a 120 dias[578]. Garantida a assistência, pelo empregador, aos filhos e dependentes dos empregados[579], pelo menos até 6 anos de idade, em creches e escolas maternais, nas empresas ou órgãos públicos em que trabalhem mais de 30 mulheres.

O trabalho noturno não se tornaria proibido, com exceção dos menores de 18 anos, mas haveria um rigor maior caso fosse praticado, considerando o horário noturno das 18h às 6h[580] e a hora reduzida de 45 minutos, com adicional de 50%. A jornada teria duração máxima de oito horas com o limite de 40 horas semanais, salvo no turno ininterrupto de revezamento (jornada de 6h). A hora extra estaria adstrita aos serviços emergenciais ou aos casos de força maior, com remuneração em dobro. O repouso remunerado seria aos sábados, domingos e feriados civis e religiosos, de acordo com a tradição local. No caso de serviço indispensável, haveria pagamento em dobro, além de folga em outro dia da semana.

A idade mínima para o trabalho seria 14 anos; menores de 18 anos não trabalhariam em condição insalubre ou horário noturno.

A greve não poderia sofrer restrições na legislação nem as autoridades públicas intervirem nela, limitando o direito. O locaute seria proibido. As convenções coletivas teriam reconhecimento constitucional e a negociação coletiva seria obrigatória. As entidades sindicais teriam acesso aos locais de trabalho, às informações administrativas e aos dados econômico-financeiros dos empregadores. Os membros das comissões por local de trabalho gozariam da mesma proteção legal que os dirigentes sindicais.

---

578 Para o CNDM, a licença de 120 dias foi pensada num contexto de estabilidade no emprego.

579 Embora tenha mantido o critério com base no número de mulheres trabalhadoras, a redação com a previsão de creche para filhos de trabalhadores homens até seis anos era um avanço, pois a CLT previa expressamente apenas para as trabalhadoras e durante o período de amamentação.

580 Interessante notar que as trabalhadoras metalúrgicas já tinham apontado o absurdo de se considerar trabalho noturno apenas aquele realizado das 22h às 5h, pois "só a loucura do lucro faria alguém dizer 'boa tarde' às 22 horas".

A seguridade social computaria integralmente qualquer tempo de serviço comprovado, não concomitante, e daria assistência nos casos de doença, velhice, invalidez, maternidade, morte, reclusão, desaparecimento, seguro desemprego, e seguro contra acidentes de trabalho. Passava a estar prevista a aposentadoria para as donas de casa, que contribuíssem para a seguridade social. A aposentadoria com proventos iguais à maior remuneração dos últimos 12 meses de serviço:

> a) com 30 (trinta) anos de trabalho, para o homem;
> b) com 25 (vinte e cinco) para a mulher;
> c) com tempo inferior ao das modalidades acima, pelo exercício de trabalho noturno, de revezamento, penoso, insalubre ou perigoso;
> d) por velhice aos 60 (sessenta) anos de idade;
> e) por invalidez.

Com relação à Justiça do Trabalho, ficariam estipulados o prazo máximo de seis meses para a solução dos litígios e a incidência de correção monetária e juros de mercado sobre os créditos trabalhistas. Nada havia a respeito de prescrição dos créditos trabalhistas.

Há uma série de outros direitos e garantias que foram agregados no anteprojeto da subcomissão VII-a, mas merece um destaque final a previsão nas disposições transitórias de concessão de anistia a todos os que, no período compreendido entre 18 de setembro de 1946 a 1º de fevereiro de 1987, foram punidos em decorrência de motivação política, por qualquer diploma legal, atos de exceção, atos institucionais, atos complementares ou sanção disciplinar imposta por ato administrativo, com uma gama de direitos e compensações. Esta anistia contemplaria todos os presos e perseguidos políticos a partir da promulgação da Constituição Federal de 1946 até a instauração da Assembleia Nacional Constituinte, fazendo jus às qualidades de ser ampla, geral e irrestrita.

5.2. SUBCOMISSÃO DE SAÚDE, SEGURIDADE E MEIO AMBIENTE – VII-B

A subcomissão VII-b trouxe matérias muito relevantes em termos de direitos sociais, mas, para os fins desta pesquisa, a análise terá como prioridade as questões recorrentes nas reivindicações apresentadas no capítulo 4, ou seja, saúde e previdência social, além da temática trabalhista, sob a perspectiva de gênero.

Os trabalhos nesta subcomissão começaram em 7 de abril, quando foram eleitos: Presidente José Elias Murad (PTB-MG); 1º Vice-Presidente Fábio Feldmann (PMDB-SP); 2º Vice-Presidenta Maria de Lourdes Abadia (PFL-DF) e Relator Carlos Mosconi (PMDB-MG). As reuniões em que foram travados debates importantes para nosso levantamento foram a oitava, 10ª, 14ª, 17ª e 19ª com audiências públicas e a 22ª e 23ª, apenas com debates entre constituintes.

A despeito do desafio de perpassar por questões tão importantes como meio ambiente para manter o foco nos limites deste estudo, é inevitável mencionar algumas situações 'extrapauta', como a fala emblemática do presidente da subcomissão VII-b, José Elias Murad, no início da condução dos trabalhos, ao afirmar que um discurso agradável "deve ser assim como o vestido da mulher moderna, curto, para despertar o interesse, e suficientemente longo, para cobrir o assunto". Este tipo de comentário dá a dimensão dos desafios que a pequena Bancada Feminina tinha que enfrentar diuturnamente.

A forma como a mulher era vista pelos parlamentares se revelava também no procedimento nas subcomissões. É notável o fato de a constituinte Maria de Lourdes Abadia, 2ª Vice-Presidenta, ter sido inúmeras vezes chamada para efetuar o papel de secretária da mesa para entrar em contato com Ministro, entregar documento, fazer a chamada nominal[581]e ler textos das propostas. No exercício da presidência da 16ª reunião, por exemplo, Maria de Lourdes Abadia foi cobrada pelo relator Carlos Mosconi sobre a disponibilização de todas as sugestões enviadas para a subcomissão, ao que ela respondeu que isso era atribuição da Secretaria e que o próprio relator poderia "colocar com mais conhecimento", ao que ele consentiu que se tratava de tarefa para a assessoria da subcomissão.[582]

---

581 Nas demais subcomissões, não há menção sobre quem fazia a chamada nominal, o que nos dá a impressão de que não era uma atribuição da 2ª Vice-Presidenta. Apenas quando Maria Abadia teve que se retirar, o 1º Vice-Presidente Fábio Feldmann foi convidado a fazer as chamadas nominais na 22ª reunião.

582 Além disso, estranhamente, na oitava reunião, o presidente José Elias Murad justificou a presença de Maria de Lourdes Abadia na Mesa Diretora ao Ministro convidado para palestrar, explicando que ela era 2ª vice-presidente; a presença dela na mesa era uma homenagem daquela subcomissão à mulher na constituinte e uma homenagem também ao aniversário de Brasília, de onde ela era representante. Estas situações parecem indicar que a 2ª vice-presidência não era um lugar esperado para ser ocupado por uma mulher e que, mesmo ocupando este espaço de poder, era esperado que Maria de Lourdes Abadia observasse a divisão sexual do trabalho, executando tarefas sem reconhecimento social e em auxílio ao homem protagonista no espaço público.

Sobre os interesses das trabalhadoras, a primeira discussão envolvendo a mulher foi a respeito da aposentadoria, na oitava reunião, em 22 de abril de 1987. Os debates sobre os requisitos diferenciados para a aquisição do direito à aposentadoria entre homens e mulheres e a situação das trabalhadoras rurais e as donas de casa seriam os pontos mais relevantes. O então Ministro da Previdência, Raphael Magalhães, se posicionou favoravelmente à inclusão da trabalhadora rural no sistema previdenciário, seja como dependente, seja como trabalhadora, além da dona de casa, como contribuinte facultativa. O que chamou a atenção foram os fundamentos: segundo ele, outras mulheres de classe baixa ou eram empregadas domésticas, ou eram trabalhadoras e, assim, já integravam o regime geral de previdência. Segundo ele, garantir a aposentadoria para as donas de casa seria, portanto, uma demanda da classe média, de maneira que era necessário ter cuidado para não beneficiar dona de casa "grã-fina". Por isso, a proposta do governo era a de que a dona de casa tivesse a opção de contribuir ou não ao regime de previdência.

Não houve contraponto na reunião, mas é possível que tal proposta não correspondesse à demanda levantada pelos movimentos de mulheres, que defendiam o reconhecimento do valor social do trabalho doméstico e de cuidado. Ao colocar a questão como uma opção unicamente a cargo da própria dona-de-casa, apenas as mulheres que tivessem condições de contribuir, ou seja, que tivessem dinheiro para tanto, poderiam ter acesso à previdência social e, futuramente, à aposentadoria. Como resultado disso, remanesceriam excluídas da previdência social as mulheres de baixa renda, que "optariam" por não contribuir – talvez porque justamente não tivessem condições para tanto –, o que revelaria uma incoerência nos próprios argumentos do governo. Todavia, nada disso foi problematizado. É de se registrar também que não houve debate sobre o tempo de serviço diferenciado entre homens e mulheres como requisito para a aposentadoria voluntária neste dia.

Não obstante, quando exerceu a presidência da subcomissão, Maria de Lourdes Abadia enfrentou certa dificuldade em controlar o tempo de fala do constituinte Eduardo Jorge e do palestrante Alexandre Lourenço nos debates da nona reunião, o que não se repetiu nas 10ª e 11ª reuniões, quando houve maior participação de mulheres expositoras. Some-se a isso o fato de que, na sessão seguinte (10ª), Maria de Lourdes Abadia saiu antes do término, pois iria receber uma honraria no Rio de Janeiro, o que foi informado a todos os presentes pelo presidente José Elias Murad no início da reunião. É de se mencionar que as ausências nas reuniões por parte do 1º vice-presidente Fábio Feldmann nunca ensejaram nenhum informe de justificação pública.

Na 10ª reunião, em 28 de abril, presidida pela constituinte Maria de Lourdes Abadia, a representante da CUT Maria Luiza se manifestou também sobre a saúde, como direito de todos assegurado pelo Estado, que ia além da assistência médica, pois saúde pressupunha estabilidade no emprego, jornada de 40 horas, alimentação adequada, moradia digna, reforma agrária, política para a produção de alimentos básicos para toda a população, conservação do meio ambiente com a eliminação do uso de agrotóxico e a adoção de práticas como a agricultura ecológica, transporte coletivo estatal adequado e seguro, educação pública universal e gratuita, acesso à produção cultural e artística, proibição do trabalho em ambientes insalubres, um sistema único de saúde com participação popular na definição de suas prioridades, dentre outras condições; e, especificamente para as mulheres, transferência da gestante de posto de trabalho que colocasse em risco sua saúde ou a de seu feto e assistência integral à saúde da mulher em todas as fases da vida, independentemente de sua condição biológica procriadora.

Sônia Republicano, representante do Sindicato dos Empregados em Estabelecimentos de Serviços de Saúde de Brasília, discorreu sobre as condições de trabalho dos profissionais da área de enfermagem, reivindicando plano de carreira, cargos e salário; jornada única de trabalho, pois havia diferenças entre profissionais de nível médio e de nível superior; piso salarial único para os profissionais da saúde; acesso a cargo público exclusivamente por meio de concurso público; direito à sindicalização e à greve para os profissionais da saúde e participação nas decisões sobre política de saúde.

Na mesma linha de argumentação, Regina Senna, representante da Coordenação Nacional de Entidades Sindicais e Pré-Sindicais de Enfermagem, correlacionou a qualidade na assistência à saúde (conceito mais abrangente do que assistência médica, pois compreenderia uma visão mais integral do indivíduo e, portanto, uma equipe multiprofissional) à questão da jornada de trabalho exaustiva dos trabalhadores de saúde, o que colocava em risco a própria vida do paciente. Aderiu a todas as reivindicações trazidas por Sônia Republicano, além de defender a redução da jornada para as categorias de enfermagem para 30 horas semanais. Não é coincidência que duas mulheres tenham falado em nome de profissionais da saúde, expressão que abrange enfermeiras, técnicos e auxiliares de enfermagem, mas não médicos. Esta área da saúde se insere no trabalho de cuidado, que, na divisão sexual do trabalho, é exercido majoritariamente por mulheres, de forma remunerada ou não[583].

Após os debates, a então presidenta Maria de Lourdes Abadia trouxe seu depoimento pessoal sobre a saúde, a partir de sua experiência no trabalho de administradora em área de favela. Contou que as mulheres eram muito maltratadas pelos médicos, que diziam que não as atenderiam, pois estavam "fedorentas". A constituinte comovida ressaltou que se tratava de uma comunidade que não tinha água, onde por cinco anos foi necessário comprar lata d'água para beber. "Acho que há um distanciamento muito grande desses profissionais que fazem um concurso, sem conhecimento da nossa realidade social". A constituinte apontava, assim, para uma constatação que se repete em outras áreas da Administração Pública: os concursos públicos aprovam as pessoas mais preparadas tecnicamente, sem que isso signifique um compromisso com a melhoria do atendimento à população, sobretudo às pessoas menos abastadas. Ela frisou ainda a importância do saneamento básico para a saúde, que, no entender da constituinte, não era apenas "curar doenças ou ausência de doenças". Houve intenso debate com as associações de médicos e com constituintes a partir destas provocações. É muito interessante constatar que o debate sobre saúde se dava além da questão da assistência médica, abarcando as necessidades básicas para a reprodução social da vida.

A aposentadoria para a mulher aos 25 anos de serviço foi uma proposta defendida pelos constituintes Eduardo Jorge e Abigail Feitosa, que alegavam a dupla jornada de trabalho das mulheres, na mesma linha do movimento de mulheres e do que havia sido discutido na CPMI sobre a mulher. No âmbito desta subcomissão não houve contraposição a esta proposta.

---

583 "É importante conceber que o trabalho de cuidado é uma tarefa de gênero, designada prioritariamente às mulheres, cujo desempenho não decorre de algum tipo de ligação ou vocação natural, nem é somente resultado da socialização das mulheres, mas decorre da atribuição cultural do trabalho reprodutivo doméstico não remunerado às mulheres, historicamente surgida da relação dialética entre patriarcado e capitalismo (SCHULTZ LEE, 2010, p. 649)." VIEIRA, Regina Stela Corrêa. **Cuidado como trabalho**: uma interpelação do direito do trabalho a partir da perspectiva de gênero. 236 p. Orientador: Homero Batista Mateus da Silva. Tese (Doutorado – Programa de Pós-Graduação em Direito, Área de Concentração Direito do Trabalho e da Seguridade Social), Faculdade de Direito, Universidade de São Paulo (USP), 2018, p. 44.

A Sociedade Brasileira para o Progresso da Ciência (SBPC) levou na 14ª reunião, em 6 de maio, a seguinte proposta: "O direito a uma orientação sanitária correta, que permita o acesso a métodos seguros de planejamento da prole e garanta meios de controle da fecundidade e da infertilidade, compõem as múltiplas ações de assistência à condição da mulher", que não foi debatida especificamente, mas convergia com a demanda pela assistência integral à saúde da mulher. Neste sentido também se manifestou a presidenta do CNDM, Jacqueline Pitanguy, iniciando sua fala a partir da ideia da saúde como:

> direito a determinadas condições materiais e psicológicas de existência, que incluem alimentação, água potável, saneamento, habitação, condições ambientais adequadas, acesso ao trabalho e ao lazer, bem como o direito ao apoio do Estado diante de situações de violência física, sexual ou psíquica.

O CNDM requereu a implementação do Programa de Assistência Integral à Saúde da Mulher (PAISM), criado em 1986, que compreendia a "reprodução no quadro maior da saúde integral da mulher, oferecendo a informação e os meios de opção pelo controle da fecundidade sem, contudo, impô-los totalitariamente". Para Jacqueline Pitanguy, as mulheres repudiavam a política estatal consistente em esterilizações massivas ou a utilização indiscriminada de métodos contraceptivos, agressivos ao corpo da mulher; elas queriam o acesso à informação sobre o funcionamento do corpo feminino e os métodos de regulação da fecundidade, condições básicas para o efetivo exercício do direito à reprodução e o domínio de seus corpos. Além disso, trouxe as propostas do CNDM para a saúde, dentre as quais não havia proposta acerca da questão do aborto. Esta "omissão" foi a escolha da comissão, por causa do entendimento de que o aborto em si não se tratava de matéria constitucional, mas sim de política de saúde pública.

Todavia o assunto foi colocado em discussão por outros participantes das audiências públicas, em geral para defender a proibição do aborto ou até mesmo de métodos contraceptivos. Amauri de Souza Melo falou em nome de Cora MB Montoro, representante das Sociedades Femininas do Brasil, para defender que "todo método contraceptivo é abortivo e faz mal à saúde da mulher" e insistiu para exibir um filme sobre o assunto, o que foi negado, pois já havia sido exibido em outras audiências públicas. Um homem falar em nome de uma mulher, representando sociedades femininas, sobre a saúde da mulher, combatendo todos os métodos contraceptivos, era bastante simbólico, como pontuou o constituinte Eduardo Jorge. Este enfatizou a responsabilidade de a subcomissão se manifestar sobre o aborto, tema bastante polêmico em debates de outras subcomissões; arrazoou as dificuldades na discussão do tema, que envolvia questões filosóficas e religiosas, além da política; e criticou os argumentos expostos por Amauri Melo, denominando-os de "radicalismo" e acrescendo que:

> É mais o problema do controle de uma sociedade predominantemente a nível político-administrativo masculino sobre a mulher, que sempre foi um setor da sociedade dominado. Deste ponto de vista, não quero fazer ironia, mas **é até simbólico que tenha sido um homem que venha aqui colocar argumentos contra esse tipo de posição.** (grifei)

Em meio a esta celeuma, a postura do CNDM foi a de esclarecer que não havia feito proposta sobre o aborto para debater na ANC, pois entendia que não se tratava de matéria constitucional, mas de saúde pública. Jacqueline Pitanguy alertou que havia um risco de retrocesso em relação à legislação vigente, pois qualquer princípio constitucional que garantisse o direito à vida, desde a sua concepção, estaria ferindo um direito já adquirido, expresso no Código Penal, que era o da interrupção da gravidez nos casos hoje previstos por lei, ou seja, nos casos de estupro e de risco de vida para a mulher gestante. Apenas o direito à livre opção seria constitucional, mas não o aborto em si, que a palestrante considerava não um método contraceptivo, mas um "drama social"[584]. Não é demais lembrar que a "livre opção" masculina nunca

---

[584] De fato, o tratamento jurídico dispensado ao aborto, proibindo-o em regra e autorizando-o em apenas situações específicas, não mudou a realidade social até hoje: segundo a Pesquisa Nacional de Aborto (PNA) 2016, 13% das 2002 mulheres alfabetizadas entre 18 e 39 anos entrevistadas já realizaram um aborto, demonstrando que "é um fenômeno frequente e persistente entre as mulheres de todas as classes sociais, grupos raciais, níveis educacionais e religiões". DINIZ, Debora; MEDEIROS, Marcelo; MADEIRO, Alberto. Pesquisa Nacional de Aborto 2016. **Ciênc. saúde coletiva**, Rio de Janeiro, v. 22, n. 2, pp. 653-660, fev. 2017. Disponível em: http://www.scielo.br/scielo.php?script=sci_arttext&pid=S1413-81232017000200653&lng=en&nrm=iso. Acesso em: 29 jan. 2020. Com relação às consequências na saúde pública, o Ministério da Saúde, representado pela médica Maria de Fátima Marinho, na audiência pública realizada em dezembro de 2016 na Câmara dos Deputados, revelou que o aborto é a 5ª causa de morte materna no Brasil, apresentando ainda um recorte racial. "Foram registradas 559 mortes de mulheres brancas e 1.079 de mulheres negras, uma quantidade muito maior. O número de mães negras e de mães brancas é praticamente similar, há um pouco mais de um grupo do que de outro, mas a diferença na mortalidade é muito grande, mostrando uma extrema desigualdade". BRASIL. Câmara dos Deputados. **Notas taquigráficas da audiência pública reunião 1983/17**, p. 21. Disponível em:

precisou ser justificada ou defendida, como se fosse um direito potestativo, dado que a sociedade brasileira responde de forma condescendente quando um homem decide não assumir a paternidade e o dever de cuidado, o que pode implicar as diversas dimensões de abandono: material, financeiro, afetivo etc.

O presidente da subcomissão da família, do menor e do idoso, constituinte Nelson Aguiar, foi à reunião nesta subcomissão para defender sua proposta de "proteção da vida, a partir da concepção", abordagem esta que havia dado ensejo ao debate sobre a proibição do aborto em sua subcomissão. Em uma argumentação bastante contraditória, disse que não tinha a intenção de proibir o aborto nas hipóteses legais, mas defenderia sua proposta de proteção da vida desde a concepção até o Plenário da Constituinte.

Na 17ª reunião, em 13 de maio, Dermival da Silva Brandão, representante da Academia Fluminense de Medicina, dedicou sua fala a combater o planejamento familiar e o PAISM, apesar de ter sido convidado para falar em assistência integral à saúde da mulher. Apresentou *slides* sobre o aborto, também exibidos em outras duas subcomissões – como o foi o vídeo do palestrante Amauri Melo. Os constituintes Raimundo Rezende e Adylson Motta concordaram com o palestrante. A discussão foi longa, mas com argumentos racionais e científicos. De acordo com a observação de Adriana Oliveira, os constituintes "não fizeram uso de argumentos morais ou citações a textos religiosos para justificar o seu posicionamento e a sua pretensão de estendê-lo para o texto constitucional, mesmo aqueles que se manifestaram contrariamente ao aborto"[585].

Na 19ª reunião, em 19 de maio, o constituinte Eduardo Jorge propôs o aumento da licença-gestante para 180 dias, justificando a proposta com base na necessidade de amamentação, argumento biológico criticado pelo movimento feminista. Paulo Macarini levantou as questões referentes à previdência social da dona de casa e da trabalhadora rural, reportando-se à subcomissão VII-a, que já as havia apreciado e aprovado. A constituinte Abigail Feitosa aderiu à proposta de licença-maternidade

---

https://www2.camara.leg.br/atividade-legislativa/comissoes/comissoes-permanentes/comissao-de-defesa-dos-direitos-da-mulher-cmulher/documentos/notas-taquigraficas/notas-taquigraficas-audiencia-publica-estatisticas-sobre-o-aborto-13-12-17/view. Acesso em: 6 fev. 2020.

585 OLIVEIRA, Adriana V. **Constituição e direitos das mulheres**: uma análise dos estereótipos de gênero na Assembleia Constituinte e suas consequências no texto constitucional. Curitiba: Juruá, 2015, p. 311.

por 180 dias, pois era alto o índice de mortalidade infantil, os salários eram irrisórios e as mulheres não tinham onde deixar seus filhos para ir trabalhar. Entendia ainda que era necessário garantir o aleitamento materno, "porque a questão de creche no local de trabalho, que não funciona e é transtorno", indicaria certa dissonância com a Bancada Feminina neste ponto. Com relação à aposentadoria, Abigail Feitosa defendeu os 25 anos de trabalho para as mulheres como requisito para a aquisição do direito, alegando a dupla jornada, o que era incontroverso entre os membros da subcomissão. Ela manifestou ainda a preocupação com o uso da expressão "pessoas carentes" como destinatárias da assistência social, pois poderia ensejar diferentes interpretações, até mesmo excludentes. A constituinte Maria de Lourdes Abadia, por sua vez, informou que reapresentaria proposta de emenda para garantir que os aposentados em nenhuma hipótese viessem a receber "benefícios inferiores aos salários recebidos no tempo da sua atividade".

Nos debates da 22ª reunião, em 22 de maio, Abigail Feitosa saiu em defesa do relatório sobre a saúde apresentado pelo constituinte Carlos Mosconi, pois, a partir de sua experiência de 30 anos como médica do Estado, do INAMPS e em consultório particular, podia afirmar que o problema na saúde poderia ser considerado como um genocídio do povo brasileiro, com crianças morrendo de desidratação, diarreia e pneumonia por falta de investimento no serviço público desde o período da ditadura, quando a assistência médica passou a visar à fonte de lucro para o médico e não à saúde do povo brasileiro.

Na 23ª reunião, Abigail Feitosa discorreu sobre a saúde do trabalhador e as doenças profissionais, que não recebiam a necessária atenção do Poder Público. Citou ainda o problema dos acidentes do trabalho, sensibilizada por uma assembleia ocorrida dois anos antes com mais de 500 pessoas vitimadas no labor, incluindo "menores", com o braço cortado pela máquina de sisal, clamando pela valorização da saúde ocupacional, dentro do direito à saúde. Na discussão sobre a saúde, tratou-se ainda da proibição de propaganda comercial de mercadorias como tabaco e medicamentos, quando Abigail Feitosa problematizou também o uso de agrotóxicos, cuja produtividade era discutível, mas contaminava rios e meio ambiente, pelo que deveria ser controlada a divulgação da produtividade e proibida a divulgação sem controle. Apenas um meio ambiente saudável poderia proporcionar saúde às pessoas.

Quando o constituinte Eduardo Jorge propôs a assistência médica integral a toda mulher nos casos da interrupção da gravidez[586], ressurgiu a discussão sobre o aborto e Abigail Feitosa pronunciou-se no sentido do CNDM: o planejamento familiar era questão de saúde pública. A população deveria ter acesso aos métodos anticoncepcionais e a assistência médica integral à mulher independia da questão penal. "Precisa ter uma assistência, para não se deixar uma mulher entrar em choque por ter provocado um aborto". Na sequência, a constituinte Maria de Lourdes Abadia lembrou que havia apresentado emenda com proposta de assegurar para as mulheres o acesso à informação sobre métodos anticoncepcionais, sobre a definição do número de filhos e contra o controle de natalidade forçado, que muitas instituições tinham o interesse de praticar. Com relação à assistência médica integral à mulher que abortasse, Maria Abadia entendia que ela já estava assegurada porque era garantida a saúde para todos e, assim, não era necessário tratar disso específica e separadamente. Neste sentido, o constituinte Carlos Sant'anna sugeriu a retirada da parte final da proposta de Eduardo Jorge ("nos casos de interrupção da gravidez"), pois a assistência médica integral à mulher já estaria assegurada na totalidade e, assim, evitaria o retorno da polêmica sobre o aborto. Eduardo Jorge concordou com a sugestão e a emenda foi aprovada por unanimidade.

5.2.1. ANTEPROJETO DA SUBCOMISSÃO VII-B[587]

O primeiro destaque no anteprojeto da subcomissão VII-b (fase C) é que, além da declaração de que a saúde é um dever do Estado e um direito de todos (artigo 1º), havia a previsão de se instituir um Sistema Único de Saúde, baseado no princípio da integralidade e continuidade (artigo 2º, II), um dos maiores ganhos para a população brasileira e uma das principais pretensões dos movimentos de mulheres. Ademais, no artigo 7º, estava prevista a Saúde Ocupacional como parte integran-

---

586 Redação da proposta integral: "Compete ao Poder Público garantir a homens e mulheres o direito de determinar livremente o número de filhos, sendo vedada a adoção de qualquer prática coercitiva pelo Poder Público ou entidade privada; assegurar o acesso à educação à informação aos métodos adequados à regulamentação da fertilidade, respeitar os sentimentos individuais e assegurar assistência médica integral a toda mulher nos casos da interrupção da gravidez".

587 Documento referente à etapa 2 (Subcomissões Temáticas), fase C (Anteprojeto da Subcomissão). Disponível em: https://www.camara.leg.br/internet/constituicao20anos/DocumentosAvulsos/vol-195.pdf. Acesso em: 9 fev. 20.

te do Sistema Único de Saúde, assegurada aos trabalhadores mediante medidas que visem eliminar riscos de acidente e doenças profissionais e do trabalho; informação a respeito dos riscos que o trabalho representa à saúde, dos resultados das avaliações realizadas e dos métodos de controle; recusa do trabalho em ambientes que não tiverem os seus riscos controlados, com garantia de permanência no emprego[588]; participação na gestão dos serviços relacionados à segurança e saúde, dentro e fora dos locais de trabalho; livre ingresso, nos locais de trabalho, a respeito das condições de trabalho; acompanhamento da ação fiscalizadora referente à segurança, higiene e medicina do trabalho.

Com relação à saúde da mulher, também houve um avanço importante, com a previsão no artigo 13 de que incumbia ao Poder Público prestar assistência integral à saúde da mulher, nas diferentes fases da sua vida; garantir a homens e mulheres o direito de determinar livremente o número de filhos, sendo vedada a adoção de qualquer prática coercitiva pelo Poder Público e por entidades privadas; assegurar acesso à educação, à informação e aos métodos adequados à regulação de fertilidade, respeitadas as opções individuais.

O sistema de seguridade social era de competência da União (artigo 16) e seria regido pelos princípios da universalização da cobertura; uniformização e equivalência dos benefícios e serviços para todos os segurados e dependentes, urbanos e rurais; equidade na forma de participação do custeio; distributividade na prestação dos benefícios e serviços; diversificação da base de financiamento; preservação do valor real dos benefícios, de modo que sua expressão monetária conserve, permanentemente, o valor real à data de sua concessão; unificação progressiva de todos os regimes públicos de previdência.

Os planos de seguro e assistência social, de acordo com o artigo 17, proveriam a cobertura dos eventos de doença, invalidez e morte, incluídos os casos de acidente de trabalho e velhice; a ajuda à manutenção dos dependentes; proteção à maternidade, notadamente à gestante, assegu-

---

588 Em meio à pandemia da COVID-19, foi invocado na Bélgica para garantir aos trabalhadores e às trabalhadoras o direito individual de retirada no caso de risco grave e imediato de contaminação no trabalho, com a manutenção do emprego e do salário. DERMINE, Élise (et al.). Le Covid-19 ne suspend pas le droit de la santé au travail. Il en renforce les exigences. **Carnet de crise du Centre de droit public de l'ULB # 19.** Bruxelas: ULB, 2020.

Tratamento bastante diverso foi dispensado à classe trabalhadora no Brasil pelas Medidas Provisórias n. 927 e 936.

rado descanso antes e após o parto, com remuneração igual à percebida em atividade; a proteção ao trabalhador em situação de desemprego involuntário; a aposentadoria por tempo de serviço e por invalidez permanente, com salário integral e previsão de tempo de contribuição reduzido no caso de atividade profissional penosa, insalubre ou perigosa.

Não houve previsão expressa da aposentadoria por tempo de serviço diferenciado para homens e mulheres nem a inclusão da dona de casa, da trabalhadora rural e da trabalhadora doméstica na Previdência Social, embora fosse esta a subcomissão específica para a matéria previdenciária. Estas omissões foram superadas pelo anteprojeto da subcomissão VII-a.

5.3. SUBCOMISSÃO DOS NEGROS, POPULAÇÕES INDÍGENAS, PESSOAS DEFICIENTES E MINORIAS – VII-C

A temática da subcomissão VII-c permitiu a articulação de outros marcadores sociais de diferença, para além da classe e do gênero, ao introduzir os temas "negros", "indígenas", "portadores de deficiência (físicas e sensoriais)" e "minorias". Nos limites desta pesquisa, a interseccionalidade dos sistemas de opressão de classe, gênero e raça irá priorizar as discussões acerca da pauta das mulheres trabalhadoras, conforme levantamento realizado no capítulo 4.

Os trabalhos nesta subcomissão começaram em 7 de abril, quando foram eleitos para a Mesa Diretora: Presidente Ivo Lech (PMDB-RS); 1º Vice-Presidente Doreto Campanari (PMDB-SP); 2º Vice-Presidente Bosco França (PMDB-AL) e Relator Alceni Guerra (PFL-PR). As audiências públicas ocorreram entre a terceira e a 11ª reunião, entre 22 de abril e 5 de maio de 1987, consignando que as reuniões eram, em regra, designadas para o dia todo, ou seja, período da manhã e da tarde.

Esta subcomissão se caracterizou por um profundo respeito entre seus integrantes e para com os expositores convidados, o que se fez presente desde o primeiro pronunciamento. O Presidente Ivo Lech, portador de deficiência física, considerou sua eleição como uma homenagem da ANC às minorias, lembrou a responsabilidade em resgatar a dívida social que existia em relação aos direitos das minorias e declarou que não exerceria a presidência de maneira autoritária, ressaltando a presença da constituinte Benedita da Silva, "da mulher negra, que vem somar e qualificar esta subcomissão".

A importância dos temas sociais abarcados por esta subcomissão não teve seu merecido reconhecimento pela imprensa nem pelos próprios constituintes. O constituinte Hélio Costa, jornalista com mais de 30 anos de experiência, lamentou a ausência de cobertura pela imprensa daquele momento tão simbólico, a eleição de Ivo Lech para presidir a subcomissão das minorias, cuja missão social seria "criar legislação, para que as minorias do nosso País deixem de ser apenas um instrumento da nossa sociedade e passem a ser, agora, parte dela". O constituinte Nelson Seixas pediu a palavra para uma questão de ordem: não tratar as pessoas como "deficientes", mas como portadoras de deficiência física, visual, auditiva ou mental, o que ensejou até a retificação do nome da subcomissão. A constituinte Benedita da Silva registrou que aquele se tratava de um momento histórico, que a imprensa perdeu a oportunidade de divulgar. Ressaltou o compromisso do presidente com o tema da discriminação, não apenas por solidariedade, mas porque a vivenciava, como muitos integrantes da subcomissão, preteridos não apenas pela imprensa naquele dia, mas "preteridos em tantas outras oportunidades". No tocante à representação, Benedita da Silva interpelou o termo "minorias", pois entendia que se tratava de uma maioria marginalizada, e reforçou o compromisso de considerar todos os segmentos marginalizados, incluindo aqueles que não contavam com representação na ANC:

> Nós ainda temos uma representação. Os indígenas não têm esta representação, neste momento histórico. Nós sabemos também que essas minorias, que envolvem desde o homossexualismo à prostituição, todos esses segmentos são marginalizados e não têm uma representação. Mas eu quero crer que todos nós aqui estamos com o propósito de fazer valer o direito de cada um desses cidadãos e dessas cidadãs.

A dificuldade em alcançar o quórum para deliberação foi tema recorrente nas primeiras reuniões, o que lhes retirava a possibilidade de decidir, passando a funcionar apenas como conversas informais, como na segunda reunião, em 9 de abril. O teor destes diálogos, no entanto, é rico e demonstra o compromisso dos participantes em aproveitar aquele momento histórico para dar voz, tirar da invisibilidade, ouvir as reivindicações e contemplar todos os grupos estigmatizados que procurassem a subcomissão – além de negros, indígenas, portadores de deficiências, também homossexuais, idosos, presidiários, estomiza-dos[589], talassêmicos[590] e trabalhadores domésticos.

Na quarta reunião, Manuela Carneiro Cunha, Presidenta da Associação Brasileira de Antropologia, discorreu sobre o que seria uma minoria. Ela também enfatizou que não se tratava de uma questão demográfica, pois poderia, como no caso das mulheres, integrar uma maioria populacional. A minoria significava ser "sócia minoritária de um projeto de nação", assim, "há que se pensar em como esta nova Carta Constitucional deve tratar aqueles que não têm a força majoritária no País, quer dizer, qual é o papel que se deve dar àqueles estratos populacionais. É este o sentido verdadeiro de minorias: não é um sentido demográfico".

Florestan Fernandes, constituinte que não integrava a subcomissão, mas que foi convidado a palestrar sobre as minorias como cientista político e especialista renomado, trabalhou com a noção de minorias em sentido semelhante ao de Manuela Cunha:

> Considerar um grupo humano como uma minoria é, em certo sentido, dizer que pertence à Nação, mas que, ao mesmo tempo, ele **não tem a plenitude dos direitos civis e políticos** que são desfrutados por aqueles que formam a maioria desta Nação. Quer dizer, existem cidadãos de pri-

---

589 "Primeiro, porque um estomizado sempre foi, pelo menos, segregado, porque é uma pessoa que fez uma cirurgia considerada secreta. Então, o estomizado é toda aquela pessoa que, por problema de doença como o câncer, ou uma doença congênita, ou mesmo um traumatismo, é obrigada a fazer um desvio do aparelho digestivo ou do aparelho urinário, quer dizer, ele é obrigado a extirpar o reto, o intestino grosso tem que externar essa saída para a parede abdominal, o mesmo ocorrendo com as vias urinárias. Assim, o paciente, não podendo usar as vias normais, terá que utilizar um desvio para sobreviver". Marcos M. Mota, Vice-Presidente da Sociedade Brasileira dos Estomizados e Membros da Associação dos Estomizados do Rio de Janeiro. 9ª reunião da Subcomissão VII-c, 30 abr. 1987.

590 "A talassemia creio que muito pouca gente conhece. É uma anemia hereditária. É uma herança de italianos, espanhóis, portugueses, ou então, de todos os povos do mediterrâneo. Existem três graves formas de talassemia: a intermédia, a **major** e o portador, que é uma forma mais branda, que seria o talassêmico **minor**, que não é doente. No mundo inteiro, o talassêmico **minor** é apenas um portador da deficiência. Mas, infelizmente, no Brasil, por falta de conhecimento de profissionais da saúde, há falta de condição de o talassêmico ter um tratamento administrado corretamente. É um tipo de anemia em que o paciente não pode receber sulfato ferroso". Neusa Callassine, Presidente da Associação Brasileira dos Talassêmicos, Membro da Associação Internacional de Defesa dos Talassêmicos, ligada à Federação de Associações Italianas. 9ª reunião da Subcomissão VII-c, 30 abr. 1987.

298 | PATRÍCIA MAEDA

meira categoria e cidadãos que são parte das minorias, e que estão sujeitos a alguma forma de restrição, inclusive constitucional, inclusive de proteção daqueles que se arvoram em consciência do outro.

Florestan Fernandes falou ainda sobre os motivos pelos quais a colonização envolvia não apenas a escravização dos corpos para o trabalho, mas também a destruição da cultura, incluindo a língua, para eliminar a capacidade de resistência de negros e indígenas e possibilitar a dominação racial. Ele analisou como se deu a integração de homens negros e mulheres negras no trabalho livre. Segundo Florestan Fernandes, o homem negro associava todas as formas de trabalho à degradação humana, pois a condição de trabalhador livre não diferenciava tanto da de escravizado, com exceção dos trabalhos nos lugares onde havia algum desenvolvimento econômico e prevalecia a força de trabalho do imigrante europeu, como em São Paulo e Buenos Aires. Por isso, o homem negro marginalizado repudiava o trabalho livre, em que sua inserção se dava de forma desvantajosa em relação ao homem branco. A virilidade do homem negro, disse o expositor, vinha do estereótipo de "colecionador de cabaços", pois o homem negro não tinha condições materiais para competir com o branco no mercado de trabalho, o que o afastava da imagem de prestígio como sendo o homem provedor das necessidades da família.

Ele explicou que as mulheres negras tiveram uma trajetória diferente, pois tinham a experiência do trabalho no sobrado e de contato com o elemento branco. Apesar disso, as mulheres negras se inseriram no chamado trabalho sujo, subvalorizado, que era o trabalho doméstico. "Até hoje as domésticas não conseguiram definir o seu tipo de trabalho como um trabalho digno e protegido pela lei de forma plena". Foi essa a condição para garantir a sobrevivência da comunidade negra na cidade de São Paulo, marcada pelo trabalho precário das mulheres negras e pela ausência de trabalho para os homens negros, além de violência contra as mulheres.

Contra a persistência do preconceito racial, Florestan Fernandes defendeu que a transformação social se daria com a educação e a mudança da "pessoa", num processo lento e gradual, mas não prescindiria de práticas sociais que a reforçassem. "Tem que atingir a televisão, o jornal, e isso a própria população, que é posta em questão, tem a capacidade de fazer." Além disso,

> Existem outras questões que são mais profundas e podem exigir amparo legal. Daí a necessidade de o combate ao preconceito e à discriminação ser

estabelecido constitucionalmente e legalmente. O medo de sanções pode, pelo menos, levar a pessoa a não externar a sua hostilidade.

Em uma aproximação com o conceito de racismo por denegação, Florestan Fernandes também entendia que havia um "preconceito de ter preconceito", que levava à negação do preconceito racial no Brasil, o que, por sua vez, confundia o próprio negro, pois

> acaba instalando uma confusão tremenda na cabeça dele, ele não sabe se deve combater o preconceito ou não, se ao combater o preconceito, não vai contribuir para uma situação pior. Outros acham que não sabem se é preconceito, se não é uma maneira de o próprio negro e mulato justificarem as suas frustrações, os seus fracassos. Então, se estabelece uma grande confusão e, com frequência, o negro acaba se vendo a partir do olho do branco. Este é o pior efeito do preconceito encoberto, falso, hipócrita que existe no Brasil.

Para combater o preconceito e as discriminações, a lei não parecia ser suficiente para os negros, pois segundo Florestan Fernandes, "o negro está menos preocupado com conquistas formais a nível de lei do que com conquistas reais ao nível da sociedade, do modo de viver"[591]. Para tanto, era necessário difundir a consciência da existência e da exigibilidade da lei:

> Por fim, infundir, entre aqueles que são encarregados de aplicar a lei, que pertencem ao estoque racial dominante, infundir que eles são obrigados a aplicar a lei com toda a eficácia. Realmente acontece que o delegado, o policial antes do delegado, o juiz depois, todos vão ser negligentes, porque todos estão ligados, através de **uma solidariedade muda**[592], que é uma solidariedade de raça, de classe, de região etc.

A sétima reunião, em 28 de abril, teve como temática "O Negro". A primeira expositora foi Lélia Gonzalez, muitas vezes já referida nesta pesquisa, como representante do Movimento Negro e de Professores

---

591 O direito concebido na zona do ser não acessa a violência produzida na zona do não-ser, caracterizando-se antes pela inefetividade e pela violação de direitos. PIRES, Thula. Direitos humanos e Améfrica Ladina: por uma crítica amefricana ao colonialismo jurídico. **Dossier: El pensamento de Lélia Gonzalez, un legado y um horizonte.** LASA Forum. v. 50, p. 3. Verão, 2019. p. 69.

592 Anos mais tarde, Maria Aparecida Bento defenderia tese acerca da racialidade branca, como se houvesse um pacto entre brancos, que implica a negação do racismo como forma de manutenção de privilégios raciais. BENTO, Maria Aparecida Silva. **Pactos narcísicos no racismo**: branquitude e poder nas organizações empresariais e no poder público. São Paulo, 2002. 169 p. Tese (doutorado). Instituto de Psicologia da Universidade de São Paulo.

do Departamento de Sociologia da PUC-RJ. Ela iniciou sua fala tratando do processo histórico da construção da sociedade brasileira, com a contribuição do negro, invisibilizada pela ideologia do branqueamento, o que faz com que a sociedade tenha "uma visão alienada de si". Ressaltou que a sociedade brasileira se estratificou racialmente, de forma autoritária e hierarquizada.

> Hierárquica do ponto de vista das relações de classe; hierárquica do ponto de vista das relações sexuais, porque sabemos o papel da mulher dentro desta sociedade, fundamentalmente da mulher negra; e hierárquica do ponto de vista social. Porque se no vértice superior desta sociedade, que detêm o poder econômico, político e social, de comunicação, educação e cultural, neste vértice superior se encontra o homem branco ocidental, no seu vértice inferior vamos encontrar, de um lado, o índio e, do outro lado, o negro.

Como expressão da colonialidade do saber, a cultura foi instrumento para a hierarquização da sociedade brasileira, pois, juntamente com a história, assumiu o ponto de vista da classe dominante, que se expressava na "neutralidade" do homem branco, rebaixando a cultura de outros povos à condição de exótico.

> [...] segundo essa perspectiva da classe e da raça dominante e do sexo, é importante dizer, a cultura é tudo aquilo que diz respeito à produção cultural ocidental. Já a produção cultural indígena, ou africana ou afro-brasileira é vista segundo a perspectiva do folclore, seja como produção menor, ou produção artesanal, mais ou menos nesta produção entre arte e artesanato.

As condições materiais foram determinantes e determinadas por esta cultura: ao trabalhador negro foi atribuída a condição de não qualificado e, por isso, seu lugar na periferia do sistema de produção capitalista que se implantou após a abolição da escravatura, cujas promessas de campanha (liberdade e igualdade) não se realizaram até aquele momento.

> E não é por acaso, portanto, que vamos constatar que a maior parte da clientela dos **presídios** brasileiros é constituída por negros. E não é por acaso que a maior parte da clientela dos **hospícios** brasileiros é constituída por negros e por mulheres: não é por acaso que a mulher negra se encontra na **prostituição**, uma vez que a ideologia que aí está, a ideologia que nos vê a nós mulheres negras, como prostitutas, somos sempre encaradas dentro dessa perspectiva, que historicamente teríamos de resgatar na medida em que sabemos que a famosa ideologia da mestiçagem da democracia racial que, efetivamente, é uma grande mentira, se faz em cima da violentação e do estupro da mulher negra.

Além da persistência do racismo e da hierarquia, ainda não se reconhecia a contribuição do negro na cultura brasileira, destacando a questão linguística, pois o português no Brasil seria profundamente africanizado, o que Lélia Gonzalez chamava de pretuguês. A negação do racismo no Brasil ("onde as diferenças são vistas como desigualdades") também foi contestada por ela, que explicou que o mito da democracia racial foi a ideologia apropriada por Getúlio Vargas para desmobilizar o movimento da Frente Negra Brasileira nos anos 1910-1930. A própria esquerda teria assumido este discurso de democracia racial, o que levou nos anos 1970 à necessidade de reorganização do movimento negro, inspirado na luta por direitos civis nos Estados Unidos, mas lastreado pela história de resistência e luta no Brasil de Zumbi, Palmares, Revolta dos Malês etc.

Encerrando sua palestra, Lélia Gonzalez frisou que um projeto de nação só seria possível se fossem eliminados os preconceitos, as mentiras, a postura paternalista e o teatro da democracia racial

> porque, repito, não é com a mulher negra na prostituição; não é com o homem negro sendo preso todos os dias por uma política que o considera, antes de mais nada, um suspeito, não é com a discriminação no mercado de trabalho; não é com a apresentação distorcida e insignificante da imagem do negro nos meios de comunicação; não é com teorias e práticas pedagógicas que esquecem, que omitem a História da África e das populações negras e indígenas no nosso País, não é com isso que se vai construir uma Nação.

Em seguida, a professora Helena Teodoro foi convidada a palestrar como Coordenadora da Comissão Especial de Cultura Afro-Brasileira do Município do Rio de Janeiro. Em continuidade ao exposto por Lélia Gonzalez, ela tratou da violência simbólica, "a violência que os negros deste País, que vivem em *apartheid* não instituído, é a violência da discriminação, a violência do racismo e é uma violência difícil de ser detectada objetivamente", inserida na história e ligada à forma pela qual o poder político era exercido no Brasil. Esta violência simbólica não só permeava as relações sociais, mas também era institucionalizada, por exemplo, na escola, espaço em que o "diferente" é rejeitado.

> A tradição brasileira estabelece uma forma de lidar com diferenças expurgando os diferentes. Os alunos que não se comportam bem na escola são expulsos. As pessoas que não são bem comportadas são discriminadas. Toda a nossa vida, toda a nossa sociedade se organiza para aceitar os pares, aqueles que são iguais, nunca se questiona o porquê do diferente. Nunca se questiona quanto se ganharia em se ver o ponto de vista do outro, se ele é diferente do seu.

Segundo Helena Teodoro, ao recusar o diferente, recusava-se também o crescimento e a ampliação da cultura e do conhecimento. Era preciso estudar a História da África, o que representava a umbanda e o candomblé, o português falado no Brasil. Aliás, dizia ela, o colonizador europeu só pôde ocupar o Brasil, africanizando-se, "porque o nosso País é um país tropical e o homem é o resultado da sua relação com o seu meio. A cultura se faz no viver, no realizar", alinhando sua fala com o conceito de amefricanidade. Neste sentido, a escola representa um processo de "desbrasilização", como um desencontro do povo consigo mesmo, um ponto de neuroses em que se veste uma camisa que não é a sua, ao buscar dar uma versão eurocêntrica ao povo brasileiro. Este descompasso entre a escola e a realidade pode explicar o alto índice de reprovação na primeira série, ao que Helena Teodoro pergunta: "Será que isso é uma forma de se manter esse analfabetismo, de se manter esse poder, de se manter o povo alijado dos processos de decisão, de se manter essa escola alienada da realidade do seu povo?". Esta marginalização de parte do povo, basicamente o povo negro, teria relação com o exercício do poder político. "Hoje só se permitem ao trabalhador determinados direitos, direitos de ter deveres, nunca direitos de ter direitos". Seria necessário que a escola brasileira se encontrasse com o povo brasileiro e a responsabilidade daquela subcomissão era

> de construir um novo Brasil; de construir a possibilidade de se entender que este País é um país plural e que nós temos que fazer alianças, temos que dar um pulo muito grande, de sair de uma ótica, que é uma ótica unificada, posta no liquidificador, homogênea, para uma ótica heterogênea. Porque **a riqueza está no diferente, não está no igual**.

Não era possível que um país crescesse com vergonha de si mesmo. Era preciso ser "capaz de mudar e de se transformar", enxergando também a contribuição dos povos originários e diaspóricos e não só a influência europeia. "Se nós não entendermos que este País é basicamente o resultado do esforço do seu povo, não vamos conseguir realmente nada. E eu acredito que seja a hora de lutarmos".

Abertos os debates, foram feitas perguntas por lideranças do Movimento Negro. Discutiu-se sobre educação, meios de comunicação em massa, publicidade e propaganda, história do Brasil, direitos e luta social. Lélia Gonzalez destacou o efeito da imagem inferiorizada sobre o negro reforçada pelos meios de comunicação de massa, imagem esta que é internalizada por toda sociedade: "são anos e anos de repetição contínua da famosa ideologia do branqueamento, que se articula com a ideologia e o comício da democracia racial", o que resultava no racismo mais sofisticado do mundo, o racismo brasileiro. Era necessário mudar as relações sociais, pois, nas palavras de Helena Teodoro:

> Não se mudam os hábitos de um povo só pela Constituição. Por isso essa dimensão de luta nossa, por isso que nós temos que lutar por uma mudança de educação na escola, uma mudança na família, na comunidade, porque **ninguém vai deixar de ser racista por causa de uma lei** que diz que ele vai ser preso se ele for racista.

Questionada sobre as propostas concretas para a ANC, Helena Teodoro respondeu que a valorização da tradição oral, das religiões e da cultura afro-brasileiras necessitava de investimento, que deveria priorizar a alfabetização e a difusão da cultura ligada à realidade brasileira – que era a cultura negra –, com a destinação de 1% do orçamento da União.

Lélia Gonzalez, por sua vez, informou que uma série de propostas levantadas junto aos movimentos negros foi encaminhada para a constituinte Benedita da Silva, que representava a comunidade negra[593].

O relator Alceni Guerra demonstrou-se incomodado com as falas das professoras. Atribuiu a questão racial inicialmente a um "conflito de gerações", explicando que a primeira vez que viu uma mulher negra foi aos sete anos e sentiu medo, pois nasceu em comunidade de descendentes de europeus no interior do Rio Grande do Sul. Os filhos daquela mulher se tornaram amigos do constituinte. Além disso, entendia que não havia segregação racial, uma vez que na plateia havia uma mulher branca e duas negras muito bonitas e "quem não havia amado uma negra na geração dele?" Ele tinha amigos médicos (e brancos) que tinham casado com mulheres negras, donde concluía que o problema da segregação racial fosse talvez geracional e local ou geográfico. Desta forma, ele não poderia atuar em favorecimento de nenhum segmento racial. "Nem ao negro, nem ao branco, nem ao amarelo, nem ao índio. Eu acho que a igualdade perante a lei é de absoluta justiça. Liberdade com igualdade". Por fim, entendia que a situação do negro no Brasil era um problema de educação, o que deveria ser tratado em lei ordinária.

A respeito da suposta ausência de racismo em virtude dos casamentos mencionados pelo constituinte, Lélia Gonzalez deu seu relato pessoal sobre a reação da família de Luiz Carlos Gonzalez quando anunciaram

---

593 Documento disponível em: http://www.institutobuzios.org.br/documentos/CONVEN%C3%87%C3%83O%20NACIONAL%20DO%20NEGRO%20PELA%20CONSTITUTINTE%201986.pdf. Acesso em: 18 fev. 2020. Sugestão n. 2886 entregue na ANC em 30 abr. 1987, por Carlos Alves Moura.

que estavam oficialmente casados. "Enquanto eu era a concubina negra de um jovem rapaz branco, que amanhã vai se casar com uma moça de boa família, no dia seguinte, quando souberam do casamento, daí em diante eu virei negra suja, prostituta e coisas que tais". Referiu-se a um estudo do IBGE, segundo o qual, em termos de relações inter-raciais, a tendência era a de isolamento da mulher negra, sobretudo da classe média para cima. Assim, a questão não era quem não tinha amado uma mulher negra, mas sim quem tinha assumido este amor.

Quanto à solução do racismo ser a educação, Lélia Gonzalez lembrou que desde as Constituições de 1934 e 1946 havia a igualdade de todos perante a lei, mas que os negros ainda eram "as grandes populações dos presídios, da prostituição, da marginalização no mercado de trabalho". A lei abstrata e geral não resolvia os problemas de um Brasil que não reconhecia o racismo, porque "o negro sabia qual era o seu lugar". Eram necessárias medidas concretas e compensatórias para promover "aos brasileiros de ascendência africana o direito à isonomia nos setores de trabalho, remuneração, educação, justiça, moradia, saúde, e vai por aí afora". A prova de que os negros não eram iguais perante a lei era o próprio número de constituintes negros, considerando que eram a maioria da população. "Por que esta Constituinte é tão plena de brancos e tem apenas uns gatinhos pingados de negro?"

Helena Teodoro disse que seria muito difícil para os não negros entenderem o racismo no Brasil, pois eles não teriam passado por determinadas situações[594]. "Determinadas vivências, só se entende quando se passa por elas." Ela explicou que não se buscava privilegiar um grupo (negro, amarelo ou branco) e não outro, mas apenas igualdade. Argumentou que a identidade cultural brasileira era um pouco de cada cultura, mas nunca havia a mudança de quem estava no poder e quem era despossuído e isso não era igualdade. A luta contra esta desigualdade era, portanto, legítima, apesar de a reação ser sempre a de que o discurso do oprimido era um discurso de revanche, como se a ele apenas coubesse aceitar o seu status de oprimido. "Não sou masoquista nem maluca. Não quero ficar sofrendo a vida inteira. Se eu não conseguir mudar este país para mim, nem para o meu filho, que seja para os meus netos ou bisnetos". E, em resposta ao constituinte Alceni Guerra, Helena Teodoro explicou que a luta por igualdade e o combate à discriminação deveriam ser encampados por todos para a superação do medo e da segregação.

---

594 É a ideia central da teoria do ponto de vista situado e do conceito do lugar de fala.

> Não quero discriminar, não, porque eu sei o que é ser discriminado. Eu quero ser igual. Quero dar oportunidade ao outro para se libertar. E aí, caro companheiro, quero lhe dizer que essa luta é nossa, porque no momento em que há discriminação, não é simplesmente discriminado por sorte. O terror de quem não gosta do outro está no medo do outro, está no susto que o companheiro pegou aos 3 anos de idade, e que aos 70 continua tendo.

Alceni Guerra tentou responder que já havia sofrido segregação, pois era descendente de italianos e, como havia nascido durante a guerra, a polícia de Getúlio Vargas verificava se nas escolas as crianças escreviam italiano ou português, o que lhes dava medo. Afirmou que estava satisfeito por ter fomentado o debate e iria propor os princípios da isonomia sobre os quais Lélia Gonzalez teria falado.

O constituinte José Carlos Saboia, cujas manifestações eram muito bem elaboradas, concordou com as expositoras, buscando ainda contemporizar com o colega Alceni Guerra. Em seguida, perguntou se não era hora de avançar para medidas mais concretas, dividindo as vagas nas escolas públicas e privadas, nas igrejas[595] e no mercado de trabalho proporcionalmente entre brancos e negros. Na sua visão, a nação só seria construída quando a discriminação fosse destruída.

> Quando os negros estão na luta, não é luta específica de um segmento que quer separação, que quer se segmentar. Pelo contrário, só haverá liberdade neste País no dia em que os brancos, a classe dominante deste País, só haverá possibilidade da construção de uma nação – como dizia muito bem a Lélia – no dia em que destruirmos – e isso vai ser uma longa luta, histórica me parece – essa visão preconceituosa, essa visão rançosa que vem do nazismo e que, anterior ao nazismo, no nosso caso, devido a toda história da escravidão neste País.

Apontando para o mesmo sentido desta manifestação, o constituinte Hélio Costa apresentou a ideia, que viria a ser transformada em proposta, da implantação do sistema de cotas nos empregos, baseada na experiência nos Estados Unidos. As empresas precisavam observar a proporcionalidade da população negra local na contratação de seus empregados e isso evitaria que um negro fosse preterido em relação ao branco na disputa por um posto de trabalho[596].

Benedita da Silva informou o recebimento de diversas propostas de entidades e de convenções realizadas pelo movimento negro, que com-

---

595 Não foi possível identificar o motivo para mencionar as igrejas.

596 A promoção de ações afirmativas é uma das formas de se combater a discriminação estrutural.

piladas davam conta dos pontos levantados naquela reunião. Prevenia, no entanto, que havia propostas que deveriam ter a redação ajustada, pois o enfrentamento seria duro e era necessário ter estratégia uma vez que "esses temas são considerados malditos, nós perderíamos todo o tempo e do trabalho que a duras penas construímos até agora".

O constituinte Carlos Alberto Caó, que também integrava a Bancada Negra, disse que a questão do negro não deveria ficar adstrita àquela subcomissão e, por isso, discutiria discriminações e desigualdades sociais nos meios de comunicação de massa também na Subcomissão de Ciência, Tecnologia e Comunicação, na qual era membro titular. Propôs ainda tratar da questão do negro, no Plenário e na Comissão de Sistematização, como política central para a formação de uma democracia política no Brasil, "aquele tipo de prática, de regime de convivência que, embora mantendo as desigualdades no plano econômico, assegura a todo e qualquer cidadão, a todo e qualquer brasileiro, o direito à cidadania, o direito civil".

O relator da Comissão da Ordem Social Almir Gabriel insistiu na necessidade de organização dos movimentos sociais para atuarem fora daquela comissão, onde acreditava que não haveria resistência aos requerimentos. Em outras comissões, todavia, seriam discutidos assuntos que influenciariam muito no resultado final daquele processo constituinte. Entendia, por exemplo, que um ponto essencial era o de inserir a justiça social na ordem econômica, ou que não adiantaria discutir a reforma agrária na subcomissão específica sem atentar para o direito à propriedade estar sendo discutido na Comissão de Direitos e Garantias Individuais. Ressaltou que as pessoas ligadas ao empresariado não estavam espalhadas nas subcomissões, mas concentradas em "subcomissões absolutamente específicas". Assim, para garantir a justiça social seria necessário pesquisar em cada subcomissão qual tema era indispensável de se constar no texto da Ordem Social.

Lauro Lima dos Santos Filho, psicólogo, professor da Associação Ensino Unificado do Distrito Federal, e Conselheiro do Memorial Zumbi, aderiu a muitos dos argumentos expostos anteriormente e deixou como proposta concreta colocar Zumbi dos Palmares, como herói nacional, no Panteão dentro do Congresso Nacional, e a comemoração nacional do dia 20 de novembro como dia nacional da consciência negra.

O presidente da subcomissão Ivo Lech e o constituinte Ruy Nedel falaram de suas experiências pessoais de homem branco: ora atribuindo o racismo a um problema de "formação", que seria a colonização europeia no Rio Grande do Sul; ora, corrigindo a informação de que a imigração europeia tivesse ocorrido após a abolição da escravatura, para exaltar a luta do imigrante europeu na Guerra do Paraguai, ao lado dos lanceiros negros, na defesa da fronteira contra João Manoel Rosas, o que indicaria uma fraternidade nas dores e a possibilidade de avanço dentro de um caminho de paz.

Dada a oportunidade a Lélia Gonzalez para uma breve exposição, ela disse ter percebido a "perda do debate político". Esclareceu que quando falou da imigração ente 1890 e 1930, tratava de uma política de estado para desestabilizar a preponderância da população negra no Brasil, que foi reforçada por Getúlio Vargas com a Lei dos 2/3, o que resultou na diferença social entre negros e descendentes de alemães no Rio Grande do Sul. Ela ressaltou a importância de os representantes do povo brasileiro tomarem conhecimento da história do negro no país, o que não significava nenhuma quebra de solidariedade. Rogou para que não se caísse em discurso aparentemente patriótico e solidário, mas que era um discurso de culpa, nos termos de Freud.

> Nós temos que estar aqui unidos sim; temos que ter a coragem de nos ouvirmos sim e temos que ter, sobretudo, a coragem de ouvir aquele segmento da população brasileira, como o segmento indígena, como o segmento feminino, que sempre foram objeto na história, que nunca foram sujeitos da sua própria fala, que agora se assumem como sujeitos da sua fala, se assumem como sujeitos da sua história. É por isso que nós estamos aqui. Exigimos o respeito que exigem de nós. E a nossa solidariedade ela se dá na crítica, para que possamos crescer todos juntos.

Em seguida, Benedita da Silva e Lélia Gonzalez passaram a apresentar as propostas enviadas pelos movimentos negros. Depois da leitura de alguns trechos sem que houvesse um contraponto, o constituinte Alceni Guerra explicou a razão da ausência de debates: "A primeira é que ninguém está disposto a enfrentar esta **metralhadora giratória** que é a Lélia Gonzalez"[597]. De certa forma, o constituinte Rui Nedel aderiu à manifestação, pois "na questão do enfoque houve falha mútua de entendimento". Retornando a palavra a Alceni Guerra, este elogiou a redação das propostas claras e concisas, para a qual Lélia Gonzalez havia colaborado, encerrando, de certa forma, o enfrentamento dispensado

---

597 Afinal, assertividade não era o que se esperava de uma mulher, ainda que ela fosse uma especialista no assunto e estivessem debatendo em uma audiência pública no meio do processo constituinte.

à expositora convidada. Benedita da Silva abriu a oportunidade para Lélia Gonzalez se manifestar, mas constatou: "A Lélia não quer mais falar. Também, o Alceni deu uma trava no trator [...]".

Algumas falas depois, foi concedida a vez a Natalino C. de Melo, que se qualificou como: "conselheiro do INABRA, fundador do CEAB, e, naturalmente, negro, subversivo, porque, neste País, ou o negro é submisso e subserviente, ou então subversivo", explicando que era subversivo um negro possuir três títulos universitários, pois estaria ocupando o lugar de um branco. Embora combativo, foi um discurso dissonante em relação às falas anteriores de lideranças do movimento negro. Natalino Melo defendia que havia apenas racismo formal, mas não o real, "porque nós não temos raça, daí não se pode praticar o racismo", em clara confusão entre o significado biológico e o socio-político do termo. Em seguida, afirmou: "A mulher branca brasileira é distinguida em todos os países da Europa exatamente pela sua anca negra", o que demonstrava, pelo menos, dois problemas na ótica dos movimentos das mulheres: a essencialização do que seria a mulher branca brasileira a partir da objetificação do seu corpo pelo fenóti-po. Natalino Melo entendia que teria havido discriminação na criação da Comissão da Soberania, dos Direitos e Garantias do Homem e da Mulher e da Subcomissão dos Negros, Populações Indígenas, Pessoas Deficientes e Minorias, em separado, uma vez que o negro não era minoria. Para ele, tratava-se de uma visão colonialista colocar o negro ao lado do homossexual, sobretudo porque "[...] dentro do contexto da raça negra quero que alguém me prove se nos navios negreiros, nos quilombos, nas senzalas, existia a prática do homossexualismo, que desconheço no meio da nossa raça"[598], negação esta que revelava aversão a quem não correspondia à heteronormatividade. Defendeu, por fim, que o racismo deveria ser crime inafiançável e que se refletisse sobre a divisão das comissões.

Benedita da Silva não deixou de responder. Afirmou que a divisão dos temas nas comissões observou a decisão dos partidos políticos e a discussão específica daquela subcomissão considerava todos os seres humanos, homens e mulheres, negros e brancos. Ela argumentou que a sociedade era racista e machista e a vida, um aprendizado a cada

---

598 A abordagem preconceituosa se evidencia no discurso do expositor. O uso do termo homossexualismo, embora tenha relação com a ideia de patologia por causa do sufixo "ismo", era corrente naquela época e não significava necessariamente a expressão de um preconceito.

instante. Apesar de a discriminação aparecer em situações que "causavam perplexidade", Benedita da Silva entendia que era importante que todos os constituintes a discutissem. Ressaltou que cada um tinha uma experiência pessoal, mas como constituinte a experiência era "nossa", no sentido de que era o compromisso com milhares de brasileiros deficientes, negros, homossexuais, enfim, com a minoria. Assim, defendia que era fundamental o espaço para o homossexual naquela subcomissão, pois também constituía a minoria marginalizada, que dava a sua contribuição, sendo explorada e violentada. Refutando a fala de Natalino Melo, ela mostrou que, ao combater um tipo de discriminação, era necessário combater todos os demais.

> Eu conheço negros homossexuais, eu conheço negros deficientes, eu conheço negros de toda a sorte que possa haver neste nosso País. E quando nós estamos tratando dos homossexuais, das minorias, do deficiente, nós estamos tratando da questão racial e, se nós aprofundarmos, historicamente, nas condições em que vivem, hoje, os nossos negros, veremos que é numa condição terrível. [...] Então, é muito importante que nós possamos, também, **levar em conta que deve ser muito difícil, além de ser deficiente, ser negro, ser homossexual, neste País, e usurpados de todos os seus direitos sem poderem exercer plenamente a sua cidadania.** Nós assumimos a responsabilidade, não sozinhos, mas na certeza de termos a sensibilidade da sociedade como um todo, nesse novo aprendizado que não estará escrito na Constituição, mas que valerá, cada um de nós refletirmos para que haja a verdadeira mudança nesta sociedade. E que haja justiça porque, doutra feita, não teremos esta justiça que esperamos.

A história da África e do negro no Brasil e a educação voltaram para o centro dos debates e, arguida, Benedita da Silva respondeu que a história era uma questão que deveria ser discutida em outra etapa, pois seria necessário dar oportunidade aos conhecedores da matéria para que eles pudessem transmitir este conhecimento. De qualquer forma, o conhecimento não seria transmitido sem se assegurar o acesso ao ensino público de 1º, 2º e 3º graus, para igualar as oportunidades entre brancos e negros, estes majoritariamente pobres. Segundo ela, tudo isso não seria captado em artigos de Constituição, se não fosse travada a luta no seio da sociedade. Parece que o receio de Benedita da Silva, para além do desgaste e do enfrentamento para levar adiante as reivindicações, era o de conquistar um direito meramente abstrato, sem consequências materiais na vida social.

Para os homens negros, abarcar a defesa dos direitos dos homossexuais parecia representar um encargo do qual não gostariam de se ocupar, como no caso também de Waldimiro de Souza, Presidente do Centro de Estudos Afro-Brasileiros, que fez uma fala rebuscada, com várias abordagens da questão do negro no Brasil e ao final se posicionou contra a inclusão da pauta da homossexualidade na subcomissão.

> [...] o problema do homossexualismo não é um problema da raça negra, não é um problema da humanidade no seu global, mas um problema setorizado, e que eu respeito. Veja bem! Não pode ser incluído, a meu ver, na humanidade, porque quando se diz homem/mulher já estão incluídos todos os seus problemas; não pensava em se especificar. Na hora em que se especifica, mostra que nossa inteligência diminuiu, encolheu.

Com certa mudança do enfoque da intersecção raça e sexualidade para o de classe e raça, o constituinte José C. Saboia falou sobre o que significava ser negro no Brasil, relacionando a desigualdade social marcada pela diferença racial (ou vice-versa) com os interesses não só da classe dominante brasileira, mas também com os interesses dos países imperialistas na exploração do Brasil ainda colonizado.

> [...] uma mão de obra desvalorizada, ter uma situação, um estatuto de semi-escravo, fortalecer a nossa dependência frente ao imperialismo, a nossa dependência de País colonizado. Só para se ter uma ideia que significa a mão de obra negra neste País, a mão de obra melhor remunerada de São Paulo, a do parque industrial automobilístico, é remunerada hoje, no máximo, na fração de 10% de um operário em igual situação na Europa e nos Estados Unidos. Estou falando do Lula, quando ele era metalúrgico. O operário mais especializado deste País. Agora se você traz isso para o negro, o homem negro, a mulher negra, a mulher doméstica negra, e todos os trabalhadores que vivem na mesma situação no Brasil, que têm o mesmo estatuto social, a mesma posição social dos negros, então a gente vai ver o que significa manter na dependência, fora da escola, com a consciência de colonizado, como é importante isso para esse projeto das classes dominantes deste País.

Benedita da Silva retomou a palavra, combatendo novamente a discriminação praticada por um homem negro contra os homossexuais. Assim como a "metralhadora giratória" Lélia Gonzalez, Benedita da Silva[599] se

---

599 Benedita da Silva voltaria a tratar da homossexualidade na oitava reunião, em 29 de abril, após a exposição de João Antônio de Souza Mascarenhas, representante do Grupo de Liberdade Homossexual Triângulo Rosa do Rio de Janeiro, em uma fala muito bem fundamentada e articulada, a qual deixarei de analisar em razão da delimitação da pesquisa, embora recomende a leitura a quem tiver interesse no tema. Depois disso, defendeu ainda a manutenção da expressão "orientação sexual" no texto do anteprojeto da subcomissão VII-c, durante a votação na 16ª reunião, em 25 de maio de 1987. Com êxito, após muito debate, a única subcomissão que

enxergava como parte de um todo, de forma que não era possível falar de homossexualidade[600] como se não fizesse parte da vida social. De fato, não disse que a luta do homossexual era a mesma luta do negro. Ao contrário, enxergava a discriminação por causa da sexualidade como algo mais complicado: "O homossexual tem que conquistar ainda o negro para ser sensível à sua proposta política, para o reconhecimento do seu direito de poder exercer a sua cidadania". Benedita da Silva compreendia que não era possível lutar contra o racismo sem combater o machismo, que também se manifestava na homofobia, e apenas da libertação de ambos é que haveria a democracia. Ela denunciou que o racismo e o machismo estavam presentes a cada vez que tinha que justificar o porquê de os homossexuais, as minorias, os negros e os indígenas estarem naquela mesma subcomissão, assim como também tinha que justificar o próprio direito de reivindicar demandas destes grupos, como se devesse sempre pedir licença para tanto.

> Temos que lutar contra o racismo, temos que lutar contra esse machismo. Não quero, de maneira nenhuma – e para mim não é o suficiente –, resolver a questão do racismo; tem que se resolver, também, a questão do machismo, porque eu sou mulher negra, eu sou também a maioria dessa população, eu sei o quanto é duro ser discriminada várias vezes, por ser negra, por ser pobre, por ser mulher e, aí, por ser homossexual e outras coisas mais, por ser deficiente. [...] Não é um apelo que faço, mas uma reflexão para nós, a nível de que trabalhemos essa questão racial, que não poderá, de maneira nenhuma, estar isolada da questão do machismo, porque ele é muito forte e vimos aqui as manifestações machistas, desde os Constituintes, até o próprio Plenário nas suas manifestações.

Ruy Nedel, pouco antes do encerramento da reunião, opinou no sentido de que "a visão da grande antropóloga Lélia vai mais a nível de contestação, e esta se presta para a revolução e não para a conquista do voto dentro da Assembleia Nacional Constituinte". Fazer uma crítica quando não havia mais espaço para uma resposta não deixava de ser uma forma de silenciar a expositora que ousou desafiá-lo.

Na 11ª reunião, em 5 de maio, Nair Jane, representante do Movimento dos Trabalhadores Domésticos do Brasil, fez a entrega de documento, que trazia as propostas da categoria para a ANC, que também seria rece-

---

aprovou texto com a expressão "orientação sexual" foi a VII-c, graças à atuação de Benedita da Silva.

600 O termo "homossexualismo" era usual na época da ANC, conforme se conclui dos contextos em que foi mencionado nos debates. Todavia, o caráter patológico do sufixo "ismo" aconselha o uso da palavra homossexualidade.

bido na subcomissão VII-a em seguida, em sua 5ª reunião, realizada no mesmo dia. Nair Jane fez uma fala breve, identificando-se como companheira de todos ali presentes, pois estariam na mesma luta, seguida pela leitura da carta de Nova Iguaçu. As trabalhadoras domésticas não haviam sido convidadas a palestrar, assim como se deu na subcomissão VII-a, mas diferentemente daquela subcomissão, após a entrega do documento pela comitiva à mesa diretora, não houve debates a respeito da condição da trabalhadora doméstica no Brasil, retomando-se de forma imediata os discursos das lideranças indígenas.

5.3.1. ANTEPROJETO DA SUBCOMISSÃO VII-C[601]

O anteprojeto aprovado na subcomissão VII-c refletiu o respeito pelas diferenças e o combate às desigualdades que permearam os debates. No artigo 1º foi acolhida a demanda do movimento indígena no sentido do reconhecimento da sociedade brasileira como pluriétnica. Diversos direitos e garantias para os povos originários foram expressados no capítulo Populações Indígenas.

O capítulo "Direitos e Garantias" se destinava a todos e a todas, indistintamente. A discriminação atentatória aos direitos humanos (conceito mais elástico do que o racismo) se tornaria crime inafiançável e ninguém seria prejudicado ou privilegiado em razão de nascimento, etnia, raça, cor, sexo, trabalho, religião, orientação sexual, convicções políticas ou filosóficas, ser portador de deficiência de qualquer ordem e qualquer particularidade ou condição social. Não havia, no entanto, nenhuma consequência prevista para quem se beneficiasse de discriminação.

O Poder Público teria o dever de promover a igualdade social, econômica e educacional. Isso poderia ocorrer por meio de medidas compensatórias a pessoas ou grupos vítimas de discriminação comprovada ("aquelas voltadas a dar preferência a determinados cidadãos ou grupos de cidadãos, para garantir sua participação igualitária no acesso ao mercado de trabalho, à educação, à saúde e aos demais direitos sociais"), que não constituiriam discriminação ou privilégio. Era o gérmen dos debates que evoluiriam para a formulação de ações afirmativas, como as "cotas".

Neste sentido, caberia ao Estado dentro do sistema de admissão nos estabelecimentos de ensino público, desde a creche até o segundo grau,

---

601 Documento referente à etapa 2 (Subcomissões Temáticas), fase C (Anteprojeto da Subcomissão). Disponível em: https://www.camara.leg.br/internet/constituicao20anos/DocumentosAvulsos/vol-200.pdf. Acesso em: 9 fev. 2020.

adotar uma ação compensatória visando integrar plenamente as crianças carentes, adotar auxílio suplementar para alimentação, transporte e vestuário, caso a simples gratuidade de ensino não permitisse, comprovadamente, que viessem a continuar seu aprendizado. Esta redação foi retirada do capítulo "Negros" para integrar o capítulo geral "Direitos e Garantias".

Seria também crime inafiançável subestimar, estereotipar ou degradar grupos étnicos, raciais ou de cor, ou pessoas pertencentes aos mesmos, por meio de palavras, imagens ou representações, através de quaisquer meios de comunicação. A norma estaria em sintonia com as preocupações externadas nos debates sobre o papel dos meios de comunicação em massa na construção de uma cultura igualitária e sem preconceitos.

A educação deveria dar ênfase à igualdade dos sexos, à luta contra o racismo e todas as formas de discriminação, afirmando as características multiculturais e pluriétnicas do povo brasileiro. O ensino de "História das Populações Negras, Indígenas e demais Etnias que compõem a Nacionalidade Brasileira" se tornaria obrigatório em todos os níveis da educação brasileira. Esperava-se que uma educação igualitária somada à exclusão das discriminações veiculadas nos meios de comunicação tivessem efeito transformador da sociedade.

Este anteprojeto previa ainda que o Brasil não manteria relações diplomáticas nem firmaria tratados, acordos ou convênios com países que desrespeitassem os direitos constantes da "Declaração Universal dos Direitos do Homem", como também não permitiria atividades de empresas desses países em seu território[602].

O capítulo final "Eficácia Constitucional" trazia a previsão expressa da aplicação imediata dos direitos e garantias previstos na Constituição. Previa ainda o dever do juiz de decidir no caso de omissão da lei, de modo a atingir os fins da norma constitucional. Ademais, se a omissão ou inexistência da lei inviabilizasse a eficácia dos direitos e garantias constitucionais, o Supremo Tribunal Federal recomendaria ao poder competente a edição da norma faltante. Por fim, a omissão da autoridade competente seria passível de responsabilização.

---

602 Esta redação foi absorvida no texto constitucional, que adotou a prevalência dos direitos humanos como um dos princípios a reger as relações internacionais – artigo 4º, II.

5.4. COMISSÃO DA ORDEM SOCIAL – VII

A Comissão da Ordem Social representava a expectativa de grande parte da população brasileira. A ela foram destinadas 2.257 proposições da população e da sociedade organizada, o maior número dentre todas comissões temáticas, formando a "mais forte linha reivindicativa" na ANC[603].

A primeira reunião da comissão foi em 1º de abril de 1987 para sua instalação e depois o processo constituinte prosseguiu nas suas três subcomissões. Compunham a mesa diretora: Presidente Edme Tavares (PFL-PR), 1º Vice-Presidente Hélio Costa (PMDB-MG), 2º Vice-Presidente Adylson Motta (PDS-RS), Relator Almir Gabriel (PMDB-PA). Vencida a etapa nas subcomissões, a Comissão VII voltou a se reunir em 25 de maio para receber os anteprojetos das subcomissões.

A professora Maria Leda de Resende Dantas, ouvida na subcomissão VII-b e agora como representante da "área das minorias", explicou que a pessoa apenas era identificada como deficiente, negra, indígena ou homossexual, quando já tinha se retirado dela todo o poder, pois quando ela detinha poder, ela tinha um nome. Ressaltou que não bastava se comover com as minorias, cuja condição era o reflexo de uma "cultura violenta". Seria preciso ir às raízes da violência, da opressão, sem medo, pois "na medida em que o oprimido não aceita em si a opressão, não haverá perigo de que ele seja o opressor de amanhã". Maria Dantas parecia tentar acalmar os constituintes que, de certa forma, estivessem se sentindo ameaçados com a possibilidade de as minorias se fortalecerem demais.

As duas reuniões seguintes versaram sobre o funcionamento dos trabalhos da comissão, de modo que somente na quinta reunião, em 27 de maio, começaram as discussões sobre o anteprojeto da subcomissão VII-a, o que se estendeu até a sexta reunião, em 28 de maio.

Na quinta reunião, um dos temas principais foi a estabilidade[604], amplamente debatido, encontrando resistência maior contra a sua previsão no rol de direitos trabalhistas do que na subcomissão VII-a. O constituinte Adylson Motta levantou o questionamento sobre como seria a estabilidade para a empregada doméstica, cuja atividade teria a peculiaridade

---

603 MICHILES, Carlos *et al*. **Cidadão constituinte**: a saga das emendas populares. Rio de Janeiro: Paz e Terra, 1989, p. 64.

604 A discussão sobre a estabilidade no emprego é uma das principais em toda a ANC e merece um estudo apartado. Embora fosse uma das reivindicações gerais dos movimentos de mulheres, a abordagem será na especificidade do trabalho doméstico e da garantia de emprego da trabalhadora gestante.

de ter lugar dentro dos lares, no âmbito da intimidade. "De um momento em diante, se uma pessoa que não serve à minha maneira de ser e à intimidade da minha família, passa a ser um ato de violência isso, porque está indo até contra o princípio da inviolabilidade do meu lar". Fez questão de frisar que sempre as empregadas em sua casa tiveram suas garantias e nunca pagou menos do que dois salários mínimos, razão pela qual entendia que tinha autoridade para levantar o assunto, pois sempre teve a liberdade de escolher quem trabalhou em sua casa[605]. Esta experiência do constituinte não o ajudou na reflexão sobre o que a prevalência de seu direito à intimidade representava em termos de exclusão de toda uma categoria (aliás, a maior categoria feminina) em relação a um direito tão almejado pela classe trabalhadora: a estabilidade no emprego. Não havia proposta sequer de uma compensação por esta relativização de um direito que se pretendia fosse considerado fundamental.

O mais jovem constituinte Edmilson Valentim foi quem primeiro respondeu, explicando que o contrato de experiência de 90 dias possibilitava avaliar a capacidade, a competência e a conduta não só da empregada doméstica, mas de todo trabalhador, de modo a não prejudicar o instituto da estabilidade. O constituinte Paulo Paim, por sua vez, lembrou a preocupação externada pela representação com mais de 300 trabalhadoras domésticas presentes na reunião da subcomissão VII-a, que consistia basicamente na igualdade de direitos com os demais trabalhadores. Arguiu que, em muitos casos, "a empregada doméstica é usada até mesmo como instrumento sexual, para que os filhos do patrão aprendam a questão do sexo", conforme relatos delas. Apontou ainda para o problema do trabalho em domicílio, contratado por meio de empresas de locação de mão de obra, em outros países[606]. Esta menção é interessante, pois indica que o parlamentar entendia a tendência à expansão de modelos mais precários no mercado de trabalho. Assim, se as empregadas domésticas tivessem menos direitos, elas poderiam ser contratadas como tais, embora desenvolvendo o trabalho

---

605 O constituinte sintetizava um pensamento comum, não obstante fosse contraditório, de que a empregada doméstica era alguém que, embora "fosse da família", deveria ser vista com desconfiança porque estava "dentro da intimidade do lar". E assim justificava um pacote inferior de direitos para a categoria.

606 "Pelo outro lado, eu levanto, para ponderação dos Constituintes, em outros países, há empresas que contratam empregadas domésticas que funcionam nas respectivas casas como uma empresa constituída, e não com aquele serviço de locador, que nós somos contrários; colocam, por exemplo, um metalúrgico dentro de uma empresa, como mão de obra temporária numa forma de dupla exploração".

dito produtivo. O constituinte Geraldo Campos defendeu a estabilidade da empregada doméstica, pois "sabemos que geralmente não são elas que nos vitimam, geralmente são elas que recebem os maiores maus tratos", ressaltando que, além do contrato de experiência, mesmo com a estabilidade ainda era possível a dispensa por justa causa, de modo que "a porta não se fechou e há sempre a possibilidade de que o mau empregado seja despedido".

Na sétima reunião, em 28 de maio, discutiu-se a matéria da subcomissão VII-b. Ao abordar o artigo 13 do anteprojeto, o constituinte José Sabóia perguntou se a subcomissão tinha discutido com relação às pesquisas realizadas por empresas multinacionais sobre a fertilidade da mulher, que tinham as "portas escancaradas" para fazerem "coisas escabrosas", pois "mulheres e coelhas brasileiras têm o mesmo estatuto". Sobre esta proteção jurídica, o constituinte Eduardo Jorge respondeu que o artigo 4º, § 3º do anteprojeto, ao prever a proibição da exploração dos serviços de assistência à saúde de forma direta ou indireta por empresa estrangeira, embora mais genérico, serviria também para esta finalidade, sem prejuízo de uma proposta específica para o caso levantado.

Na oitava reunião, em 1º de junho, o relator da subcomissão VII-c Alceni Guerra iniciou sua explanação apontando para a redação do artigo 2º do anteprojeto, em que constava após a palavra "todos", a expressão "homens e mulheres", o que poderia ser confundido com uma mera redundância, mas que era fruto de longa discussão para assegurar uma reivindicação das mulheres. Em seguida, levantou a polêmica sobre a expressão "orientação sexual", defendendo a sua adequação para "qualificar o homossexual como um indivíduo absolutamente igual aos outros, perante a lei". Os parágrafos 2º, 3º e 4º diziam respeito às solicitações por isonomia levadas a efeito pelas entidades negras. Não houve manifestação contrária ao anteprojeto nesta reunião.

No entanto, nos debates sobre o anteprojeto do relator da Comissão VII na nona reunião, iniciada em 12 de junho, sobreveio a reação. O relator Almir Guerra alterou a expressão "orientação sexual" para "identidade sexual" no seu anteprojeto. O constituinte Salatiel Carvalho propôs uma emenda que modificava a redação do artigo 1º, IV do anteprojeto do relator da Comissão VII, para excluir a expressão "identidade sexual". Utilizou o resultado de uma pesquisa publicada no Jornal do Brasil, segundo a qual 20,8% da população do Rio de Janeiro e de São Paulo são favoráveis aos movimentos homossexuais e 70,1% da população do Rio de Janeiro e de São Paulo são contra esses movimentos. Argumentou que, como pessoa humana, o homossexual já gozaria de proteção constitucional e que a sexualidade seria uma questão de foro íntimo. Externou sua preocupação de que uma garantia constitucional não poderia ser uma porta aberta para o homossexualismo, que seria um "desvio mais complicado do que a prostituição", segundo um "autor americano de sociologia", uma fala discriminatória com argumento de autoridade imperialista. Segundo o raciocínio do constituinte, o homossexualismo afrontava a família, a moral e os bons costumes. A Constituição deveria "refletir, pelo menos, o pensamento da média da sociedade brasileira". Desconhecia o constituinte que a democracia implicava também o respeito pelas diferenças e o pluralismo; a vontade da maioria, respeitadas as minorais.

Benedita da Silva, por sua vez, apresentou emenda para alterar "identidade sexual" para "orientação sexual", retornando à redação proposta pela subcomissão VII-c, pois a questão não se referia à identidade da pessoa, mas a sua escolha "mais aprazível" quanto à sexualidade, o que não a identifica, pois, caso contrário, levaria a uma discriminação. Além disso, "o preconceito leva a que marginalizemos, num determinado momento, segmentos desta sociedade que não tem vez, nem voz, nem representação". Não se tratava de retirar a sexualidade do foro íntimo, estatizando a relação entre homens e mulheres, mas garantir dentro deste direito a questão de orientação sexual, simplesmente como "direito de exercer plenamente a cidadania", garantindo o direito de não ser discriminado por "prática sexual". A proposta de Salatiel Carvalho foi amplamente rejeitada pela comissão; já a de Benedita da Silva foi aprovada.

Logo depois, surgiu a discussão sobre a redação do artigo 2º do anteprojeto do relator, que não contemplava mais expressamente as trabalhadoras domésticas, as trabalhadoras rurais nem as donas de casa. A constituinte Raquel Cândido fez a defesa da inclusão expressa da trabalhadora camponesa, pois "trabalhador rural" no masculino e "quem pega na enxada no sul deste País são, na maioria das vezes, as mulheres"; e da dona de casa, pois não era justo que esta "não tenha um setor previdenciário para tratar especificamente do seu caso e ela está correlacionada também com a famosa fábrica das casamenteiras que mantêm a pensão alimentícia", de forma que a mulher teria amparo caso "abrisse mão" de um casamento. O relator Almir Gabriel defendeu a redação que apresentou, pois a dona de casa não era uma trabalhadora e o uso do plural "trabalhadores" tinha um enfoque jurídico e não discriminatório. Em seguida, foi convencido e declarou:

"Absorvendo uma orientação de uma discussão que tivemos com todas as suas representantes, passamos agora a considerar as donas de casa e a empregada doméstica como categoria profissional. Então, como categoria profissional, elas passam a ser trabalhadoras". Este entendimento tinha o potencial de representar a superação da dicotomia trabalho remunerado/trabalho doméstico, o que seria bem avançado mesmo nos dias atuais, mas não parece ter havido tal compreensão. A questão ficou limitada ao direito à aposentadoria.

A constituinte Wilma Maia pontuou que mais de dez constituintes propuseram que as donas de casa fossem autônomas e, ao contribuir para Previdência Social, pudessem se aposentar. Ressaltou ainda que a necessidade de constar trabalhadores e trabalhadoras seria para evitar os problemas em relação aos direitos da mulher trabalhadora rural. A constituinte Abigail Feitosa aderiu no argumento da diferença da dona de casa autônoma e não trabalhadora. O relator Almir Gabriel respondeu dizendo que "trabalhadores" compreendia a todos, de ambos os sexos, ao que aderiu Mansueto de Lavor.

Submetida à votação, a emenda do constituinte Francisco Kuster que incluiria expressamente os trabalhadores domésticos no artigo 2º, retornando à redação aprovada na subcomissão VII-a, que significaria a igualdade de direitos com os demais trabalhadores, foi rejeitada por unanimidade, resultado este que não parecia compatível com a igualdade jurídica para as trabalhadoras domésticas proclamada na subcomissão.

O constituinte Paulo Paim propôs a inclusão do trecho "e a todos os demais, independente de lei", na redação do artigo 2º, que tratava de direitos dos trabalhadores, o que também significaria reconhecer a igualdade de direitos entre todos os trabalhadores. Houve uma ampla discussão, sobretudo sobre como seria a autoaplicação do direito. A emenda foi rejeitada.

O direito à licença-maternidade teve uma emenda ampliativa no sentido de abranger também "a mãe adotante, nos termos que a lei estabelecer". O relator defendeu a não inclusão do trecho, pois entendia que o texto do seu relatório previa a proteção à maternidade e à paternidade naturais e adotivas, de modo que já estaria contemplada a questão, o que claramente não é plausível, uma vez que o relatório não se transformaria em norma constitucional. Houve bastante confusão nesta votação, que acabou rejeitando a proposta.

Uma emenda inovadora foi proposta pelo constituinte Jofran Frejat: "As mulheres trabalhadoras, que tenham família constituída, com filhos menores de 12 anos, terão o direito de optar por horário especial de 6 horas corridas". O constituinte Cunha Bueno fez o encaminhamento, alegando que a emenda trazia justiça para as "famílias com meninos ou meninas menores de 12 anos e que, muitas vezes, são exatamente essas crianças que mais precisam e mais necessitam da assistência e da presença materna junto ao lar e junto a seus filhos". As mulheres que queriam trabalhar, às vezes por necessidade, para aumentar a renda, "muitas vezes enfrentam horários difíceis de serem cumpridos e deixam ao abandono, o que não gostariam, os seus filhos menores, e principalmente os menores de 12 anos, que precisam do carinho materno e da atenção materna". O constituinte João da Matta adicionou que "a família brasileira ou a mãe brasileira, poderá dedicar-se aos seus filhos e, consequentemente, se formar uma geração dentro da educação própria do lar e, evidentemente, dentro dos conceitos da sociedade brasileira". A constituinte Raquel Cândido saiu em defesa da emenda, pois seria injusto que com tantas mulheres e mães que compunham aquela comissão "não se levantasse a voz de uma mulher em defesa de uma emenda como esta, que partiu de um Deputado Constituinte." A emenda recebeu elogios de outros constituintes, mas foi rejeitada com votos de Benedita da Silva, Maria de Lourdes Abadia, Wilma Maia, Abigail Feitosa, que, embora não tenham se manifestado nos debates, devem ter compreendido os problemas que decorreriam desta proposta: reforço de estereótipos, aumento de discriminação contra a mulher (casada, mãe), dificuldade de inserção e progressão no mercado de trabalho etc.

Por fim, retornou à discussão a estabilidade da empregada doméstica com emenda ofertada pelo constituinte Osvaldo Bender, para quem não deveria haver diferenciação entre trabalhadores domésticos e os demais trabalhadores, de modo que todos recebessem o mesmo tratamento, estáveis ou estáveis com regulamentação. Em contraposição à justificativa do relator, cujo anteprojeto não previa estabilidade para as empregadas domésticas, Osvaldo Bender defendeu que o trabalho doméstico era "tão lucrativo quanto qualquer outro ramo, uma vez que um casal ou uma família que não tiver alguém que faça as coisas em casa, a esposa não pode trabalhar". O relator Almir Gabriel disse que conversou com a representação das trabalhadoras domésticas e que, na visão dela, não seria conveniente colocar a estabilidade para elas, pois praticamente vedaria a possibilidade de conseguir emprego e inviabilizaria o trabalho que vinha sendo feito pela categoria. Embora a argumentação de Osvaldo Bender fosse interessante, alguns fatos chamam a atenção: primeiro, ao que tudo indica, o constituinte não discutiu a proposta com as representantes das trabalhadoras domésticas; segundo, o constituinte não foi defensor da estabilidade na subcomissão VII-a, ao contrário, trabalhou por sua limitação (em detrimento do FGTS) ou por condicioná-la à lei; terceiro, o constituinte, que era empresário, defendeu a tese de que era melhor haver uma indenização contra a rotatividade, a ser depositada no banco; por fim, lutou contra o piso salarial e a proibição da locação de mão de obra. A inclusão das empregadas domésticas na abrangência do direito à estabilidade no emprego representaria uma alteração de postura do constituinte com relação às votações e manifestações anteriores ou a possibilidade de agregar mais uma parcela do quadro de constituintes, que já haviam expressado contrariedade quanto à estabilidade das domésticas, para votar contra a estabilidade de todos? De todo modo, a proposta de estabilidade para a empregada doméstica foi rejeitada.

5.4.1. ANTEPROJETO DA COMISSÃO – VII[607]

Os anteprojetos das subcomissões representaram o ponto alto das conquistas de direitos sociais. A luta, a partir de então, seria mantê-las. Embora a Comissão Social contasse com forte presença de constituintes comprometidos com a classe trabalhadora e com as minorias, a reação conservadora conseguiu um espaço um pouco maior para trabalhar e, assim, algumas vitórias anteriores foram diluídas no texto do anteprojeto da Comissão VII (fase H).

A justificação do anteprojeto se inicia com a declaração: "A Ordem Social é concebida com base no primado do Trabalho". A ordem social se fundamentaria no primado do trabalho em busca da justiça social. Foram preservados os princípios elegidos pela subcomissão VII-a, agregados da vedação de prejuízo ou privilégio em razão de seu nascimento, etnia, raça, cor, sexo, idade, estado civil ou natureza do trabalho, religião, orientação sexual, convicções políticas ou filosóficas, doença, militância sindical, deficiência de qualquer ordem e de qualquer particularidade ou condição social.

No entanto, a primeira redução do texto se deu no artigo 2º, que versava sobre os direitos trabalhistas, em que foram retirados os "domésticos" da redação do *caput*, permanecendo no mais a redação anterior. Não se tra-

---

607 Documento referente à etapa 3 (Comissões Temáticas), fase H (Anteprojeto da Comissão). Disponível em: https://www.camara.leg.br/internet/constituicao20anos/DocumentosAvulsos/vol-187.pdf. Acesso em: 9 fev. 2020.

tava de mero detalhe, mas uma derrota do movimento das trabalhadoras domésticas, cujos direitos voltaram a ser tratados como específicos.

> Artigo 4º São assegurados à categoria dos trabalhadores domésticos, além de outros que visem à melhoria de sua condição social, os direitos previstos nos itens IV, VI, IX, X, XII, XVI, XVIII, XXIX, XXII e XXVI do artigo 2º, bem como a integração à previdência social e aviso prévio de despedida, ou equivalente em dinheiro.
>
> Parágrafo único – É proibido o trabalho doméstico de menores estranhos à família em regime de gratuidade.

De uma situação de igualdade expressa com os demais trabalhadores, a categoria das trabalhadoras domésticas passou a deter um rol mais restrito de direitos, conservando a ideia de que o rol seria exemplificativo, pois foi mantido o trecho "além de outros que visem à melhoria de sua condição social", de modo que ainda seria possível considerar uma situação de **igualdade tácita**, mas também abriria a possibilidade de não isonomia com relação às demais categorias. Ficaram expressamente previstos os seguintes direitos:

> IV – salário mínimo fixado em lei, nacionalmente unificado, capaz de satisfazer efetivamente às suas necessidades normais e às de sua família com moradia, alimentação, educação, saúde, lazer, vestuário, higiene, transporte e previdência social;
>
> VI – irredutibilidade do salário ou vencimento;
>
> IX – gratificação natalina, com base na remuneração integral de dezembro de cada ano;
>
> X – salário de trabalho noturno superior ao diurno, na forma do § 6º deste artigo;
>
> XII – salário-família aos dependentes dos trabalhadores de baixa renda, na forma do § 5º deste artigo;
>
> XVI – repouso semanal remunerado, de preferência aos domingos, e nos feriados civis e religiosos de acordo com a tradição local;
>
> XVIII – gozo de 30 (trinta) dias de férias anuais, com remuneração em dobro;
>
> XXIX – garantia de permanência no emprego aos trabalhadores acidentados no trabalho ou portadores de doenças profissionais, nos casos definidos em lei, sem prejuízo da remuneração antes recebida;
>
> XXII – proibição de qualquer trabalho a menor de 14 (quatorze) anos e de trabalho noturno ou insalubre aos menores de 18 (dezoito) anos;
>
> XXVI – aposentadoria, no caso de trabalhador rural, nas condições de redução previstas no artigo 64.

Observa-se que, na redação dos incisos atribuídos às trabalhadoras domésticas, houve uma redução dos avanços conquistados na subcomissão VII-a, a exemplo do repouso semanal remunerado[608] e do trabalho noturno[609]. Além disso, as trabalhadoras domésticas deixaram de ter expressamente previsto o direito à estabilidade, reajuste salarial, jornada de oito horas, licença-maternidade, FGTS, seguro desemprego etc. O que aconteceu com as trabalhadoras domésticas foi bastante representativo do percurso dos direitos sociais em geral que se desenharia no processo constituinte: o clamor social e a participação dos movimentos sociais nas subcomissões somados à composição de cada subcomissão com constituintes que se interessavam pelos assuntos nela discutidos levaram a textos bastante avançados, contemplando de forma ampla e profunda os anseios populares. Submetidos tais textos a grupos mais heterogêneos, as conquistas mais profundas foram fortemente atacadas e, com o decorrer da ANC, foram perdendo forças, de modo que muitas delas não constaram do texto final da Constituição de 1988, como, por exemplo, a estabilidade, o limite de 40 horas semanais, a igualdade jurídica para as trabalhadoras domésticas e a proibição da locação de mão de obra. Alguns direitos foram reduzidos, outros foram extirpados e, sobre estes, o silêncio no texto final pode dar a impressão de ausência de demandas, de debates ou de lutas, como foi o caso da terceirização. Alguns silêncios foram apenas temporários, como a jornada de trabalho para as trabalhadoras domésticas, que continuou em pauta até o advento da PEC das domésticas, que elevou o patamar de direitos da categoria, mas ainda sem reconhecer a plena igualdade de direitos com os demais trabalhadores.

As trabalhadoras (e grande parte da população) queriam muito mais do que foi constitucionalizado, que passou a ser o patamar mínimo civilizatório e, por isso, as conquistas na Constituição Federal não poderiam nem deveriam ser reduzidas. Pelo mesmo motivo, não se pode perder de vista que ainda é possível e necessário mais!

---

608 No texto do anteprojeto da Subcomissão VII-a, o repouso remunerado incluía os sábados, além dos domingos e dos feriados, e se necessário o trabalho no repouso, ele seria remunerado em dobro com a garantia de repouso em um fim de semana por mês.

609 No texto do anteprojeto da Subcomissão VII-a, o trabalho seria considerado noturno no período entre 18h e 6h, remunerado com adicional de 50% e hora reduzida de 45 minutos.

6. CONSIDERAÇÕES FINAIS

O objetivo desta pesquisa foi demonstrar a participação das trabalhadoras no processo constituinte que culminou na Constituição Federal de 1988, no que tange à conformação dos direitos sociais. O pano de fundo é o longo processo de luta por direitos e a distribuição desigual dos direitos gradativamente conquistados, considerando a interseccionalidade de classe, gênero e raça. O desafio estava nos vários níveis de invisibilização a serem removidos para este intento. A positivação no texto constitucional das matérias aprovadas tende a eclipsar as lutas travadas para que estas demandas se efetivassem, além de apagar as reivindicações não contempladas. Ademais, o direito e a história, produzidos por pessoas marcadas por sua posição social, sexualidade e etnia, tendem a assumir o ponto de vista do sujeito universal, que é masculino, branco, formalmente instruído, pertencente a estratos sociais mais abastados, coincidindo com o grupo dominante. Para enxergar além deste sujeito, pretensamente neutro e universal, foram mobilizadas as ferramentas teóricas apresentadas no Capítulo 1, de modo a expandir a subjetividade jurídica para alcançar todos os seres humanos, acessando a zona do "não ser".

A amefricanidade é a lente que nos possibilita revelar o papel de grupos marginalizados pelo colonialismo (povos ameríndios e amefricanos), considerando suas experiências, demandas e resistências como contribuições importantes para a formação da sociedade brasileira (e latino-americana). A decolonialidade é a oposição à persistência dos padrões coloniais organizativos da sociedade e do Estado, fortemente hierarquizados pelos critérios raça e gênero, partindo de uma outra perspectiva epistêmica: a de colonizada/os, subalternizada/os e desumanizada/os. A interseccionalidade nos auxilia a não incorrer no erro de considerar os eixos de opressão isoladamente, mas, ao contrário, enfrentar as diferenças hierarquizantes de classe, gênero e raça conjuntamente, superando a lógica binária (do capitalismo, do patriarcado e do colonialismo) para acessar o "não lugar" do acidente interseccional, onde se situa a mulher negra. O diálogo entre estas três ferramentas teóricas dá o tom da pesquisa.

Pensar os direitos sociais, em especial o direito do trabalho, com estas lentes é relevar, por exemplo, que grande parte da população brasileira tinha negada a sua subjetividade jurídica até o final do século XIX; que, a partir de então, este grupo, ao integrar o mercado de trabalho assalariado, foi admitido preponderantemente nas posições mais precárias do trabalho doméstico e do trabalho rural; que a família tradicional e o casamento significaram por muito tempo uma *capitis diminutio* para as mulheres casadas; que a titularidade da propriedade rural só passou a ser reconhecida para a trabalhadora camponesa na Constituição Federal de 1988; que apenas em 2013 a trabalhadora doméstica passou a ter limite de horas de trabalho.

A partir destas lentes, a história dos direitos enunciados na legislação nacional é revisitada, com destaque para a questão da igualdade jurídica e a variação de sua amplitude. A sociabilidade brasileira assumiu a forte hierarquização decorrente da colonização e a abolição da escravatura e a independência do Brasil não alteraram a rígida estratificação social. A exclusão de todas as mulheres e de homens sem posses da esfera política, pelo voto censitário, revelava a desigualdade legitimada pelo direito no Brasil Império, com pouca alteração na República Velha. A regulação da vida cotidiana observou esta assimetria: o Código Civil de 1916 subordinava juridicamente a mulher casada, a fim de assegurar a supremacia do homem na direção da família. A questão de classe também se revelava, uma vez que o casamento e o controle sobre a mulher casada tinham relação com a transmissão da propriedade dos bens a herdeiros, ou seja, eram concebidos para atender quem tinha patrimônio. Além disso, as mulheres das classes baixas não eram atingidas por esta subjugação jurídica porque o casamento era um procedimento caro demais para elas e seus companheiros. Consequentemente, de um lado, elas gozavam de certa liberdade; de outro, sofriam a precariedade da condição de vida, que as expunha à violência e exploração sexuais.

A demanda por força de trabalho na industrialização urbana, combinada com a política estatal de branqueamento, foi suprida com a imigração europeia e com a admissão de mulheres e crianças no mercado de trabalho no início do século XX. As mulheres trabalhadoras tiveram importante participação nas greves no período, às quais elas tinham muitos motivos para aderir. As mulheres tinham salário inferior, trabalhavam em piores condições e por mais horas, e ainda eram submetidas a abusos sexuais. A luta por igualdade de direitos apareceu no panorama das trabalhadoras, que questionavam por que trabalhavam por mais horas do que os homens, se eles eram o sexo forte.

Com a formação da classe operária, ganhou força o movimento eugenista. A imigração de africanos e japoneses foi indiretamente limitada na Constituição de 1934, sob o argumento de "restrições necessárias à garantia da integração étnica", mantendo a imigração europeia intacta. A proteção do trabalho da mulher e a proibição do trabalho infantil também tinham a finalidade do aprimoramento racial – a aproximação do ideal do homem branco europeu, que deteria o padrão de melhor saúde, de maior beleza e de maior competência intelectual em comparação com as demais "raças". O papel social das mulheres, aos olhos dos eugenistas, era a reprodução humana e, por isso, seus corpos deveriam ser protegidos, diga-se, controlados, como no caso do tratamento dispensado pelo governo Vargas à prática de esportes pelas mulheres. O Estado e o direito pareciam adotar duas posturas paralelas com relação à divisão sexual do trabalho, a despeito da igualdade jurídica entre os sexos reconhecida nas Constituições a partir de 1934: de um lado, reforçavam a ideia da manutenção do lar e da criação da prole como incumbências naturais e exclusivas da mulher; de outro, o trabalho assalariado da mulher deveria ter restrições com o fim de protegê-la física e moralmente. Todavia, o estereótipo da feminilidade ligado à maternidade e ao trabalho doméstico gratuito, combinado com a condição desvantajosa de inserção da mulher no mercado de trabalho, inclusive com salários legalmente reduzidos em 1940, não conduziu a mulher trabalhadora diretamente de volta para o ambiente do lar. No caso de salário insuficiente do homem da casa, o que restava à mulher trabalhadora era a difícil (in)conciliação da dupla jornada de trabalho.

A ausência de regulação do trabalho da mulher significava uma exploração maior das trabalhadoras nas fábricas, que se submetiam a jornadas muito superiores às dos homens no processo de industrialização. Assim, as normas de proteção do trabalho da mulher, que versavam sobre horário e condições de trabalho, não eram refutadas pelas trabalhadoras inicialmente. No entanto, não tardou para elas entenderem que as normas de proteção efetivamente protegeriam se fossem exigíveis para todas e todos trabalhadores. Caso contrário, em regra, as normas de proteção constituiriam apenas motivo para discriminação em seu desfavor.

As normas legais que passaram a regular as relações de trabalho não surgiram para promover a igualdade entre homens e mulheres. A igualdade salarial expressa, aliás, foi bastante disputada: demorou para ser positivada (1934), em seguida foi suprimida do ordenamento jurídico (1937) para só depois ser novamente prevista (1946). As normas de proteção do trabalho da mulher, por sua vez, têm efeito questionável, pois muitas delas visam proteger a maternidade, como se esta fosse apenas de interesse particular de cada mulher, e não da família ou da sociedade. Além disso, a ideia de proteção do trabalho da mulher pressupõe a) o argumento biológico de capacidade física inferior ("sexo frágil"), o que nas relações de trabalho tem servido para justificar menores salário; b) o argumento de prioridade da família, pois a mulher teria que ser autorizada pelo marido para trabalhar; ou ainda c) o argumento de salvaguarda moral, devendo a trabalhadora apresentar atestado de bons antecedentes e atestado de capacidade física e mental para se ativar no trabalho noturno.

A divisão sexual do trabalho norteava a regulação do trabalho doméstico assalariado, assim como a divisão racial do trabalho, a do trabalho rural. Ambas as categorias profissionais foram expressamente excluídas da CLT em 1943, que surgiu em resposta ao movimento operário, mas que assumiu a versão de concessão estatal de direitos. O pacote de direitos previstos na CLT passou a ser o horizonte de reivindicações da parcela excluída da classe trabalhadora e o sonho de sua concretização para as e os trabalhadores urbanos.

O trabalho doméstico assalariado, apesar da convergência da tripla opressão de classe, gênero e raça, tinha tratamento jurídico de contrato civil desde 1886, o que não contemplava a questão da desigualdade material entre trabalhadora doméstica e empregador/a.

A divisão sexual do trabalho fica evidenciada no trabalho doméstico, remunerado ou gratuito, pois se trata de atividade transformadora e teleológica da natureza, de modo que ontologicamente não se diferencia de outros trabalhos. Todavia, por reunir tarefas atribuídas à esfera feminina, o valor social atribuído ao trabalho doméstico é hierarquicamente inferior ao de outros trabalhos, o que lhe reserva duas realidades: a invisibilidade – no caso do trabalho doméstico gratuito, pois associado ao âmbito dos afetos – ou um tratamento de grande precariedade – no caso do trabalho doméstico (mal) remunerado.

O trabalho rural, além de se manter por muito tempo em condições arcaicas, se revelava ainda mais problemático para as mulheres. O gênero no trabalho na agricultura de subsistência se apresentava de forma ainda mais gravosa, pois, muitas vezes, a trabalhadora rural sequer era considerada como assalariada, pois o fruto de seu trabalho se confundia com o de sua família e apenas o homem, chefe da família, era remunerado. Além disso, a recusa dos sindicatos em filiar as trabalhadoras camponesas, negando-lhe acesso à assistência e à previdência social, e a não titulação das terras em nome de mulheres demonstravam a forte discriminação exercida contra elas no campo.

Quanto ao trabalho urbano, a CLT, sob a forma de decreto-lei editado em 1943, não apenas consolidou leis esparsas, mas também criou normas. Sobre o trabalho da mulher, foram várias inovações discriminatórias como expressão do patriarcalismo, dentre as quais cito: a possibilidade de prorrogação de jornada ("horas extras") para a trabalhadora, *desde que autorizada por atestado médico*; a proibição do trabalho noturno feminino, salvo algumas exceções, em que a remuneração do trabalho noturno seria superior à do diurno e sob a condição de apresentação de *atestado de bons antecedentes*, fornecido por autoridade competente e de *atestado de capacidade física e mental*, por médico oficial (não havia regras equivalentes para o trabalho noturno masculino); a ampliação do período de descanso no caso de maternidade para seis semanas antes e seis depois do parto. A proibição do trabalho feminino e de menores de 18 anos em condições insalubres ou perigosas remanescia. A ambiguidade do art. 461 da CLT não passou despercebida e teve impactos na desigualdade salarial entre homens e mulheres, criando diferenças dentro da mesma categoria profissional, sem que houvesse correspondência no grau de complexidade das atribuições de cada nível hierárquico.

Novos horizontes de lutas das mulheres se apresentaram a partir de 1945: pelo fortalecimento da democracia, pela anistia dos presos políticos, contra a carestia. Na Constituição de 1946, retornou ao texto a proibição expressa da diferença salarial sexista, subtraída do texto constitucional em 1937. As mulheres se mobilizaram em torno da questão do trabalho, denunciando a discriminação e o descumprimento da legislação, e de outras questões concretas. Diversas associações de mulheres foram criadas no período pós-1945. Além disso, o movimento feminista retomou seu caráter internacional, antes sufocado pelo Estado Novo. Em 1956, foi realizada a Conferência Nacional de Trabalhadoras no Rio de Janeiro, em preparação para a Conferência Mundial das Trabalhadoras que seria realizada em junho do mesmo ano, em Budapeste. Como resultado das discussões foi elaborada uma pauta de reivindicações, divulgada pelo Jornal Movimento Feminino, como por exemplo: igualdade salarial, liberdade sindical, proteção à maternidade, creches e casas maternais, extensão dos direitos trabalhistas às trabalhadoras do campo, associação profissional para as trabalhadoras domésticas e departamentos femininos nos sindicatos.

No entanto, as principais associações de mulheres tiveram o funcionamento suspenso no governo democrático de Juscelino Kubitschek. No curto governo de João Goulart, foi promulgado o chamado Estatuto da Mulher Casada, fruto de mais de 10 anos de engajamento do movimento de mulheres no Congresso Nacional, e foi ratificada a Convenção sobre os Direitos Políticos da Mulher da ONU. Foram reduzidas as desigualdades jurídicas em razão do sexo, mas não totalmente suprimidas. No seio da tradicional família brasileira, os homens permaneciam juridicamente como chefes da família, a quem cabia o pátrio poder e a administração dos bens comuns; às mulheres cabia colaborar com os homens. No cenário jurídico-político, estava garantida pela Convenção ratificada a igualdade de condições de votar e de elegibilidade entre homens e mulheres, além do direito de ocupar postos públicos e exercer funções públicas.

A sociedade civil experimentou por curto tempo as liberdades de organização e associação. Estas liberdades somadas às propostas de reformas de base se chocavam com os interesses da elite, que reagiu com discurso conservador, exaltando a família tradicional e a religião e retomando a propaganda da "ameaça comunista". A polarização das posições políticas evidenciada nestes dois eventos – Comício na Central do Brasil e Marcha da Família com Deus pela Liberdade – foi o cenário que antecedeu a longa ditadura militar. O acirramento da tensão entre as posições político-ideológicas na sociedade brasileira foi um fator essencial para a deposição do Presidente João Goulart. No jogo de forças, a grande imprensa se mostrou a favor do golpe militar, o que pode ser conferido nas publicações da época. Da mesma maneira, instituições como OAB e CNBB e estratos da sociedade apoiaram o golpe de 64, ainda que posteriormente tenham lutado contra a ditadura militar.

A forma jurídica foi a opção do regime militar para conferir um ar de legitimidade à ruptura democrática, com intensa fixação pela formalidade legal. A resposta para a polarização da sociedade foi a dura repressão contra um dos lados, inicialmente em desrespeito a direitos fundamentais constitucionalizados. Progressivamente, os direitos fundamentais e seus instrumentos foram relativizados na própria forma jurídica pelos atos institucionais até serem extirpados, como o *habeas corpus*, enquanto as instituições também se enfraqueceram, com a submissão dos Poderes Legislativo e Judiciário ao Executivo e seu aparato repressor. Este quadro propiciou uma brutal perseguição a oponentes do regime, desde os integrantes de partidos de esquerda até qualquer pessoa que manifestasse discordância com o então estado das coisas.

A Operação Limpeza atingiu não só a classe política, a magistratura nacional e funcionários públicos civis e militares, mas também os sindicatos. Muitos sindicatos foram fechados ou sofreram intervenção e vários dirigentes foram destituídos. Grande parte disso tudo foi possível com a aplicação rigorosa da CLT, que, criada em pleno Estado Novo, desenhou a estrutura sindical passível de controle estatal. O direito posto já legitimava a ausência de liberdade sindical e não houve necessidade de alteração legislativa. Já o controle jurídico do fato social da greve foi uma das primeiras providências do regime militar com a promulgação da Lei n. 4.330, de 1º de junho de 1964, que praticamente tornou regra a ilegalidade da greve. A política de arrocho salarial foi contemporânea ao recrudescimento da repressão à classe trabalhadora. Por força da Lei n. 4.725/1965, a Justiça do Trabalho teve sua atuação restringida, passando apenas a aplicar os índices oficiais do governo para calcular os reajustes salariais em dissídios coletivos. Não foram encontrados registros de insurgência da classe trabalhadora contra as leis que previam a redução de salários sem negociação coletiva mediante decisão judicial e o surgimento da "opção" pelo FGTS, em detrimento da estabilidade decenal.

Os três pilares do direito coletivo do trabalho foram gradativamente atingidos: a estrutura sindical (com a perseguição de lideranças e a nomeação de interventores), a restrição do poder normativo da Justiça do Trabalho e a criminalização da greve a partir de 1969. Ao asfixiar as formas de defesa coletiva de interesses da classe trabalhadora, garantiu-se a acumulação acelerada de capital, sobretudo para as grandes empresas transnacionais, com a compressão dos salários dos trabalhadores em geral e sem a possibilidade de resistência destes. O modelo de crescimento econômico que se implementou no país, baseado em arrocho salarial, desigualdade social, concentração de renda e submissão ao capital estrangeiro, somente poderia ser viabilizado com a ausência da democracia e o desrespeito a direitos fundamentais.

Neste cenário, os papéis de gênero se reforçaram e o controle sobre o corpo feminino foi assunto de Estado, que delimitou novamente a linha que segregava o esporte feminino brasileiro, privando as mulheres de praticar o futebol, dentre outras modalidades esportivas. Este tipo de intervenção geralmente tem se justificado a partir da questão da reprodução humana, assumida como questão de Estado, sobre a qual a maior interessada (a própria mulher, dona daquele corpo potencialmente materno) pouco, ou nada, pode decidir. Há uma certa sincronia entre a ausência de democracia, o desrespeito a direitos civis e políticos, a retirada de direitos sociais e um maior controle estatal sobre os corpos.

A instituição de censura prévia na imprensa, a criminalização do "antagonismo" ao regime por meio de tipos penais abertos, a sobreposição do Poder Executivo e o afastamento da apreciação judicial sobre atos do Estado são apenas exemplos de como a forma jurídica pode ser instrumento para a negação de direitos fundamentais. A grande produção legislativa do período da ditadura militar contribuiu para a construção de uma narrativa legitimadora das práticas autoritárias. De um lado, era importante para a ditadura militar passar uma imagem de normalidade institucional no cenário internacional. De outro, a própria ausência de legitimidade do governo demandava a legalidade para embasar seu poder, como um aparelhamento jurídico da coerção, confundindo medidas de força com as leis, de modo a suprir a ausência de autoridade fundada no consentimento.

Os movimentos sociais e as manifestações de oposição ao regime foram silenciados após o AI-5 e a então nova Lei de Segurança Nacional. Este silêncio não significava a ausência de conflitos, mas apenas um reflexo da "cultura do medo". Enquanto apenas a classe trabalhadora sofria os efeitos da carestia e do aumento da concentração de renda, as forças contestadoras ficaram relativamente contidas com a forte repressão e a publicidade oficial do "milagre econômico". O regime militar buscou a legitimação do poder não só na legalidade autoritária, mas também nos bons resultados econômicos. Os números positivos, porém, começaram a minguar em meados de 1973, com a redução do índice de crescimento econômico, a alta da taxa de inflação e a crescente dívida externa. A classe média percebeu que o "bolo havia parado de crescer" e a opinião pública passou a se incomodar com a violência repressiva e as denúncias de violação de direitos humanos, que, apesar da censura prévia, chegava a ser noticiada nos meios de comunicação. A crise econômica que fragilizava a legitimação da ditadura militar e a própria insustentabilidade de um poder autoritário, que não deixava de carregar suas contradições internas e no bojo da sociedade, tornaram imperioso o processo de "distensão lenta, gradual e segura" e sempre (violentamente) controlado.

Em meio à forte repressão do governo Médici e ao processo de liberalização política do governo Geisel, as mulheres buscaram os meios possíveis de atuação coletiva, seja nos grupos de reflexão, seja nos clubes de mães. Para fins desta pesquisa, foram selecionados os movimentos de mulheres contra a carestia e pela anistia, pois ambos tiveram grande repercussão nacional e influenciaram a mobilização pelo retorno da democracia. Sobre a atuação das mulheres dentro dos sindicatos, foram escolhidas as seguintes categorias: metalúrgicas de São Bernardo do Campo/SP, bancárias de São Paulo/SP, domésticas de Campinas/SP e rurais de Sertão Central/PE – estas duas últimas dizem respeito ao início de mobilizações de âmbito nacional. Estas categorias representam os três setores da economia – primário, secundário e terciário –, acrescidos do trabalho doméstico, que, desvinculado de finalidade lucrativa, é notoriamente ocupado por mulheres, dentre as quais se destacam as mulheres negras pobres. O movimento feminista dos anos 1970 foi o principal articulador da atuação das mulheres na ANC e os movimentos negro e de mulheres negras enriqueceram as discussões e as demandas, de modo a tornar aquilo que seria bastante avançado (pauta feminista), extensivo à grande parte da população brasileira.

Na esfera coletiva, as lutas gerais contra a carestia (Movimento contra o Custo de Vida) e a favor da anistia (Movimento Feminino pela Anistia) foram protagonizadas pelas mulheres. As primeiras reivindicações comunitárias correspondiam às necessidades nos bairros da periferia – tais como escola, creche, ponto de ônibus, posto de saúde –, que posteriormente se unificaram no movimento contra a carestia de abrangência nacional. Já as demandas de informações e libertação de parentes presos levadas a efeito pelas próprias famílias foram agregadas ao clamor por liberdade de pensamento e expressão e contra a violência do aparato repressivo, dando início ao movimento nacional pela anistia, prenúncio do movimento pela redemocratização e pelas Diretas Já.

Dentro dos sindicatos dos metalúrgicos na região do ABC paulista, as trabalhadoras buscaram participar dos debates, trazendo suas reivindicações para a pauta, ainda que os companheiros não desistissem de estar à frente das discussões, até mesmo falando por elas, como no caso do trabalho noturno feminino. As trabalhadoras metalúrgicas reivindicavam melhorias nas condições de trabalho (incluindo higiene e saúde) e nos transportes; denunciavam punições frequentes, aumento do ritmo do trabalho, imposição de horas extras e preconceito racial; denunciavam também problemas "femininos", como: desigualdade salarial entre homens e mulheres, controle para o uso dos banheiros, discriminação contra mulheres gestantes e casadas, assédio moral e sexual; pleiteavam creches e berçários nas fábricas, direito de amamentar no trabalho, restaurantes coletivos, estabilidade para mulher casada e gestante e criação de departamento feminino nos sindicatos. O movimento sindical e a imprensa feminista, naquela época, se posicionaram contra a revogação da proibição do trabalho noturno para mulheres, embora isso tenha se dado por motivos diferentes. Para os sindicalistas, prevalecia a questão de gênero, de modo que a mulher deveria estar em casa no período noturno para cuidar do marido e de filhos. Para as feministas, o trabalho noturno deveria ser extirpado tanto para homens quanto para mulheres.

A desigualdade salarial remanescia no espaço criado pela ambiguidade da equiparação salarial regulada pela CLT. A valorização de qualidades "masculinas" (força) em detrimento de qualidades "femininas" (destreza, precisão, habilidade, rapidez), independentemente da produtividade, tentava justificar a falta de isonomia. Para manter as desigualdades de salário sem contestação por parte das trabalhadoras, o controle e a disciplina precisavam articular subordinação operária ao capital com subordinação sexista da mulher, de modo que a produção se estruturava sobre a base de uma divisão sexual e social do trabalho que atinge os salários, as promoções, a qualificação, a escala de funções e as formas de controle da força de trabalho, que incluíam o assédio moral e sexual.

As trabalhadoras bancárias também demandavam por creche, estabilidade da gestante, igualdade salarial e maior participação feminina em todas as entidades. Para a progressão na carreira, exigiram a realização de concursos internos com critérios objetivos como forma de romper o teto de vidro. É interessante a pauta referente ao planejamento familiar: que era direito do casal, cabendo ao Estado garantir a informação e o acesso aos métodos contraceptivos acompanhados de assistência médica gratuita, mas não o controle da natalidade. Por mais que a garantia de emprego da gestante constasse nas convenções coletivas da categoria, na materialidade das relações sociais, o que as bancárias gestantes vivenciavam no período de 1970-1985 era discriminação e assédio. As bancárias reivindicavam ainda o incentivo para a participação das mulheres em todas as entidades. Criticaram a objetificação da mulher bancária, com a "boa aparência" como critério para ocupar cargo de gerência, quando este deixou de ser um cargo de poder para ser apenas "propaganda para captar clientes".

As trabalhadoras domésticas voltaram a se organizar, desta vez com mais força, e realizaram encontros nacionais a partir de 1968. Elas deram continuidade à luta pelo reconhecimento da categoria profissional e do respectivo sindicato e pela isonomia de direitos trabalhistas: limitação de jornada, salário mínimo, 13º salário, descanso semanal remunerado e direito de ação perante a Justiça do Trabalho, dentre outros. Problematizaram também o mascaramento da relação de trabalho com a suposta relação de afeto ("como se fosse da família"), o que confundia e iludia as trabalhadoras de modo a desencorajá-las a exigir seus direitos. Elas se preocupavam com o trabalho doméstico para mulheres com menos de 18 anos, dada sua vulnerabilidade à violência moral e sexual. As trabalhadoras domésticas correlacionavam a condição de seu trabalho às questões de gênero e raça e queriam lutar ao lado de toda a classe trabalhadora. Elas articularam forças dos movimentos sindical, feminista e negro, naquilo que Joaze Bernardino-Campos nomeou de interseccionalidade emancipadora.

Ao desconsiderar a condição de trabalhadoras das mulheres rurais, qualificando-as como meras dependentes, os sindicatos buscavam justificar a exclusão das camponesas do quadro de filiadas. Como os sindicatos eram a principal fonte de assistência no meio rural, as mulheres ficavam em grande desvantagem em relação aos homens, o que acontecia também com relação à aposentadoria, pois apenas uma pessoa por família se qualificava para receber tal benefício. As trabalhadoras rurais se mobilizaram nacionalmente e pleiteavam o reconhecimento de sua condição de trabalhadora, a extensão dos direitos previdenciários e o direito à posse e propriedade da terra, em igualdade de condições com os homens.

O movimento feminista brasileiro contou com o apoio da ONU em 1975. A superação da dicotomia público *versus* privado, o questionamento da divisão sexual do trabalho e do papel tradicional da mulher na família e na sociedade, a violência contra a mulher, a desigualdade jurídica foram bandeiras específicas conciliadas com a luta pelas liberdades democráticas, pois no Brasil da década de 1970 todo espaço de expressão era necessariamente preenchido pela luta pró-democracia, pelo fim da censura e da repressão e pela anistia aos presos políticos e exilados. Diversas entidades foram criadas e importantes encontros (e desencontros) ocorreram no período. As feministas tinham uma extensa pauta de reivindicações. Muitas delas diziam respeito à mulher no mercado de trabalho e coincidiam com os anseios das trabalhadoras (creches, aperfeiçoamento profissional etc.). Preocupavam-se também com a discriminação no trabalho exercida contra a trabalhadora casada, mãe ou gestante e contra a trabalhadora negra. Outra vertente de pretensões dizia respeito à condição da mulher na sociedade brasileira e ao corpo feminino, como: a representatividade das mulheres nos espaços públicos e de poder; o combate contra a discriminação e a violência contra a mulher, seja por campanhas de conscientização veiculadas pelos meios de comunicação, seja pela educação sexual e não sexista nas escolas; o direito sobre o corpo da mulher, com a promoção do debate sobre métodos anticoncepcionais e o aborto, além do repúdio às formas de controle de natalidade estatal.

É necessário reconhecer o lugar de privilégio das mulheres brancas, que foram liberadas do trabalho doméstico desenvolvido por mulheres negras, a partir do qual tiveram mais vantagens em termos de acesso à educação e ao mercado de trabalho. Além disso, o conceito universalizante da mulher, baseado na mulher branca de classe média, invisibilizava a mulher negra e suas demandas. Estes problemas não são apenas teóricos, mas também de ordem prática, pois influenciavam a atuação do movimento. Ademais, havia questões tão estruturais que não bastavam aparecer como pautas específicas, como no caso de discriminação racial, que deveria ser uma luta de todas e todos.

Em duas direções, as mulheres negras agregaram o enfrentamento da questão racial às lutas das feministas e o da questão da mulher às lutas antirracistas. A interseccionalidade, antes de ser um conceito, é uma experiência pela qual as mulheres negras se forjam na vida cotidiana e dentro dos movimentos negro e feminista. A pauta resultante desta imbricação de opressões aglutinava questões estruturais sobre o trabalho doméstico, o direito de moradia, o acesso à educação e à saúde públicas, ao lado de questões como a violência policial contra a população negra e a valorização da cultura amefricana. Além disso, a discriminação contra a mulher negra é denunciada pela desigualdade de oportunidades quando se anuncia vaga de emprego para mulher com "boa aparência", assim como pelos reflexos dos estereótipos.

Na política partidária, as mulheres voltaram a ter representação no Congresso Nacional em 1974, quando elegeu-se a deputada federal Lygia Maria Lessa Bastos (ARENA/RJ). Embora fosse a única mulher parlamentar, ela teve papel essencial na CPMI da mulher. Ela problematizou a dupla jornada de trabalho das mulheres e a ineficiência do Estado em prover serviços públicos de qualidade, o que tornava um peso desproporcional liberar o trabalho noturno para as mulheres; defendeu a aposentadoria com tempo de serviço inferior para as mulheres, em compensação ao trabalho doméstico e cuidado desenvolvidos gratuitamente e, portanto, sem recolhimento previdenciário; apontou o conflito aparente de normas a respeito da autorização para o trabalho da mulher casada, pois houve a revogação expressa no Código Civil, mas não na CLT; defendeu a igualdade jurídica para as trabalhadoras domésticas e rurais em relação às demais categorias e a valorização das professoras primárias; denunciou a não efetivação do direito à creche etc. Sozinha, Lygia Bastos colocou em discussão diversos temas que seriam amadurecidos e retomados nas legislaturas posteriores.

As mulheres que se elegeram deputadas federais em 1978 tinham compromisso com a promoção da igualdade jurídica das mulheres e, sobretudo, com a melhoria de sua condição social. A despeito de não ter resultado em leis aprovadas, a atuação das mulheres parlamentares foi essencial para trazer para o espaço público estes debates que seguiriam na ANC.

Os consecutivos revezes no processo de redemocratização – a rejeição da Emenda Dante de Oliveira, a realização da eleição presidencial de forma indireta, a morte de Tancredo Neves, a posse de José Sarney, a convocação de uma ANC congressual unicameral a partir do corpo de membros do Congresso Nacional, a instituição da Comissão de Notáveis – contrariavam as reivindicações dos movimentos sociais que se mobilizaram em torno da Campanha das Diretas Já e da participação popular na constituinte por uma ANC exclusiva, livre, soberana e ilimitada. O resultado positivo foi o aprendizado com a mobilização em si, o que proporcionou experiência para a preparação para a ANC com a realização de assembleias populares, para discutir e levantar propostas e colher assinaturas. Assim, se, por um lado, as iniciativas dos grupos conservadores no sentido de controlar a velocidade e a intensidade da redemocratização foram bem-sucedidas, por outro lado, elas geraram como reação uma vontade maior da sociedade civil em se engajar na reconstrução de um Estado Democrático de Direito, com ampla participação popular nas franjas do sistema jurídico-político.

Houve dois tipos de atuação feminina na ANC: o primeiro tipo se deu a partir da Bancada Feminina; o segundo, por meio do exercício da participação direta das cidadãs, por meio do *advocacy*. A organização das mulheres para atuar no processo constituinte antecedeu a própria instauração da ANC e o CNDM teve papel primordial na promoção da participação das mulheres e na defesa de seus interesses.

O CNDM foi fruto de deliberação das mulheres no Encontro Nacional em Belo Horizonte, em 1985, e foi criado pelo governo de José Sarney em 1986 como um órgão federal. Dentre suas várias iniciativas para se preparar para ANC, realizou o Encontro Nacional Mulher e Constituinte em Brasília, no dia 26 de agosto de 1986, em que se redigiu a Carta da Mulher Brasileira aos Constituintes.

Na análise da Carta (anexo I) a partir da compilação das pautas das mulheres em relação ao trabalho, a primeira e principal temática é a igualdade jurídica, que permeia todos os assuntos das reivindicações específicas. Dentre as reivindicações, destacam-se: a titularidade da terra para as trabalhadoras rurais; a expressa igualdade de direitos para trabalhadoras domésticas e rurais; a garantia de emprego da mulher gestante; o acesso à saúde da mulher – independentemente da função reprodutiva – e aos direitos reprodutivos; o direito à creche para filhos de mulheres e homens trabalhadores.

A creche para filhos de trabalhadoras e trabalhadores era uma demanda mais avançada na Carta do que nas pautas das trabalhadoras dos sindicatos analisados. As feministas traziam novas leituras sobre as questões cotidianas e conseguiram aproveitar o espaço dialógico com as trabalhadoras para mostrar que a responsabilidade sobre o cuidado das crianças era de ambos, mãe e pai, assim como era também dever do Estado prover creches e não apenas do empregador. Da mesma maneira, houve a demanda por licença-maternidade e licença-paternidade, que foi encaminhada pelas mulheres, uma vez que os homens tinham dificuldade em entender o porquê de se licenciarem do trabalho em razão de nascimento de filho. Neste sentido, na Carta havia também a exigência do reconhecimento da maternidade e paternidade como valores sociais fundamentais e da função social da maternidade e paternidade.

O acesso à saúde era pleiteado pelos movimentos feminista e negro, como parte essencial da questão da saúde da mulher. É preciso lembrar que, até 1988, em termos jurídicos, não havia um sistema público de saúde universal, mas apenas o acesso por meio do antigo INPS, o que representava a exclusão de grande parte da população (desempregados e trabalhadores informais, por exemplo).

A promoção de uma sociedade mais igualitária, sem discriminação de qualquer espécie, foi abordada no assunto "Educação e Cultura", que previa que ao Estado competia prover o ensino público universal e gratuito, estimulando a "imagem social da mulher, como trabalhadora, mãe e cidadã responsável pelos destinos da nação, em igualdade de condições com o homem, independentemente da origem étnico-racial". Outro destaque foi a demanda pela inclusão da história da África e da cultura afro-brasileira como parte do currículo obrigatório, uma exigência do movimento negro e das mulheres negras. A qualificação profissional foi postulada como uma garantia para a mulher rural e urbana.

A violência doméstica, preocupação surgida não só nos registros das feministas, mas também das bancárias, foi contemplada no assunto "Violência", mas este não especificou as violências no trabalho, referindo-se apenas à "violência fora do lar". Vale ressaltar que a violência sexual foi abordada com enfoque maior na criminalização das condutas e na retirada das normas jurídicas que tratavam a violência sexual de forma mais amena, apesar da preocupação com o encarceramento dos homens negros.

Não foram trazidas outras questões importantes para as trabalhadoras como a violência sexual no trabalho, incluindo o assédio, e as condições de trabalho, como higiene e segurança, controle de tempo para ir ao banheiro, ritmo do trabalho, jornada de trabalho etc.

Por fim, a Carta trouxe o tema do direito de greve, um dos que mais foram cerceados durante a ditadura militar. A mobilização da classe trabalhadora nas greves, assim como os movimentos contra a carestia e pela anistia, também foi fundamental na luta pela redemocratização, de modo que o exercício do direito de greve tinha que ser garantido no novo ordenamento jurídico.

Em 1986, foram eleitas as 26 deputadas federais que atuaram na ANC. Apesar de formarem um grupo pequeno, não havia entre elas uma homogeneidade de pensamento, mas sim diversas visões de mundo, com diferentes experiências de vida. No Congresso Nacional, foram muitos os desafios das deputadas constituintes, a começar pela discriminação exercidas pelos constituintes homens e pelos meios de comunicação. Chamar a Bancada Feminina (BF) de *Lobby do Batom* (LB) tinha conotação duplamente negativa. A ausência de banheiro feminino no plenário do Congresso Nacional foi simbólica do não lugar da mulher no espaço político. Aquele não era o lugar "natural" para mulher.

As propostas da BF à ANC (anexo II) foram bastante progressistas, sobretudo no que tange à igualdade de gênero e racial. Interessante notar que os direitos sociais compõem mais da metade das formulações da BF, o que provavelmente resultou do trabalho de convencimento dos movimentos sociais feminista e negro e dos movimentos trabalhistas (centrais, sindicatos e associações), assim como da própria participação popular que demonstrava o anseio por mais direitos.

A BF tratou da igualdade ampla com proposta de um dispositivo proibindo a discriminação em razão de nascimento, raça, cor, sexo, estado civil, trabalho rural ou urbano, religião, convicções políticas ou filosóficas, deficiência física ou mental e qualquer particularidade ou condição.

Um dispositivo condensou o debate feminista sobre o trabalho doméstico não remunerado, que, apesar de não ter aparecido expressamente na pauta das trabalhadoras, atingiria grande parte das mulheres: "Considera-se atividade econômica atípica aquela realizada no recesso do lar". Por muito tempo, o trabalho doméstico não remunerado, uma realidade bastante concreta no cotidiano feminino, foi invisibilizado em termos de estatísticas, o que não mudou muito na perspectiva do Direito até os dias de hoje. Por isso, é importante apontar que o reconhecimento do trabalho realizado gratuitamente no ambiente doméstico como atividade econômica atípica foi pautado na ANC, pois silêncios no ordenamento jurídico nem sempre significam a ausência de demanda e de debates, mas apenas a tese vencedora na disputa legislativa ou, neste caso, constituinte.

A justiça social proposta pela BF seria regida por dois princípios: a função social da maternidade e da paternidade e a igualdade jurídica entre trabalhador urbano e rural. Estes princípios desafiariam a divisão sexual do trabalho, reforçando a ideia de corresponsabilidade de pai e mãe pelo cuidado dos filhos, e a divisão espacial do trabalho, que mantinha forte correlação com o marcador social da raça. Outro ponto relevante é que a divisão entre trabalho urbano e rural se dá a partir de uma visão mais masculina sobre o trabalho por dois motivos essenciais: primeiro, tanto o trabalho urbano quanto o rural são pensados a partir do modelo do trabalhador homem branco ou homem negro – tanto é verdade que as mulheres rurais tinham dificuldades em serem reconhecidas como trabalhadoras –; segundo, esta dicotomia entre urbano e rural, pretensamente universal, ignora a questão do trabalho doméstico, que, por sua vez, ao não se encaixar em nenhum dos dois tipos, fica invisibilizado como se fosse um não lugar na esfera do trabalho.

As propostas da BF para direitos trabalhistas inovaram em relação à Carta das Mulheres, mas também fizeram um movimento de retração. A igualdade no trabalho recebeu uma melhor elaboração, buscando coibir todas as formas de discriminação de salário para um mesmo trabalho e de critério de admissão, promoção e dispensa por motivo de raça, cor, sexo, religião, opinião política, nacionalidade, idade, estado civil, origem, deficiência física ou condição social. A proposta sobre creche foi dividida entre obrigação para o empregador e para o Estado. Foram introduzidas as demandas gerais por: não incidência da prescrição no curso do contrato; maior participação dos trabalhadores na gestão da empresa, com participação nos lucros ou no faturamento e representação em comissões internas; garantia e segurança no emprego, proibidas as despedidas sem justo motivo. A mudança mais significativa, no entanto, pode ter sido um silêncio: a ausência de proposta pela Bancada Feminina, ao menos no que se refere ao documento em questão, sobre direitos trabalhistas para o trabalho doméstico assalariado. Neste ponto, a proposta da BF ficou dissociada das discussões promovidas pelo CNDM, da proposta contida na Carta das Mulheres e das pautas levantadas no período anterior.

Quanto às propostas para os dispositivos "Da Seguridade Social", vale pontuar que não houve um campo destacado para este assunto na Carta das Mulheres. As propostas formuladas pelo LB indicam um amadurecimento sobre a questão, pois a seguridade social seria universal, no sentido de ser direito para todos; abrangeria a proteção à maternidade e às gestantes, assim como a aposentadoria às donas de casa; asseguraria direitos previdenciários para trabalhadores rurais e domésticos, além de assistência médica e psicológica à mulher vítima de violências sexuais.

Na temática "Da Saúde", as demandas permaneceram relacionadas à saúde da mulher e aos direitos reprodutivos, cabendo ao Estado, por exemplo, "assegurar o acesso à educação, à informação e aos métodos adequados à regulação da fertilidade, respeitadas as convicções éticas e religiosas individuais". O argumento da liberdade religiosa e de pensamento como limite para o Estado não interferir na fertilidade, reforçando a autonomia da mulher, apareceu de maneira mais abstrata, tangenciando o assunto tão controvertido do aborto e evitando as expressões "método contraceptivo" e "controle de natalidade".

A redação da proposta "Da educação e cultura" mantém a demanda por educação universal, pública e gratuita, mas elabora melhor o rol de princípios para reger a educação, como: igualdade entre homem e mulher, repúdio ao racismo e discriminações, respeito aos valores do trabalho, pluralismo cultural do povo brasileiro. Não houve menção ao ensino da história da África e do negro no Brasil, o que foi encaminhado pelo movimento negro.

Considerando que as propostas encaminhadas pela BF eram somente aquelas que contavam com o consenso do grupo, conclui-se que as demandas que representavam o recorte racial não foram encampadas por todas as constituintes. A omissão sobre o trabalho doméstico assalariado e o ensino da história da África neste documento (anexo II), porém, não significou ausência de encaminhamento individual durante o processo constituinte, com destaque para a atuação de Benedita da Silva.

A análise das atas de reunião na Comissão da Ordem Social e suas subcomissões revelou discursos comprometidos com a melhoria da condição de vida da população, especialmente dos estratos mais desfavorecidos, nos principais aspectos: trabalho, moradia, saúde, assistência, previdência, educação, inclusão e combate à discriminação. Houve a preocupação de ouvir representantes da sociedade civil, de movimentos sociais à academia, para conhecer melhor as várias realidades do país e as demandas dos mais diversos grupos sociais.

As condições das mulheres no trabalho foram discutidas na subcomissão VII-a, em que ganharam destaque as falas das representantes das trabalhadoras domésticas, das trabalhadoras rurais e das trabalhadoras urbanas, além de importantes intervenções de constituintes.

Lenira de Carvalho representou as trabalhadoras domésticas com uma fala breve e contundente, ressaltando a cidadania das trabalhadoras domésticas e a falta de reconhecimento do trabalho doméstico, a despeito de sua importância para o desenvolvimento do país. Ela entregou a carta assinada por representantes das 23 associações de trabalhadoras domésticas, cuja reivindicação principal era a igualdade de direitos trabalhistas. Sua exposição suscitou diversas manifestações de reconhecimento pessoal das empregadas domésticas por parte de constituintes, muitas vezes reforçando o estereótipo de "mãe preta", aquela que faz tudo por amor. Embora as falas revelassem essa noção potencialmente problemática que une trabalho e afeto (na forma de "pseudoparentesco"), os constituintes foram unânimes em reconhecer a justiça no pleito por igualdade. A compreensão de que o trabalho doméstico assalariado não apenas provia conforto na vida das pessoas, mas também viabilizava outras atividades reconhecidamente econômicas, foi a tônica dos pronunciamentos dos constituintes Benedita da Silva e Domingos Leonelli, que também traçaram a relação entre os marcadores sociais de diferenças (classe, gênero e raça), a história do trabalho escravizado e as relações de trabalho doméstico no Brasil. Benedita da Silva, a partir de sua experiência de vida e de seu lugar social, era quem melhor poderia falar sobre a condição das trabalhadoras domésticas e assim o fez.

Antônia da Cruz Silva falou em nome das trabalhadoras rurais e narrou as dificuldades da vida no campo, como a invisibilização do trabalho da mulher na produção agrícola por causa da fusão com o trabalho doméstico. De forma ajustada com a divisão sexual do trabalho, nas relações no campo, apenas o chefe da casa recebia salário, tinha acesso à previdência social e podia se filiar ao sindicato, embora houvesse uma conjugação da força de trabalho da mulher e de filhas e filhos para os resultados da unidade rural. Ressaltou a importância da terra para camponesas e camponeses e revelou a violência no conflito fundiário, que era mais acentuada contra as mulheres. Denunciou a precariedade da camponesa diante da falta de assistência por parte do companheiro no parto, além do mal atendimento dispensado nos hospitais e maternidades. Reivindicou o reconhecimento da condição de trabalhadora rural para as mulheres no trabalho dentro ou fora de casa, com acesso à aposentadoria, à filiação sindical, à titulação da terra, medidas mínimas para superar a corrente discriminação contra a camponesa.

Maria Elizete de Souza Figueiredo palestrou como representante da mulher trabalhadora. Apontou as discriminações contra a mulher no mercado de trabalho, o trabalho doméstico e a mulher negra. Falou sobre a importância do trabalho na emancipação da mulher e a necessidade de implementação de creches. Trouxe um extenso rol de reivindicações, abrangendo demandas compiladas no Congresso em que 1.200 entidades sindicais participaram. Merece destaque a proposta de reconhecimento da função social da maternidade e da paternidade, com diversos pedidos dele decorrentes. Abordou ainda a dificuldade das trabalhadoras em atuar nos sindicatos e de alcançar cargos de comando.

O anteprojeto da subcomissão VII-a deu resposta às maiores demandas da classe trabalhadora, apontando para a construção de uma sociedade menos desigual baseada na justiça social, alicerce de um Estado Democrático de Direito. A igualdade jurídica entre todas e todos trabalhadores era expressa e ampla, incluindo as trabalhadoras domésticas e o reconhecimento da função social da maternidade e da paternidade. Os direitos foram enunciados no ponto alto do reconhecimento das reivindicações trabalhistas.

Os registros das reuniões da subcomissão VII-b mostraram como era o lugar da mulher constituinte na ANC, pois, mesmo ocupando a 2ª Vice-Presidência da subcomissão, era esperado que Maria de Lourdes Abadia observasse a divisão sexual do trabalho, executando tarefas sem reconhecimento social e em auxílio ao homem protagonista no espaço público. Dentre os assuntos abordados nesta subcomissão, despertam interesse as discussões sobre aposentadoria da dona de casa e saúde da mulher (PAISM). Foi concebido também o Sistema Único de Saúde, que deveria abranger a Saúde Ocupacional, indicando a relevância da questão do trabalho nos debates. A universalização da cobertura do sistema de seguridade social foi outro passo importante, apesar de não ter disposição expressa sobre a inclusão da dona de casa, da trabalhadora rural e da trabalhadora doméstica, o que constou no anteprojeto da subcomissão VII-a.

O combate às desigualdades e discriminações foi o grande tema da subcomissão VII-c. Apesar do pouco interesse da imprensa e da dificuldade em alcançar o quórum para deliberação, o teor dos diálogos nesta subcomissão é intelectualmente rico e demonstra o compromisso dos participantes em aproveitar aquele momento histórico para dar voz, tirar da invisibilidade, ouvir as reivindicações e contemplar todos os grupos estigmatizados que procurassem a subcomissão. A definição do termo minoria foi abordada por acadêmicos conceituados, como Florestan Fernandes, que defendeu que, contra a persistência do preconceito racial, a transformação social se daria com a educação e a mudança da pessoa, num processo lento e gradual, mas não prescindiria de práticas sociais que a reforçassem. Lélia Gonzalez fez um retrospecto sobre a situação da população negra no Brasil, articulando também com a questão de gênero para mostrar os problemas enfrentados por homens negros e mulheres negras em virtude de condições materiais e de preconceitos e estereótipos. Helena Teodoro enfatizou a violência do racismo, que precisava ser combatido pela educação e pela cultura. Para muitos constituintes, o racismo não existia concretamente no Brasil e a discussão em torno disso pode nos dar uma interessante perspectiva sobre como é complicado para homens brancos em posições de poder compreender e aceitar os privilégios de que dispõem. Os diálogos na reunião em que foi mais discutida a questão do negro no Brasil revelaram também a dificuldade de homens negros ampliarem suas pautas de luta e reivindicações para abarcar também os homossexuais. Esta dificuldade tem raízes no machismo, o que foi um problema para as mulheres negras dentro do movimento negro. A defesa pela inclusão dos homossexuais por Benedita da Silva, em especial pela inserção da expressão "orientação sexual" como critério que não poderia ser utilizado para tratamento jurídico desigual, coaduna com a noção de interseccionalidade assumida pelas mulheres negras na militância. A compreensão de que não havia hierarquia entre as opressões não era apenas teoria, mas sobretudo práxis.

O anteprojeto da subcomissão VII-c atendeu a todos os principais pedidos compilados e enviados pelo movimento negro. Vale mencionar que o combate às desigualdades e discriminações não seria apenas pelas vias da criminalização e da educação, mas também por meio de medidas compensatórias a pessoas ou grupos vítimas de discriminação comprovada no acesso ao mercado de trabalho, à educação, à saúde e aos demais direitos sociais.

Os anteprojetos das subcomissões representaram o ponto alto das conquistas de direitos sociais e a luta a partir de então seria a de mantê-las. Embora a Comissão Social contasse com forte presença de constituintes comprometidos com a classe trabalhadora e com as minorias, a reação conservadora conseguiu um espaço um pouco maior para trabalhar e, assim, algumas vitórias anteriores foram diluídas no texto do anteprojeto da Comissão VII, como no caso do repouso semanal remunerado e do trabalho noturno. O repouso semanal remunerado deixou de abranger o sábado e de ser garantido em um fim de semana por mês. O trabalho noturno deixou de considerar o período entre 18 horas e 6 horas do dia seguinte e a hora noturna de 45 minutos.

O maior exemplo do encurtamento dos direitos sociais aprovados nas subcomissões foi a separação da categoria das trabalhadoras domésticas em relação às demais categorias para fins de direitos trabalhistas, retornando à condição de especificidade como justificativa para um rol mais restrito de direitos. De uma situação de igualdade expressa, a categoria das trabalhadoras domésticas passou a deter um rol mais restrito de direitos, conservando a ideia de que o rol seria exemplificativo, pois manteve-se a frase "além de outros que visem à melhoria de sua condição social", de modo que ainda seria possível considerar uma situação de igualdade tácita. Todavia, a separação da categoria implicava em divisão de forças. Elas deixavam de contar com as outras categorias lado a lado na luta por direitos, para voltar à situação de lutar por igualdade. Além disso, as trabalhadoras domésticas deixaram de ter direito expresso à estabilidade, reajuste salarial, jornada de oito horas, licença-maternidade, FGTS, seguro desemprego etc., o que, na prática, implicaria o não reconhecimento destes direitos.

O que aconteceu com as trabalhadoras domésticas foi bastante expressivo do percurso que se desenharia no processo constituinte: o clamor social e a participação dos movimentos sociais nas subcomissões somados à composição de cada subcomissão com constituintes que se interessavam pelos assuntos nela discutidos levaram a textos bastante avançados, contemplando de forma ampla e profunda os anseios populares. Submetidos tais textos a grupos mais heterogêneos, as conquistas mais profundas foram fortemente atacadas e com o decorrer da ANC foram perdendo forças, de modo que muitas delas não constaram do texto final da Constituição de 1988, como: a estabilidade, o limite de 40 horas semanais, a igualdade jurídica para as trabalhadoras domésticas e a proibição da locação de mão de obra. Alguns direitos foram reduzidos, outros foram extirpados e, sobre estes, o silêncio no texto final pode dar a impressão de ausência de demandas, de debates ou de lutas, como foi o caso da terceirização (na época, locação de mão de obra).

Sobre os silêncios, destaco alguns que merecem ser quebrados. O assédio moral e o assédio sexual no trabalho não são novidades do neoliberalismo da década de 1990. Os registros mostram que desde a industrialização no início do século XX eles foram problematizados pelas trabalhadoras. No entanto, não foram enfrentados dentro da institucionalidade, seja dentro do CNDM, seja na ANC. Uma hipótese seria a dificuldade de certas instâncias tratarem de temas tão repulsivos e problemáticos em que se imbricam as questões de classe, gênero e, por vezes, raça, mas para afirmar isso uma pesquisa específica seria necessária.

No texto final da Constituição da República Federativa do Brasil promulgada em 05 de outubro de 1988, outras lutas foram silenciadas, como a função social da maternidade e da paternidade e a proibição da terceirização, pois foram extirpadas do texto. Da ausência no texto constitucional, equivocadamente, se infere a ausência de debates e lutas no processo constituinte. Questões concretas como a saúde da mulher e o ensino da histórica da África e do negro no Brasil foram camufladas atrás de formulações genéricas, como "saúde é direito de todos", "O ensino da História do Brasil levará em conta as contribuições das diferentes culturas e etnias" e perderam potência, que só foi recuperada anos depois. Aliás, a ausência de remissão a "negros" no texto constitucional poderia ser interpretada tanto como um esforço na superação do racismo quanto como uma manifestação do racismo por denegação ou do mito da democracia racial.

O texto final apresentou também reduções das conquistas celebradas nas subcomissões, com alguns destaques. A igualdade jurídica das trabalhadoras domésticas foi reduzida a um rol taxativo de direitos. A carga horária semanal de trabalho ficou fixada em 44 horas e o regramento das horas extras, do trabalho noturno e do descanso semanal remunerado não apresentou avanço significativo em relação ao que dispunha a CLT. A estabilidade foi transformada em proteção contra despedida arbitrária ou sem justa causa, nos termos de lei complementar, que até hoje não foi promulgada. A garantia de emprego da gestante surgiu apenas como uma disposição transitória, passível de alteração por lei complementar. A inserção da prescrição dos créditos trabalhistas se deu na fase T do processo constituinte, ou seja, no projeto B votado em plenário; até então, a proposta que vinha sendo encaminhada era a da "não incidência da prescrição no curso do contrato de trabalho e até dois anos de sua cessação". Assim alguns dos pontos centrais no debate sobre a condição das trabalhadoras foram os que apresentaram maiores cortes ao longo da ANC, o que pode ter relação com o próprio perfil do corpo de constituintes.

A interseccionalidade marcou o surgimento das demandas que desafiaram o sujeito universal e o protagonismo nas lutas em prol destas causas. De outra sorte, a interseccionalidade também evidenciou o acesso desigual aos espaços de poder, o que circunscreveu o direito positivado em 1988. Assim, as trabalhadoras participaram da ANC, levando seus pontos de vista e reivindicações, mas encontraram limites na baixa representatividade política. Houve conquistas para as mulheres na ANC e no texto constitucional, sem dúvidas, e elas não foram poucas. E justamente porque foram as propostas que atravessaram as barreiras do classismo, sexismo e racismo para serem aprovadas, as conquistas da Constituição Federal de 1988 não podem ser desprezadas nem desqualificadas como se fossem uma mera promessa ultrapassada.

Não se pode perder a história de luta na construção dos direitos sociais, das vitórias e das derrotas, dos avanços e dos retrocessos. Depois de mais de 30 anos da promulgação da Constituição Federal, fica claro que nada está dado; se o que há pode ser retirado, o que não existe ainda pode ser criado e conquistado. Se a imagem da foto de nossa sociedade no tempo presente não é bela, lembro que a história é um filme que ainda não acabou. Conhecer o caminho trilhado ajuda a entender as condições materiais do cenário atual e a pensar sua transformação. Dias melhores virão. Há braços!

REFERÊNCIAS

ABRANCHES, Graça. Como se fabricam as desigualdades na linguagem escrita. **Cadernos Sacausef**. n. 8. Lisboa: 2011.

ABREU, Alzira A. **Instituto Nacional de Previdência Social (INPS)**. Disponível em: http://www.fgv.br/cpdoc/acervo/dicionarios/verbete-tematico/instituto-nacional-de--previdencia-social-inps. Acesso em: 23 nov. 2019.

AGUIAR, Vilenia V P. Mulheres Rurais, Movimento Social e Participação: reflexões a partir da Marcha das Margaridas. **Política & Sociedade**. Florianópolis: UFSC, 2016. p. 264.

AKOTIRENE, Carla. **O que é interseccionalidade?** Belo Horizonte: Letramento, 2018.

ALCOFF, Linda M. Uma epistemologia para a próxima revolução. **Revista Sociedade e Estado**. v. 31, n. 1, jan.-abr. 2016.

ALMEIDA, Silvio. **Racismo estrutural**. São Paulo: Sueli Carneiro/Pólen, 2019.

ALVES, José E. D. *et al*. Meio século de feminismo e o empoderamento das mulheres no contexto das transformações sociodemográficas do Brasil. *In*: **50 anos de feminismo**: Argentina, Brasil e Chile – a construção das mulheres como atores políticos e democráticos. São Paulo: EDUSP/Fapesp, 2017.

ALVES, Maria H. M. **Estado e oposição no Brasil** (1964-1984). 3. ed. São Paulo: Vozes, 1985.

ANTUNES, Ricardo. **A rebeldia do trabalho**: o confronto operário no ABC paulista: as greves de 1978/80. Campinas: UNICAMP, 1988.

BAIRROS, Luiza. **Lembrando Lélia Gonzalez** (1935-1994). Disponível em: https://www.geledes.org.br/lembrando-lelia-gonzalez-por-luiza-bairos/. Acesso em: 29 ago. 2019.

BAIRROS, Luiza. Lembrando Lélia Gonzalez (1935-1994). **Afro-Ásia**. n. 23. Salvador, 2000.

BALLESTRIN, Luciana. América Latina e o giro decolonial. **Revista Brasileira de Ciência Política**, n. 11. Brasília, maio-ago., 2013.

BARBOSA, Leonardo A. A. **História constitucional brasileira**: mudança constitucional, autoritarismo e democracia no Brasil pós-1964. Brasília: Câmara dos Deputados, Edições Câmara, 2012.

BARRETO, Raquel de Andrade. **"Enegrecendo o feminismo" ou "Feminizando a raça"**: narrativas de libertação em Angela Davis e Lélia Gonzáles. Dissertação (Mestrado). Orientador: Marco Antonio Villela Pamplona. Rio de Janeiro: PUC-Rio, Departamento de História, 2005.

BARRETO, Raquel de Andrade. Lélia Gonzalez, uma intérprete do Brasil. *In*: GONZALEZ, Lélia. **Primavera para as rosas negras**: Lélia Gonzalez em primeira pessoa... Diáspora Africana: Filhos da África, 2018.

BENTO, Maria Aparecida Silva. **Pactos narcísicos no racismo**: branquitude e poder nas organizações empresariais e no poder público. São Paulo, 2002. 169 p. Tese (doutorado). Instituto de Psicologia da Universidade de São Paulo.

BHATTACHARYA, Tithi. O que é a teoria da reprodução social? **Revista Outubro**. N. 32, 2019. Disponível em: http://outubrorevista.com.br/o-que-e-a-teoria-da-reproducao-social/. Acesso em: 10 dez. 2019.

BEDÊ JUNIOR, Américo. Constitucionalismo sob a ditadura militar de 64 a 85. **Revista de Informação Legislativa**, ano 50, n. 197, jan.-mar., 2013.

BENTIVOGLIO, Elaine C. S; FREITAS, Natalia S. **A evolução da legislação do trabalho doméstico no Brasil**. Disponível em: http://dx.doi.org/10.15603/2176-1094/rcd.v11n11p219-232. Acesso em: 10 dez. 2019.

BERNARDINO-COSTA, Joaze. Decolonialidade e interseccionalidade emancipadora: a organização política das trabalhadoras domésticas no Brasil. **Revista Sociedade e Estado**. 30 (1), 2015.

BERNARDINO-COSTA, Joaze. **Saberes subalternos e decolonialidade**: os sindicatos das trabalhadoras domésticas no Brasil. Brasília: UnB, 2015.

BERTONCELO, Edison. **A campanha das Diretas e a democratização**. São Paulo: Humanitas, Fapesp, 2007.

BEVILÁQUA, Clóvis. **Código Civil dos Estados Unidos do Brasil**: comentários (ed. Histórica). Rio de Janeiro: Rio, 1965.

BIROLI, Flávia. **Gênero e desigualdades**: limites da democracia no Brasil. São Paulo: Boitempo, 2018.

BLASS, Leila; HIRATA, Helena; SOARES, Vera. Prefácio à 2.ed. SOUZA-LOBO, Elisabeth. **A classe operária tem dois sexos**: trabalho, dominação e resistência. 2. ed. São Paulo: Fundação Perseu Abramo, 2011.

BLAY, Eva A. Como as mulheres se construíram como agentes políticas e democráticas: o caso brasileiro. *In*: BLAY, Eva; AVELAR, Lúcia. **50 anos de feminismo**: Argentina, Brasil e Chile: a construção das mulheres como atores políticos e democráticos. São Paulo: EDUSP/Fapesp, 2017.

BRASIL. Câmara dos Deputados. **Notas taquigráficas da audiência pública** – reunião 1983/17. Disponível em: https://www2.camara.leg.br/atividade-legislativa/comissoes/comissoes-permanentes/comissao-de-defesa-dos-direitos-da-mulher--cmulher/documentos/notas-taquigraficas/notas-taquigraficas-audiencia-publica--estatisticas-sobre-o-aborto-13-12-17/view. Acesso em: 6 fev. 2020.

BRASIL. Câmara dos Deputados. **Bancada feminina**. Disponível em: http://www2.camara.leg.br/atividade-legislativa/legislacao/Constituicoes_Brasileiras/constituicao--cidada/constituintes/copy_of_index.html. Acesso em: 01 jul. 2018.

BRASIL. Câmara dos Deputados. **Etapas e Fases**. Disponível em: https://www2.camara.leg.br/atividade-legislativa/legislacao/Constituicoes_Brasileiras/constituicao--cidada/o-processo-constituinte/o-processo-constituinte. Acesso em: 01 jul. 2018.

BRASIL. Comissão Nacional da Verdade. **Relatório da Comissão Nacional da Verdade**. v.1. Brasília: CNV, 2014.

BRASIL. Senado Federal. **CPI da Mulher**. Disponível em: http://www2.senado.leg.br/bdsf/handle/id/84968. Acesso em: 19 jul. 2019.

BRASIL MULHER. A noite da mulher é o lucro do patrão. **Jornal Brasil Mulher**, n. 12, maio 1978.

BRASIL MULHER. De Millus feito com amor? **Jornal Brasil Mulher**, n. 14, ano 3, nov. 1978.

BRASIL MULHER. Domésticas, reunidas pela terceira vez. **Jornal Brasil Mulher**, n. 14, ano 3, nov. 1978.

BRASIL MULHER. Por um 1º de Maio Operário. **Jornal Brasil Mulher**, n. 12, maio 1978.

CARDOSO, Cláudia P. Amefricanidade: proposta feminista negra de organização política e transformação social. **LASA Forum**. v. 50, Verão, 2019.

CARDOSO, Cláudia P. Amefricanizando o feminismo: o pensamento de Lélia Gonzalez. **Estudos feministas**. Florianópolis, 22, n. 320, set.-dez., 2014.

CARDOSO, Irede; CARDOZO, José E. M. **O direito da mulher na Nova Constituição**. São Paulo: Global, 1986.

CARDOSO, Rodrigo M. **A participação popular na Constituinte de 1987-1988**. Rio de Janeiro: Lumen Juris, 2017.

CARNEIRO, Sueli. Enegrecer o feminismo: a situação da mulher negra na América Latina a partir de uma perspectiva de gênero. *In*: HOLLANDA, Heloísa B. (org.). **Pensamento feminista**: conceitos fundamentais. Rio de Janeiro: Bazar do Tempo, 2019.

CARNEIRO, Sueli. Mulher negra (1985). **Escritos de uma vida**. São Paulo: Pólen Livros, 2019.

CARVALHO, Léa S. Quando falta energia. **Momento feminino**. ed. 116. Rio de Janeiro, 1956.

CASARA, Rubens. **Estado pós-democrático**: neo-obscurantismo e gestão dos indesejáveis. Rio de Janeiro: Civilização Brasileira, 2017.

CASARA, Rubens RR. **Bolsonaro**: o mito e o sintoma. São Paulo: Contracorrente, 2020.

CASTRO, Carlos R. S. **O princípio da isonomia e a igualdade da mulher no direito constitucional**. São Paulo: Forense, 1983.

COLLINS, Patricia H. Em direção a uma nova visão: raça, classe e gênero como categorias de análise e conexão (1989). *In*: MORENO, Renata. **Reflexões e práticas de transformação feminista**. São Paulo: SOF, 2015.

COLLINS, Patricia H. Aprendendo com a *outsider within*: a significação sociológica do pensamento feminista negro. **Revista Sociedade e Estado**. Brasília, v. 31, n. 1, abr. 2016.

COMBAHEE RIVER COLLECTIVE. The combahee river collective statement: a black feminist statement. EISENSTEIN, Z. (ed.). **Capitalism, patriarchy and the case for socialist feminism**. New York: Monthly Review Press, 1978.

CONJUR. **Direitos Humanos**. Morre Therezinha Zerbini, fundadora do Movimento Feminino pela Anistia. 15 mar. 2015. Disponível em: https://www.conjur.com.br/2015-mar-15/morre-therezinha-zerbini-fundadora-movimento-feminino-anistia. Acesso em: 11 set. 2019.

COSTA, Edimilson S. **A política salarial no Brasil, 1964-1985**: 21 anos de arrocho salarial e acumulação predatória. Orientador: Waldir José de Quadros. Tese (Doutorado) Universidade de Campinas: Instituto de Economia, 1996.

CRENSHAW, Kimberlé W. Beyond entenchment: race, gender and the new frontiers of equal protection. *In*: TSUJIMURA, Miyoko (ed.). **International perspectives on gender equality & social diversity**. Sendai: Tohoku University Press, 2010.

CRENSHAW, Kimberlé W. Documento para o encontro de especialistas em aspectos da discriminação racial relativos ao gênero. **Estudos feministas**, ano 10, n. 1, 2002.

DAVIS, Angela. **Mulheres, raça e classe**. Tradução de Heci Regina Candiani. São Paulo: Boitempo, 2016.

DEERE, Carmen D. Os direitos da mulher à terra e os movimentos sociais rurais na reforma agrária brasileira. **Rev. Estud. Fem.**, Florianópolis, v. 12, n. 1, pp. 175-204, abr. 2004.

DEL GUERRA, Débora *et al*. A história das mulheres no Brasil colonial. *In*: MAIOR, Jorge L. S; VIEIRA, Regina S. C. (org.). **Mulheres em luta**: a outra metade da história do direito do trabalho. São Paulo: LTr, 2017.

DEL PRIORE, Mary (org.). **História das mulheres no Brasil**. 10. ed. São Paulo: Contexto, 2017.

DEPARTAMENTO Intersindical de Assessoria Parlamentar (DIAP). **Quem foi quem na constituinte**: nas questões de interesse dos trabalhadores. São Paulo: Cortez-Oboré, 1988.

DERMINE, Élise (et al.). Le Covid-19 ne suspend pas le droit de la santé au travail. Il en renforce les exigences. **Carnet de crise du Centre de droit public de l'ULB # 19.** Bruxelas: ULB, 2020.

DINIZ, Debora; MEDEIROS, Marcelo; MADEIRO, Alberto. Pesquisa Nacional de Aborto 2016. **Ciênc. saúde coletiva**, Rio de Janeiro, v. 22, n. 2, pp. 653-660, fev. 2017. Disponível em: http://www.scielo.br/scielo.php?script=sci_arttext&pid=S1413-81232017000200653&lng=en&nrm=iso. Acesso em: 29 jan. 2020.

DIRETORIA. 8 de março: dia internacional da mulher. **Folha Bancária**, ano II, n. 664. São Paulo, 08 mar. 1983.

DIRETORIA. Outro caso de tortura: abortou no 2º mês. **Folha Bancária**, ano II, n. 728. São Paulo, 10 jun. 1983.

DUARTE, Ana Rita Fonteles. Therezinha Zerbini: protagonismo e ação política na luta das mulheres contra a ditadura. **Trabalho apresentado no XIII Encontro Nacional de História Oral**. Universidade Federal do Rio Grande do Sul. De 01 a 04 maio 2016.

DUARTE, Ana Rita Fonteles.O Movimento Feminino pela Anistia na luta consta a ditadura no Brasil: entrevista com Therezinha Zerbini. **Rev. Estud. Fem.**, v. 27, n. 1, Florianópolis, 2019.

ERUNDINA, Luiza. Os sindicatos na construção do papel político da mulher. *In*: INÁCIO, José Reginaldo (org.). **Sindicalismo no Brasil**: os primeiros 100 anos? Belo Horizonte: Crisálida, 2007.

FAORO, Raymundo. **Assembléia Constituinte**: a legitimidade recuperada. 5. ed. São Paulo: Brasiliense, 1981.

FERREIRA, Ana Paula Romão de Souza. **A trajetória político-educativa de Margarida Maria Alves**: entre o velho e o novo sindicalismo rural. Tese (doutorado). Orientador: Charliton José dos Santos Machado. João Pessoa: UFPB, 2010.

FOUGEYROLLAS-SCHWEBEL, Dominique. Trabalho doméstico. *In*: HIRATA, Helena *et al.* (org.). **Dicionário crítico do feminismo**. São Paulo: UNESP, 2009.

FRACCARO, Glaucia C. G. **Os direitos das mulheres**: organização social e legislação trabalhista no entreguerras brasileiro (1917-1937). Tese (Doutorado). Orientador: Fernando Teixeira da Silva. Campinas: Unicamp, IFCH, 2016.

FRASER, Nancy. From redistribution to recognition? Dilemmas of justice in a 'post-socialist' age. *In*: S. Seidman; J. Alexander. (org.). **The new social theory reader**. Londres: Routledge, 2001.

FREITAS, Viviane G. Mulheres Negras e família: o debate na imprensa feminista brasileira. **Revista Feminismos**. V. 6, n.1. Salvador: UFBA, 2018.

GERALDO, Endrica. A "lei de cotas" de 1934: controle de estrangeiros no Brasil. **Caderno AEL**, v. 15, n. 27, 2009.

GONZALEZ, Lélia. A categoria político-cultural de amefricanidade (1988). *In*: GONZALEZ, Lélia. **Primavera para as rosas negras**: Lélia Gonzalez em primeira pessoa… Diáspora Africana: Filhos da África, 2018.

GONZALEZ, Lélia. A importância da organização da mulher negra no processo de transformação social (1988). *In*: GONZALEZ, Lélia. **Primavera para as rosas negras**: Lélia Gonzalez em primeira pessoa… Diáspora Africana: Filhos da África, 2018.

GONZALEZ, Lélia. A juventude negra brasileira e a questão do desemprego (1979). *In*: GONZALEZ, Lélia. **Primavera para as rosas negras**: Lélia Gonzalez em primeira pessoa… Diáspora Africana: Filhos da África, 2018.

GONZALEZ, Lélia. A mulher negra na sociedade brasileira: uma abordagem político-econômica (1979). *In*: GONZALEZ, Lélia. **Primavera para as rosas negras**: Lélia Gonzalez em primeira pessoa… Diáspora Africana: Filhos da África, 2018.

GONZALEZ, Lélia. A questão negra no Brasil (1980). *In*: GONZALEZ, Lélia. **Primavera para as rosas negras**: Lélia Gonzalez em primeira pessoa… Diáspora Africana: Filhos da África, 2018.

GONZALEZ, Lélia. As amefricanas do Brasil e a sua militância (1988). *In*: GONZALEZ, Lélia. **Primavera para as rosas negras**: Lélia Gonzalez em primeira pessoa… Diáspora Africana: Filhos da África, 2018.

GONZALEZ, Lélia. Cidadania de segunda classe (1988). *In*: GONZALEZ, Lélia. **Primavera para as rosas negras**: Lélia Gonzalez em primeira pessoa… Diáspora Africana: Filhos da África, 2018.

GONZALEZ, Lélia. Democracia racial? Nada disso! (1981). *In*: GONZALEZ, Lélia. **Primavera para as rosas negras**: Lélia Gonzalez em primeira pessoa… Diáspora Africana: Filhos da África, 2018.

GONZALEZ, Lélia. Mulher negra (1983). *In*: GONZALEZ, Lélia. **Primavera para as rosas negras**: Lélia Gonzalez em primeira pessoa… Diáspora Africana: Filhos da África, 2018.

GONZALEZ, Lélia. Nanny (1988). *In*: GONZALEZ, Lélia. **Primavera para as rosas negras**: Lélia Gonzalez em primeira pessoa… Diáspora Africana: Filhos da África, 2018.

GONZALEZ, Lélia. O movimento negro na última década. *In*: GONZALEZ, Lélia; HASENBALG, Carlos. **Lugar de negro**. Rio de Janeiro: Marco Zero, 1982.

GONZALEZ, Lélia. O movimento negro na última década (1982). *In*: GONZALEZ, Lélia. **Primavera para as rosas negras**: Lélia Gonzalez em primeira pessoa… Diáspora Africana: Filhos da África, 2018.

GONZALEZ, Lélia. O movimento negro unificado contra a discriminação racial (MNU). *In*: GONZALEZ, Lélia; HASENBALG, Carlos. **Lugar de negro**. Rio de Janeiro: Marco Zero, 1982.

GONZALEZ, Lélia. Por um feminismo afrolatinoamericano (1988). *In*: GONZALEZ, Lélia. **Primavera para as rosas negras**: Lélia Gonzalez em primeira pessoa… Diáspora Africana: Filhos da África, 2018.

GONZALEZ, Lélia. Racismo e sexismo na cultura brasileira (1980). *In*: GONZALEZ, Lélia. **Primavera para as rosas negras**: Lélia Gonzalez em primeira pessoa… Diáspora Africana: Filhos da África, 2018.

GONZALEZ, Lélia. Racismo por omissão (1983). *In*: GONZALEZ, Lélia. **Primavera para as rosas negras**: Lélia Gonzalez em primeira pessoa… Diáspora Africana: Filhos da África, 2018.

GONZALEZ, Lélia. Cultura, etnicidade e trabalho: efeitos linguísticos e políticos da exploração da mulher (1979). *In*: GONZALEZ, Lélia. **Primavera para as rosas negras**: Lélia Gonzalez em primeira pessoa… Diáspora Africana: Filhos da África, 2018.

GRONDIN, Marcelo; VIEZZER, Moema. **O maior genocídio da história da humanidade**: mais de 70 milhões de vítimas entre os povos originários das Américas – resistência e sobrevivência. Toledo: Princeps, 2018.

GROSFOGUEL, Ramón. Para descolonizar os estudos de economia política e os estudos pós-coloniais: transmodernidade, pensamento de fronteira e colonialidade global. **Revista Crítica de Ciências Sociais**, n. 80, 2008.

GROSFOGUEL, Ramón. Descolonizando los universalismos occidentales: el pluri-versalismo transmoderno decolonial desde Aimé Césaire hasta los zapatistas. *In*: CASTRO-GÓMEZ, Santiago; GROSFOGUEL, Ramon (coord.). **El giro decolonial**: reflexiones para uma diversidad epistêmica más allá del capitalismo global. Bogotá: Siglo del Hombre Editores, Universidad Central, Instituto de Estudios Sociales Contemporáneos, Pontificia Universidad Javeriana, Instituto Pensar, 2007.

GROSFOGUEL, Ramón. A estrutura do conhecimento nas universidades ocidentalizadas: racismo/sexismo epistêmico e os quatro genocídios/epistemicídios do longo século XVI. **Revista Sociedade e Estado**. Brasília, v. 31, n. 1, abr. 2016.

HARAWAY, Donna. Saberes localizados: a questão da ciência para o feminismo e o privilégio da perspectiva parcial. Tradução de Mariza Corrêa. **Cadernos Pagu** (5) 1995.

HARDING, Sandra. A instabilidade das categorias analíticas na teoria feminista. In: HOLANDA, Heloísa Buarque de. **Pensamento feminista**: conceitos fundamentais. Rio de Janeiro: Bazar do Tempo, 2019.

HARVEY, David. **17 contradições e o fim do capitalismo**. São Paulo: Boitempo, 2016.

HIRATA, Helena. Gênero, classe e raça: interseccionalidade e consubstancialidade das relações sociais. **Tempo Social**. v. 26, nº 1, Jan-jun. 2014, p. 61-74.

HIRATA, Helena; KERGOAT, Danièle. A classe trabalhadora tem dois sexos. **Estudos Feministas**. 2 (3), 1994. Edição original: "La classe ouvrière a deux sexes". *Politis – la revue*, n. 4, 1993, pp. 55-58.

HIRATA, Helena; ZARIFIAN, Philippe. Trabalho (conceito de). Tradução de Miriam Nobre. HIRATA, Helena et al. (Org.). **Dicionário crítico do feminismo**. São Paulo: UNESP, 2009. p. 252.

HIRSCH, Joachim. **Teoria materialista do Estado**. Rio de Janeiro: Revan, 2010.

INTER-PARLIAMENTARY UNION UN WOMEN. **Women in Politics**: 2017. Disponível em: https://ipu.org/resources/publications/infographics/2017-03/women-in-politics-2017 . Acesso em: 11 jul. 2018.

INTERNATIONAL LABOUR OFFICE. **Domestic workers across the world**: global and regional statistics and the extent of legal protection/International Labour Office – Geneva: ILO, 2013.

INSTITUTO BRASILEIRO DE GEOGRAFIA E ESTATÍSTICA. IBGE. **Tendências demográficas no período de 1950/2000**: uma análise dos resultados da amostra do Censo Demográfico 2000. Disponível em: https://ww2.ibge.gov.br/home/estatistica/populacao/censo2000/tendencias_demograficas/comentarios.pdf. Acesso em: 16 jul. 2018.

JONES, Claudia. Um fim à negligência em relação aos problemas da mulher negra! (1949). **Estudos Feministas**. Florianópolis, 25, set.-dez. 2017.

KANT, Immanuel. Primeira parte – primeiros princípios metafísicos da doutrina. *In*: KANT, Immanuel. **Metafísica dos costumes**. Tradução de Clélia Aparecida Martins. São Paulo: Universitária São Francisco, 2013.

KERGOAT, Danièle. Dinâmica e consubstancialidade das relações sociais. **Novos estudos**. n. 86. São Paulo: CEBRAP, 2010. P. 93-103.

KERGOAT, Danièle. Relações sociais e divisão do trabalho entre os sexos. In: KERGOAT, Danièle. **Lutar, dizem elas...** Recife: SOS Corpo, 2018.

KREUGER, Larry W.; NEUMAN, W. Laurence. **Social Research Methods with Research Navigator**. Pearson Ed., 2006.

LACERDA, Ana B. C. C. *et al*. **A voz do cidadão na constituinte**. Brasília: Câmara dos Deputados, 2018.

LAWSON, M. *et al*. **Tempo de cuidar**: o trabalho de cuidado não remunerado e mal pago e a crise global da desigualdade. Oxford: Oxfam GB, 2020.

LEWKOWICS, Ida; GUTIÉRREZ, Horacio; FLORENTINO, Manolo. **Trabalho compulsório e trabalho livre na história do Brasil**. São Paulo: UNESP, 2008.

LIBARDONI, Marlene. **Fundamentos teóricos e visão estratégica da *advocacy***. Disponível em: http://www.anpad.org.br/admin/pdf/APS-A1916.pdf. Acesso em: 21 jun. 2019.

LOPES, Júlio A. V. **A Carta da Democracia 25 anos**: como foi feita a Constituição de 1988. São Paulo: Cultura, 2013.

LORDE, Audre. Age, race, class and sex: women redifining difference. *In*: LORDE, Audre. **Sister outsider**: essays & speeches. Califórnia: Freedom, 1984.

LORDE, Audre. The master´s tools will never dismantle the master´s house. *In*: LORDE, Audre. **Sister outsider**: essays & speeches. Califórnia: Freedom, 1984.

LORDE, Audre. There is no hierarchy of oppression. *In*: LORDE, Audre. **I am your sister**. New York: Oxford University Press, 2009.

LÖWY, Ilana. Ciências e gênero. Tradução de Naira Pinheiro. *In*: (org.) HIRATA, Helena *et al*. **Dicionário crítico do feminismo**. São Paulo: UNESP, 2009.

LUGONES, María. Colonialidad y género. *In*: ESPINOSA MIÑOSO, Yuderkys; GÓMES CORREAL, Diana; OCHOA MUÑOZ, Karina. (Editoras) **Tejiendo de otro modo**: feminismo, epistemología y apuestas descoloniales en Abya Yala. Popayán: Editorial Universidad del Cauca, 2014.

LUGONES, María. Colonialidad y género. **Tabula rasa**. Bogotá – Colombia, n. 9, pp.73-101, jul.-dez. 2008.

LUGONES, María. Rumo a um feminismo descolonial. **Revista Estudos Feministas**, Florianópolis, v. 22, n. 3, pp. 935-952, set. 2014. Disponível em: https://periodicos. ufsc.br/index.php/ref/article/view/36755/28577. Acesso em: 03 set. 2019.

MADEIRA, Felícia; SINGER, Paul. Estrutura do emprego e trabalho feminino no Brasil: 1920-1970. **Cadernos CEBRAP**, n. 13, São Paulo, 1973.

MAEDA, Patrícia. **Trabalho no capitalismo pós-fordista**: trabalho decente, terceirização e contrato zero-hora. 2016. 264 f. Dissertação (Mestrado) – Faculdade de Direito, Universidade de São Paulo (USP), São Paulo, 2016.

MAEDA, Patrícia. **A era dos zero direitos**: trabalho decente, terceirização e contrato zero-hora. São Paulo: LTr, 2017.

MALDONADO-TORRES, Nelson. Transdisciplinaridade e decolonialidade. **Soc. estado.**, Brasília, v. 31, n. 1, pp. 75-97, abr. 2016.

MARQUES, Ana M.; ZATTONI, Andreia M. Feminismo e resistência: 1975 – o Centro da Mulher Brasileira e a Revista Veja. **História Revista**. Goiânia, v. 19, n. 2, 2014, p. 61. Disponível em: https://doi.org/10.5216/hr.v19i2. Acesso em: 11 set. 19.

MARTINS, José de Souza. **O cativeiro da terra**. 2. ed. São Paulo: Ciências Humanas, 1981.

MASCARO, Alysson Leandro. **Estado e forma política**. São Paulo: Boitempo, 2013.

MBEMBE, Achille. **Necropolítica**: biopoder, soberania, estado de exceção, política de morte. 3. ed. São Paulo: n-1edições, 2018.

MENDOZA, Breny. Los 'fundamentos no-democráticos' de la democracia: un enunciado desde Latinoamérica postoccidental. *In*: MIÑOSO, Yuderkys *et al*. **Tejiendo de otro modo**: feminismo, epistemología y apuestas descoloniales en Abya Yala. Popayán (Colombia): Universidad del Cauca, 2014.

MICHILES, Carlos *et al*. **Cidadão constituinte**: a saga das emendas populares. Rio de Janeiro: Paz e Terra, 1989.

MIGNOLO, Walter. **Desobediencia epistémica**: retórica de la modernidade, lógica de la colonialidad y gramática de la descolonialidad. Argentina: Ediciones del Signo, 2010.

MIGNOLO, Walter. **Histórias locais/projetos globais**: colonialidade, saberes subalternos e pensamento liminar. Belo Horizonte: UFMG, 2003.

MIGNOLO, Walter. **Historias locales/disenos globales**: colonialidad, conocimientos subalternos y pensamiento fronterizo. Madrid: Akal, 2003.

MOMENTO FEMININO. Em Ribeirão Preto, na fábrica Matarazzo. **Momento feminino**. ed. 116. Rio de Janeiro, 1956.

MOMENTO FEMININO. Na história do trabalho humano pela primeira vez reúnem-se mulheres trabalhadoras do mundo inteiro. **Momento feminino**. ed. 118. Rio de Janeiro, 1956.

MOMESSO, Luiz. Lutas e organização sindical em 68, apesar da ditadura. **Clio –** Série Revista de Pesquisa Histórica, n. 26-1, 2008.

MONTEIRO, Thiago N. **Como pode um povo vivo viver nesta carestia**: o Movimento do Custo de Vida em São Paulo (1973-1982). São Paulo: Humanitas, 2017.

MONTENEGRO, Ana. Direitos da mulher. **Momento feminino**. ed. 115. Rio de Janeiro, 1955.

MONTENEGRO, Ana. Direitos da mulher. **Momento feminino**. ed. 116. Rio de Janeiro, 1956.

MOREIRA, Adilson J. **O que é discriminação?** Belo Horizonte: Letramento, 2018.

MOREIRA, Emília. **Por um pedaço de chão**. Vol. II. João Pessoa: Universitária, 1997. pp. 596-600.

NASCIMENTO, Beatriz (1976). *In*: HOLLANDA, Heloísa B. (org.). **Pensamento feminista brasileiro**: formação e contexto. Rio de Janeiro: Bazar do Tempo, 2019.

NASCIMENTO, Bethânia. Apresentação. *In*: NASCIMENTO, Maria Beatriz. **Beatriz Nascimento, quilombola e intelectual**: possibilidade nos dias de destruição. Diáspora Africana: Filhos da África, 2018.

NAVES, Márcio Bilharinho. **Marxismo e direito**: um estudo sobre Pachukanis. São Paulo: Boitempo, 2008.

NICOLI, Pedro A. G. O que é a divisão sexual do trabalho? *In*: RAMOS, Marcelo M; BRENER, Paula R. G; NICOLI, Pedro A. G. (org.). **Gênero, sexualidade e direito**: uma introdução. Belo Horizonte: Initia Via, 2016.

NÓS MULHERES. Editorial. **Jornal Nós Mulheres**, n. 8, jun.-jul. 1978.

NOSSA POLÍTICA. **18 mulheres negras que lutaram contra a escravidão**. Publicado em: 14 mar. 2019. Disponível em: https://ceert.org.br/noticias/genero-mulher/24226/18-mulheres-negras-que-lutaram-contra-a-escravidao. Acesso em: 31 out. 2019.

NOSSO. Resoluções do 1º Encontro. **Jornal Nosso**, ano 1, n. 5, São Paulo, fev.-mar., 1981.

O ESTADO DE SÃO PAULO. Goulart assina o decreto que expropria terras e a encampação das refinarias. **O Estado de S. Paulo**, Seção Geral, p. 44. Publicado em 14 mar. 1964. Disponível em: https://acervo.estadao.com.br/pagina/#!/19640314-27268-nac-0044-999-44-not/tela/fullscreen. Acesso em: 6 set. 2019.

OLIVEIRA, Adriana V. **Constituição e direitos das mulheres**: uma análise dos estereótipos de gênero na Assembleia Constituinte e suas consequências no texto constitucional. Curitiba: Juruá, 2015.

OLIVEIRA, Júlia G. S. Dos encontros à União: a formação da União de Mulheres de São Paulo. **CLIO** – Revista de Pesquisa Histórica, n. 31.

OYEWUMI, Oyeronke. **The invention of women**. Making an african sense of western gender discourses. Minneapolis: University of Minnesota Press, 1997.

PACHUKANIS, Evgeny Bronislavovich. **Teoria geral do direito e marxismo**. São Paulo: Acadêmica, 1988.

PAIXÃO, Cristiano. Direito, política, autoritarismo e democracia no Brasil: da Revolução de 30 à promulgação da Constituição da República de 1988. **Araucária**. Revista Iberoamericana de Filosofia, Politica y Humanidades, ano 13, n. 26, 2º sem. 2011.

PAOLI, Maria C. As ciências sociais, os movimentos sociais e a questão de gênero. **Novos Estudos Cebrap**. São Paulo, n. 31, out. 1991.

PEDRO, Joana M. Corpo, prazer e trabalho. *In*: PINSKY, Carla; PEDRO, Joana M. (org.). **Nova história das mulheres no Brasil**. São Paulo: Contexto, 2016.

PENA, Maria Valéria J. Lutas ilusórias: as mulheres na política operária da Primeira República. Trabalho apresentado no V Encontro Anual da Associação Nacional de Pós-Graduação e Pesquisa em Ciências Sociais. **Reunião do Grupo de Trabalho "A Mulher na Força de Trabalho"**, Friburgo 21 a 23 out. 1981, p. 7. Disponível em: https://www.anpocs.com/index.php/papers-05-encontro/gt-6/gt12-5/5597-mariapena-lutas/file. Acesso em: 5 set. 2019.

PENA, Maria Valéria J. **Mulheres e trabalhadoras**: presença feminina na constituição do sistema fabril. Rio de Janeiro: Paz e Terra, 1981.

PEREIRA, Flávia M. G. *et al*. A condição da mulher trabalhadora entre os governos Collor e FHC. *In*: SOUTO MAIOR, Jorge L.; VIEIRA, Regina S. C. (org.). **Mulheres em luta**: a outra metade da história do direito do trabalho. São Paulo: LTr., 2017.

PERROT, Michelle. **Os excluídos da história**: operários, mulheres e prisioneiros. Seleção de textos e introdução Maria Stella Martins Bresciani. Tradução Denise Bottmann. 7. ed. Rio/São Paulo: Paz e Terra, 2017.

PILATTI, Adriano. **A Constituinte de 1987-1988**: progressistas, conservadores, ordem econômica e regras do jogo. 2. ed. Rio de Janeiro: Lumen Juris, 2016.

PIMENTA, Fabrícia Faleiros. **Políticas feministas e os feminismos na política**: o Conselho Nacional dos Direitos da Mulher (1985-2005). Tese. (Doutorado em História). Universidade de Brasília. Orientação: Profa. Dra. Cristina M. T. Stevens. Brasília, 2010. Disponível em: http://repositorio.unb.br/handle/10482/8424. Acesso em: 21 jun. 2019.

PIMENTEL, Silvia. **A mulher e a Constituinte**: uma contribuição ao debate. São Paulo: Cortez/EDUC, 1985.

PIMENTEL, Silvia. Trinta anos da Carta das Mulheres aos Constituintes: a trajetória dos direitos das mulheres na Constituinte. Um depoimento feminista, entusiasmado e "cúmplice". *In*: MELLO, Adriana Ramos (org.). **Anais de Seminários 30 Anos da Carta das Mulheres aos Constituintes**. Rio de Janeiro: EMERJ, 2018. Disponível em: http://www.emerj.tjrj.jus.br/publicacoes/anais_de_seminarios_da_emerj/edicoes/volume1_2018/anais_de_seminarios_da_emerj_volume1_2018.pdf. Acesso em: 29 jun. 2019.

PINHO, Osmundo. **Nota explicativa na tradução de Sojourner Truth**. "E eu não sou uma mulher?". Disponível em: https://pt.scribd.com/document/196229620/E--nao-sou-uma-mulher. Acesso em: 16 jun. 2018.

PINSKY, Carla B; PEDRO, Joana M (org.). **Nova história das mulheres no Brasil**. São Paulo: Contexto, 2016.

PINTO, Celi R. J. **Uma história do feminismo no Brasil**. São Paulo: Perseu Abramo, 2003.

PINTO, Celi R. J. Feminismo, história e poder. **Revista de Sociologia e Política**. v. 18, n. 36, jun. 2010.

PINTO, Celi R. J. Mulher e política no Brasil: os impasses do feminismo, enquanto movimento social, face às regras do jogo da democracia representativa. **Estudos Feministas, ano 2**, 2º sem. 1994.

PIRES, Thula. Direitos humanos e Améfrica Ladina: por uma crítica amefricana ao colonialismo jurídico. **Dossier: El pensamento de Lélia Gonzalez, un legado y um horizonte.** LASA Forum. v. 50, p. 3. Verão, 2019.

PITANGUY, Jacqueline. A Carta das Mulheres Brasileiras aos Constituintes: memórias para o futuro. *In*: BERTOLIN, Patrícia Tuma Martins *et al*. (org.). **Carta das mulheres brasileiras aos constituintes**: 30 anos depois. São Paulo: Autonomia Literária, 2018, s/p.

PITANGUY, Jacqueline. Celebrando os 30 anos da Carta das Mulheres Brasileiras aos Constituintes. *In*: MELLO, Adriana Ramos (org.). **Anais de Seminários 30 Anos da Carta das Mulheres aos Constituintes**. Rio de Janeiro: EMERJ, 2018, p. 48. Disponível em: http://www.emerj.tjrj.jus.br/publicacoes/anais_de_seminarios_da_emerj/edicoes/volume1_2018/anais_de_seminarios_da_emerj_volume1_2018.pdf. Acesso em: 29 jun. 2019.

PRADO, Maria L; FRANCO, Stella S. Participação feminina no debate público brasileiro. *In*: PINSKY, Carla B; PEDRO, Joana M (org.). **Nova História das mulheres no Brasil**. São Paulo: Contexto, 2016.

QUEIROZ, Marcos. **Constitucionalismo Brasileiro e o Atlântico Negro**: a experiência constituinte de 1823 diante da Revolução Haitiana. 2ª ed. Rio de Janeiro: Lumen Juris, 2018.

QUIJANO, Aníbal. Colonialidade do poder, eurocentrismo e América Latina. *In*: **A colonialidade do saber**: eurocentrismo e ciências sociais. Perspectivas latino-americanas. Buenos Aires: CLACSO, Consejo Latinoamericano de Ciencias Sociales, 2005.

RAMOS, Alana M. *et al*. Ditadura civil-militar no Brasil: o protagonismo das mulheres nos espaços políticos. *In*: MAIOR, Jorge L. S.; VIEIRA, Regina S. C. (org.). **Mulheres em luta**: a outra metade da história do direito do trabalho. São Paulo: LTr., 2017.

RAMOS FILHO, Wilson. **Direito capitalista do trabalho**: história, mitos e perspectivas no Brasil. São Paulo: LTr., 2012.

RATTS, Alex; RIOS, Flavia. **Lélia Gonzalez**. São Paulo: Selo Negro Edições, 2010.

REIS, Daniel A. A vida política. *In*: (coord.) REIS, Daniel A. **História do Brasil Nação**: 1808-2010. v. 5. Modernização, ditadura e democracia (1964-2010). Rio de Janeiro: Objetiva, 2010.

RIBEIRO, Djamila. **Lugar de fala**. São Paulo: Sueli Carneiro/Pólen, 2019.

RIOS, Flavia. A cidadania imaginada pelas mulheres afro-brasileiras. *In*: BLAY, Eva; AVELAR, Lúcia. **50 anos de feminismo**: Argentina, Brasil e Chile – a construção das mulheres como atores políticos e democráticos. São Paulo: EDUSP/Fapesp, 2017.

RIOS, Flavia; RATTS, Alex. A perspectiva interseccional de Lélia Gonzalez. *In*: PINTO, Ana F. M; CHALHOUB, Sidney (org.). **Pensadores negros – pensadoras negras**: Brasil, século XIX e XX. Cruz das Almas: EDUFURB, 2016.

ROBÔ. Coluna mulher. **Jornal Robô**. n. 6. São Paulo, out. 1979.

RODRIGUES, Arakcy M. **Operário, operária**. São Paulo: Símbolo, 1978.

RODRIGUES, Cristiano. Feminismo negro e interseccionalidade: práxis política e a consolidação de um pensamento sociopolítico para além das margens. **Feminismos em rede**, 2019.

RODRIGUES, Leôncio Martins. **Quem é quem na constituinte**. Uma análise sócio--política dos partidos e deputados. São Paulo: OESP-Maltese, 1987.

RUSIG, Carla B.; FACUNDINI, Gabriel; RUZZI, Marina C. M. Lutas das trabalhadoras no período de 1930 a 1945 no Brasil. *In*: MAIOR, Jorge L. S.; VIEIRA, Regina S. C. (org.). **Mulheres em luta**: a outra metade da história do direito do trabalho. São Paulo: LTr., 2017.

SABADELL, Ana L. **Manual de sociologia jurídica**: introdução a uma leitura externa do direito. 7. ed. São Paulo: RT, 2017.

SADER, Eder. **Quando novos personagens entraram em cena**: experiências dos trabalhadores na Grande São Paulo 1970-1980. 2. ed. Rio de Janeiro: Paz e Terra, 1988.

SAFFIOTI, Heleieth. **A mulher na sociedade de classes**: mito e realidade. 3. ed. São Paulo: Expressão Popular, 2013.

SAFFIOTI, Heleieth. **Mulher brasileira**: opressão e exploração. Rio de Janeiro: Achiamé, 1984.

SAFFIOTI, Heleieth. **Gênero Patriarcado Violência**. 2ª ed. São Paulo: Expressão Popular, 2015.

SANTANA, Bianca. **Quem é mulher negra no Brasil?** Colorismo e o mito da democracia racial. Disponível em: https://revistacult.uol.com.br/home/colorismo-e-o-mito-da-democracia-racial/. Acesso em: 15 out. 2019.

SANTOS, Gislene Aparecida dos. Selvagens, exóticos, demoníacos: idéias e imagens sobre uma gente de cor preta. **Estud. afro-asiát**. Rio de Janeiro, v. 24, n. 2, p. 275-289, 2002.

SANTOS, Luana D. Por um feminismo plural: escritos de Lélia Gonzalez no Jornal Mulherio. **Gênero na Amazônia**, n. 4, Belém, jul.-dez., 2013.

SANTOS, Natália N. S. **A voz e a palavra do movimento negro na Assembleia Nacional Constituinte (1987/1988)**: um estudo das demandas por direitos. Orientadora: Marta Rodriguez de Assis Machado. Dissertação (Mestrado). Escola de Direito de São Paulo da Fundação Getúlio Vargas, 2015.

SANTOS, Rita L. O. **A participação da mulher no Congresso Nacional Constituinte de 1987 a 1988**. Orientadora: Guita Grin Debert. Tese (Doutorado). Instituto de Filosofia e Ciências Humanas. Universidade Estadual de Campinas, 2004.

SARTI, Cynthia A. O feminismo brasileiro desde os anos 1970: revisitando uma trajetória. **Estudos feministas**, Florianópolis, v. 12, n. 2, maio-ago. 2004.

SCHWARCZ, Lilia M; GOMES, Flávio (org.). **Dicionário da Escravidão e Liberdade**. São Paulo: Companhia das Letras, 2018.

SCHUMAHER, Maria Aparecida; VARGAS, Elizabeth. Lugar no governo: álibi ou conquista? **Revista Estudos Feministas**, Florianópolis, n. 2, nov. 1993.

SCHUMAHER, Schuma; BRAZIL, Érico V. (org.). **Dicionário Mulheres do Brasil**: de 1500 até a atualidade. Rio de Janeiro: Jorge Zahar, 2000.

SCHUMAHER, Schuma. O *lobby* do batom, para dar o nosso tom: a Constituição Federal e os avanços no âmbito da família e da saúde. *In*: MELLO, Adriana Ramos (org.). **Anais de Seminários 30 Anos da Carta das Mulheres aos Constituintes**. Rio de Janeiro: EMERJ, 2018. Disponível em: http://www.emerj.tjrj.jus.br/publicacoes/anais_de_seminarios_da_emerj/edicoes/volume1_2018/anais_de_seminarios_da_emerj_volume1_2018.pdf. Acesso em: 29 jun. 2019.

SEVERI, Fabiana C. **Lei Maria da Penha e o projeto jurídico feminista brasileiro**. Rio de Janeiro: Lumen Juris, 2018.

SILVA, Isadora B. A. **Da invisibilização ao reconhecimento institucional**: limites da proteção jurídica das trabalhadoras domésticas. Belo Horizonte: Casa do Direito, 2019.

SILVA, José Afonso da. **O constitucionalismo brasileiro**: evolução institucional. São Paulo: Malheiros, 2011.

SILVA, Mayana H. N. Da crítica da América Latina à Améfrica Ladina crítica: para uma genealogia do conhecimento a partir de Lélia Gonzalez. **Cadernos de Gênero e Tecnologia**. Curitiba, v. 12, n. 40, pp. 143-155, jul.-dez., 2019.

SILVA, Priscila E. O conceito de branquitude: reflexões para o campo de estudo. *In*: MÜLLER, Tânia M. P. **Branquitude**: estudos sobre a identidade branca no Brasil. Curitiba: Appris, 2017.

SILVA, Salete Maria da. **A carta que elas escreveram**: a participação das mulheres no processo de elaboração da Constituição Federal de 1988. Orientadora Profa. Dra. Ana Alice Alcântara Costa. Tese (Doutorado). Programa de Pós-Graduação em Estudos Interdisciplinares sobre Mulheres, Gênero e Feminismo. Universidade Federal da Bahia, 2011.

SOIHET, Rachel. Encontros e desencontros no Centro da Mulher Brasileira (CMB) anos 1970-1980. **Revista Gênero**. Niterói, v. 7, n. 2, pp. 237-254, 1º sem. 2007.

SOIHET, Raquel. Mulheres pobres e violência no Brasil urbano. *In*: DEL PRIORE, Mary (org.) **História das mulheres no Brasil**. 10. ed. São Paulo: Contexto, 2017.

SOUTO MAIOR, Jorge L. **História do direito do trabalho no Brasil**. São Paulo: LTr., 2017.

SOUZA, Jessé. **A elite do atraso**: da escravidão à Lava Jato. Rio de Janeiro: Leya, 2017.

SOUZA, Marcius F. B. **A participação das mulheres na elaboração da Constituição de 1988**. Disponível em: https://www12.senado.leg.br/publicacoes/estudos-legislativos/tipos-de-estudos/outras-publicacoes/volume-i-constituicao-de-1988/principios-e-direitos-fundamentais-a-participacao-das-mulheres-na-elaboracao-da-constituicao-de-1988. Acesso em: 01 jul. 2018.

SOUZA-LOBO, Elisabeth. **A classe operária tem dois sexos**: trabalho, dominação e resistência. 2. ed. São Paulo: Fundação Perseu Abramo, 2011.

STEPAN, Nancy Leys. **A hora da eugenia**: raça, gênero e nação na América Latina. Rio de Janeiro: Fiocruz, 2005.

STRABELLI, Adriana R. *et al*. Trabalhadoras brasileiras no período entre 1950 e 1964. *In*: MAIOR, Jorge L. S.; VIEIRA, Regina S. C. (org.). **Mulheres em luta**: a outra metade da história do direito do trabalho. São Paulo: LTr., 2017.

TABAK, Fanny. **A mulher brasileira no Congresso Nacional**. Brasília: Centro de Documentação e Informação, 1989.

TELES, Amelinha; LEITE, Rosalina S. C. **Da guerrilha à imprensa feminista**: a construção do feminismo pós-luta armada no Brasil (1975-1980). São Paulo: Intermeios, 2013.

TELES, Maria Amélia A. **Breve história do feminismo no Brasil e outros ensaios**. São Paulo: Alameda, 2017.

TELLES, Lorena Féres da Silva. **Libertas entre sobrados**: mulheres negras e trabalho doméstico em São Paulo (1880-1920). São Paulo: Alameda, 2013.

TRUTH, Sojourner. **E eu não sou uma mulher?** Tradução de Osmundo Pinho. Disponível em: https://pt.scribd.com/document/196229620/E-nao-sou-uma-mulher. Acesso em: 16 jun. 2018.

VARGAS, Mariluci C. O movimento feminino pela anistia como partida para a redemocratização brasileira. **Trabalho apresentado no IX Encontro Estadual de História**. Associação Nacional de História da Seção Rio Grande do Sul (ANPUH-RS), 2008.

VIEIRA, Regina Stela Corrêa. **Cuidado como trabalho**: uma interpelação do direito do trabalho a partir da perspectiva de gênero. 236 p. Orientador: Homero Batista Mateus da Silva. Tese. (Doutorado – Programa de Pós-Graduação em Direito, Área de Concentração Direito do Trabalho e da Seguridade Social), Faculdade de Direito, Universidade de São Paulo (USP), 2018.

UNITED NATIONS. **Report of the World Conference of the International Women´s Year**. New York: UN, 1976. Disponível em: http://www.onumulheres. org.br/wp-content/uploads/2015/03/relatorio_conferencia_mexico.pdf. Acesso em: 07 set. 2019.

WALSH, Catherine. Lo pedagógico y lo decolonial: entretejiendo caminhos. *In*: WALSH, Catherine (ed.). **Pedagogías decoloniales**: práticas insurgentes de resistir, (re)existir y (re)vivir. t. I. Serie Pensamiento Decolonial. Equador: Abya-Yala, 2017.

WILLIAMS, Eric. **Capitalismo e escravidão** (1944). São Paulo: Companhia das Letras, 2012.

ZERBINI, Therezinha Godoy. Anistia: semente da liberdade. São Paulo: Salesianas, 1979, p. 27 *apud* DUARTE, Ana Rita Fonteles. O movimento feminino pela anistia na luta contra a ditadura no Brasil: entrevista com Therezinha Zerbini. **Rev. Estud. Fem.**, Florianópolis, v. 27, n. 1, 2019.

ANEXO I

CARTA DAS MULHERES BRASILEIRAS À ASSEMBLEIA CONSTITUINTE[610]

O Conselho Nacional dos Direitos da Mulher, em novembro de 1985, lançou a Campanha MULHER E CONSTITUINTE. Desde então, o CNDM percorreu o país, ouviu as mulheres brasileiras e ampliou os canais de comunicação entre o movimento social e os mecanismos de decisão política, buscando fontes de inspiração para a nova legalidade que se quer agora. Nessa campanha, uma certeza consolidou-se: CONSTITUINTE PRÁ VALER TEM QUE TER PALAVRA DE MULHER.

Para nós, mulheres, o exercício pleno da cidadania significa, sim, o direito à representação, à voz, e à vez na vida pública, mas implica ao mesmo tempo, a dignidade na vida cotidiana, que a lei pode inspirar e deve assegurar; o direito à educação, à saúde, à vivência familiar sem traumas. O voto das mulheres traz consigo essa dupla exigência: um sistema político igualitário e uma vida civil não-autoritária.

Nós, mulheres, estamos conscientes que esse país só será verdadeiramente democrático e seus cidadãos e cidadãs verdadeiramente livres quando, sem prejuízo de sexo, raça, cor, classe, orientação sexual, credo político ou religioso, condição física ou idade, for garantido igual tratamento e igual oportunidade de acesso às ruas, palanques, oficinas, fábricas, escritórios, assembleias e palácios.

Nesse importante momento, em que toda a sociedade se mobiliza para uma reconstituição de seus ordenamentos, gostaríamos de lembrar, para que não se repita o que mulheres já disseram no passado:

---

610 Transcrição do documento digitalizado. Disponível em: https://www2.camara. leg.br/atividade-legislativa/legislacao/Constituicoes_Brasileiras/constituicao-cidada/a-constituinte-e-as-mulheres/arquivos/Constituinte%201987-1988-Carta%20 das%20Mulheres%20aos%20Constituintes.pdf. Acesso em: 5 maio 2019.

"Se não for dada a devida atenção às mulheres, estamos decididas a fomentar uma rebelião, e não nos sentiremos obrigadas a cumprir as leis para as quais não tivemos voz nem representação" (Abigail Adams, 1776).

Hoje, dois séculos após estas palavras, quando a sociedade brasileira se volta para a elaboração de uma nova Constituição, nós mulheres, maioria ainda discriminada, exigimos tratamento especial à causa que defendemos.

Confiamos que os constituintes brasileiros, mulheres e homens, sobre os quais pesa a grande responsabilidade de refletir as aspirações de um povo sofrido e ansioso por melhores condições de vida, incorporem as propostas desta histórica campanha do Conselho Nacional dos Direitos da Mulher.

Eis o que nós, mulheres, reunidas em Encontro Nacional, no dia 26 de agosto de 1986, queremos:

I - PRINCÍPIOS GERAIS

Para a efetivação dos princípios de igualdade é fundamental que a futura Constituição Brasileira:

1. Estabeleça preceito que revogue automaticamente todas as disposições legais que impliquem em classificações discriminatórias;
2. Determine que a afronta ao princípio da igualdade constituirá crime inafiançável;
3. Acate, sem reservas, as convenções e tratados internacionais de que o país é signatário, no que diz respeito à eliminação de todas as formas de discriminação;
4. Reconheça a titularidade do direito de ação aos movimentos sociais organizados, sindicatos, associações e entidades da sociedade civil, na defesa dos interesses coletivos.

Leis complementares e demais normas deverão garantir a aplicabilidade desse princípio.

II - REIVINDICAÇÕES ESPECÍFICAS

FAMÍLIA

A nova Constituição deverá inspirar diversas mudanças na legislação civil, estabelecendo:

1. A plena igualdade entre os cônjuges no que diz respeito aos direitos e deveres quanto à direção da sociedade conjugal, à administração dos bens do casal, à responsabilidade em relação aos filhos, à fixação do domicílio da família, ao pátrio poder.
2. A plena igualdade entre o casal no que concerne ao registro de filhos.
3. A plena igualdade entre os filhos, não importando o vínculo matrimonial existente entre os pais.
4. A proteção da família, seja ela instituída civil ou naturalmente.
5. Acesso da mulher rural à titularidade de terras em planos de Reforma Agrária, qualquer que seja seu estado civil.
6. A maternidade e a paternidade constituem valores sociais fundamentais, devendo o Estado assegurar os mecanismos do seu desempenho.
7. A lei coibirá a violência na constância das relações familiares, bem como o abandono dos filhos menores.

TRABALHO

A legislação trabalhista, usando por base o princípio constitucional de isonomia, deve garantir:
1. Salário igual para trabalho igual;
2. Igualdade no acesso ao mercado de trabalho e na ascensão profissional;
3. Extensão dos direitos trabalhistas e previdenciários, de forma plena, às empregadas domésticas e às trabalhadoras rurais;
4. Igualdade de tratamento previdenciário entre homens e mulheres, devendo ser princípio orientador da legislação trabalhista a proteção à maternidade e ao aleitamento através de medidas como:
   - a garantia do emprego à mulher gestante;
   - extensão do direito à creche no local do trabalho e moradia para as crianças de 0 a 6 anos, filhos de mulheres e homens trabalhadores;
5. Estabilidade para a mulher gestante;
6. Licença ao pai nos períodos natal e pós-natal;
7. Licença especial às pessoas no momento da adoção, sem prejuízo do emprego e do salário, independentemente da idade do adotado;

8. Proteção à velhice com integralidade salarial em casos de aposentadoria ou pensão por morte;

9. Eliminação do limite de idade para prestação de concursos públicos;

10. Direito do marido ou companheiro a usufruir dos benefícios previdenciários decorrentes da contribuição da esposa ou companheira;

11. Extensão dos direitos previdenciários dos trabalhadores urbanos aos trabalhadores rurais, homens e mulheres;

12. Direito de aposentadoria especial aos trabalhadores rurais: 50 anos de idade para as mulheres e 55 anos para os homens, bem como aposentadoria por tempo de serviço aos 25 anos para as mulheres e 30 anos para os homens, com salário integral;

13. Direito de sindicalização para os funcionários públicos;

14. Salário-família compatível com a realidade, extensivo aos menores de 18 anos.

SAÚDE

1. O princípio "a saúde é um direito de todos e dever do Estado" na especificidade "mulher", deve garantir que as ações de saúde prestadas à população sejam entendidas como atos de coparticipação entre todos e o Estado, envolvendo direitos e deveres de ambos.

1.1 Criação de um Sistema Único de Saúde constituído a partir de uma nova política nacional de saúde e implementado por serviços públicos de saúde coletiva e assistência médica integrados; submetendo-se os serviços privados às diretrizes e controle do Estado.

1.2 O Sistema Único de Saúde deve ser gerido e fiscalizado pela população organizada que, através de Conselhos Comunitários, deverá participar das decisões sobre Programas e Financiamentos.

2. Garantia de assistência integral à Saúde da Mulher em todas as fases de sua vida, independentemente de sua condição biológica de procriadora, através de programas governamentais discutidos, implementados e controlados com a participação das mulheres.

3. Proibição de toda e qualquer experimentação com mulheres e homens, de substâncias, drogas, meios anticoncepcionais, que

atentem contra a saúde e não sejam de pleno conhecimento dos usuários nem fiscalizados pelo poder público e a população.

3.1 Fiscalização da produção, venda, distribuição e comercialização de meios químicos e hormonais de contracepção, proibindo a comercialização de drogas em fase de experimentação, por empresas nacionais ou multinacionais.

4. Garantia a todos os cidadãos, homens e mulheres, contribuintes ou sujeitos de direito, da igualdade de tratamento em todas as ações da Previdência Social.

5. Será vedada ao Estado e às entidades nacionais e estrangeiras toda e qualquer ação impositiva que interfira no exercício da sexualidade. Da mesma forma, será vedada ao Estado e às entidades nacionais e estrangeiras, públicas ou privadas, promover o controle da natalidade.

6. Será garantido à mulher o direito de conhecer e decidir sobre o seu próprio corpo.

7. Será garantido à mulher o direito de amamentar seus filhos ao seio.

8. O Estado reconhecerá à maternidade e à paternidade relevante função social, garantindo aos pais os meios necessários à educação, creche, saúde, alimentação e segurança de seus filhos.

9. Garantia de livre opção pela maternidade, compreendendo-se tanto a assistência ao pré-natal, parto e pós-parto, como o direito de evitar ou interromper a gravidez sem prejuízo para a saúde da mulher.

10. É dever do Estado oferecer condições de acesso gratuito aos métodos anticoncepcionais, usando metodologia educativa para esclarecer os resultados, indicações, contra-indicações (*sic*), vantagens e desvantagens, alargando a possibilidade de escolha adequada à individualidade de cada mulher e ao momento específico de sua história de vida.

EDUCAÇÃO E CULTURA

1. A educação, direito de todos e dever do Estado, visa ao pleno desenvolvimento da pessoa, dentro dos ideais de defesa da democracia, do aprimoramento dos direitos humanos, da liberdade e da convivência solidária.

1.1 A educação dará ênfase à igualdade dos sexos, à luta contra o racismo e todas as formas de discriminação, afirmando as características multiculturais do povo brasileiro.

1.2 O ensino da história da África e da cultura afro-brasileira deverá ser obrigatório desde a educação básica.

2. A educação é prioridade nacional e cabe ao Estado responsabilizar-se para que seja universal, pública, gratuita, em todos os níveis e períodos, desde o primeiro ano da criança.

2.1 É dever do Estado combater o analfabetismo.

3. Os recursos públicos deverão destinar-se exclusivamente à escola pública objetivando a qualidade do ensino, sua expansão e manutenção.

3.1 Cabe ao Estado atenção especial à formação dos agentes da educação e às condições em que exercem o seu trabalho, visando a qualidade do ensino.

4. O Estado deverá dar atenção especial aos alunos portadores de deficiências físicas ou mentais.

5. Caberá ao Estado garantir o acesso da mulher, rural e urbana, a cursos de formação, reciclagem e atualização profissional.

6. É dever do Estado zelar para que a educação e os meios de comunicação estejam a serviço de uma cultura igualitária.

6.1 O Estado garantirá perante a sociedade a imagem social da mulher, como trabalhadora, mãe e cidadã responsável pelos destinos da nação, em igualdade de condições com o homem, independentemente da origem étnico-racial.

7. O Estado assegurará a liberdade de pensamento e expressão; a liberdade de produção, distribuição e divulgação do produto cultural pelos meios de comunicação social, desde que não veiculem preconceitos e estereótipos discriminatórios.

8. Deverão ser incorporados aos estudos e estatísticas oficiais dados relativos a sexo, raça e cor.

VIOLÊNCIA

1. Criminalização de quaisquer atos que envolvam agressões físicas, psicológicas ou sexuais à mulher, fora e dentro do lar.

2. Consideração do crime sexual como "crime contra a pessoa" e não como "crime contra os costumes", independentemente de sexo, orientação sexual, raça, idade, credo religioso, ocupação, condição física ou mental ou convicção política.

3. Considerar como estupro qualquer ato ou relação sexual forçada, independente do relacionamento do agressor com a vítima, de ser essa última virgem ou não, ou do local em que ocorra.

4. A lei não dará tratamento nem preverá penalidade diferenciados aos crimes de estupro e atentado violento ao pudor.

5. Será a eliminada da lei a expressão "mulher honesta".

6. Será garantida pelo Estado a assistência médica, jurídica, social e psicológica a todas as vítimas de violência.

7. Será punido o explorador ou a exploradora sexual da mulher e todo aquele que a induzir à prostituição.

8. Será retirado da lei o crime de adultério.

9. Será responsabilidade do Estado a criação e manutenção de albergues para mulheres ameaçadas de morte, bem como o auxílio à sua subsistência e de seus filhos.

10. A comprovação de conjunção carnal em caso de estupro poderá se realizar mediante laudo emitido por qualquer médico da rede pública ou privada.

11. A mulher terá plena autonomia para registrar queixas, independentemente da autorização do marido.

12. Criação de delegacias especializadas no atendimento à mulher em todos os municípios do país, mesmo naqueles nos quais não se disponha de uma delegada mulher.

QUESTÕES NACIONAIS E INTERNACIONAIS

1. Garantia de integração, ao texto constitucional, dos Tratados e Convenções internacionais dos quais o Brasil é subscritor, que consagrem os direitos fundamentais, humanos e sociais, entre os quais os que proíbem tratamento discriminatório, com exigibilidade do seu cumprimento.

2. Reforma agrária com a distribuição de terras aos que nela trabalham, com a garantia de assistência técnica e crédito necessários.

3. Soberania na negociação da dívida externa, resguardando os interesses nacionais e do povo brasileiro.

4. Reforma tributária de forma a beneficiar os municípios.

5. Liberdade e autonomia sindicais.

6. Direito de greve extensivo a todas as categorias profissionais.

7. Política responsável de proteção ao meio ambiente.
8. Política de desenvolvimento tecnológico com a preservação do meio ambiente e da soberania nacional.
9. Definição de uma política que mantenha a integridade das populações indígenas, impedindo o genocídio a que vêm sendo submetidas.
10. Democratização do Estado e das instituições, mediante revogação da Lei de Segurança Nacional e de toda a legislação repressiva.
11. Acesso às fichas de informação individual mantidas pelos órgãos de informação do governo.
12. Paz nas relações internacionais, apoio às manifestações contra a corrida armamentista e impedimento à experimentação nuclear no Brasil.
13. Política externa baseada no princípio de autodeterminação dos povos e de não-ingerência, vedada qualquer participação em agressões externas, salvo para a defesa do território nacional.
14. Respeito ao princípio de independência entre os três poderes: Legislativo, Executivo e Judiciário, buscando-se o princípio de que todo o poder emana do povo.
15. Política de não-relacionamento de qualquer espécie com países que praticam o preconceito racial.

ANEXO II

PROPOSTAS À ASSEMBLEIA NACIONAL CONSTITUINTE[611]

Incluam-se, para integrar o Projeto de Constituição, os seguintes dispositivos:

DOS DIREITOS E GARANTIAS

Art. – Homens e mulheres têm iguais direitos ao pleno exercício da cidadania nos termos desta Constituição, cabendo ao Estado garantir sua eficácia, formal e materialmente.

Parágrafo único: ficam liminarmente revogados os dispositivos que contenham qualquer discriminação relativa a sexo ou a estado civil.

Art. – Todos são iguais perante a lei que punirá como crime inafiançável qualquer discriminação atentatória aos direitos humanos.

§ 1º - Ninguém será prejudicado ou privilegiado em razão de nascimento, raça, cor, sexo, estado civil, trabalho rural ou urbano, religião, convicções políticas ou filosóficas, deficiência física ou mental e qualquer particularidade ou condição.

§ 2º - O poder público, mediante programas específicos, promoverá a igualdade social, política, econômica e educacional.

Art. – Os presos têm direito à dignidade e à integridade física e mental, à assistência espiritual e jurídica, à sociabilidade, à comunicabilidade, e ao trabalho produtivo e remunerado, na forma da lei.

---

611 Acervo CNDM – Arquivo Nacional *apud* SILVA, Salete Maria da. **A carta que elas escreveram**: a participação das mulheres no processo de elaboração da Constituição Federal de 1988, pp 211-212. Tese (Doutorado). Estudos Interdisciplinares sobre Mulheres, Gênero e Feminismo da Universidade Federal da Bahia. Orientadora Profª. Drª. Ana Alice Alcântara Costa. Salvador, 2011.

§1º - Serão iguais os benefícios concedidos aos presos do sexo masculino e do sexo feminino.

§2º - É dever do Estado manter condições apropriadas nos estabelecimentos penais, para que as presidiárias permaneçam com seus filhos, pelo menos durante o período de amamentação.

DA ORDEM ECONÔMICA

Art. – Considera-se atividade econômica atípica aquela realizada no recesso do lar.

DA ORDEM SOCIAL

Art. – A ordem social tem por fim realizar a justiça social, com base nos seguintes princípios:

I – Função social da maternidade e da paternidade como valores sociais fundamentais, devendo o Estado assegurar os mecanismos de seu desempenho;

II – Igualdade de direitos entre o trabalhador urbano e rural.

DOS DIREITOS DOS TRABALHADORES

Art. – As normas de proteção aos trabalhadores obedecerão aos seguintes preceitos, além de outros que visem a melhoria de seus benefícios:

I – Proibição de diferença de salário para um mesmo trabalho e de critério de admissão, promoção e dispensa por motivo de raça, cor, sexo, religião, opinião política, nacionalidade, idade, estado civil, origem, deficiência física ou condição social;

II – Garantia de manutenção, pelas empresas, de creches para os filhos de seus empregados até um ano de idade, instaladas próximas ao local de trabalho ou de moradia;

III – Não incidência da prescrição no curso do contrato;

IV – Descanso remunerado da gestante, antes e depois do parto, com garantia de estabilidade no emprego, desde o início da gravidez até sessenta dias após o parto;

V - Inserção na vida e no desenvolvimento da empresa, com participação nos lucros ou no faturamento, segundo critérios objetivos fixados em lei, com representação dos trabalhadores na direção e constituição de comissões internas, mediante voto livre e secreto, com a assistência do respectivo sindicato;

VI – Garantia e segurança no emprego, proibidas as despedidas sem justo motivo.

DA SEGURIDADE SOCIAL

Art. – Todos têm direito à seguridade social;

Art. – É dever do Estado organizar, coordenar e manter um sistema de seguridade social destinado a assegurar o acesso:

I – à proteção à maternidade e às gestantes;

II – à aposentadoria às donas de casa;

Art. – Os trabalhadores rurais e domésticos terão assegurados todos os direitos previdenciários.

Art. – É assegurada a assistência médica e psicológica à mulher vítima de violências sexuais, cabendo à rede hospitalar pública a responsabilidade por tais serviços.

DA SAÚDE

Art. – É assegurado a todos o direito à saúde, cabendo ao Estado promovê-la, garantindo condições básicas de saneamento, habitação e meio ambiente.

Art. – Compete ao Estado:

I – prestar assistência integral e gratuita à saúde da mulher, nas diferentes fases de sua vida;

II – garantir a homens e mulheres o direito de determinar livremente o número de filhos, sendo vedada a adoção de qualquer prática coercitiva em contrário pelo poder público e por entidades privadas;

III- assegurar o acesso à educação, à informação e aos métodos adequados à regulação da fertilidade, respeitadas as convicções éticas e religiosas individuais;

IV – fiscalizar e controlar as pesquisas e experimentações desenvolvidas no ser humano;

DA FAMÍLIA

Art. A família, instituída civil ou naturalmente, tem direito à proteção do Estado e à efetivação de condições que permitam a realização pessoal de seus membros.

Parágrafo único – O Estado assegurará assistência à família e criará mecanismos para coibir a violência na constância das relações familiares.

Art. – O homem e a mulher têm plena igualdade de direitos e de deveres no que diz respeito à sociedade conjugal, ao pátrio poder, ao registro de filhos, à fixação do domicílio de família e à titularidade e administração dos bens do casal.

§1º - Os filhos nascidos dentro ou fora do casamento terão iguais direitos e qualificações.

§ 2º - O homem e a mulher têm direito de declarar a paternidade e a maternidade de seus filhos, assegurado a ambos o direito de contestação;

§ 3º - A lei assegurará a investigação de paternidade de menores, mediante a ação civil privada ou pública, condicionada à representação.

DA EDUCAÇÃO E CULTURA

Art. – A educação, direito de todos e dever do Estado, visa o pleno desenvolvimento da pessoa dentro dos ideais da defesa da democracia, do aprimoramento dos direitos humanos, da liberdade e da convivência solidária a serviço de uma sociedade justa e livre.

Parágrafo único – É responsabilidade do Estado assegurar a educação universal, pública e gratuita para todos os níveis.

Art. A educação obedecerá aos seguintes princípios:

I – igualdade entre o homem e a mulher;

II – repúdio a qualquer forma de racismo e discriminação;

III – respeito à natureza e aos valores do trabalho;

IV – imperativos e prioridade do desenvolvimento nacional;

V – convivência pacífica entre os povos;

VI – pluralismo cultural do povo brasileiro.

DAS TUTELAS ESPECIAIS

Art.- É assegurada a assistência à maternidade, à infância, à adolescência, aos idosos e aos deficientes.

Art. – Incumbe ao Estado promover a criação de uma rede nacional de assistência materno-infantil e de uma rede nacional de creches.

Parágrafo único – As creches de que trata este artigo deverão abrigar crianças de 0 a 6 anos, sem prejuízo das obrigações atribuídas aos empregadores.

Art. Os menores, particularmente os órfãos e os abandonados, sem prejuízo da responsabilidade civil e penal dos pais que os abandonarem, terão direito à proteção do Estado, com total amparo, alimentação, educação e saúde.

🅘 editoraletramento　　🌐 editoraletramento.com.br
🅕 editoraletramento　　in company/grupoeditorialletramento
🅨 grupoletramento　　✉ contato@editoraletramento.com.br

🌐 casadodireito.com　　🅕 casadodireitoed　　🅘 casadodireito